Sérgio Furgeri

Java 8 – Ensino Didático
Desenvolvimento e Implementação de Aplicações

1ª Edição

Dados Internacionais de Catalogação na Publicação (CIP)
Angélica Ilacqua CRB-8/7057

Furgeri, Sérgio
Java 8 - ensino didático : desenvolvimento e implementação de aplicações / Sérgio Furgeri. -— São Paulo : Érica, 2015. 320 p.

Bibliografia
ISBN 978-85-365-1304-1

1. Java (Linguagem de programação para computadores) I. Título

15-0212   CDD 005.133
                                                                                                     CDU 004.43

Índice para catálogo sistemático:
1. Java - Linguagem de programação

Copyright © 2015 da Editora Érica Ltda.
Todos os direitos reservados. Nenhuma parte desta publicação poderá ser reproduzida por qualquer meio ou forma sem prévia autorização da Editora Érica. A violação dos direitos autorais é crime estabelecido na Lei nº 9.610/98 e punido pelo Artigo 184 do Código Penal.

Coordenação Editorial:	Rosana Arruda da Silva
Capa:	Maurício S. de França
Edição de Texto:	Beatriz M. Carneiro, Paula Craveiro, Raquel F. Abranches, Silvia Campos
Revisão de Texto:	Clara Diament
Produção Editorial:	Dalete Oliveira, Graziele Liborni, Laudemir Marinho dos Santos, Lívia Vilela, Rosana Aparecida Alves dos Santos
Editoração:	ERJ Composição Editorial
Produção Digital:	Lashimi Hayashi

O Autor e a Editora acreditam que todas as informações aqui apresentadas estão corretas e podem ser utilizadas para qualquer fim legal. Entretanto, não existe qualquer garantia, explícita ou implícita, de que o uso de tais informações conduzirá sempre ao resultado desejado. Os nomes de sites e empresas, porventura mencionados, foram utilizados apenas para ilustrar os exemplos, não tendo vínculo nenhum com o livro, não garantindo a sua existência nem divulgação. Eventuais erratas estarão disponíveis para download no site da Editora Érica.

Conteúdo adaptado ao Novo Acordo Ortográfico da Língua Portuguesa, em execução desde 1º de janeiro de 2009.

A Ilustração de capa e algumas imagens de miolo foram retiradas de <www.shutterstock.com>, empresa com a qual se mantém contrato ativo na data de publicação do livro. Outras foram obtidas da Coleção MasterClips/MasterPhotos© da IMSI, 100 Rowland Way, 3rd floor Novato, CA 94945, USA, e do CorelDRAW X5 e X6, Corel Gallery e Corel Corporation Samples. Copyright© 2013 Editora Érica, Corel Corporation e seus licenciadores. Todos os direitos reservados.

Todos os esforços foram feitos para creditar devidamente os detentores dos direitos das imagens utilizadas neste livro. Eventuais omissões de crédito e copyright não são intencionais e serão devidamente solucionadas nas próximas edições, bastando que seus proprietários contatem os editores.

Seu cadastro é muito importante para nós

Ao preencher e remeter a ficha de cadastro constante no site da Editora Érica, você passará a receber informações sobre nossos lançamentos em sua área de preferência.

Conhecendo melhor os leitores e suas preferências, vamos produzir títulos que atendam suas necessidades.

Editora Érica Ltda. | Uma Empresa do Grupo Saraiva
Rua: Henrique Schaumann, 270
Pinheiros - São Paulo - SP - CEP: 05413-010
Fone: (11) 3613-0000
www.editoraerica.com.br

Fabricante

Produto: Java 8
Fabricante: Oracle
Site: http://www.oracle.com

Endereço no Brasil:
Rua: Alexandre Dumas, 2016
04717-004 - São Paulo - SP
Site: http://br.sun.com

Requisitos de Hardware e de Software
Hardware

- 2 GB de RAM (mínimo) / 4 GB de RAM (recomendado);
- 1 GB de espaço em disco rígido;
- Acesso à Internet.

Software

- Windows 7 ou superior;
- Programa para descompactar arquivos em formato Zip, de preferência o Winzip versão 8.0 ou superior;
- Browser (Internet Explorer 10 ou superior, Mozzila, FireFox, Google Chrome, Opera ou outro equivalente);
- Ambiente de desenvolvimento JDK 8 ou superior;
- Servidor Apache Tomcat, versão 8 ou superior;
- MySQL Server 5.6 ou superior;
- Eclipse Luna 4.4 ou superior;
- NetBeans 8 ou superior.

Pacotes (Java Packages) – Disponíveis no site da Editora Érica

- mysql-connector-java-5.1.8-bin.jar – Driver de Conexão ao MySQL
- servlet-api.jar – Criação de Servlets
- jfreechart e jcommon – Manipulação de Gráficos

Sobre o autor

Sua carreira na área de informática iniciou-se em 1983, quando começou a programar na linguagem Basic, utilizando o microcomputador TK-85. Desde então vem se aperfeiçoando na área, mais especificamente em tecnologias voltadas à programação de computadores.

Atuou vários anos como analista de sistemas, desenvolvendo softwares comerciais em várias linguagens de programação. Trabalhou diversos anos como coordenador do curso técnico em Informática. Atua há muitos anos como professor de ensino técnico e superior em várias disciplinas da área de informática, principalmente em tecnologias voltadas à Internet. Atualmente é professor pleno da Fatec Indaiatuba e coordenador do curso de Análise e Desenvolvimento de Sistemas. É revisor de materiais técnicos da área de computação e produz material instrucional para cursos de Ensino a Distância (EaD).

É mestre em Gerenciamento de Sistemas de Informação, formado pela PUC-Campinas, desde 1999. É também mestre em Ciência da Informação, formado pela PUC-Campinas, desde 2006. Atualmente é doutorando em Engenharia Biomédica pela Universidade de Mogi das Cruzes (UMC-SP).

Autor de outras obras na área de informática:
- Programação Orientada a Objetos – Conceitos e Técnicas, a ser publicado pela Editora Érica em 2015.
- Modelagem de Sistemas Orientados a Objetos – Ensino Didático, publicado pela Editora Érica em 2013.
- Java 7 – Ensino Didático, publicado pela Editora Érica em 2010.
- Java 6 – Ensino Didático, publicado pela Editora Érica em 2008.
- Redes – Teoria e Prática, publicado pela Editora Komedi em dezembro de 2007.
- Hardware – Montagem e Manutenção, publicado pela Editora Komedi em 2006.
- Java 2 – Ensino Didático, publicado pela Editora Érica em 2002.
- Ensino Didático da Linguagem XML, publicado pela Editora Érica em julho de 2001.
- Business to Business – Aprenda a desenvolver aplicações B2B com Java e XML, lançado pela Editora Érica em fevereiro de 2001.

Autor de obras em outras áreas do conhecimento:
- Bibliociência – uma reflexão bíblica, científica e tecnológica dos fatos atuais, lançado pela Editora Selecta em setembro de 2007.

Autor de outros artigos relevantes:
- Criação de um Data Mart e geração de relatórios a partir do SQL Server Analysis Services 2008. SQL Magazine, v. Ed. 99, p. 20-36, 2012.
- Fragmentação no SQL Server 2005, revista SQL Magazine nº 62 e 63.
- OntoArt – Ontologia em XML para descrição de artigos, revista Arquivística.net, 2006.
- O papel das linguagens de marcação para a Ciência da Informação, revista Transinformação, 2006.
- MobCom: uma plataforma para consultas via dispositivos móveis, Web Mobile, 2006.

Dedicatória

Aos meus filhos Lucas e Daniel e à minha esposa Ivone, presentes de Deus para minha vida.

"Se clamares por conhecimento,
e por inteligência alçares a tua voz,

Se como a prata a buscares e como
a tesouros escondidos a procurares,

Então entenderás o temor do Senhor,
e acharás o conhecimento de Deus."

Provérbios 2:3-5

"Bem-aventurado o homem que
acha sabedoria, e o homem
que adquire conhecimento;

Porque é melhor a sua mercadoria
do que artigos de prata, e maior o
seu lucro que o ouro mais fino."

Provérbios 3:13-14

Agradecimentos

Primeiramente agradeço a Deus, não apenas por Ele me dar conhecimento e saúde para redigir mais um livro, mas por cuidar de mim todos os dias. A Ele toda a honra e toda a glória para sempre!

Ao pessoal da Editora Érica pela confiança, por apoiar o autor nacional e dar-me a oportunidade de desenvolver mais este trabalho.

A Simone, por ter me ajudado na edição do livro.

Agradeço também a você, leitor, por ter escolhido este livro como objeto de estudo.

A palavra de Deus diz no livro de Salmos 1:3: "**Pois será como a árvore plantada junto a ribeiros de águas, a qual dá o seu fruto no seu tempo; as suas folhas não cairão, e tudo quanto fizer prosperará**". Peço que você leitor possa confiar nessa palavra!

Estude, vale a pena, sem dúvida você está no caminho certo.

Sumário

Capítulo 1 – Java 8 – Linguagem e Plataforma 13
    1.1 Breve histórico da linguagem Java 13
    1.2 A linguagem Java 14
    1.3 As características da linguagem Java 15
    1.4 Criação de programas em Java 16
    1.5 A plataforma Java 17
    1.6 Ambiente de desenvolvimento 17
        1.6.1 Instalação do Java 18
    1.7 Primeiro contato com Java 21
        1.7.1 Java com a *IDE NetBeans* 21
        1.7.2 Java com a IDE Eclipse 22

Capítulo 2 – Aspectos Fundamentais de Java 27
    2.1 Tipos de dados 27
    2.2 Definição de variáveis e constantes 28
        2.2.1 Declaração de variáveis 29
        2.2.2 Declaração de constantes 31
    2.3 Comentários 31
    2.4 Operadores 32
        2.4.1 Operadores aritméticos 32
        2.4.2 Operadores relacionais 33
        2.4.3 Operadores lógicos 34
        2.4.4 Sequências de escape 34
    2.5 Conversão de tipos 35
    2.6 Entrada de dados pelo teclado 36
        2.6.1 Uso da classe DataInputStream 36
        2.6.2 Uso da classe BufferedReader 38
        2.6.3 Uso da classe Scanner 38
    2.7 Caixa de diálogo para a entrada de dados 39

Capítulo 3 – Estruturas Condicionais, de Exceção e Repetição 42
    3.1 Estruturas condicionais 42
        3.1.1 A estrutura if-else 42
        3.1.2 Estrutura if resumido 47
        3.1.3 A estrutura switch-case 48
    3.2 Exceções em Java 50
        3.2.1 Unchecked Exception 50
        3.2.2 Checked Exception 50
        3.2.3 Uso da estrutura try-catch-finally 51
        3.2.4 Uso da cláusula throws 53
        3.2.5 Uso da instrução throw 55
        3.2.6 Uso de getMessage e printStackTrace 56
    3.3 Laços de repetição 56
        3.3.1 Uso do laço for 57
        3.3.2 Uso do laço while 59

Capítulo 4 – Operações Matemáticas e de String **64**
    4.1 Operações matemáticas 64
        4.1.1 Método ceil 64
        4.1.2 Método floor 65
        4.1.3 Métodos round, max, min, sqrt, pow e abs 66
        4.1.4 Método random 67
        4.1.5 Formatação com a classe DecimalFormat 68
        4.1.6 Internacionalização com a classe Locale 69
    4.2 Operações com Strings 71
        4.2.1 Método length 71
        4.2.2 Método charAt 72
        4.2.3 Métodos toUpperCase e toLowerCase 73
        4.2.4 Método substring 73
        4.2.5 Método trim 75
        4.2.6 Método replace 75
        4.2.7 Método valueOf 76
        4.2.8 Método indexOf 76

Capítulo 5 – Utilização de Arrays **79**
    5.1 Definição 79
    5.2 Arrays unidimensionais 80
    5.3 Arrays bidimensionais 82
    5.4 Busca em arrays 84

Capítulo 6 – Criação de Métodos em Java **88**
    6.1 Métodos sem retorno 91
    6.2 Métodos com retorno de valores 93
    6.3 Recursividade 95
    6.4 Sobrecarga 96
    6.5 Acesso a métodos de outras classes 97
    6.6 Métodos que manipulam Arrays 100

Capítulo 7 – Orientação a Objetos **103**
    7.1 Definições sobre objetos 103
    7.2 Classes e a UML 104
    7.3 Utilização de objetos da classe 107
    7.4 Escopo de classe e escopo de instância 109
    7.5 Mensagens 110
    7.6 Encapsulamento 110
    7.7 Uso da palavra reservada this 115
    7.8 Construtores 115
    7.9 Destrutores 117
    7.10 Definição de pacotes 117
        7.10.1 Criação de pacotes 118
        7.10.2 Uso da diretiva import 119
    7.11 Herança 119
    7.12 Polimorfismo 124
    7.13 Gravação e leitura de objetos 125
    7.14 Classes abstratas e concretas 128
    7.15 Interfaces 131

Capítulo 8 – Interfaces Gráficas com Swing **136**
    8.1 Criação de frames 138
        8.1.1 Classe JLabel 138
        8.1.2 Classe JTextField 139
        8.1.3 Classe JPasswordField 139
        8.1.4 Classe JButton 140
        8.1.5 O frame Login 140
    8.2 Inclusão de menus 144
        8.2.1 Barras de menus 144
    8.3 Inclusão de painéis e botões 146
    8.4 Inclusão de caixas de opção 149
    8.5 Inclusão dos botões de rádio 152
    8.6 Mais sobre Labels 153
    8.7 Inclusão de listas de seleção 155
    8.8 Inclusão do JComboBox 160
    8.9 Inclusão de áreas de texto 161
    8.10 Inclusão de caixas de diálogo 164
        8.10.1 O método showMessageDialog 164
        8.10.2 O método showConfirmDialog 166
        8.10.3 O método showOptionDialog 168
    8.11 Inclusão de barras de rolagem 170
    8.12 Inclusão de barras de progresso 172
    8.13 Gerenciadores de layout 174
        8.13.1 FlowLayout 174
        8.13.2 GridLayout 176
        8.13.3 BorderLayout 177
    8.14 Inclusão de abas 178
    8.15 Inclusão de frames internos 180
    8.16 Inclusão de grades 182
    8.17 Inclusão de máscaras 188

Capítulo 9 – Controle de Eventos **194**
    9.1 Definição 194
    9.2 Classes receptoras de evento 194
    9.3 Métodos para manipulação de eventos 195

Capítulo 10 – Manipulação de Data e Hora **203**
    10.1 Uso da classe Date 204
    10.2 Uso da classe DateFormat 206
    10.3 Uso da classe SimpleDateFormat 207
    10.4 Uso da classe Calendar 209
    10.5 Cálculos com data 212
    10.6 Novidades do Java 8 214

Capítulo 11 – Diretórios e Arquivos **219**
    11.1 Definição 219
    11.2 Criação de diretórios 220
    11.3 Consulta em diretórios 221
    11.4 Exclusão de diretórios 221
    11.5 Leitura e gravação 222

Capítulo 12 – Manipulação de Banco de Dados com Java 232
    12.1 Definição 232
    12.2 A criação do banco de dados 233
    12.3 A definição do driver para conexão 234
    12.4 A criação da aplicação em Java 234
        12.4.1 A conexão com o banco de dados 235
        12.4.2 A consulta ao banco de dados por meio da linguagem SQL 236
        12.4.3 Criação de uma classe genérica para conexão ao banco 238
        12.4.4 Outros exemplos de instruções em SQL 240
    12.5 Movimentação em registros e recuperação de conteúdo 242
        12.5.1 Criação de uma aplicação para navegação em registros 243
    12.6 A criação de uma aplicação de cadastro 247

Capítulo 13 – JSP - Java Server Pages 257
    13.1 Introdução ao JSP 257
    13.2 Instalação do Tomcat 258
        13.2.1 O Tomcat como um processo independente 259
        13.2.2 Integrando o Tomcat ao NetBeans 260
    13.3 Exemplos com JSP 260
        13.3.1 Exemplos de aplicações JSP 261
    13.4 Aplicação cliente servidor 264
        13.4.1 Aplicação cliente 265
        13.4.2 Aplicação servidora 266
    13.5 Uso de classes em páginas JSP 267

Capítulo 14 – Criação de Servlets 272
    14.1 Definição 272
    14.2 Servlets e JSP 273
    14.3 Criação de Servlets 273
    14.4 Cadastro de filmes com Servlets 275
    14.5 Publicar uma aplicação na Web 281

Bibliografia 285

Apêndice A – NetBeans e MySQL 287
    A.1 Download e instalação do NetBeans 287
    A.2 Download e instalação do MySQL 290
    A.3 A criação do banco de dados 293
        A.3.1 Por meio do prompt de comando 293
        A.3.2 Por meio do NetBeans 294
    A.4 A criação de um projeto 296
    A.5 Adição dos arquivos ao projeto 299

Apêndice B – Eclipse, TomCat e MySQL 308
    B.1 Download e instalação do Eclipse 308
    B.2 A criação do banco de dados 310
    B.3 A criação de um projeto 310
    B.4 Adição dos arquivos ao projeto 313

Prefácio

Os profissionais da área de informática não têm descanso. A cada dia surgem novas ferramentas, tornando praticamente impossível e estressante acompanhar todas as evoluções tecnológicas. No mundo do desenvolvimento de sistemas existe uma série de linguagens de programação. Apenas para citar, dentre as modernas linguagens de programação podemos destacar: Java, .Net, Ruby, Scala, Pynton, entre muitas outras. Em novembro de 2014, o site tiobe (www.tiobe.com) apontava que as quatro linguagens de programação mais usadas eram C, Java, Objective-C e C++.

Diante desse contexto se encontra a linguagem Java como uma das mais usadas e uma das mais importantes inovações dos últimos anos. Seu sucesso tem sido muito grande e seu aprendizado não pode ser descartado, em especial para iniciantes e profissionais desenvolvedores da área da computação.

Muita gente espalhada pelo globo, inclusive eu, investiu bastante tempo no aprendizado da linguagem Java, perdendo muitas horas de sono. Mesmo com todo esse esforço, vale a pena. O resultado final da elaboração de aplicações é muito motivante e compensador, e você vai perceber no decorrer da leitura.

Muitas coisas na vida acontecem por acaso, e o mesmo ocorreu com a linguagem Java, uma vez que, originalmente, ela não foi concebida para a utilização na Internet. Inicialmente, Java foi elaborada para ser usada em aparelhos eletrodomésticos, entretanto seu destino e desenvolvimento têm direcionado a linguagem para ser utilizada nas mais diversas aplicações. Uma conferência nos Estados Unidos, no final da década passada, apresentou como novidade um anel dotado de um programa em Java que, ao ser inserido em uma máquina de café, possibilitava personalizar o café de acordo com as características do usuário. Com isso notamos que não há limites para a linguagem Java, pois será restrita apenas à criatividade.

Quando ocorreu o surgimento da linguagem Java, houve uma verdadeira revolução em termos de desenvolvimento de software, sobretudo nos ligados à Internet. Uma das grandes vantagens da linguagem se referia à inclusão de programas que podiam ser transportados pela Internet e executados na máquina local do usuário. Existem muitas outras possibilidades de desenvolvimento em Java não abordadas nesta obra, como, por exemplo, a criação de Midlets, Portlets, Enterprise Java Beans, páginas em JSP (Java Server Pages), AJAX (Asynchronous JavaScript Technology and XML) e diversas outras interessantes. Várias pesquisas apontam que o crescimento e a aceitação de Java tendem a continuar nos próximos anos, mas é necessário dizer também que outras linguagens já citadas estão despertando, e Java tem "perdido um certo terreno".

Sem dúvida esta publicação é uma iniciativa que vem ao encontro das atuais necessidades de conhecimento dos profissionais de informática em termos de linguagem de programação. Não perca mais tempo, comece hoje mesmo a aprender essa fascinante linguagem. Encare esta obra como um ponto de partida, porque há muitos detalhes que você precisa aprender sobre Java.

Algumas pessoas me questionam por abordar os conceitos de orientação a objetos somente na metade do livro (Capítulo 7), uma vez que praticamente todos os livros de Java o fazem logo no início. Minha prática do dia a dia como professor da linguagem, o próprio sucesso do livro e os comentários dos leitores mostraram-me que os alunos se adaptam melhor à Orientação a Objetos se já possuírem uma certa experiência com a linguagem. Não vejo nenhum problema nisso, pois o mais importante é facilitar o aprendizado dos alunos.

Este livro é uma atualização do *Java 7 – Ensino Didático* e contém diversas modificações e melhorias. Vamos destacar as principais mudanças:

▶ Todas as figuras do livro foram refeitas de forma a facilitar a interpretação dos assuntos abordados. A maioria dos exemplos presentes na versão 7 foi alterada. Todos os exercícios propostos foram alterados para trazer novos desafios ao leitor. Além disso, conta com um material de apoio, incluindo um endereço de QRCode a cada final de capítulo, local onde o leitor encontrará outros exercícios semelhantes para facilitar seu estudo.

- Agora o livro conta com dois apêndices. O Apêndice A apresenta a utilização básica da ferramenta NetBeans na criação de projetos em Java, juntamente com o banco de dados MySQL. O Apêndice B apresenta a utilização do Eclipse na criação de projetos em Java e a geração de gráficos a partir do banco de dados MySQL. Ambos têm o objetivo de introduzir ao leitor as principais ferramentas de desenvolvimento Java.
- Os exemplos do livro não são mais executados pelo prompt, todos são desenvolvidos e executados pela ferramenta NetBeans (e podem ser igualmente executados pelo Eclipse).
- No Capítulo 3 foi incluída a estrutura do if resumido.
- A versão 8 do Java trouxe diversas novidades na manipulação de data e hora. O Capítulo 10 apresenta classes como LocalDate, Period, Instant, ZonedDateTime entre outras.
- No Capítulo 11, além da manipulação de arquivos, adiciona uma visão geral sobre a manipulação de diretórios.
- O Capítulo 13 foi totalmente modificado. Agora o foco é a introdução e a criação de páginas em JSP (Java Server Pages) que funcionam no ambiente da Internet. Até a versão 7 do livro, nosso foco era o uso de applets, no entanto, a versão 8 adicionou diversas restrições de segurança e seria relativamente complexo para os leitores conseguirem executar os exemplos. Na época, diversos sites da Internet que disponibilizavam applets não estavam executando no Java 8 em função dessas novas restrições. Dessa forma, decidimos alterar o foco do capítulo.
- No site da Editora Érica você encontra um material de apoio contendo a solução de exercícios semelhantes aos propostos no livro.

Apesar de esta obra ser uma atualização da versão 7, ou seja, ser voltada à versão 8 do Java, o leitor não pode esperar que contemplemos todas as novidades da versão 8. A maioria das novidades do Java 8 não contempla funcionalidades básicas, está mais focada em recursos para profissionais que já possuem certa experiência e domínio da linguagem. Por esse motivo, adaptamos a obra dentro do objetivo do livro, isto é, fornecer os recursos básicos existentes na versão 8 da linguagem Java.

Capítulo 1

Java 8 – Linguagem e Plataforma

Objetivos deste capítulo
- ✓ Possibilitar ao leitor compreender a importância da linguagem Java para os dias atuais, sobretudo no desenvolvimento da Internet.
- ✓ Descrever as principais características da linguagem Java.
- ✓ Descrever os procedimentos necessários para o desenvolvimento de aplicações em Java.
- ✓ Fornecer ao leitor o primeiro contato com a linguagem Java.

1.1 Breve histórico da linguagem Java

Linguagem Java? Um nome relativamente estranho para uma linguagem de programação se comparado a Pascal, Cobol, Basic e diversos outros nomes de linguagem. Ele surgiu por acaso, quando a equipe de engenheiros da Sun, a criadora do Java, foi tomar café na esquina. Como numa reunião de amigos, começaram a chamar a linguagem de Java, inspirados pelo nome da cidade de onde provinha o café que tomavam. Talvez a equipe nem imaginasse que o nome seria conhecido mundialmente.

Na realidade, não existe muito consenso entre os escritores americanos com relação à verdadeira história da linguagem, o que para nós não importa muito. Alguns autores afirmam que o nome Java se deve a um passeio que o pessoal da Sun fez numa ilha da Indonésia. Bem, como já comentado, isso não importa. O que vale a pena é aprender essa incrível linguagem!

Originalmente, a linguagem foi concebida para utilização em pequenos dispositivos eletrônicos inteligentes; entretanto, com as dificuldades de financiamento desse setor na época e, principalmente, devido ao surgimento da Internet a partir de 1993, novas oportunidades apareceram, e a Sun "entrou de cabeça" nessa área.

A partir de 1995, a Sun anunciou o Java, não apenas como mais uma linguagem de programação, mas como uma nova plataforma de desenvolvimento. Dessa forma, Java começou a ser utilizada na elaboração de páginas para a World Wide Web, proporcionando uma produção com conteúdo interativo e dinâmico, inicialmente com o uso de applets com imagens em movimento.

Desde o ano de 1996 até hoje, a linguagem Java não para de crescer, produzindo soluções desde pequenas aplicações até aplicativos corporativos, controle de servidores WWW etc. Java

foi usado nos antigos celulares, pagers, PDAs e, mais recentemente, nos Smartphones, uma vez que o Android foi elaborado a partir da linguagem Java e possui a mesma sintaxe.

Diversas versões da ferramenta surgiram. Atualmente, o principal kit de desenvolvimento em Java está na versão 8, cuja empresa proprietária desde abril de 2009 é a Oracle (anteriormente pertencia à empresa Sun). O número 8 (presente em Java 8) se refere ao número da versão do Kit de Desenvolvimento em Java (JDK).

Como o leitor pode observar, a linguagem está evoluindo, tornando o processo de aprendizado e atualização uma tarefa relativamente difícil, pois toda semana surge algo novo sobre Java. Seja bem-vindo ao mundo Java!

1.2 A linguagem Java

É bem provável que o leitor já tenha ouvido falar da linguagem Java diversas vezes. Basta ler uma revista especializada na área de informática que lá está ela. A linguagem tem tido muito sucesso no mercado, e diversas ferramentas têm surgido para manipular ou gerar código Java.

Um dos motivos da grande aceitação da linguagem Java e que a tornou tão atraente é o fato de que programas podem ser executados virtualmente em muitas plataformas, aceitos em muitos tipos de equipamento. Com Java o processamento pôde deixar de ser realizado apenas no lado do servidor, como era a Internet no princípio, passando a ser executado também no cliente (entenda-se browser).

O aspecto da utilização de Java em multiplataforma é muito importante, porque os programadores não necessitam ficar preocupados em saber em qual máquina o programa será executado, uma vez que um mesmo programa pode ser usado num PC, num Mac ou em um computador de grande porte. É muito melhor para uma empresa desenvolver um software que possa ser executado em "qualquer lugar", independentemente da máquina do cliente. Seguindo essa mesma linha, a maioria das linguagens de programação desenvolvidas recentemente também é multiplataforma.

Java pode atuar em conjunto com outras linguagens, como é o caso de HTML, em que as aplicações podem ser embutidas em documentos HTML, podendo ser transmitidas e utilizadas na Internet. Os programas escritos em Java funcionam como um acessório (por exemplo, um applet) que é colocado no computador do usuário no momento que ele acessa um site qualquer, isto é, o computador do usuário passa a executar um programa armazenado no servidor web que é transferido para sua máquina no momento do acesso.

Num certo site o usuário pode executar um programa para a compra de um veículo e, logo em seguida, ao acessar outro site, executar outro programa para consultar o extrato bancário; tudo escrito em Java. Não é fabuloso? Certamente você não vê a hora de começar a programar em Java. Tenha calma, durante os capítulos do livro você será guiado passo a passo nesse sentido.

A linguagem Java também tem sido usada para a criação de processos automáticos na web. Os processos envolvidos na atualização de notícias, por exemplo, aquelas que aparecem a cada minuto em um site qualquer, são aplicações que podem ser desenvolvidas a partir do Java. Existe uma infinidade de exemplos que poderia ser citada, entretanto apenas se convença de que Java é importante para a Internet e, principalmente, para você e sua carreira.

Um outro aspecto a ser observado sobre a linguagem Java é sua semelhança com a linguagem C++, tanto no que diz respeito à sintaxe dos comandos utilizados quanto na característica de ser orientada a objetos. A programação orientada a objetos é hoje universalmente adotada como padrão de mercado. Muitas linguagens tradicionais foram aperfeiçoadas para implementar essa nova forma de trabalho, e Java já nasceu assim.

Em função do grande sucesso e aceitação que Java obteve no mercado, foram desenvolvidos muitos frameworks que visam à facilitação e automação do processo de desenvolvimento de software. Um *framework* pode ser entendido como um ambiente de trabalho que torna transparente o processo de desenvolvimento, isto é, o desenvolvedor normalmente não precisa se preocupar em como "as coisas" funcionam e como elas se integram umas com as outras, o próprio ambiente se encarrega disso, reduzindo

o trabalho e o tempo de desenvolvimento do software. Existem muitos frameworks (talvez centenas) desenvolvidos para Java, dentre os quais podemos citar Struts, JSF, JUnit, Jasper Reports, Hibernate, Prevayler, Spring, GWT, MyFaces. Cada framework traz sua contribuição para o aprimoramento no desenvolvimento de aplicações em Java e exige muita dedicação por parte dos profissionais da área.

Não temos por objetivo apresentar nenhum framework no decorrer do livro, mas é importante que o leitor saiba que num ambiente real de desenvolvimento de sistemas talvez exista a necessidade de utilizar frameworks.

Outra questão importante se refere às edições da linguagem Java, isto é, a divisão existente entre os diferentes ambientes em que o Java pode ser empregado. As principais divisões da linguagem Java são:

- *JSE (Java Standard Edition)*: pode ser considerada o *core* (a base principal) da linguagem, projetada para execução em máquinas simples e estações de trabalho.
- *JEE (Java Enterprise Edition)*: voltada para o desenvolvimento de aplicações baseadas em servidor, tais com páginas JSP (JavaServer Pages), Servlets, XML (Extensible Markup Language) etc.
- *JME (Java Micro Edition)*: projetada para dispositivos com menor poder de processamento e memória, tais com dispositivos móveis, celulares etc.
- *JavaFX*: uma plataforma que suporta o desenvolvimento de aplicações ricas que podem ser executadas em vários dispositivos diferentes, tornando as interfaces gráficas mais interativas e dinâmicas. Fornece suporte a qualquer biblioteca Java, o que torna possível a criação de interfaces gráficas para diversos ambientes, incluindo desktop, browser, celulares, TVs, videogames, entre outros.
- *Java Card*: uma plataforma voltada a dispositivos embarcados com limitações de processamento e armazenamento, como smart cards e o Java Ring.

1.3 As características da linguagem Java

A linguagem Java possui diversas características que podem gerar páginas e páginas de conceitos, entretanto esses detalhes não serão discutidos, pois o objetivo maior é praticá-los por meio da programação em Java. No decorrer dos capítulos, diversos desses conceitos são demonstrados na prática, pois é o que interessa. As principais características enfocadas neste livro se referem à orientação a objetos, portabilidade, suporte à comunicação em rede e acesso remoto a banco de dados. Sobre essas características será fornecida uma breve descrição em seguida:

- *Orientação a objetos*: é um paradigma de programação já sólido no mercado, e a maioria das linguagens de programação atuais permite trabalhar dessa forma. Como conceito inicial, imagine a orientação a objetos como uma prática de programação que torna possível elaborar um software a partir da geração de objetos que se comunicam entre si. Esses objetos podem simular, apesar de não ser apenas isso, um objeto do mundo real, como um automóvel, uma casa, uma pessoa etc. Mais à frente será apresentado o conceito de classe, um trecho de código a partir do qual os objetos são criados. Imagine a classe como uma forma de pão que possibilita fazer pães com as mesmas características da forma.
- *Portabilidade:* Java é uma linguagem multiplataforma, ou seja, uma mesma aplicação pode ser executada em diferentes tipos de plataforma sem a necessidade de adaptação de código. Essa portabilidade permite que um programa escrito na linguagem Java seja executado em qualquer sistema operacional que possua uma máquina virtual Java.
- *Multithreading: threads* (linhas de execução) são o meio pelo qual se consegue fazer com que mais de um evento aconteça simultaneamente em um programa. Assim, é possível criar servidores de rede multiusuário, em que cada thread, por exemplo, cuida de uma conexão de um usuário ao servidor, isto é, um mesmo programa pode ser executado várias vezes ao mesmo tempo e cada execução pode processar uma instrução em um ponto diferente do mesmo programa.
- *Suporte à comunicação:* uma das vantagens do Java é fornecer um grande conjunto de classes com funcionalidades específicas, ou seja, muitos detalhes de programação são encapsulados em classes já prontas. Nesse contexto, a linguagem oferece um conjunto de classes para programação em rede, o que agiliza a implementação de sistemas multiusuários. Tais classes são desenvolvidas

para suportar tecnologias avançadas de comunicação, como protocolos TCP/IP (*Transport Control Protocol/Internet Protocol*), HTTP, FTP (*File Transfer Protocol*), entre outros.

Diversas outras características poderiam ser citadas, tais como robustez, segurança, alto desempenho etc. Entretanto, conforme já declarado, esse não é o objetivo.

1.4 Criação de programas em Java

Na verdade, o título desta seção soa meio estranho porque em Java dizemos que vamos criar uma classe, não um programa, mas, como Java é uma linguagem de programação, cremos que o termo programa não seja tão absurdo. Seja como for, classe ou programa, sua digitação pode ser realizada por meio de um editor de textos qualquer, ou de uma ferramenta específica para isso, gerando o código-fonte do programa (ou da classe).

Depois de digitado, esse programa deve passar por um processo de análise do código, a fim de que seja verificada a existência de erros de sintaxe. Esse processo é chamado de compilação e é realizado por meio de um compilador Java, normalmente o compilador presente no kit de desenvolvimento do Java. Todo programa Java deve ser compilado, assim como ocorre com outras linguagens de programação, como Pascal, C, entre outras.

Com o compilador é realizada a tradução do programa escrito em Java para uma linguagem intermediária chamada Java *bytecodes* – um código independente de plataforma que é decifrado por um interpretador Java, isto é, para que um programa em Java seja executado, é necessário possuir uma outra ferramenta chamada interpretador, responsável por executar o programa escrito em Java em que cada instrução do bytecode é interpretada e executada no computador.

A Figura 1.1 ilustra a sequência de desenvolvimento de um programa em Java. Como um programa em Java deve ser criado na forma de uma classe, conceito estudado mais à frente, deste ponto em diante os programas serão chamados de classes.

Conforme pode ser observado na Figura 1.1, uma classe em Java (código-fonte) pode ser digitada em um editor de textos qualquer e deve ser salva com a extensão Java.

A seguir, uma ferramenta realiza sua compilação (compilador). Caso ocorram erros no processo de compilação, o programa-fonte deve ser corrigido e compilado novamente enquanto persistirem os erros. Quando não existirem mais erros de compilação, será gerado um arquivo com extensão .class (o arquivo com os bytecodes), a ser executado por um interpretador Java ou pelo browser, caso o programa seja utilizado na Internet. Na maioria das principais ferramentas de desenvolvimento, o processo de compilação é automático, isto é, ocorre durante a digitação do código-fonte. A compilação vai sendo executada automaticamente durante a digitação da mesma forma que o corretor ortográfico dos editores de texto.

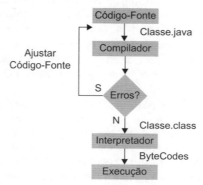

Figura 1.1 – Sequência de desenvolvimento de um programa em Java.

1.5 A plataforma Java

Plataforma é um ambiente de software ou hardware no qual um programa roda. A maioria das plataformas é formada pelo conjunto hardware e um Sistema Operacional, isto é, um conjunto de hardware e software que atuam juntos. Java difere da maioria das outras plataformas porque é composta apenas de um software operando sobre uma outra plataforma qualquer.

No mundo dos computadores existem muitas plataformas, como Microsoft Windows, Macintosh, Solaris, OS/2, UNIX e NetWare. Normalmente, para que um mesmo programa funcione em diferentes plataformas, é necessário que ele seja compilado separadamente, isto é, ele deve ser compilado na plataforma em que será executado. Uma aplicação que é executada sobre uma plataforma pode não funcionar sobre outra, porque o arquivo foi criado para uma plataforma específica.

Java é uma nova plataforma de software que possibilita que um mesmo programa seja executado em diversas plataformas, talvez a característica mais importante dessa linguagem. Os bytecodes gerados pelo processo de compilação contêm instruções para uma máquina virtual, independentemente de uma máquina física. Um programa escrito na linguagem Java é compilado e gera um arquivo de bytecodes (com extensão .class), que pode ser executado onde quer que a plataforma Java esteja presente, em qualquer sistema operacional subjacente. Em outras palavras, o mesmo programa pode ser executado em qualquer sistema operacional que execute a plataforma Java.

Uma analogia relacionada à plataforma Java pode ser visualizada na Figura 1.2, em que o mesmo programa Java é executado em diferentes plataformas.

Enquanto cada plataforma possui sua própria implementação da máquina virtual Java, existe somente uma especificação padronizada para a máquina virtual, proporcionando uma interface uniforme para aplicações de qualquer hardware. A Sun, a empresa desenvolvedora inicial do Java, criou um *slogan* para a plataforma: "*Write Once, Run Anywhere*"[SM], ou seja, uma vez criada a aplicação, ela pode ser executada em qualquer máquina, desde obviamente que exista a máquina virtual correspondente.

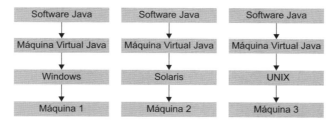

Figura 1.2 – Um mesmo programa Java executado em plataformas diferentes.

O desenvolvimento da plataforma Java permitiu o surgimento de outras linguagens de programação que rodam sob a máquina virtual. É o caso de Groovy, uma linguagem que possibilita a geração de bytecodes em Java, ou seja, é possível criar um programa em outra linguagem e gerar um arquivo de bytecodes como se o programa tivesse sido criado em Java. Outra linguagem recente que se desenvolveu a partir do Java é o Android, uma plataforma presente na maioria dos celulares e tablets do mercado. Essa característica torna possível que outras linguagens ampliem o poder do próprio Java.

1.6 Ambiente de desenvolvimento

Este item apresenta um esboço das ferramentas básicas necessárias para a elaboração, compilação e execução de aplicações em Java.

Como qualquer outra linguagem, há muitos ambientes de desenvolvimento que suportam Java. Existe uma infinidade de ferramentas que podem deixar o desenvolvedor em dúvida na hora de escolher o ambiente adequado de trabalho. No momento, as duas principais ferramentas de desenvolvimento Java são NetBeans (http://www.netbeans.org) e Eclipse (http://www.eclipse.org); ambas podem ser utilizadas gratuitamente. O Apêndice A apresenta uma breve introdução ao uso do NetBeans, e o Apêndice B, uma introdução ao Eclipse. Este livro não aborda em profundidade nenhuma ferramenta de desenvolvimento, pois o foco está no kit de desenvolvimento JDK e na linguagem Java em si, não no uso de uma ferramenta. Apesar disso, alertamos para o seguinte fato: num ambiente real de desenvolvimento de sistemas em Java é essencial a utilização de uma ferramenta de desenvolvimento, por isso é importante o leitor considerar o uso de uma das ferramentas citadas.

O livro procura direcionar o leitor a preocupar-se em entender os aspectos da linguagem e não detalhes operacionais de uma ferramenta, tornando o aprendizado mais simples. Mesmo assim, conforme já citado, o leitor deve aprimorar seus conhecimentos usando alguma ferramenta de desenvolvimento.

Observação

Existem diversas ferramentas presentes no JDK da Oracle (veja os arquivos existentes na pasta "bin" da instalação do Java). Entre elas citamos o compilador (javac), o interpretador (java) e o visualizador de applets (appletviewer). No entanto, este livro não considera a utilização dessas ferramentas. Por questões de produtividade, é indicado utilizar um ambiente visual de desenvolvimento, como, por exemplo, as IDEs NetBeans e Eclipse. Esperamos que o leitor escolha uma das ferramentas e digite os exemplos constantes no livro a partir de uma delas.

1.6.1 Instalação do Java

Existem diversas maneiras de preparar o ambiente para o desenvolvimento de aplicações em Java. Consideraremos inicialmente apenas o kit de ferramentas da Oracle: o JDK. Para detalhes sobre instalação e utilização da ferramenta NetBeans, consulte o Apêndice A. Para detalhes sobre instalação e utilização da ferramenta Eclipse, consulte o Apêndice B.

Na época em que este livro foi escrito, a Oracle fornecia download gratuito de sua ferramenta a partir do endereço http://www.oracle.com/technetwork/java/javase/downloads/index.html. O nome do kit de ferramentas que você deve baixar é "JDK 8", ou ainda uma outra versão mais recente, caso se encontre disponível. Na Figura 1.3 você pode ver um link com o nome "Java Plataform (JDK) 8". Clique nesse item para acessar a página de download do Java 8. A letra u presente em "8u11" se refere a update, isto é, Java 8 update 11.

Figura 1.3 – Download do JDK na plataforma Windows.

Os procedimentos para instalação do JDK no Windows são os seguintes:

Faça o download da versão correspondente ao Sistema Operacional instalado em sua máquina. Ao clicar no botão Accept Licence Agreement, aparece a tela referente à Figura 1.4. Clique no link de download e será transferido o arquivo de instalação. Como você pode notar, existem versões para várias plataformas (Windows, Linux, Solaris etc.).

Product / File Description	File Size	Download
Linux x86	133.58 MB	jdk-8u11-linux-i586.rpm
Linux x86	152.55 MB	jdk-8u11-linux-i586.tar.gz
Linux x64	133.89 MB	jdk-8u11-linux-x64.rpm
Linux x64	151.65 MB	jdk-8u11-linux-x64.tar.gz
Mac OS X x64	207.82 MB	jdk-8u11-macosx-x64.dmg
Solaris SPARC 64-bit (SVR4 package)	135.66 MB	jdk-8u11-solaris-sparcv9.tar.Z
Solaris SPARC 64-bit	96.14 MB	jdk-8u11-solaris-sparcv9.tar.gz
Solaris x64 (SVR4 package)	135.7 MB	jdk-8u11-solaris-x64.tar.Z
Solaris x64	93.18 MB	jdk-8u11-solaris-x64.tar.gz
Windows x86	151.81 MB	jdk-8u11-windows-i586.exe
Windows x64	155.29 MB	jdk-8u11-windows-x64.exe

Figura 1.4 – Download do JDK na plataforma Windows.

O processo de instalação é bastante simples. Ao clicar no arquivo transferido pelo processo de download, aparece uma janela de boas-vindas. Para prosseguir a instalação, pressione o botão "Next". A seguir surge uma nova janela, Figura 1.5. Por meio dela você pode selecionar os itens que serão instalados em sua máquina. Vamos entender cada um desses itens:

- **Development Tools:** contém as ferramentas de desenvolvimento (compilador, interpretador etc.), essenciais para o desenvolvimento de aplicações em Java. Após o término da instalação, essas ferramentas estarão armazenadas numa pasta chamada "bin" dentro do diretório principal do Java.
- **Source Code:** contém o código-fonte das classes em Java. A Oracle passou a disponibilizar os códigos-fonte em Java a partir da versão 7 da linguagem. Após o término da instalação, as classes estarão armazenadas num arquivo compactado chamado "src" dentro do diretório principal do Java.
- **Public JRE:** trata-se da máquina virtual (JRE é Java Runtime Environment) necessária para a execução de aplicações em Java. Ela acompanha o JDK e por padrão é instalada no diretório "c:\ ProgramFiles\Java\jdk1.8.0_11" (o usuário pode escolher outro local, se preferir). Dependendo da máquina do usuário, esse diretório pode ser "c:\ Arquivos de programas\Java\ jdk1.8.0_11". A pasta padrão de instalação também pode variar se a versão do Windows for 32 ou 64 bits.

Como o leitor pode observar pela Figura 1.5, no caso selecionamos todos os itens. Faça a escolha que preferir e pressione o botão Next.

- A próxima janela que aparece na Figura 1.6 solicita que o usuário defina o caminho da instalação do JRE, conforme já informamos. Essa janela só aparecerá se você selecionou o item "Public JRE" na janela do passo anterior. Pressione o botão Next para manter a pasta padrão de instalação do JRE.

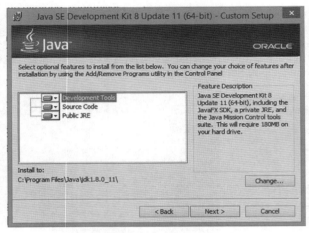

Figura 1.5 – Itens de instalação do JDK.

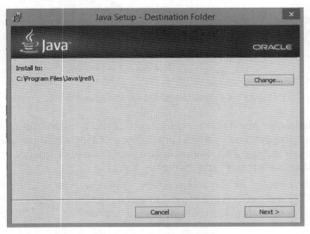

Figura 1.6 – Caminho do JRE.

Ao encerrar a instalação, você pode registrar o JDK no site da Oracle. O processo de instalação transfere todas as ferramentas e outros pacotes da linguagem para sua máquina. Ao instalar o JDK, é criada uma pasta com todos os arquivos do kit de ferramentas. O caminho padrão da instalação é "C:\Arquivos de programas\Java**jdk1.8.0_11**". Dependendo da versão instalada, uma pasta de nome diferente será criada. Quando este livro foi escrito, a versão da ferramenta JDK estava em **1.8.0_11**. Provavelmente a Oracle disponibilizará outras versões em breve, como, por exemplo, jdk1.8.0_12, jdk1.8.0_13 e assim por diante. Como já dissemos, o número 11, 12, 13 ao final do nome se refere ao número do update. Ao instalar o JDK, são criadas diversas pastas, mostradas na Figura 1.7.

Figura 1.7 – Pastas criadas pela instalação do JDK.

Observe que a pasta jdk1.8.0_11 é a principal em que estão todas as outras (a Oracle chama-a de JAVA_HOME). Dependendo da versão do JDK instalada, essa pasta pode ter nomes e conteúdos diferentes. Concentre-se no nome da versão que você baixou.

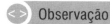 **Observação**

Ao usar o JDK a partir da janela de prompt (janela do antigo sistema operacional DOS) seria necessário realizar a configuração das variáveis de ambiente. Como no livro consideramos que o leitor estará usando uma ferramenta de desenvolvimento como NetBeans ou Eclipse, esse processo é desnecessário. Mesmo assim, caso você precise configurar as variáveis de ambiente, poderá consultar um material adicional no site da Editora Érica que demonstra como configurar as variáveis (considerando-se algumas versões do sistema operacional Windows).

1.7 Primeiro contato com Java

Inicialmente, para fornecer o primeiro contato com a linguagem, será apresentada uma classe em Java que escreve uma mensagem qualquer na tela. Apesar de o exemplo ser simples, ele contém os itens fundamentais para a criação de qualquer aplicação em Java: elaboração do código, compilação e execução.

Antes de testar seu primeiro programa em Java, vamos elaborar um projeto em sua ferramenta preferida (NetBeans ou Eclipse) e vamos adicionar um pacote chamado cap01 contendo a classe Livro.java. Pense num pacote como uma pasta, mais à frente forneceremos maiores detalhes a respeito. Em nosso livro para todo capítulo será criado um pacote. Veja nas Figuras 1.8 e 1.9 como ficará o projeto depois de pronto. Vamos descrever os procedimentos básicos para criar o projeto. Caso tenha dúvidas, consulte os Apêndices A (NetBeans) e B (Eclipse).

 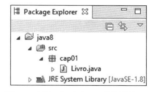

Figura 1.8 – Projeto na IDE NetBeans.   **Figura 1.9** – Projeto na IDE Eclipse.

Para testar nosso exemplo utilizando a IDE NetBeans, siga os passos da Seção 1.7.1. Caso utilize o Eclipse, siga para os passos da Seção 1.7.2.

1.7.1 Java com a *IDE NetBeans*

Para criar e executar uma classe a partir do NetBeans, siga estes passos:

1. Abra a IDE Net Beans – Acesse o menu Arquivo – Novo Projeto. Em Categoria escolha Java e em Projetos escolha Aplicação Java. Pressione o botão Próximo. Surgirá uma nova janela para definir alguns dados de seu projeto. Em Nome do Projeto digite **java8**, desabilite a opção Criar classe principal e pressione o botão Finalizar. Nesse ponto o seu projeto terá sido criado. Veja a Figura 1.10.

Figura 1.10 – Projeto java8 na IDE NetBeans.

2. O próximo passo é criar um pacote para armazenar nossa classe Livro. Selecione o projeto java8 como mostra a Figura 1.10, pressione o botão direito do mouse sobre ele, selecione Novo – Pacote Java... Em Nome do Pacote digite **cap01** e pressione o botão Finalizar. Será adicionado um pacote chamado **cap01** a nosso projeto java8. Em seguida vamos criar a classe Livro e adicioná-la ao pacote cap01.

Para isso, pressione o botão direito do mouse sobre o pacote cap01, selecione Novo – Classe Java... Em Nome da Classe digite **Livro** e pressione o botão Finalizar. Ao criar a classe Livro, surgirá um código gerado automaticamente, veja a Figura 1.11. Observe que existem diversos comentários (linhas 1 a 5 e 7 a 10) gerados pela ferramenta, eles não são importantes nesse momento e podem ser excluídos.

Figura 1.11 – Classe Livro na IDE NetBeans.

Altere o código da classe Livro, digitando a listagem do Exemplo 1.1.

Exemplo 1.1 – Listagem da classe Livro no NetBeans

```
package cap01;
public class Livro {
    public static void main(String[] args) {
        System.out.println("Java 8");
        System.out.println("Ensino Didático");
        System.out.println("Sérgio Furgeri");
    }
}
```

Para executar nossa classe Livro, pressione o botão direito do mouse sobre ela e escolha Executar arquivo (o atalho Shift+F6 também pode ser usado para executar uma classe). Se tudo estiver correto, aparecerá na janela Saída o resultado apresentado na Figura 1.12.

Figura 1.12 – Saída da execução da classe Livro no NetBeans.

1.7.2 Java com a IDE Eclipse

Para criar e executar uma classe a partir do Eclipse, siga estes passos:

1. Abra a IDE Eclipse – Acesse o menu File – New – Java Project. Caso a opção Java Project não esteja disponível, escolha Project... e depois Java Project. Abrirá uma nova janela contendo os detalhes do projeto, em Project Name digite **java8** e pressione o botão Finish. O projeto será criado contendo a pasta src (source) e a biblioteca do JRE, veja a Figura 1.13.

Figura 1.13 – Projeto java8 na IDE Eclipse.

2. Assim como fizemos no NetBeans, o próximo passo será criar o pacote cap01 para armazenar nossa classe Livro. Selecione o projeto java8, pressione o botão direito do mouse sobre ele e selecione New – Package. Na nova janela que surge, em Name digite **cap01** e pressione o Finish. O próximo passo será criar a classe Livro dentro do pacote cap01. Para isso, selecione cap01, pressione o botão direito do mouse sobre ele e selecione New – Class. Na janela que surge, em Name digite **Livro** e pressione o botão Finish. A Figura 1.14 apresenta a estrutura do projeto (à esquerda) e a classe Livro (à direita).

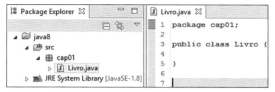

Figura 1.14 – A classe Livro na IDE Eclipse.

Altere o código da classe Livro, digitando a listagem do Exemplo 1.1.

Para executar a classe, pressione o botão direito do mouse sobre o nome da classe e selecione Run As – Java Application (ou pelo atalho F11). Se tudo estiver correto, aparecerá a saída na janela Console como mostra a Figura 1.16.

Figura 1.15 – A classe Livro criada na IDE Eclipse.   **Figura 1.16** – Saída da execução da classe Livro no Eclipse.

Toda classe em Java exige a presença da palavra reservada **class** seguida do nome da classe. Por convenção, todo nome de classe em Java inicia-se com letra maiúscula. Este livro também utiliza esse padrão. Um par de chaves envolve todo o código da classe – sempre uma classe em Java possui uma chave que envolve o código. Existem muitos detalhes envolvidos na criação de classes de que trataremos no decorrer dos exemplos do livro.

Toda classe executável, isto é, toda classe que será interpretada e executada deve, obrigatoriamente, possuir o **método main** (principal), invocado quando a classe é executada. No Exemplo 1.1, quando a classe for executada, será invocado o método main que possui três instruções para envio de mensagens na tela (System.out.println). Não é exatamente uma instrução simples e sim uma classe da linguagem que possui um método especializado em saída de dados, mas vamos por partes.

> **Dica**
>
> Procure salvar os arquivos em Java com o mesmo nome definido na classe. Por exemplo, se você criar uma classe com o nome Veiculo (class Veiculo), salve-a com o nome Veiculo.java. Esse procedimento é obrigatório quando uma classe é declarada como pública (**public class** Veiculo). Todas as classes usadas no livro serão declaradas como públicas e por isso precisam ter o nome do arquivo exatamente igual ao definido para a classe.

Observação

Um dos maiores problemas de programar em Java, algo que tira o sono dos programadores, refere-se à sensibilidade maiúscula/minúscula das palavras usadas. Os desenvolvedores em Java nomeiam as classes seguindo a convenção "**Camel Case**", uma maneira padronizada de escrever palavras compostas. Por exemplo, o nome de uma classe sempre inicia com letra maiúscula (no Exemplo 1.1, String e System). Caso o nome da classe possua mais de uma palavra, cada palavra é iniciada em maiúscula (exemplos: **I**mprime**T**exto, **G**rava**A**rquivo**E**m**D**isco).

A primeira linha da classe contém o nome do pacote, no caso cap01. O uso de pacotes é fortemente recomendado, mas o que é isso?

Conforme citado anteriormente, um pacote (package) em Java é um diretório (pasta) em que está armazenado um conjunto de classes, em nosso exemplo inicial apenas uma classe. Geralmente as classes

de mesma afinidade, ou mesmo propósito, são armazenadas num mesmo local. Alguns exemplos de pacote do próprio Java são: awt, beans, io, lang, math, net, rmi etc. Na realidade, todas as classes pertencem a algum pacote. Quando o pacote não é especificado, a classe passa a pertencer ao pacote default, isto é, a própria pasta na qual a classe foi salva. Como já afirmamos, criar uma classe sem um pacote não é uma prática recomendada, por isso todas as classes que criarmos no livro estarão associadas a um pacote. Para cada capítulo será definido um pacote cujo nome fará referência ao próprio capítulo (cap01, cap02, cap03 etc.).

Por convenção, o nome de um pacote sempre deve ser em letras minúsculas (isso permite diferenciar do nome de classes), podendo ser separados por ponto final (.). É indicado também que os pacotes tenham o nome reverso ao site a partir do qual eles se encontram armazenados. Por exemplo, se um pacote chamado "meupacote" se localiza no site http://www.pacotes.com.br, então o endereço completo do pacote deve ser **br.com.pacotes.meupacote**.

Um pacote é definido a partir da palavra reservada **package**, inserida na primeira linha de uma classe, seguindo a sintaxe **package nome-do-pacote;**. Observe que essa mesma sintaxe foi usada em nosso Exemplo 1 da classe Livro. No capítulo referente à orientação a objetos apresentaremos outros detalhes a respeito do uso de pacotes.

A linha do método principal possui o formato public static void main(String[ ] args). Todas as classes executáveis precisam ter essa linha. A única coisa que pode ser alterada na linha é a variável args que pode receber outro nome de acordo com o desejo do programador. A seguir, é feita uma análise um pouco mais detalhada dessa linha. Mesmo que alguns termos pareçam estranhos, o leitor não deve se preocupar, pois a sequência de aprendizado durante os próximos capítulos traz mais clareza.

public

É um qualificador usado em diversos identificadores em Java (classes, atributos, métodos), e no exemplo foi usado antes do método main. Quando o qualificador public é colocado antes da palavra reservada class, como em nosso caso **public class Livro**, significa que essa classe será visível a outras classes (outras classes podem utilizar a classe Livro). O mesmo ocorre com o método main, que por ser público pode ser utilizado por outras classes; ele será visível a outras classes. Isso é útil quando uma classe necessita utilizar alguma funcionalidade de outra, característica muito comum na linguagem Java. As questões de visibilidade são tratadas mais à frente no capítulo sobre orientação a objetos.

static

Trata-se de um qualificador que indica que o método pertence à classe (ele é estático à classe que o definiu). Ainda é muito cedo para que o leitor possa compreender o funcionamento do qualificador static. Voltaremos ao assunto no capítulo referente à orientação a objetos.

void

É o valor de retorno do método. Quando não há nenhum valor a ser retornado por quem chamou o método, ele retorna void, uma espécie de valor vazio. Este livro apresenta um capítulo voltado aos métodos, item muito importante para o aprendizado de Java. Vamos demonstrar que os métodos podem retornar valores, isto é, processar alguma informação e retornar um valor de resultado. Quando um método retorna um resultado, ele não possui o qualificador void, conforme será mostrado.

main

Esse é o nome do método que indica o ponto inicial da execução da classe. É o método principal, em que todas as variáveis, argumentos e instruções são interpretados e processados para a execução do programa (da classe). Por convenção, uma classe que contém o método main é considerada uma aplicação, um programa que pode ser executado. Em um sistema real existem muitas classes, centenas,

milhares talvez; no entanto, apenas uma classe normalmente possui o método main. Assim, a classe que contém o método main será o ponto de partida para a execução do sistema.

(String[ ] args)

É o argumento do método principal (main); trata-se de um vetor de strings responsável por receber valores que podem ser processados internamente à classe. Imagine que uma classe qualquer possa receber uma frase e mostrá-la na tela pausadamente, letra a letra. Essa frase seria passada ao vetor args, ou seja, args é a porta de entrada a partir da qual a classe pode se comunicar com o "mundo externo", isto é, com outras classes. Mais adiante são demonstrados diversos exemplos que recebem argumentos. Outra variação existente nessa sintaxe é inverter a posição dos colchetes ([ ]) que aparecem do lado direito da palavra String. Poderia ser usado o formato "**String args[ ]**", cujo resultado obtido seria o mesmo, isto é, trata-se da declaração de um vetor de strings.

{ ... }

"Abre-chaves" e "fecha-chaves" delimitam um bloco de código semelhante ao BEGIN e END de outras linguagens, como Pascal. No Exemplo 1.1 a classe Livro envolve todas as instruções da classe, inclusive o método main. Esse exemplo possui apenas o método main, entretanto uma classe pode envolver diversos métodos.

Material de apoio

Você sabia que a linguagem Java pode ser usada sem nenhum tipo de ferramenta de desenvolvimento? Apenas com um editor de textos, como o bloco de notas, é possível digitar e salvar o código-fonte. Depois disso, é possível compilar o arquivo usando o aplicativo javac e executar a classe utilizando o aplicativo java. O compilador (javac) e o interpretador (java) estão armazenados na pasta bin da instalação do Java. O endereço seguinte contém um tutorial que mostra como é possível realizar esse processo: <http://editoraerica.com.br/>.

Exercícios para fixação do conteúdo

As questões seguintes têm apenas uma resposta correta.

1. Complete as lacunas em cada uma das frases seguintes:
    a. A empresa criadora da linguagem Java foi a _____.
    b. _____ trata-se de um qualificador que indica que o método pertence à classe.
    c. Toda classe executável deve, obrigatoriamente, possuir o método _____.
    d. _____ é um qualificador que faz com que uma classe seja visível a outras classes.

2. A palavra reservada em Java utilizada para definir o nome da classe é:
   a. public
   b. void
   c. main
   d. class
3. Um dos principais motivos que contribuiu para o desenvolvimento da linguagem Java foi:
   a. O nome da linguagem.
   b. O desenvolvimento da Internet.
   c. A linguagem ser relativamente simples.
   d. O desempenho da linguagem em termos de velocidade.
4. Por que a utilização de Java em multiplataforma é muito importante para os programadores?
5. Qual das características seguintes não diz respeito à linguagem Java?
   a. Pode ser executada em qualquer computador, independentemente de existir uma máquina virtual Java instalada.
   b. É uma linguagem que pode ser usada para o desenvolvimento de aplicações voltadas à web.
   c. É uma linguagem com suporte à orientação a objetos.
   d. É uma linguagem com um bom nível de segurança.
6. A sequência de desenvolvimento de uma classe em Java é:
   a. Compilação, digitação e execução.
   b. Digitação, execução e compilação.
   c. Digitação, compilação e execução.
   d. Digitação e execução.
7. Cite um nome de linguagem que pode ser executada a partir da máquina virtual Java.
8. Com base no Exemplo 1.1 apresentado neste capítulo, crie uma nova classe que mostre na tela as mensagens "Ensino didático Java 8" e "Uma maneira fácil e gostosa de aprender".
9. Qual é a função do compilador Java?
10. Assinale a alternativa correta em relação ao JDK.
    a. JDK é uma ferramenta de desenvolvimento e serve apenas para testar a execução de aplicações em Java.
    b. É uma ferramenta de desenvolvimento e serve apenas para compilar classes feitas em Java.
    c. É um kit de ferramentas e serve para proporcionar uma interface amigável com o usuário.
    d. É um kit de ferramentas e serve para o desenvolvimento completo de aplicações em Java.

Seu próximo passo

Neste ponto o leitor já possui os conhecimentos básicos da linguagem Java, reconhecendo a sua importância, seu impacto e crescimento por meio da Internet, suas principais características e vantagens de utilização. O próximo capítulo aborda o início do aprendizado em Java, considerando que o leitor é novato no assunto, ou seja, são fornecidos os subsídios necessários para o aprendizado inicial da linguagem Java.

Capítulo 2

Aspectos Fundamentais de Java

Objetivos deste capítulo

- ✓ Fornecer o primeiro contato com a linguagem Java por meio de pequenos exemplos.
- ✓ Descrever os principais tipos de dados e operadores.
- ✓ Demonstrar a declaração de variáveis e sua utilização.
- ✓ Enumerar os principais conversores de tipo usados em Java.
- ✓ Demonstrar diferentes formas de entrada de dados em Java.

2.1 Tipos de dados

Antes de começarmos, vamos fazer uma pequena analogia. Um caminhão pode transportar diferentes objetos, e cada um deles pode exigir uma embalagem diferente para ser armazenado. Em função disso, cada objeto pode exigir um espaço físico diferente no compartimento de carga. Ao sair de viagem com o caminhão, seu Francisco carrega diversos produtos alimentícios, todos acondicionados em embalagens especiais. Isso é importante para que os produtos permaneçam bem acomodados no compartimento de carga. Dessa forma, seu Francisco tem certeza de que os produtos chegarão ao destino da mesma maneira como iniciaram a viagem, isto é, suas características permanecerão as mesmas, os produtos chegarão ao destino de maneira intacta, sem sofrerem nenhum dano.

Para que o exposto seja verdade, é essencial utilizar a embalagem correta para cada tipo de produto. Por exemplo, a embalagem usada para transporte de bananas será diferente da usada para peras. O que aconteceria se seu Francisco tentasse colocar uma melancia numa caixa destinada a guardar caquis? A embalagem ideal para acondicionar caquis não pode ser a mesma usada para melancias, que seriam muito grandes para a embalagem; não é possível guardar uma melancia numa caixa de caquis.

De forma semelhante, em computação existem diferentes tipos de dados (tipos numéricos, caracteres, textuais etc.), e cada um precisa de um espaço diferente na memória do computador, cada um exige uma "embalagem" adequada para seu armazenamento. Cada embalagem pode ser considerada um tipo de dado diferente.

Considere que seja necessário armazenar na memória do computador os seguintes dados de uma pessoa: nome, sexo e idade. O nome contém uma sequência de caracteres, o sexo contém uma única letra (M ou F) e a idade, um valor numérico. Note que cada informação a ser armazenada exige uma "embalagem" diferente: o sexo, apenas uma letra (uma embalagem pequena), o nome, uma sequência de letras (uma embalagem maior), enquanto a idade deve manter um valor numérico inteiro (uma embalagem de tipo diferente). Para armazenar esses dados, um programa deve definir variáveis, isto é, identificadores de um determinado tipo de dado.

Resumindo, antes de utilizar variáveis (a embalagem) é necessário definir que tipo de dado elas vão armazenar. Caso seja necessário armazenar a quantidade em estoque de um determinado produto, pode-se declarar uma variável do tipo inteira, ou para armazenar valores monetários é possível declarar uma variável do tipo double e assim por diante. Os tipos de dados em Java são portáveis entre todas as plataformas de computadores que suportam essa linguagem. Mais detalhes sobre variáveis são fornecidos na próxima seção.

Na maioria das linguagens, quando um tipo de dado é utilizado, por exemplo, um tipo inteiro, pode ser que para uma determinada plataforma esse número seja armazenado com 16 bits e em outra com 32 bits. Em Java isso não ocorre, uma vez que um tipo de dado terá sempre a mesma dimensão, independentemente da plataforma utilizada. Esse e muitos outros recursos de portabilidade de Java permitem que os programadores escrevam programas sem conhecer a plataforma de computador em que eles serão executados.

A Tabela 2.1 demonstra os tipos de dados, considerados os tipos primitivos da linguagem, utilizados na criação de variáveis.

Tabela 2.1 – Os tipos primitivos em Java

Tipo	Quantidade de bits	Valores
char	16	'\u0000' a '\uFFFF'
byte	8	-128 a + 127
int	32	-2.147.483.648 a +2.147.483.647
short	16	-32.768 a + 32.767
long	64	-9.223.372.036.854.775.808 a +9.223.372.036.854.775.807
float	32	-3.40292347E+38 a +3.40292347E+38
double	64	-1.79769313486231570E+308 a +1.79769313486231570E+308
boolean	8	true ou false

Quando os recursos de hardware da máquina eram mais limitados, existia a preocupação de reduzir ao máximo a quantidade de memória utilizada por um programa; não que isso não ocorra hoje, mas antigamente era prioritário. Analisando a Tabela 2.1, um programador chegaria à conclusão de que para armazenar a idade de uma pessoa deveria ser utilizado o tipo byte, pois possui uma faixa de valores suficiente para armazenar a idade que uma pessoa normal pode atingir, dispensando outros tipos numéricos que ocupariam mais espaço na memória.

2.2 Definição de variáveis e constantes

Uma variável ou constante é um tipo de identificador cujo nome, escolhido pelo programador, é associado a um valor pertencente a um certo tipo de dado. Em outras palavras, um identificador é a localização da memória (um endereço ou vários deles) capaz de armazenar o valor de um certo tipo, para o qual se dá um nome (o nome da variável, constante, objeto etc.) que usualmente descreve seu significado ou propósito. Dessa forma, todo identificador possui um nome, um tipo e um conteúdo. Os identificadores

não podem utilizar as palavras reservadas da linguagem Java, assim como ocorre com outras linguagens de programação. A relação de palavras reservadas do Java é apresentada na Tabela 2.2.

Tabela 2.2 – Palavras reservadas em Java

abstract	default	goto *	Package	this
assert ***	do	if	Private	throw
boolean	double	implements	protected	throws
break	else	import	public	transient
byte	enum ****	instanceof	Return	try
case	extends	int	Short	true
catch	false	interface	static	void
char	final	long	strictfp **	volatile
class	finally	native	Super	while
const *	float	new	Switch	
continue	for	null	Synchronized	
*	não usado			
**	adicionado à versão 1.2			
***	adicionado à versão 1.4			
****	adicionado à versão 1.5			

Observação

As palavras reservadas em Java referem-se a nomes de instruções utilizadas na linguagem que não podem ser usadas como nomes de identificadores (variáveis, objetos etc.). O número de palavras reservadas aumentou em decorrência das diferentes versões do Java.

A linguagem Java exige que todos os identificadores tenham um tipo de dado definido antes de serem utilizados no programa, ou seja, eles devem ser obrigatoriamente declarados, independentemente do ponto do programa, seja no início, no meio ou no final, desde que antes de sua utilização no programa. Essa característica difere da maioria das linguagens de programação. Pascal, por exemplo, possui uma área exclusiva para a declaração das variáveis.

2.2.1 Declaração de variáveis

Quando as variáveis são declaradas, a linguagem Java atribui a elas valores padrão, a menos que especificado de maneira contrária pelo programador. Atribui-se a todas as variáveis dos tipos *char*, *byte*, *short*, *int*, *long*, *float* e *double* o valor 0 por default. Já às variáveis do tipo *boolean*, por default, atribui-se *false*. Entretanto, dependendo do ponto do programa em que a variável é utilizada, torna-se obrigatória sua inicialização com algum valor, mesmo que a linguagem possua esses valores padrão.

As variáveis também possuem sensibilidade, isto é, ao declarar uma variável com o nome *dolar*, ela deve ser utilizada sempre da mesma forma. Não pode ser usada como Dolar, DOLAR, dOlar ou qualquer outra variação, apenas com todas as letras minúsculas, como realizado em sua declaração.

Os nomes de variáveis devem começar com letra, caractere de sublinhado (_) ou cifrão ($). Não é permitido iniciar o nome de uma variável com número. Por convenção, a linguagem Java utiliza o seguinte padrão para nomear as variáveis (e outros identificadores):

▶ Quando o nome da variável for composto apenas por um caractere ou palavra, os caracteres devem ser minúsculos.

▶ Quando o nome da variável tiver mais de uma palavra, a primeira letra, da segunda palavra em diante, deve ser maiúscula. Todos os outros caracteres devem ser minúsculos.

Exemplos de nomes de variáveis: a, a1, $preco, nome, valorVenda, codigoFornecedor.

O Exemplo 2.1 apresenta uma classe que utiliza todos os tipos de dados primitivos.

Exemplo 2.1 – Listagem da classe Tipos Primitivos

```java
package cap02;
public class TiposPrimitivos {
    public static void main(String args[]) {
        char sexo = 'f';
        byte idade = 89;
        short codigo = 256;
        float nota = 9.4f;
        int alunos = 100, classes = 10;
        long habitantes = 9050100;
        double dolar = 2.62;
        boolean alternativa = false;
        System.out.println("sexo:" + sexo + " idade:" + idade + " codigo:" + codigo);
        System.out.println("nota:" + nota + " alunos:" + alunos + " classes:" + classes);
        System.out.println("habitantes:" + habitantes + " dolar:" + dolar + " alternativa:" + alternativa);
    }
}
```

As variáveis devem ser definidas antes de serem utilizadas, sendo possível inicializá-las com um valor no momento de sua declaração, conforme mostra o Exemplo 2.1. As variáveis do mesmo tipo podem ser declaradas na mesma linha desde que separadas por vírgula (no exemplo, **int** na linha 8). Quando for necessário definir uma nova variável com um tipo de dado diferente, por convenção se utiliza uma nova linha (no caso, **long** na linha 9).

As linhas 12 a 14 imprimem algumas mensagens (tudo o que estiver envolvido por aspas duplas) e o conteúdo das variáveis (para imprimir o conteúdo de uma variável basta utilizar seu nome – sem o uso das aspas). Observe que o caractere mais (+) é usado para concatenar (juntar) diferentes conteúdos. Em nosso exemplo, o conteúdo texto é concatenado com o conteúdo das variáveis, imprimindo uma frase única para cada linha. Você pode ver o resultado da execução na Figura 2.2.

Outro ponto a ser observado no Exemplo 2.1 se refere à utilização do método println da classe System. Conforme pode ser visualizado na Figura 2.2, para cada método println usado ocorre uma mudança de linha na tela. Essa característica é controlada pelas letras ln inseridas no final do método println, isto é, o método imprime o que está entre parênteses e em seguida imprime um final de linha. A próxima informação a ser impressa aparece na outra linha. Caso seja necessário imprimir diversos valores na mesma linha, além de utilizar o operador de concatenação, pode-se utilizar o método println sem o ln no final da seguinte forma: System.out.print ("Dados a serem impressos").

Para finalizar nossa análise do Exemplo 2.1, observe a utilização do ponto e vírgula (;) no final da maioria das linhas de código (linhas contendo instruções). Essa é outra obrigatoriedade da linguagem, porém nem todas as linhas necessitam do encerramento com ponto e vírgula. Somente a prática do dia a dia fará com que o leitor ganhe experiência nesse aspecto. É aconselhável que, à medida que os exemplos forem apresentados, o leitor procure prestar atenção nas linhas que não necessitam de encerramento.

Para testar a execução do Exemplo 2.1, faça o seguinte:

1. Crie um novo pacote chamado **cap02** no projeto java8 (o projeto criado no Capítulo 1).
2. Salve a classe **TiposPrimitivos** dentro do pacote cap02.
3. Selecione e execute a classe **TiposPrimitivos** (Shift + F6 no NetBeans ou F11 no Eclipse).

A Figura 2.1 apresenta a estrutura do projeto com a classe TiposPrimitivos e a Figura 2.2 apresenta o resultado da execução do Exemplo 2.1.

Figura 2.1 – A classe TiposPrimitivos.

Figura 2.2 – Tela de execução do Exemplo 2.1.

2.2.2 Declaração de constantes

Uma constante é um tipo de variável que não pode alterar seu conteúdo depois de ter sido inicializado, ou seja, o conteúdo permanece o mesmo durante toda a execução do programa. Na realidade não existem constantes em Java, o que existe é um tipo de variável com comportamento semelhante a uma constante de outras linguagens. Em Java, essa variável é definida como **final**. Essas constantes são usadas para armazenar valores fixos, geralmente definidos no início de uma classe. Em Java, padronizou-se identificar as variáveis do tipo final com todas as letras maiúsculas, e quando existe mais de uma palavra elas são separadas pelo caractere de underline (_). Exemplos de valores constantes são: o valor de PI na matemática (3.14), o valor da aceleração na física (9.81 m/s²), a quantidade de milissegundos existentes em um segundo (1.000) etc. Veja alguns exemplos seguintes de declaração de variáveis do tipo final:

```
final double PI = 3.14;
final int MILISEGUNDOS_POR_SEGUNDO = 1000;
final long MILISEGUNDOS_POR_DIA = 24 * 60 * 60 * 1000;
```

Caso um segundo valor seja atribuído a uma variável final no decorrer da classe, o compilador gera uma mensagem de erro. Não é obrigatório inicializar o conteúdo de uma variável final no momento de sua declaração. É possível realizar esses dois processos em locais distintos, conforme apresentado em seguida.

```
final int MILIMETROS_POR_CENTIMETRO;
.
.
.
MILIMETROS_POR_CENTIMETRO = 10;
```

2.3 Comentários

Os comentários são linhas adicionadas ao programa que servem para facilitar seu entendimento por parte do programador, ou ainda por uma outra pessoa que o consulte. Essas linhas não afetam o programa em si, pois não são consideradas parte do código. O Java aceita três tipos de comentário: de uma linha, de múltiplas linhas e de documentação.

Para inserir comentários de linha única utilizam-se // (duas barras) em qualquer local do programa e tudo o que estiver escrito depois desse sinal e na mesma linha será considerado um comentário.

Para inserir comentários que envolvam várias linhas, utiliza-se /* (barra asterisco) para demarcar o início e */ (asterisco barra) para o final, ou seja, tudo o que estiver entre esses dois sinais será considerado comentário.

O terceiro tipo é semelhante ao comentário de múltiplas linhas, entretanto tem o propósito de possibilitar a documentação do programa por meio de um utilitário (**javadoc**) fornecido pela Oracle junto com o JDK. Esse tipo de comentário inicia-se com /** e é encerrado com */.

O Exemplo 2.2 demonstra a utilização desses três tipos de comentários.

Exemplo 2.2 – Listagem da classe Comentarios

```
1   package cap02;
2   /** Exemplo Comentários:
3    Essa classe demonstra a utilização de variáveis em uma classe
4    em Java. São declaradas variáveis do tipo int e double.
5    O exemplo também demonstra como imprimir o conteúdo das variáveis na tela
6    */
7   public class Comentarios {
8       public static void main(String args[]) {
9           int matricula = 1089, idade = 20; // declaração de variáveis do tipo inteiro
10          double dolar = 2.62;
11          /* As linhas seguintes enviam o conteúdo das
12          variáveis para a tela */
13          System.out.println("Matricula: " + matricula + " idade: " + idade + " dolar: " + dolar);
14      }
15  }
```

Para testar a execução do Exemplo 2.2, faça o seguinte:

1. Salve a classe **Comentarios** dentro do pacote cap02 criado no exemplo anterior.
2. Selecione e execute a classe **Comentarios** (Shift + F6 no NetBeans ou F11 no Eclipse).

A Figura 2.3 apresenta a estrutura do projeto com a classe Comentarios e a Figura 2.4 apresenta o resultado da execução do Exemplo 2.2.

Figura 2.3 – A classe Comentarios.

Figura 2.4 – Tela de execução do Exemplo 2.2.

2.4 Operadores

A linguagem Java oferece um amplo conjunto de operadores destinados à realização de operações aritméticas, lógicas e relacionais, com a possibilidade de formar expressões de qualquer tipo. Além dos operadores matemáticos (aritméticos), existem também operadores lógicos e relacionais, conforme abordado em seguida.

2.4.1 Operadores aritméticos

A Tabela 2.3 demonstra os operadores aritméticos usados na linguagem Java.

Tabela 2.3 – Operadores aritméticos em Java

Função	Sinal	Exemplo
Adição	+	x + y
Subtração	-	x – y
Multiplicação	*	x * y
Divisão	/	x / y
Resto da divisão inteira	%	x % y
Sinal negativo	-	–x
Sinal positivo	+	+x
Incremento unitário	++	++x ou x++
Decremento unitário	--	--x ou x--

Aspectos Fundamentais de Java

Entre os operadores presentes na Tabela 2.3, talvez os de decremento (--) e incremento (++) causem alguma dúvida, principalmente para os programadores iniciantes, sobretudo aqueles que não conhecem a linguagem C, uma vez que esses operadores não são comuns na maioria das linguagens. Entretanto, sua utilização é extremamente simples. Como o próprio nome diz, o operador de incremento incrementa (aumenta) o valor de uma variável qualquer em um, ou seja, supondo que uma variável chamada idade possua o conteúdo 10, ao receber o operador de incremento (idade++), seu conteúdo passa a ser 11 (10+1). O mesmo vale para o operador de decremento, logicamente reduzindo em um o conteúdo da variável.

O Exemplo 2.3 mostra uma classe em Java com a utilização de alguns operadores. Os comentários aparecem com barras duplas ('//') junto ao código da própria classe. Conforme já citamos, para imprimir diversas variáveis na tela uma ao lado da outra, é utilizado o operador de concatenação (+), ao contrário de outras linguagens que utilizam a vírgula (,) como separador. Na linha 8, por exemplo, a sequência ("X = " + x) indica que o trecho entre aspas será enviado para a tela concatenado com (+) o conteúdo da variável x. Para enviar uma frase qualquer para a tela, é necessário colocá-la entre aspas; já para enviar o conteúdo de uma variável, as aspas não devem ser utilizadas.

Exemplo 2.3 – Listagem da classe OperadoresAritmeticos

```java
package cap02;
public class OperadoresAritmeticos {
    public static void main(String args[]) {
        // declaracao e inicializacao de variaveis
        int x = 10;
        int y = 3;
        // varias operacoes com as variaveis
        System.out.println("X = " + x);
        System.out.println("Y = " + y);
        System.out.println("-X = " + (-x));
        System.out.println("X/Y = " + (x / y));
        System.out.println("Resto de X por Y = " + (x % y)); // resulta 1
        System.out.println("Inteiro de X por Y = " + (int) (x / y)); // resulta 3
        System.out.println("X + 1 = " + (++x)); // resulta 11
    }
}
```

Para testar a execução do Exemplo 2.3, faça o seguinte:

1. Salve a classe **OperadoresAritmeticos** dentro do pacote cap02.
2. Selecione e execute a classe **OperadoresAritmeticos** (Shift + F6 no NetBeans ou F11 no Eclipse).

A Figura 2.5 apresenta a estrutura do projeto com a classe OperadoresAritmeticos e a Figura 2.6 apresenta o resultado da execução do Exemplo 2.3.

Figura 2.5 – A classe OperadoresAritmeticos.

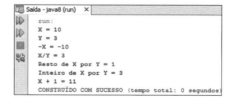

Figura 2.6 – Tela de execução do Exemplo 2.3.

2.4.2 Operadores relacionais

Os operadores relacionais possibilitam comparar valores ou expressões, retornando um resultado lógico verdadeiro ou falso. A Tabela 2.4 demonstra os operadores relacionais usados em Java, e sua utilização é apresentada no Capítulo 3.

Tabela 2.4 – Operadores relacionais em Java

Função	Caractere(s) utilizado(s)	Exemplo
Igual	==	x == y
Diferente	!=	x != y
Maior que	>	x > y
Maior ou igual a	>=	x >= y
Menor que	<	x < y
Menor ou igual a	<=	x <= y

> **Dica**
>
> Cabe observar a utilização do sinal de igualdade (==) para a comparação de variáveis ou expressões. Pelo fato de o sinal de igual simples (=) ser utilizado na maioria das outras linguagens de programação, boa parte dos iniciantes em Java troca o duplo igual (==) pelo sinal de atribuição (igual simples). Isso nem sempre acarreta erro de compilação, gerando resultados imprevisíveis. Procure prestar muita atenção em sua utilização nas classes.

2.4.3 Operadores lógicos

São operadores que permitem avaliar o resultado lógico de diferentes operações aritméticas em uma expressão. Os operadores lógicos usados em Java são demonstrados na Tabela 2.5, e sua utilização é apresentada no Capítulo 3.

Tabela 2.5 – Operadores lógicos em Java

Função	Caractere(s) utilizado(s)	Exemplo
E lógico ou AND	&&	x && y
Ou lógico ou OR	||	x || y
Negação ou NOT	!	!x

Existem ainda dois tipos de operadores que podem ser usados como se fossem operadores relacionais: & e |. Eles são bitwise e operam com a lógica binária como bits. Java possui diversos operadores bitwise, não abordados no livro por serem menos usados.

2.4.4 Sequências de escape

A linguagem de programação Java também possui algumas sequências de escape, que são atalhos utilizados para representar um caractere especial como, por exemplo, uma quebra de linha (\n). Observe a Tabela 2.6.

Tabela 2.6 – Sequências de escape

Sequência	Caractere especial
\b	Espaço
\f	Form feed
\n	Nova linha
\r	Retorno
\t	Tabulação
\"	Aspas duplas
\'	Aspas simples
\\	Barra invertida

2.5 Conversão de tipos

Em diversas aplicações em Java é preciso realizar a conversão dos diversos tipos primitivos existentes. A linguagem Java possui uma série de classes que realizam essa tarefa. A Tabela 2.7 apresenta algumas conversões de tipos. As palavras principais usadas na conversão aparecem em negrito. No decorrer do livro, diversas vezes serão utilizados esses conversores de tipos.

Tabela 2.7 – Algumas conversões de tipo

Supondo a variável x	Converter em	y recebe o valor convertido
int x = 10	float	float y = (**float**) x
int x = 10	double	double y = (**double**) x
float x = 10.5	int	int y = (**int**) x
String x = "10"	int	int y = **Integer.parseInt**(x)
String x = "20.54"	float	float y = **Float.parseFloat**(x)
String x = "20.54"	double	double y = **Double.parseDouble**(x)
String x = "Java"	Vetor de bytes	byte b[] = **x.getBytes**()
int x = 10	String	String y = **String.valueOf**(x)
float x = 10.35	String	String y = **String.valueOf**(x)
double x = 254.34	String	String y = **String.valueOf**(x)
byte x[] – (x é um vetor de bytes)	String	String y = **new String**(x)

O Exemplo 2.4 apresenta a classe ConversaoTipos que realiza algumas conversões presentes na Tabela 2.7.

Exemplo 2.4 – Listagem da classe ConversaoDeTipos

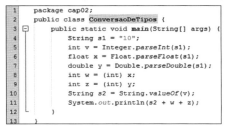

```java
package cap02;
public class ConversaoDeTipos {
    public static void main(String[] args) {
        String s1 = "10";
        int v = Integer.parseInt(s1);
        float x = Float.parseFloat(s1);
        double y = Double.parseDouble(s1);
        int w = (int) x;
        int z = (int) y;
        String s2 = String.valueOf(v);
        System.out.println(s2 + w + z);
    }
}
```

Funcionalidades mais importantes do Exemplo 2.4:

▶ **Linha 4:** contém a declaração da variável s1 do tipo String que recebe o valor "10".

▶ **Linha 5:** contém a declaração da variável v (do tipo inteiro) que recebe o valor da variável s1 (do tipo String), convertido para inteiro por meio de Integer.parseInt(s1). Ainda é cedo para explicar isso, mas, só para que você vá se acostumando com os termos em Java, Integer é uma classe (inicia em maiúscula) e parseInt é um método da classe Integer que recebe um texto e o transforma em inteiro. Essa característica se refere à base da linguagem Java: ela é formada por classes que contêm métodos.

▶ **Linhas 6 e 7:** semelhantemente à linha 5, contêm a declaração das variáveis x (do tipo float) e y (do tipo double) recebendo o conteúdo da variável s1 (do tipo String) em forma de float e double, respectivamente, por meio do método parseFloat da classe Float e do método parseDouble da classe Double.

▶ **Linhas 8 e 9:** contêm a declaração de duas variáveis inteiras w e z, que recebem, respectivamente, o conteúdo das variáveis x (do tipo float) e y (do tipo double), como inteiros. Como vimos anteriormente, para realizar a conversão de valores numéricos, basta inserir o tipo entre parênteses antes do nome da variável (ou conteúdo) a ser convertida.

▶ **Linha 10:** contém a declaração da variável s2 (do tipo String) que recebe o conteúdo da variável v (do tipo inteiro) convertido em texto por meio do método valueOf da classe String.

▶ **Linha 11:** apresenta em tela a concatenação dos valores das variáveis s2, w e z. Se todas as variáveis fossem numéricas, o operador + realizaria a soma de todos os valores. No entanto, como s2 é uma String, qualquer tipo primitivo somado (concatenado) com String será transformado em tipo String. Por isso o resultado em tela é 101010 e não 30 (como seria se as variáveis fossem numéricas).

Para testar a execução do Exemplo 2.4, faça o seguinte:

1. Salve a classe **ConversaoDeTipos** dentro do pacote cap02.
2. Selecione e execute a classe **ConversaoDeTipos**.

A Figura 2.7 apresenta a estrutura do projeto com a classe ConversaoDeTipos e a Figura 2.8 apresenta o resultado da execução do Exemplo 2.4.

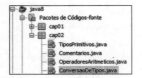

Figura 2.7 – A classe ConversaoDeTipos.

Figura 2.8 – Tela de execução do Exemplo 2.4.

2.6 Entrada de dados pelo teclado

Uma aplicação provavelmente não receberá dados pelo prompt durante a execução. O mais comum é receber os dados do usuário por meio do teclado. Esta seção apresenta três classes diferentes que permitem realizar esse processo: **DataInputStream**, **BufferedReader** e **Scanner**.

2.6.1 Uso da classe DataInputStream

O Exemplo 2.5 recebe o comprimento e a largura de um retângulo em tempo de execução e apresenta o valor da área e do perímetro. A entrada dos dados do usuário é realizada por meio da classe DataInputStream.

Exemplo 2.5 – Listagem da classe EntradaComDataInputStream

```java
package cap02;
import java.io.*;
public class EntradaComDataInputStream {
    public static void main(String args[]) {
        String s;
        float largura, comprimento, area, perimetro;
        DataInputStream dado;
        try {
            System.out.println("Entre com o comprimento");
            dado = new DataInputStream(System.in);
            s = dado.readLine(); //deprecated
            comprimento = Float.parseFloat(s);

            System.out.println("Entre com a largura");
            dado = new DataInputStream(System.in);
            s = dado.readLine(); //deprecated
            largura = Float.parseFloat(s);

            area = comprimento * largura;
            perimetro = comprimento * 2 + largura * 2;
            System.out.println("Área do retângulo : " + area);
            System.out.println("Perimetro do retângulo : " + perimetro);
        } catch (IOException erro) {
            System.out.println("Houve erro na entrada de dados" + erro.toString());
        } catch (NumberFormatException erro) {
            System.out.println("Houve erro na conversão, digite apenas caracteres numéricos"
                + erro.toString());
        }
    }
}
```

Funcionalidades mais importantes do Exemplo 2.5:

- **Linha 2:** contém uma diretiva de compilação, isto é, um apontamento para uma classe externa que será usada durante o processo de compilação. A declaração import indica que determinado pacote de classes deve ser carregado no momento da compilação. Isso é necessário quando uma classe precisa utilizar recursos já definidos em outras classes. O exemplo utiliza o pacote java.io que contém uma série de classes especializadas em entrada e saída de dados. É usada a classe **DataInputStream** que pertence ao pacote java.io. Entenda o pacote como um grupo de classes de mesmo tipo armazenadas em uma pasta qualquer. O asterisco presente em import java.io.* indica que devem ser carregadas todas as classes do pacote java.io. Uma alternativa é realizar a declaração da seguinte forma: import java.io.DataInputStream, indicando que será utilizada apenas a classe DataInputStream.

 Observação

A linguagem Java possui um pacote de classes padrão carregado toda vez que uma classe é compilada. Trata-se do pacote java.lang. Se esse pacote default não fosse carregado automaticamente, mesmo para enviar qualquer informação na tela por meio de System.out.println, seria necessário declarar explicitamente a diretiva. No caso da classe System, seria necessária a seguinte declaração: import java.lang.System. No programa, * não gera overhead (sobrecarga) e normalmente é utilizado para reduzir o tamanho do código. A utilização do * pode gerar certa confusão, uma vez que ele deve ser usado apenas para identificar um grupo de classes e não um grupo de pacotes. Por exemplo, suponha que um programa utiliza os pacotes java.util.* (o asterisco indica todas as classes do pacote util) e java.net.* (o asterisco indica todas as classes do pacote net). Não é possível utilizar java.* achando que os dois pacotes (util e net) serão incorporados ao programa. O estudo mais detalhado de pacotes e da declaração import é realizado no Capítulo 7.

- **Linha 7:** declara um objeto chamado **dado** a partir da classe DataInputStream. Não se preocupe com isso ainda. Em outro capítulo são detalhados a criação e o funcionamento de classes e objetos. No momento, entenda DataInputStream como uma classe que possibilita a entrada de dados via teclado.
- **Linha 8:** contém o bloco **try** (tente). Bloco é um trecho de código delimitado por abre e fecha chaves. O bloco try sempre atua em conjunto com um ou vários blocos catch. No exemplo o bloco try é formado pelo conjunto de todas as instruções localizadas entre as linhas 8 e 23. O Capítulo 3 detalha a utilização das instruções try-catch. Por enquanto, entenda que o interpretador Java tentará executar o bloco try e se algum erro ocorrer a execução do programa será desviada para um dos blocos catch, dependendo do erro gerado na aplicação. Neste exemplo podem ocorrer um erro de entrada de dados pelo teclado (*IOException*) e um erro na conversão de *String* em float (*NumberFormatException*).
- **Linha 10:** o objeto **dado** recebe o que foi digitado pelo usuário por meio da linha **new DataInputStream(System.in)**. Essa linha pode gerar algum tipo de erro, uma vez que manipula troca de dados entre um periférico (teclado) e a memória. Caso ocorra algum erro, a execução do programa será desviada para a linha 23, que trata de erros de entrada e saída de dados.
- **Linha 11:** a variável **s** recebe o conteúdo texto do objeto dado. Essa linha contém o método **readLine()** da classe **DataInputStream** responsável por ler uma linha de texto que foi digitada pelo usuário e atribuí-la à variável s. Observa-se que esse método foi descontinuado pela Oracle. Por esse motivo o método aparece riscado (um método *deprecated*), isto é, trata-se de um método obsoleto. Apesar disso, o método funciona e a classe pode ser executada normalmente. Utilizamos o método readLine da classe DataInputStream para que o leitor possa identificar o significado de *deprecated*. A própria Oracle recomenda que seja utilizado o método readLine, porém da classe BufferedReader, conforme apresenta o Exemplo 2.6.
- **Linha 12:** o conteúdo da variável s é convertido em uma variável numérica do tipo float por meio de **Float.parseFloat** (você pode ler essa instrução como: método parseFloat da classe Float). Essa conversão pode gerar um erro, caso o usuário tenha digitado um conteúdo diferente de número. Caso ocorra algum erro, a execução do programa é desviada para a linha 25, que trata de erros de conversão de tipos.

- **Linhas 14 a 17:** são praticamente idênticas às linhas 9 a 12. A diferença se refere à utilização de outras variáveis.
- **Linhas 19 a 22:** realizam o cálculo da área do perímetro e imprimem o resultado em tela.

Para testar a execução do Exemplo 2.5, faça o seguinte:

1. Salve a classe **EntradaComDataInputStream** dentro do pacote cap02.
2. Selecione e execute a classe **EntradaComDataInputStream**.

A Figura 2.9 apresenta a estrutura do projeto com a classe EntradaComDataInputStream e a Figura 2.10 apresenta o resultado da execução do Exemplo 2.5.

Figura 2.9 – A classe EntradaComDataInputStream.

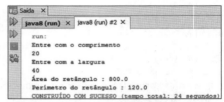

Figura 2.10 – Tela de execução do Exemplo 2.5.

2.6.2 Uso da classe BufferedReader

A seguir é apresentado o Exemplo 2.6, similar ao 2.5, porém utilizando o método **readLine** da classe **BufferedReader**. O resultado da execução é idêntico ao Exemplo 2.5.

Exemplo 2.6 – Listagem da classe EntradaComBufferedReader

```java
package cap02;
import java.io.*;
public class EntradaComBufferedReader {
    public static void main(String args[]) {
        String s;
        float largura, comprimento, area, perimetro;
        BufferedReader dado;
        try {
            System.out.println("Entre com o comprimento");
            dado = new BufferedReader(new InputStreamReader(System.in));
            s = dado.readLine();
            comprimento = Float.parseFloat(s);

            System.out.println("Entre com a largura");
            dado = new BufferedReader(new InputStreamReader(System.in));
            s = dado.readLine();
            largura = Float.parseFloat(s);

            area = comprimento * largura;
            perimetro = comprimento * 2 + largura * 2;
            System.out.println("Área do retângulo : " + area);
            System.out.println("Perimetro do retângulo : " + perimetro);
        } catch (IOException erro) {
            System.out.println("Houve erro na entrada de dados" + erro.toString());
        } catch (NumberFormatException erro) {
            System.out.println("Houve erro na conversao, digite apenas caracteres numericos"
                    + erro.toString());
        }
    }
}
```

2.6.3 Uso da classe Scanner

Outra possibilidade de entrada de dados pelo usuário se refere ao uso da classe Scanner, disponível a partir da versão J2SE 5.0. A grande vantagem dessa classe é possuir diversos métodos para leitura de tipos de dados diferentes, característica que facilita o desenvolvimento do código. Da mesma forma que na classe BufferedReader, você consegue ler a linha inteira digitada pelo usuário, porém a classe Scanner é mais simples de se utilizar. Observe o Exemplo 2.7.

Aspectos Fundamentais de Java

Exemplo 2.7 – Listagem da classe EntradaComScanner

```java
package cap02;
import java.util.*;
public class EntradaComScanner {
    public static void main(String args[]) {
        float largura, comprimento, area, perimetro;
        Scanner sc;
        try {
            System.out.println("Entre com o comprimento");
            sc = new Scanner(System.in);
            comprimento = sc.nextFloat();

            System.out.println("Entre com largura");
            sc = new Scanner(System.in);
            largura = sc.nextFloat();

            area = comprimento * largura;
            perimetro = comprimento * 2 + largura * 2;
            System.out.println("Área do retângulo : " + area);
            System.out.println("Perímetro do retângulo : " + perimetro);
        } catch (NumberFormatException e) {
            System.out.println("Houve erro na conversão, digite apenas caracteres numericos");
        }
    }
}
```

A classe Scanner possui métodos específicos para leitura de diferentes tipos de dados. Observe nas linhas 10 e 14 o uso do método nextFloat que permite ler um valor do tipo float diretamente, sem a necessidade de conversão. Exemplos de alguns métodos similares para leitura de valores numéricos são: nextByte, nextShort, nextInt, nextLong, NextDouble, entre outros.

Apesar de os Exemplos 2.5, 2.6 e 2.7 funcionarem perfeitamente, seu uso se limita à janela de console. A experiência nos mostra que os leitores e alunos preferem solicitar dados no modo gráfico, pois este é muito mais agradável do que o modo texto. A seção seguinte apresenta a entrada de dados durante a execução de uma aplicação em Java por meio da classe JOptionPane.

2.7 Caixa de diálogo para a entrada de dados

A linguagem Java dispõe de uma forma gráfica para receber dados do usuário. Trata-se da utilização de caixas de diálogo, no caso a caixa gerada a partir da classe JOptionPane, vista em detalhes no Capítulo 8. O fato de receber dados de forma gráfica parece dar mais motivação aos iniciantes em Java. Por esse motivo, os exemplos seguintes utilizam essa forma para entrada de dados do usuário. O Exemplo 2.8 refaz os exemplos anteriores, porém empregando a classe JOptionPane para entrada de dados.

Exemplo 2.8 – Listagem da classe EntradaComJOptionPane

```java
package cap02;
import javax.swing.JOptionPane;
public class EntradaComJOptionPane {
    public static void main(String args[]) {
        String aux;
        float largura, comprimento, area, perimetro;
        try {
            aux = JOptionPane.showInputDialog("Entre com o comprimento");
            comprimento = Float.parseFloat(aux);

            aux = JOptionPane.showInputDialog("Entre com a largura");
            largura = Float.parseFloat(aux);

            area = comprimento * largura;
            perimetro = comprimento * 2 + largura * 2;
            JOptionPane.showMessageDialog(null, "Área : " + area + ", Perimetro: " + perimetro);
        } catch (NumberFormatException erro) {
            JOptionPane.showMessageDialog(null, "Houve erro na conversão, digite apenas caracteres numéricos"
                + erro.toString());
        }
        System.exit(0);
    }
}
```

Da mesma forma que os exemplos anteriores, a classe do Exemplo 2.8 solicita dois valores ao usuário (comprimento e largura) e apresenta a área e o perímetro, tudo realizado em caixas de mensagem gráficas (janelas) similares à da Figura 2.12.

Funcionalidades diferentes do Exemplo 2.8 em relação aos exemplos anteriores:

▶ **Linha 2:** contém a declaração import referente à importação da classe JOptionPane. Diferentemente do Exemplo 2.5, em que foi definida a importação de todas as classes do pacote (uso do *), neste exemplo optou-se pela importação de uma única classe, no caso a JOptionPane.

▶ **Linhas 8 e 11:** utilizam o método showInputDialog da classe JOptionPane, responsável por abrir a caixa de diálogo e permitir a digitação do valor do comprimento e da largura. O valor digitado é armazenado em uma variável do tipo String chamada aux. Como JOptionPane retorna um valor do tipo texto (mesmo que seja digitado um valor numérico), ele precisa ser convertido em número por meio de Float.parseFloat (linhas 9 e 12).

▶ **Linha 16:** contém a utilização do método showMessageDialog da classe JOptionPane responsável por abrir a caixa de diálogo e apresentar o valor da área e do perímetro. Observe a diferença entre os métodos showInputDialog e showMessageDialog. Enquanto o primeiro permite a digitação de um valor, o outro apenas apresenta um valor na caixa.

▶ **Linha 21:** utiliza System.exit(0), responsável por encerrar a aplicação.

Para testar a execução do Exemplo 2.8, faça o seguinte:

1. Salve a classe **EntradaComJOptionPane** dentro do pacote cap02.
2. Selecione e execute a classe **EntradaComJOptionPane**.

A Figura 2.11 apresenta a estrutura do projeto com a classe EntradaComJOptionPane e a Figura 2.12 apresenta o resultado da execução do Exemplo 2.8.

Figura 2.11 – A classe EntradaComJOptionPane.

Figura 2.12 – Telas de execução do Exemplo 2.8.

Exercícios para prática da linguagem Java

1. Usando a classe BufferedReader para entrada de dados, crie uma classe que receba o valor de um produto e a porcentagem de desconto, calcule e mostre o valor do desconto e o valor do produto com o desconto. Observação: o valor do desconto é calculado por meio da fórmula: **valor do desconto = valor do produto * percentual de desconto / 100**.

2. Usando a classe Scanner para entrada de dados, faça uma classe que receba dois valores inteiros. O primeiro valor corresponde à quantidade de pontos do líder do campeonato brasileiro de futebol. O segundo valor corresponde à quantidade de pontos do time lanterna. Considerando que

cada vitória vale 3 pontos, elabore uma classe que calcule o número de vitórias necessárias para que o time lanterna alcance (ou ultrapasse) o líder. Por exemplo, supondo que as quantidades de ponto fornecidas sejam 40 e 22, então o número de vitórias apresentada na saída deverá ser 6, pois (40-22) / 3 = 6.

3. O Imposto sobre a Transmissão de Bens Móveis (ITBI) é aplicado sobre o valor de um imóvel a ser negociado. A base de cálculo do ITBI (o valor a ser considerado no cálculo) será o maior valor entre o valor de transação (o valor negociado) e o valor venal de referência (fornecido pela Prefeitura). Com base nisso, elabore uma classe que receba o valor da transação, o valor venal e o percentual de imposto. Após isso, encontre o maior valor e aplique o percentual sobre ele. Ao final, apresente o valor do imposto a ser pago. Observação: o valor do imposto a ser pago é calculado por meio da fórmula: **valor do imposto = maior valor * percentual / 100**. Para entrada e saída de dados utilize a classe JOptionPane.

4. Usando a classe JOptionPane para entrada de dados, elabore uma classe que receba a nota de duas provas e de um trabalho. Calcule e mostre a média e o resultado final (aprovado ou reprovado). Para calcular a média utilize a fórmula seguinte: **média = (nota da prova 1 + nota da prova 2 + nota do trabalho) / 3**. Considere que a média mínima para aprovação é 6.

5. Considere a seguinte informação a respeito do cálculo da aposentadoria. Para se aposentar por idade, as mulheres precisam ter atingido 60 anos de idade e os homens, 65. Já na aposentadoria por tempo de contribuição, o tempo mínimo exigido é de 30 anos para as mulheres e de 35 anos para os homens. Com base nessas informações, elabore uma classe que receba a idade de uma pessoa, seu sexo e a quantidade de anos de contribuição. A seguir, calcule a quantidade de anos que falta de contribuição para se aposentar, ou então emita a mensagem: "você já tem o direito a aposentadoria".

Material de apoio

Exercícios semelhantes aos aqui apresentados podem ser visualizados no endereço seguinte: <http://editoraerica.com.br/>.

Seu próximo passo

Este capítulo demonstrou os aspectos fundamentais da linguagem Java de forma bem simples, abordando os tipos de dados primitivos da linguagem, a declaração de variáveis, operadores e o uso do teclado para a entrada de dados. É importante que o leitor resolva todos os exercícios propostos, pois eles foram elaborados e direcionados para facilitar o progresso nos estudos do capítulo seguinte. O próximo passo trata dos comandos condicionais e estruturas de controle em Java.

Capítulo 3

Estruturas Condicionais, de Exceção e Repetição

Objetivos deste capítulo

- ✓ Fornecer conhecimentos suficientes para que o leitor possa utilizar corretamente as estruturas condicionais.
- ✓ Demonstrar a utilização das estruturas de repetição.
- ✓ Esclarecer as diferenças entre as estruturas de repetição.
- ✓ Fornecer uma visão geral de exceções durante a execução de um programa e os tratamentos de erro.

3.1 Estruturas condicionais

As estruturas condicionais existem em todas as linguagens de programação e possibilitam que a execução de um programa seja desviada de acordo com certas condições. Os comandos condicionais (ou ainda instruções condicionais) usados em Java são **if-else** e **switch-case**. Essas duas estruturas de desvio existentes na linguagem possibilitam executar diferentes trechos de um programa com base em certas condições.

3.1.1 A estrutura if-else

O **if**, em conjunto com o **else**, forma uma estrutura que permite a seleção entre dois caminhos distintos para execução, dependendo do resultado (verdadeiro ou falso) de uma expressão lógica (condição). Nesse tipo de estrutura, se a condição for verdadeira, são executadas as instruções que estiverem posicionadas entre as instruções if/else. Sendo a condição falsa, são executadas as instruções que estiverem após a instrução else. A sintaxe para a utilização do conjunto if else é demonstrada em seguida. Observe que a condição sempre deve aparecer entre parênteses, item obrigatório na linguagem Java.

```
if (<Condição>) {
   <Instruções para condição verdadeira>
} else {
   <Instruções para condição falsa>
}
```

A Figura 3.1 traz uma representação gráfica para ajudar o leitor a entender o funcionamento dessa estrutura. Cada losango pode ser considerado uma instrução if que contém uma expressão lógica (condição). Veja que dependendo do resultado da condição (verdadeira ou falsa) será executado um bloco diferente (1 ou 2) de instruções. É importante entender também que toda estrutura if possui um início e um final, nos quais os dois caminhos se encerram.

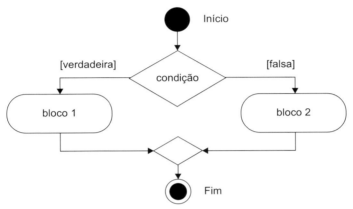

Figura 3.1 – Representação gráfica do if/else.

Assim como a maioria das instruções em Java, o conjunto if-else deve ser utilizado com minúsculas e, caso haja apenas uma instrução a ser executada, tanto no if como no else, o uso das chaves é desnecessário. Lembre-se de que as chaves são utilizadas quando um bloco de instruções precisa ser executado, isto é, mais do que uma instrução.

A *estrutura if-else* apresentada não é a única válida, pois existem outras maneiras diferentes de se criar essa estrutura: if sem o else, if com o else e if com o else aninhado. Compare as representações gráficas dessas variações na Figura 3.2.

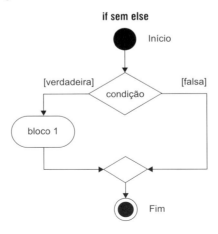

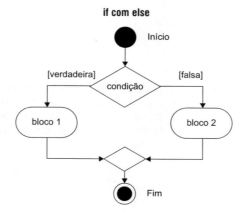

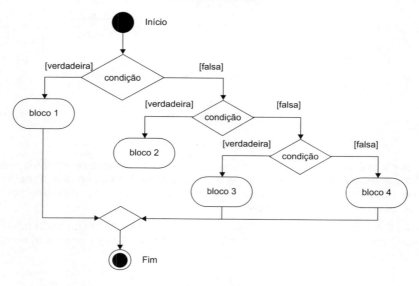

Figura 3.2 – Variações da estrutura condicional.

No primeiro caso é executado um bloco de instruções somente se a condição for verdadeira; no segundo caso serão executados um bloco de instruções para a condição verdadeira e outro para a falsa; já no terceiro caso, quando encontrada a primeira condição verdadeira todas as outras serão desconsideradas. Seja o caminho que for, apenas um bloco de instruções será executado. O terceiro caso demonstra que para cada condição falsa é executada uma outra condição, mas poderia ser representado ao contrário, ou seja, a condição verdadeira poderia levar à execução de uma outra condição.

Os exemplos seguintes demonstram esses três tipos de estrutura em Java.

Estrutura 1: if sem else

O Exemplo 3.1 mostra um uso prático do if sem a presença do else. Trata-se de uma classe em que o usuário seleciona uma opção (Masculino ou Feminino) e a partir disso é usada a instrução if para executar instruções diferentes. Vamos analisar o exemplo.

Exemplo 3.1 – Listagem da classe If

```java
package cap03;
import javax.swing.JOptionPane;
public class If {
    public static void main(String[] args) {
        Object[] op = {"Masculino", "Feminino"};
        String resp = (String) JOptionPane.showInputDialog(null,
                "Selecione o sexo:\n", "Pesquisa",
                JOptionPane.PLAIN_MESSAGE,
                null, op, "Masculino");
        if (resp == null) {
            JOptionPane.showMessageDialog(null, "Você pressionou Cancel");
        }
        if (resp == "Masculino") {
            JOptionPane.showMessageDialog(null, "Você é homem.");
        }
        if (resp == "Feminino") {
            JOptionPane.showMessageDialog(null, "Você é mulher.");
        }
        System.exit(0);
    }
}
```

Funcionalidades comentadas do Exemplo 3.1:

- **Linha 5:** cria um array de objetos chamado **op** contendo os valores "Masculino" e "Feminino". Esses são os itens que aparecem para o usuário escolher. Se precisar de outras opções, basta adicionar seguindo o mesmo padrão. O estudo detalhado de arrays é apresentado no Capítulo 5. Por enquanto, considere que um array permite criar uma relação de valores.

- **Linhas 6 a 9:** conforme abordado no capítulo anterior, o método showInputDialog da caixa de diálogo JOptionPane permite que um valor seja fornecido pelo usuário. Nesse caso em específico, estamos apresentando uma maneira de customizar essa caixa de diálogo, pois, em vez de apresentar uma caixa de texto para digitação de um valor (a forma padrão), é apresentada uma lista de opções. O estudo mais aprofundado da classe JOptionPane é dado no Capítulo 8. Nesse momento vamos apresentar apenas alguns aspectos relacionados ao método showInputDialog. As linhas 6 e 9 formam uma única linha, mas, por questões didáticas, achamos melhor dividi-la em partes. Vamos entender isso seguindo as instruções da esquerda para a direita.

String resp: declara uma variável do tipo String chamada resp. Essa variável receberá o conteúdo selecionado pelo usuário na caixa de diálogo.

(String): um mecanismo de conversão, isto é, o resultado da instrução à direita será convertido para o tipo String.

JOptionPane.showInputDialog: método showInputDialog da classe JOptionPane que abrirá a caixa de opções para o usuário. Neste exemplo, o método recebe 7 valores (tecnicamente chamados de parâmetros): o 1.º se refere ao local em que a caixa de mensagens será exibida: como está definido null a caixa de diálogo será exibida no centro da tela; o 2.º se refere à mensagem que será exibida ao usuário, no caso "selecione o sexo"; o 3.º se refere ao título que será exibido na caixa de mensagem, no caso "Pesquisa"; o 4.º se refere a um valor inteiro que define qual ícone será exibido na caixa de mensagem, no caso uma interrogação por meio da constante (JOptionPane.QUESTION_MESSAGE); o 5.º se refere a um ícone externo que pode ser usado, isto é, pode ser definida uma imagem que será exibida na caixa de diálogo; o 6.º se refere à lista de opções que serão exibidas para o usuário selecionar, no caso definido pela variável op (um array de objetos); o 7.º se refere à opção que aparecerá selecionada por default. Esse texto deve ser igual a uma das opções possíveis de ser selecionada.

- **Linha 10:** a instrução if verifica se foi pressionado o botão *Cancel* da caixa de diálogo, ou seja, caso o usuário pressione o botão *Cancel* no momento em que a caixa de diálogo aparece, então a variável resp recebe o valor null (isso ocorre na linha 6).

Dica

Para realizar várias comparações em um mesmo if, podem ser utilizados os operadores lógicos nas seguintes formas: if (x>y && x<7), if (x>y || x>z || x>k). Todas as comparações devem estar envolvidas por um único parêntese.

- **Linhas 13 a 15:** a instrução if verifica se o conteúdo da variável resp é igual a "Masculino" e mostra a mensagem de "Você é homem".
- **Linhas 16 a 18:** a instrução if verifica se o conteúdo da variável resp é igual a "Feminino" e mostra a mensagem de "Você é mulher".
- **Linha 19:** encerra a aplicação.

A Figura 3.3 ilustra a execução do Exemplo 3.1.

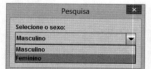 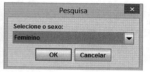 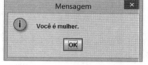

Figura 3.3 – Tela de execução do Exemplo 3.1 com seleção de Feminino.

O Exemplo 3.2 mostra um uso prático do if-else para validar a entrada do usuário. São realizadas três validações: em primeiro lugar, verifica se o usuário realmente entrou com um valor na caixa de diálogo, depois verifica se o valor digitado é numérico, logo a seguir verifica se esse valor está entre 1 e 12 (a faixa de valores possíveis, uma vez que um mês deve assumir apenas valores entre 1 e 12).

Exemplo 3.2 – Listagem da classe IfComElse

```java
package cap03;
import javax.swing.*;
public class IfComElse {
    public static void main(String args[]) {
        String aux = JOptionPane.showInputDialog("Forneça o número do mês");
        if (aux != null) {
            try {
                int mes = Integer.parseInt(aux);
                if (mes >= 1 && mes <= 12) {
                    JOptionPane.showMessageDialog(null, "Número do mês válido!\n " + mes);
                } else {
                    JOptionPane.showMessageDialog(null, "Número do mês inválido!\n " + mes);
                }
            } catch (NumberFormatException erro) {
                JOptionPane.showMessageDialog(null, "Digite apenas valores inteiros "+erro);
            }
        } else {
            JOptionPane.showMessageDialog(null, "Operação Cancelada.");
        }
        System.exit(0);
    }
}
```

Funcionalidades comentadas do Exemplo 3.2:

- Quando este exemplo for executado, o usuário deve entrar com um valor numérico entre 1 e 12 na caixa de diálogo gerada pela classe JOptionPane.
- **Linha 5:** conforme abordado anteriormente, o método showInputDialog da *classe JOptionPane* permite que um valor seja fornecido pelo usuário. Esse valor é armazenado na variável aux. Como se notou, a caixa de diálogo possui os botões *OK* e *Cancel*. Caso o usuário pressione o botão *Cancel*, o valor da variável aux será nulo (null).
- **Linha 6:** verifica se o usuário pressionou o botão *Cancel* da caixa de diálogo presente na linha 5, ou seja, se o valor de aux é diferente de nulo (!=null). Se for diferente de nulo, executa o trecho entre chaves composto pelas linhas 7 a 17.

O bloco **try catch** (entre as linhas 7 e 16) é o responsável por verificar se o usuário digitou um valor numérico, uma vez que valores indevidos provocam erros de conversão. Maiores detalhes sobre o bloco try catch são apresentados na Seção 3.2 deste capítulo.

- **Linha 9:** contém a instrução **if** responsável por verificar se o número referente ao mês, digitado pelo usuário, está compreendido entre os valores 1 e 12. Se a comparação for verdadeira, envia uma mensagem positiva (linha 10); caso seja falsa, executa a instrução **else** (linha 11) e envia uma mensagem negativa (linha 12). Observe que no interior dos parênteses da instrução if existem duas comparações unidas pelo operador lógico e (&&).

▶ Dessa forma, quando o usuário fornecer um valor inteiro entre 1 e 12 aparecerá a mensagem indicando que o mês é válido, caso contrário aparecerá a mensagem indicando que o mês é inválido.

A Figura 3.4 ilustra a execução do Exemplo 3.2.

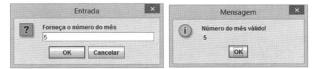

Figura 3.4 – Tela de execução do Exemplo 3.2.

O Exemplo 3.3 mostra como é possível criar uma estrutura em que cada instrução else realiza a abertura de um novo if. Ao analisar essa estrutura, podemos notar que existe um (ou mais) if dentro de um else.

Exemplo 3.3 – Listagem da classe IfComElseAninhado

```
package cap03;
import javax.swing.*;
public class IfComElseAninhado {
    public static void main(String args[]) {
        String aux = JOptionPane.showInputDialog("Forneça o número do mês");
        if (aux != null) {
            try {
                int mes = Integer.parseInt(aux);
                if (mes == 1) {
                    aux = "Janeiro";
                } else if (mes == 2) {
                    aux = "Fevereiro";
                } else if (mes == 3) {
                    aux = "Março";
                } //inserir todos os outros meses
                else if (mes == 12) {
                    aux = "Dezembro";
                } else {
                    aux = "Mês Desconhecido!";
                }
                JOptionPane.showMessageDialog(null, aux);
            } catch (NumberFormatException erro) {
                JOptionPane.showMessageDialog(null, "Digite apenas valores inteiros "+erro);
            }
        }
        System.exit(0);
    }
}
```

Conforme citamos anteriormente, nesse tipo de estrutura, ao se encontrar a primeira condição verdadeira, todas as outras são desprezadas e o controle da execução é levado ao final da primeira instrução if que iniciou o processo. Por exemplo: se na linha 9 a condição mes == 1 for verdadeira, todas as condições abaixo são desprezadas e a execução do programa salta para a linha 21. Essa característica da estrutura permite economizar tempo, pois se a condição verdadeira já foi encontrada não existe necessidade de se testar outras condições. Se fosse utilizada a estrutura do if sem o else (um if simples para cada condição como no Exemplo 3.1), todas as 12 comparações seriam executadas sempre, uma a uma, mesmo que a condição verdadeira já tivesse sido encontrada anteriormente.

3.1.2 Estrutura if resumido

Agora que o leitor já conhece o funcionamento da estrutura condicional if, vamos apresentar uma sintaxe alternativa por meio do operador interrogação (?).

Para facilitar a compreensão, vamos analisar o Exemplo 3.4, cuja listagem aparece em seguida.

Exemplo 3.4 – Listagem da classe IfResumido

```
1   package cap03;
2   import javax.swing.JOptionPane;
3   public class IfResumido {
4       public static void main(String[] args) {
5           int a = 10, b = 15, maior;
6           if (a > b) {
7               maior = a;
8           } else {
9               maior = b;
10          }
11          JOptionPane.showMessageDialog(null, "Usando um if comum: " + maior);
12
13          int c = 10, d = 8;
14          maior = (c > d) ? c : d;
15          JOptionPane.showMessageDialog(null, "Usando um if resumido: " + maior);
16      }
17  }
```

Funcionalidades comentadas do Exemplo 3.4:

- O exemplo realiza a comparação de dois valores e apresenta o maior deles em tela. Esse processo é realizado duas vezes, uma usando a estrutura if-else que apresentamos anteriormente e outra por meio do if reduzido.
- **Linhas 5 a 11:** são declaradas duas variáveis inteiras com os valores 10 e 15. Na estrutura if compara-se se o valor das variáveis (**a** e **b**). O maior valor dentre as duas variáveis é armazenado na variável **maior**. A linha 11 imprime na caixa de diálogo o valor da maior variável, no caso o valor 15.
- **Linhas 13 a 15:** fazem exatamente a mesma coisa do tópico anterior, porém de forma resumida. A linha 13 declara e inicializa o valor nas variáveis **c** e **d**. Na linha 14, o operador ? faz o papel do if do tópico anterior. Da esquerda para a direita podemos interpretar a sintaxe da forma seguinte:

    (**c** > **d**) ? → o conteúdo da variável **c** é maior do que o conteúdo da variável **d**?

    c : **d** → caso a pergunta anterior seja verdadeira, retorna o conteúdo da variável c, caso contrário, o conteúdo da variável d. Dessa forma, a variável **maior** receberá o maior valor dentre as duas variáveis.

3.1.3 A estrutura switch-case

A estrutura switch-case se refere a uma outra modalidade de desvio da execução do programa de acordo com certas condições, semelhante ao uso da instrução if. Ao trabalhar com uma grande quantidade de desvios condicionais contendo instruções if, pode-se comprometer a inteligibilidade do programa, dificultando sua interpretação. A estrutura switch-case possibilita uma forma mais adequada e eficiente de atender a esse tipo de situação, constituindo-se uma estrutura de controle com múltipla escolha.

A estrutura switch-case equivale a um conjunto de instruções if encadeadas, fornecendo maior inteligibilidade. Sua sintaxe é a seguinte:

```
switch (<expressão>){
  case 1: instruções; break;
  case 2: instruções; break;
  case 3: instruções; break;
  default: instruções;
}
```

Na primeira linha do **switch** é avaliado o resultado da expressão, que é comparado nas diretivas case, executando o bloco de instruções quando a expressão coincidir com o valor colocado ao lado direito do case. Em outras palavras, supondo que o valor da expressão seja igual a 2, serão executadas as instruções **localizadas entre case 2: e break**. A cada case o programa compara o valor da expressão com o valor colocado no case. Caso os valores sejam iguais, todas as instruções são executadas até que se encontre uma instrução break, que encerra o **switch** e faz a execução do programa desviar para o

ponto após a chave de encerramento do **switch**. O programa percorre todas as diretivas case até que uma delas seja igual à expressão inserida no **switch**. Caso nenhuma diretiva **case** possua o valor correspondente da expressão, serão executadas as instruções localizadas na diretiva **default** que é opcional. Veja a representação gráfica da estrutura do switch-case na Figura 3.5.

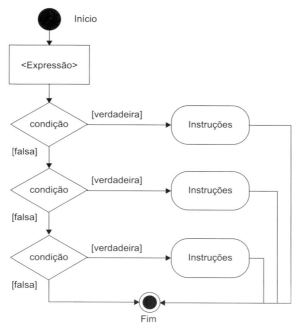

Figura 3.5 – Representação gráfica switch-case.

O Exemplo 3.5 demonstra de forma clara a utilização da estrutura switch-case, simulando os meses do ano, em que o usuário entra com um número e o programa retorna o mês correspondente por extenso.

Funcionalidades comentadas do Exemplo 3.5:

- **Linha 6:** verifica se o usuário pressionou a tecla *Cancel*. Como você já sabe, se o usuário pressionar esse botão a variável mes receberá o valor null.
- **Linha 7:** switch (mes) significa: procure nas instruções case envolvidas pelas chaves se existe o conteúdo armazenado na variável mes.
- Observe que toda linha do case necessita da instrução break em seu final. Essa instrução faz com que a execução da classe seja transferida para o final da estrutura switch (no caso a linha 21).
- Caso nenhuma condição seja satisfeita, isto é, se o usuário entrou com um número diferente de 1 a 12, então a instrução default é executada (linha 18).

Observação

Uma questão importante para esse exemplo se refere ao uso do tipo String associado ao switch. Essa funcionalidade tornou-se possível apenas a partir da versão 7 do Java. Isso significa que caso o Exemplo 3.4 seja executado numa versão inferior ocorrerá erro de compilação, pois a estrutura não será reconhecida. Para tornar o exemplo compatível com a versão 6 ou inferiores, o conteúdo da variável mes deve ser convertido para um tipo inteiro e armazenado em uma outra variável que será inserida no switch.

A Figura 3.6 apresenta a execução do Exemplo 3.5.

Exemplo 3.5 – Listagem da classe SwitchCase

```java
package cap03;
import javax.swing.*;
public class SwitchCase {
    public static void main(String args[]) {
        String mes = (String) JOptionPane.showInputDialog("Forneça o número do mês");
        if (mes != null) {
            switch (mes) {
                case "1":
                    mes = "Janeiro";
                    break;
                case "2":
                    mes = "Fevereiro";
                    break;
                case "3":
                    mes = "Março";
                    break;
                //inserir todos os outros meses
                default:
                    mes = "Mês Desconhecido!";
            }
            JOptionPane.showMessageDialog(null, mes);
        }
        System.exit(0);
    }
}
```

Figura 3.6 – Tela de execução do Exemplo 3.5.

3.2 Exceções em Java

As exceções em Java referem-se aos erros que podem ser gerados durante a execução de um programa. Como o nome sugere, trata-se de algo que interrompe a execução normal do programa. Em Java, as exceções são divididas em duas categorias: Unchecked (não verificadas) e Checked (verificadas).

3.2.1 Unchecked Exception

Nesse tipo de exceção o compilador Java não verifica o código-fonte para determinar se a exceção está sendo capturada. Assim, o tratamento desse tipo de exceção é opcional. A linha 8 do exemplo anterior apresenta o uso de uma exceção não verificada (a conversão de String em inteiro). Apesar de termos tratado o erro de conversão pela estrutura try-catch, isso é opcional. Mesmo se a estrutura try-catch for retirada, a classe continua compilando normalmente. Outros exemplos de exceção desse tipo são o acesso a um índice inexistente num array e o uso do método de um objeto que ainda não foi instanciado (nulo). Esses itens são estudados mais à frente.

3.2.2 Checked Exception

Ao contrário de Unchecked Exception, nesse tipo de exceção o compilador Java verifica o código-fonte para determinar se a exceção está sendo capturada. Se uma exceção verificada não for capturada (não estiver sendo tratada no código-fonte), o compilador acusa a possível exceção e obriga o programador a tratá-la. Essa exceção pode ser tratada de duas maneiras: por meio da estrutura try-catch-finally ou por meio da cláusula throws. Nos exemplos do livro vamos nos deparar com diversas exceções desse tipo.

3.2.3 Uso da estrutura try-catch-finally

A estrutura try-catch foi exemplificada anteriormente e o leitor pôde notar que o objetivo de sua utilização é a previsão de erros de execução. Vamos fazer uma analogia com o mundo real. Considere que você vai fazer uma viagem de automóvel de uma cidade para outra. Durante o trajeto, podem ocorrer eventos que o obriguem a fazer uma pausa ou mudar seu trajeto. Por exemplo, ao furar o pneu do veículo você terá que parar a viagem para realizar sua troca. Se houver algum acidente na estrada, talvez você resolva pegar outro caminho. Veja que podem ocorrer vários incidentes que exigirão um tratamento diferente ou a mudança de rota. Algo bastante semelhante pode ocorrer durante a execução de um programa de computador: cada tipo de erro necessita que seja realizado um tratamento diferente.

Portanto, a estrutura try-catch-finally tem como função desviar a execução de um programa caso ocorram certos tipos de erro, predefinidos durante o processamento das linhas, e evitar que o programador precise fazer testes de verificação e avaliação antes de realizar certas operações. Quando um erro ocorre, ele gera uma exceção que pode ser tratada pelo programa. A estrutura try-catch-finally pode ser usada tanto com Unchecked Exceptions como com Checked Exceptions.

Existem muitas exceções que podem ser geradas pelas mais diversas classes, e enumerá-las seria um processo dispendioso e desnecessário, pois as exceções que devem ser obrigatoriamente tratadas (Checked Exceptions) são apontadas pelo próprio compilador. Neste livro, as exceções serão devidamente comentadas toda vez que uma exceção diferente for usada.

A estrutura *try-catch-finally* possui a seguinte sintaxe:

```
try{
       <conjunto de instruções>
} catch (Nome da exceção){
       <tratamento do erro 1>
} catch (Nome da exceção){
       <tratamento do erro 2>
} catch (Nome da exceção){
       <tratamento do erro n>
} finally{
       <conjunto de instruções>
}
```

Toda vez que a estrutura **try** é utilizada, obrigatoriamente em seu encerramento (na chave final) deve existir pelo menos um **catch**, a não ser que ela utilize a instrução **finally**. A sintaxe apresentada pode ser interpretada como: tente executar o conjunto de instruções do try que estão entre as chaves; se houver algum erro, execute seu tratamento no catch. Depois de tratado o erro, a execução do programa continua a partir do final do último catch. O finally é opcional e fornece um conjunto de códigos que é sempre executado, independentemente de uma exceção ocorrer ou não.

A estrutura try pode não conter nenhum bloco catch, porém o bloco finally torna-se obrigatório. Bem, na verdade isso mudou um pouco a partir do Java 7, mas vamos por partes. Antes do Java 7 existiam três possibilidades de utilização: try-catch, try-catch-finally ou ainda try-finally. O objetivo do finally é manter códigos para liberação de recursos, adquiridos em seu bloco try correspondente. Um exemplo prático de sua utilização é mostrado mais adiante na manipulação de arquivos texto, em que o bloco finally será utilizado para fechar um arquivo após abri-lo, ou seja, liberar um recurso externo depois de adquiri-lo.

Um erro muito comum entre os iniciantes na linguagem Java é usar a estrutura try sem adicionar nenhum catch. Isso gera erro de compilação, pois ao usar try é obrigatória a presença de pelo menos um catch. Outro erro comum é esquecer-se de encerrar a chave do try antes de iniciar um catch. Quando isso ocorre, o compilador apresenta uma mensagem de erro do tipo "try without catch", ou seja, se o catch for inserido no try, o compilador vai achar que ele nem existe. Como já afirmamos, isso não se aplica se o finally for utilizado.

Durante a execução de um programa, caso não ocorra nenhuma exceção, os blocos catch não são executados e o controle prossegue para o bloco finally, que libera o recurso e passa a executar a primeira instrução após o bloco finally. Caso ocorra alguma exceção, a execução do programa é desviada para o grupo de instruções catch antes de passar pelo finally.

Os erros gerados pelo programa sempre estão relacionados com as classes usadas. Por exemplo, o método parseFloat da classe Float (Float.parseFloat) pode gerar um erro de conversão numérica (NumberFormatException), isto é, esse tipo de erro pode ser tratado quando essa classe for usada. Não faz sentido verificar se ocorrerá um erro de entrada e saída de dados (IOException) quando a classe Float for utilizada. Portanto, o tratamento de erros deve ser realizado de forma coerente, de acordo com as classes utilizadas no programa.

O Exemplo 3.6 demonstra duas exceções em Java. Ele recebe dois números inteiros e realiza as quatro operações básicas entre eles.

Exemplo 3.6 – Listagem da classe TryCatch

```
1   package cap03;
2   import javax.swing.JOptionPane;
3   public class TryCatch {
4       public static void main(String args[]) {
5           try {
6               String aux1 = JOptionPane.showInputDialog("Forneça o valor do 1º número:");
7               int num1 = Integer.parseInt(aux1.toString());
8               String aux2 = JOptionPane.showInputDialog("Forneça o valor do 2º número:");
9               int num2 = Integer.parseInt(aux2.toString());
10              JOptionPane.showMessageDialog(null, "Soma = " + (num1 + num2));
11              JOptionPane.showMessageDialog(null, "Subtração = " + (num1 - num2));
12              JOptionPane.showMessageDialog(null, "Multiplicação = " + (num1 * num2));
13              JOptionPane.showMessageDialog(null, "Divisão = " + (num1 / num2));
14          } catch (ArithmeticException erro) {
15              JOptionPane.showMessageDialog(null, "Erro de divisao por zero!\n" + erro.toString(),
16                      "Erro", JOptionPane.ERROR_MESSAGE);
17          } catch (NumberFormatException erro) {
18              JOptionPane.showMessageDialog(null, "Erro de Conversão!\n" + erro.toString(),
19                      "Erro", JOptionPane.ERROR_MESSAGE);
20          } catch (NullPointerException erro) {
21              JOptionPane.showMessageDialog(null, "Tecla Cancel pressionada\n"+ erro.toString(),
22                      "Cancelado pelo usuário", JOptionPane.ERROR_MESSAGE);
23          }
24          System.exit(0);
25      }
26  }
```

Funcionalidades comentadas do Exemplo 3.6:

- **Linhas 7 e 9:** encarregam-se da conversão dos valores fornecidos pelo usuário (tipo String) para números inteiros. Ao editar essa linha no NetBeans pode aparecer um alerta referente a redundância do método toString(), uma vez que aux1 já é uma variável do tipo String (portanto, o método toString() não seria necessário). No entanto, em nosso caso, o uso desse método foi proposital para ilustrar a geração de uma exceção: se o usuário pressionar o botão *Cancel* na caixa de diálogo (exibida pela linha 6 ou 8), a variável aux1 (ou aux2) receberá o valor null. Se a variável aux1 estiver com o conteúdo nulo será gerado o erro NullPointerException ao executar o método toString(), pois não é possível retornar uma String a partir de um valor nulo. Uma vez gerado o erro, a execução do programa será desviada para a linha 20. No Exemplo 3.5 (linha 6) usamos a instrução if para verificar se a variável mes possuía o valor null, uma forma diferente de fazer a mesma verificação.

- Como o leitor já sabe, se houver qualquer um dos erros apontados durante o processamento das instruções presentes no **try**, automaticamente a execução do programa é direcionada para o **catch** com o tratamento da devida exceção.

- **Linha 14:** realiza o tratamento da exceção **ArithmeticExcetion** que ocorre quando um erro matemático (aritmético) acontece. No caso, o erro pode ocorrer na divisão de um número inteiro por zero (isso pode ocorrer na linha 13).

Estruturas Condicionais, de Exceção e Repetição

- **Linha 17:** realiza o tratamento da exceção **NumberFormatException** que ocorre quando um erro de conversão de formatos numéricos ocorre (esse erro pode ocorrer nas linhas 7 ou 9). Essa exceção já é conhecida pelo leitor.
- **Linhas 15 a 16, 18 a 19 e 21 a 22:** mostram as mensagens de erro pelo método showMessageDialog da classe JOptionPane. Observe que foram adicionados dois novos argumentos ao método do showMessageDialog: "Erro", referente ao título da Janela, e JOptionPane.ERROR_MESSAGE, referente ao ícone de erro (um X em vermelho) localizado no canto esquerdo da caixa de diálogo.

A Figura 3.7 apresenta os três tipos de erro que podem ocorrer, dependendo dos argumentos fornecidos durante a execução do programa.

Figura 3.7 – Parte da tela de execução do Exemplo 3.6.

Para que o leitor possa verificar o funcionamento do finally, modifique o trecho final do Exemplo 3.6, inserindo o trecho conforme a listagem seguinte.

Exemplo 3.6 final – Acrescentando o bloco finally

```
20          } catch (NullPointerException erro) {
21              JOptionPane.showMessageDialog(null, "Tecla Cancel pressionada\n" + erro.toString(),
22                  "Cancelado pelo usuário", JOptionPane.ERROR_MESSAGE);
23          } finally {
24              JOptionPane.showMessageDialog(null, "Final da execução!");
25          }
26          System.exit(0);
27      }
28  }
```

Ao executar o exemplo, agora com o uso do **finally**, a linha 23 sempre será executada, isto é, é emitida a mensagem "Final da execução", independentemente de existirem ou não erros durante o processo de execução.

Uma forma diferente de utilizar o controle das exceções (funcionalidade inserida a partir do Java 7) é inserir mais de uma exceção num único catch. Com isso, as linhas 14 e 17 do Exemplo 3.6 poderiam ser tratadas no mesmo catch:

```
14          } catch (ArithmeticException | NumberFormatException erro) {
15              JOptionPane.showMessageDialog(null, "Erro !\n" + erro.toString(),
16                  "Erro", JOptionPane.ERROR_MESSAGE);
17          }
```

Observe o uso do caractere pipe (|) que funciona como o operador lógico OU (OR), isto é, se ocorrer a primeira exceção OU a segunda, execute o bloco referente ao tratamento de erro. Obviamente, nesse caso, os dois erros seriam tratados no mesmo bloco.

3.2.4 Uso da cláusula throws

Em alguns momentos, pode ocorrer de o programador não querer realizar controle sobre uma exceção, isto é, não desejar tratar um erro. A linguagem Java permite ao programador que um erro seja descartado, mesmo que ele ocorra. Entretanto é preciso que esse fato seja informado na declaração do método. Esse processo pode ser realizado pela cláusula **throws**. Para ilustrar o uso dessa cláusula, vamos elaborar um exemplo que demonstra a criação de um arquivo no disco rígido.

Antes de executar o Exemplo 3.7 você precisa criar uma pasta na unidade C de sua máquina. Para isso, selecione a unidade C (ou disco C) e crie uma pasta com o nome temp.

Exemplo 3.7 – Listagem da classe UsoDoThrows

```java
package cap03;
import java.io.*;
import javax.swing.JOptionPane;
public class UsoDoThrows {
    public static void main(String args[]) throws IOException {
        String frase = JOptionPane.showInputDialog("Entre com uma frase:");
        try {
            FileWriter file = new FileWriter("c:/temp/frases.txt", true);
            PrintWriter out = new PrintWriter(file);
            out.println(frase);
            file.close();
            out.close();
            JOptionPane.showMessageDialog(null, "Frase armazenada no arquivo!");
        } catch (FileNotFoundException erro) {
            JOptionPane.showMessageDialog(null, "Erro, verifique se a pasta c:/temp existe!");
        }
    }
}
```

Funcionalidades comentadas do Exemplo 3.7:

▶ Esse exemplo contém alguns elementos que serão discutidos em mais detalhes em capítulos posteriores, como, por exemplo, o uso das classes FileWriter e PrintWriter e a criação de objetos, em nosso exemplo definido por file (linha 8) e out (linha 9).

▶ **Linha 5:** especifica que a exceção IOException não será tratada no método main (**throws IOException**). Esse fato torna desnecessário definir a estrutura try-catch para tratar esse erro, mesmo sendo uma exceção considerada obrigatória pela linguagem Java.

▶ **Linha 8:** cria um objeto chamado file a partir da classe FileWriter, responsável por criar um arquivo chamado frases.txt a partir da pasta c:/temp. A função da classe FileWriter é semelhante a você criar um arquivo em branco usando o aplicativo bloco de notas do Windows. Como já dissemos, certifique-se de ter criado a pasta temp antes de executar a classe. O parâmetro true, inserido no final da linha, indica que o arquivo será criado somente se ele não existir; caso exista, ele será apenas aberto (disponível para leitura e gravação). Essa linha pode gerar um erro (caso a pasta não exista, por exemplo). A exceção que trata esse erro é realizada pela classe IOException, definida na cláusula throws da linha 6. Como já afirmamos, esse erro poderia estar associado a uma exceção usando a estrutura try-catch.

▶ **Linha 9:** cria um objeto chamado out a partir da classe PrintWriter, responsável por enviar dados ao arquivo criado (frases.txt). Essa classe permite armazenar dados em arquivos. Resumidamente, essa linha cria um arquivo chamado frases.txt. Essa linha pode gerar um erro do tipo FileNotFoundException, cuja execução da classe será direcionada para a linha 13. Voltando à analogia com o bloco de notas, considere o seguinte: quando você abre um arquivo com ele, o cursor aparece no início do texto, mas, de forma oposta, quando PrintWriter abre um arquivo o cursor é posicionado em seu final. Em função disso, quando a próxima inserção de dados for realizada no arquivo, ela será feita no final deste, por isso toda vez que você executar nosso exemplo será inserida uma frase no final do arquivo.

▶ **Linha 10:** cada vez que essa linha é executada, a frase fornecida pelo usuário por meio da linha 6 será inserida no final do arquivo. Cada vez que você executar essa classe aparecerá uma nova linha no arquivo. A Figura 3.8 ilustra o arquivo frases.txt depois de executar a classe Exemplo 3.7 três vezes. Para cada execução, uma frase foi inserida.

▶ **Linhas 11 e 12:** encerram a comunicação com o arquivo frases.txt, chamando o método close associado a cada objeto criado anteriormente. Esse processo é bastante comum em todas as linguagens de programação: o programa abre uma comunicação com o arquivo, realiza os procedimentos necessários e, ao final, encerra a comunicação (ou conexão, como também pode ser chamada).

Figura 3.8 – O arquivo frases.txt após três execuções do Exemplo 3.7.

Observação

Na verdade, ao usar a cláusula throws, o erro não é descartado e sim postergado. No momento fica difícil explicar esse conceito, uma vez que é necessário primeiro estudar a criação de métodos. Para tentar ilustrar esse caso, suponha que outra classe tivesse chamado o método main da classe do Exemplo 3.7. Essa outra classe deveria fazer o tratamento do erro IOException destacado na cláusula throws, isto é, como ele foi postergado pelo Exemplo 3.7, ele deveria ser tratado na outra classe.

3.2.5 Uso da instrução throw

Conforme comentado anteriormente, a linguagem Java possui muitas exceções, incluindo sua geração e tratamento. Assim, seu estudo detalhado precisaria ser definido em um livro à parte. O objetivo deste item é apenas demonstrar que um desenvolvedor Java pode criar suas próprias exceções e dispará-las no momento em que necessitar.

A instrução throw é utilizada para disparar uma exceção, isto é, ela pode forçar que uma determinada exceção ocorra. O Exemplo 3.8 mostra como é possível utilizar a instrução throw para gerar uma exceção. Nesse exemplo, o usuário deve fornecer uma idade maior ou igual a 18 anos. Caso insira um valor inferior, o programa força uma exceção (veja na linha 9 o uso da instrução throw). Na linha 14 a exceção é tratada. O disparo dessa exceção pode ser realizado sempre que for fornecido um valor inválido.

Exemplo 3.8 – Listagem da classe InstrucaoThrows

```
package cap03;
import java.io.IOException;
import javax.swing.JOptionPane;
public class InstrucaoThrows {
    public static void main(String args[]) throws IOException {
        try {
            int idade = Integer.parseInt(JOptionPane.showInputDialog("Forneça sua idade"));
            if (idade < 18) {
                throw new Exception("Menor de Idade, entrada não permitida!!");
            } else {
                JOptionPane.showMessageDialog(null, "Idade válida, seja bem vindo!");
            }
            //continua a execução normalmente
        } catch (Exception erro) {
            JOptionPane.showMessageDialog(null, erro.toString());
        }
    }
}
```

A Figura 3.9 apresenta o resultado obtido com a execução do Exemplo 3.8.

Figura 3.9 – Tela de execução do Exemplo 3.8.

3.2.6 Uso de getMessage e printStackTrace

Em determinadas aplicações torna-se necessário descobrir o tipo de erro e em que linha do programa ele ocorreu. Para reconhecer esses erros, são utilizados os métodos getMessage e printStackTrace (a definição e a criação de métodos são estudadas em detalhes no Capítulo 5). O método getMessage serve para retornar a mensagem armazenada numa exceção qualquer. Já o método printStackTrace retorna o tipo de exceção gerado e informa em que linha da classe ocorreu o erro.

O Exemplo 3.9 traz uma pequena demonstração, com fins didáticos, para que o leitor compreenda mais claramente a utilização dos métodos getMessage e printStackTrace.

Exemplo 3.9 – Listagem da classe GetMessageEPrintStackTrace

```
package cap03;
import javax.swing.JOptionPane;
public class GetMessageEPrintStackTrace {
    public static void main(String args[]) {
        int x = Integer.parseInt(JOptionPane.showInputDialog("Forneça um numero"));
        try {
            int y = x / 0; // gera uma excecao
        } catch (Exception erro) {
            JOptionPane.showMessageDialog(null, erro.getMessage());
            erro.printStackTrace();
        }
    }
}
```

Funcionalidades comentadas do Exemplo 3.9:

- **Linha 6:** produz uma exceção de divisão por zero (x/0), a qual será tratada na linha 8 por meio de **catch (Exception erro)**. Note que não foi definida a exceção aritmética ArithmeticException, como feito anteriormente. Quando for utilizado **Exception** em um bloco catch, qualquer exceção gerada, isto é, qualquer tipo de exceção, será tratada nesse bloco. Isso equivale a dizer que Exception pode ser considerado uma exceção default, caso o desenvolvedor não queira tratar todos os tipos de erro que podem ser gerados durante a execução de um programa.
- **Linha 9:** o método getMessage se encarrega de retornar o erro ocorrido (no caso: / by zero – divisão por zero).
- **Linha 10:** o método printStackTrace retorna diversas informações: o tipo de exceção, a mensagem de erro, o nome da classe que gerou o erro, o nome do método em que o erro ocorreu e o número da linha do programa. No exemplo são retornadas as seguintes informações: *java.lang.ArithmeticException* (tipo da exceção), */ by zero* (mensagem de erro), *cap03.GetMessageEPrintStackTrace* (pacote.nome da classe), *main* (nome do método) e 6 (linha em que ocorreu o erro).

A Figura 3.10 apresenta os resultados obtidos com a execução do Exemplo 3.9:

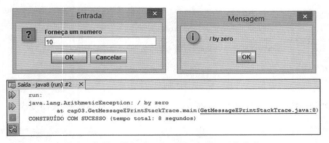

Figura 3.10 – Tela de execução do Exemplo 3.9.

3.3 Laços de repetição

Os laços de repetição (looping) formam uma importante estrutura nas linguagens de programação por possibilitarem a repetição da execução de um bloco de instruções em um programa. Eles determinam

que um certo bloco seja executado repetidamente até que uma condição específica ocorra. A repetição é uma das estruturas mais usadas em programação, possibilitando a criação de contadores, temporizadores, rotinas para classificação, obtenção e recuperação de dados. A criação de laços de repetição em Java é feita a partir das estruturas **for**, **while** e **do-while**.

3.3.1 Uso do laço for

A instrução **for** é um tipo de contador finito, isto é, ela realiza a contagem de um valor inicial conhecido até um valor final também conhecido. Uma possível representação gráfica da estrutura de funcionamento de um laço de repetição pode ser visualizada na Figura 3.11. No início da execução da estrutura é inicializada uma variável. Após isso, o valor dessa variável é verificado na condição (losango), e enquanto essa condição for verdadeira o bloco de instruções será executado dentro da estrutura. Somente quando a condição se tornar falsa é que a execução será desviada para o final da estrutura do laço. O incremento ou decremento do valor da variável é essencial para que o laço tenha uma saída (encerre), caso contrário a execução nunca sairia do laço.

Vamos a um exemplo: suponha que você queira escrever seu nome na tela três vezes. Pode ser usado um laço de repetição para isso. A estrutura funcionaria da seguinte forma (tente acompanhar a sequência dos passos olhando na representação da Figura 3.11):

1. Uma variável chamada x é inicializada com o valor 1.
2. A condição verifica se x<=3. Se a condição for verdadeira, são executados os passos 3 e 4, se não pula para o passo 5.
3. Seu nome é impresso em tela.
4. O valor de x é incrementado (x++) e volta ao passo 2.
5. A estrutura é encerrada, isto é, o laço de repetição terminou.

A estrutura de repetição com **for** contém uma variável de controle do tipo contador, que pode ser crescente ou decrescente e possui a seguinte sintaxe:

- **for** (inicialização; condição; incremento ou decremento)

Em que:

- **Inicialização:** é o valor inicial da variável de controle do laço.
- **Condição:** contém uma expressão booleana que será usada para controlar a continuidade do laço. Deve conter o valor final que a variável de controle pode assumir dentro do laço.
- **Incremento ou decremento:** é o passo com que a variável de controle será acrescida ou decrescida. Esse incremento pode ser realizado por meio de uma variável inteira ou com ponto flutuante, permitindo pequenos incrementos decimais.

Exemplo:

```
for (int cont=0; cont<10; cont++){
        <conjunto de instruções>
}
```

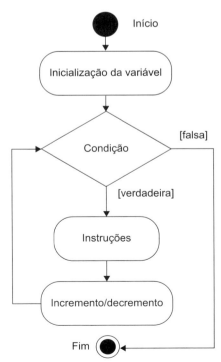

Figura 3.11 – Representação gráfica do laço for.

Essa sintaxe pode ser interpretada como: inicialize a variável cont com zero e repita o conjunto de instruções enquanto o valor de cont for menor que 10. Cada vez que o conjunto de instruções é executado, o valor do cont é incrementado (cont++). Observe que a variável cont pode ser declarada e inicializada na própria estrutura do **for**. Quando isso ocorre, a variável passa a ter escopo local ao **for**, isto é, seu valor é reconhecido apenas dentro da estrutura em que foi declarada (entre as chaves de abertura e encerramento). Após o encerramento do laço, a variável perde sua referência e não pode mais ser usada, salvo se declarada novamente. Se você desejar usar o valor de uma variável após o encerramento do laço, basta declará-la antes de iniciar o laço, isto é, antes da linha que define o **for**.

Outros exemplos de laços de repetição usando **for**:

- `for (double x=5; x<=10; x=x+0.5)` → faz o valor de x variar de 5 até 10 com passo de 0.5, ou seja, 5.0 - 5.5 - 6.0 - 6.5 - .... 9.5 - 10.0.
- `for (int x=10; x>=0; x=x-2)` → faz o valor de x variar de 10 até 0 com passo de -2, ou seja, 10 - 8 - 6 - 4 - 2 - 0.
- `for (int x=a; x<=b; x++)` → faz o valor de x variar de **a** até **b** com passo de 1.

O Exemplo 3.10 mostra uma forma de uso bem simples da estrutura **for** para fazer uma contagem progressiva de 0 até 9.

Exemplo 3.10 – Listagem da classe ContadorProgressivoFor

```
package cap03;
public class ContadorProgressivoFor {
    public static void main(String args[]) {
        for (int i = 0; i < 10; i++) {
            System.out.print(i + " ");
        }
        System.out.println("\nAcabou!");
    }
}
```

A Figura 3.12 exibe o resultado obtido com a execução do Exemplo 3.10.

```
run:
0 1 2 3 4 5 6 7 8 9
Acabou!
CONSTRUÍDO COM SUCESSO (tempo total: 0 segundos)
```

Figura 3.12 – Tela de execução do Exemplo 3.10.

O Exemplo 3.11 demonstra o uso do **for** na simulação de um relógio.

Exemplo 3.11 – Listagem da classe Relogio

```
package cap03;
public class Relogio {
    public static void main(String args[]) {
        int horas, minutos, segundos;
        for (horas = 0; horas < 24; horas++) {
            for (minutos = 0; minutos < 60; minutos++) {
                for (segundos = 0; segundos < 60; segundos++) {
                    System.out.println(horas + "h:" + minutos + "min:" + segundos + "s");
                    try {
                        Thread.sleep(1000);
                        if (segundos == 10) {
                            System.exit(0);
                        }
                    } catch (InterruptedException erro) {
                        erro.toString();
                    }
                }
            }
        }
        System.exit(0);
    }
}
```

Funcionalidades comentadas do Exemplo 3.11:

▶ **Linhas 5 a 7:** contêm os laços de repetição para o controle das horas (0 a 23), minutos (0 a 59) e segundos (0 a 59). Um ponto a ser observado é a possibilidade de criação de um laço de repetição dentro do outro. Quando isso ocorre, o laço interno é executado n vezes, de acordo com o número de vezes definido pelo laço superior. Como exemplo, observe as linhas 7 a 17. O laço mais interno (s) controla os segundos e é executado 60 vezes a cada minuto (o laço superior). Da mesma forma, o laço dos minutos será executado 60 vezes a cada hora (o laço superior).

▶ **Linha 10:** contém Thread.sleep(1000); que invoca um temporizador que espera mil milissegundos (um segundo) até a execução da próxima instrução. Esse procedimento pode gerar uma exceção e por isso deve ser usado dentro de um bloco try, ou pode ser desconsiderado caso você prefira usar a cláusula throws, citada anteriormente. No último caso, o exemplo ficaria um pouco mais resumido: deveria ser adicionado "throws InterruptedException" ao final da linha 3 e retiradas as linhas 9 e 13 a 16. O uso de Thread talvez não seja a melhor forma de se criar uma temporização; para isso existem outras classes como Timer e TimerTask, cujo estudo foge aos objetivos. Também não é objetivo estudar threads. Além disso, o uso do método sleep dentro de um laço de repetição não é muito recomendado por questões de desempenho.

▶ **Linhas 11 e 12:** controlam o final da execução do relógio. Quando o relógio contar dez segundos, o programa é encerrado por meio de System.exit(0). Sempre que for necessário forçar o encerramento de um programa, o método exit pode ser usado. Se você estiver usando uma IDE (*NetBeans*, *Eclipse*) existe um botão específico para isso, um botão de stop, normalmente um quadradinho vermelho.

Os resultados obtidos ao executar o Exemplo 3.11 podem ser vistos na Figura 3.13.

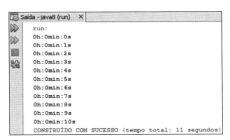

Figura 3.13 – Tela de execução do Exemplo 3.11.

3.3.2 Uso do laço while

O *while* é outro laço condicional, isto é, um conjunto de instruções que são repetidas enquanto o resultado de uma expressão lógica (uma condição) é avaliado como verdadeiro. Veja a seguir sua sintaxe:

```
while (<condição>){
  <conjunto de instruções>
}
```

A instrução while avalia o resultado da expressão (condição) antes de executar as instruções do bloco { }, assim é possível que as instruções nunca sejam executadas, caso a condição seja inicialmente falsa. Um problema típico, relacionado à avaliação da condição while, é o laço infinito. Caso a condição nunca se torne falsa, o laço será repetido infinitamente. A mesma representação da Figura 3.11 é válida para o laço por meio da instrução while.

Há outro tipo de laço condicional, o chamado do-while, que é bem parecido com o while, porém o conjunto de instruções é executado antes da avaliação da expressão lógica. Isso faz com que essas instruções sejam executadas pelo menos uma vez. Veja como a sintaxe do do-while é bem parecida com a do while:

```
do{
    <conjunto de instruções>
}
while (<condição>);
```

A utilização da estrutura while ou do-while fica a critério do desenvolvedor, pois com as duas formas é possível chegar a resultados semelhantes. A Figura 3.14 apresenta a representação gráfica da estrutura do-while. Compare-a com a estrutura while da Figura 3.11.

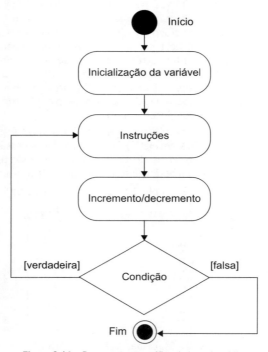

Figura 3.14 – Representação gráfica do laço do-while.

O Exemplo 3.12 demonstra a utilização das estruturas while e do do-while.

Funcionalidades comentadas do Exemplo 3.12:

Este exemplo recebe um número do usuário e inicia sua contagem regressiva até zero, pausadamente, decrescendo de um em um.

- **Linha 6:** o usuário digita um número que será armazenado na variável limite. Caso ocorra algum erro de conversão, o direcionamento do programa é alterado para NumberFormatException (linha 20), conforme abordamos anteriormente.
- **Linha 8:** o valor da variável limite é armazenado na variável contador. Isso foi realizado para manter o valor fornecido pelo usuário que será utilizado mais à frente na classe.
- **Linhas 9 a 12:** uma vez que a variável contador receba um número inteiro positivo, é realizada sua contagem decrescente até o valor zero por meio da estrutura while. Caso seja fornecido um valor negativo, a contagem não é realizada porque a expressão do while será falsa. A cada ciclo (chamado também de iteração) o valor da variável contador é impresso na tela (linha 10) e decrementado (linha 11) até **-1**, quando o laço termina, pois **-1** não é maior ou igual a zero.
- **Linha 14:** o valor da variável contador é zerado para que a contagem progressiva do próximo laço se inicie do zero, já que até a linha anterior o valor da variável contador é **-1**.

▶ **Linhas 15 até 18:** contêm o laço do-while. Como já dito, o do-while executa o bloco de instruções pelo menos uma vez e depois verifica a condição de sua expressão. No caso, o valor da variável contador varia de zero até o valor que o usuário forneceu inicialmente, armazenado na variável limite, portanto a contagem será progressiva.

Exemplo 3.12 – Listagem da classe ContadorWhile

```java
package cap03;
import javax.swing.JOptionPane;
public class ContadorWhile {
    public static void main(String args[]) {
        try {
            int limite = Integer.parseInt(JOptionPane.showInputDialog(
                    "Digite a quantidade"));
            int contador = limite;
            while (contador >= 0) {
                System.out.println(contador);
                contador--;
            }
            System.out.println("Fim do contador regressivo\n");
            contador = 0;
            do {
                System.out.println(contador);
                contador++;
            } while (contador <= limite);
            System.out.println("Fim do contador progressivo");
        } catch (NumberFormatException erro) {
            System.out.println("Nao foi fornecido um numero inteiro valido!\n"
                    + erro.toString()); // se o argumento for invalido
        }
        System.exit(0);
    }
}
```

A Figura 3.15 apresenta o resultado do Exemplo 3.12 executado.

Figura 3.15 – Tela de execução do Exemplo 3.12.

Exercícios para prática da linguagem Java

1. Usando JOptionPane, elabore uma classe que receba o nome de um produto e o seu valor. O desconto deve ser calculado de acordo com o valor fornecido conforme a Tabela 3.1. Utilizando a estrutura if-else, apresente em tela o nome do produto, valor original do produto e o novo valor depois de ser realizado o desconto. Caso o valor digitado seja menor que zero, deve ser emitida uma mensagem de aviso. A Figura 3.16 ilustra a execução do Exercício 3.1.

Tabela 3.1

Valor (R$)	Desconto (%)
>=50 e <200	5
>=200 e <500	6
>=500 e <1000	7
>=1000	8

Figura 3.16 – Exemplo de execução do Exercício 3.1.

2. Na área da eletrônica, em um circuito em série temos que a resistência equivalente (total) desse circuito é obtida mediante a soma de todas as resistências existentes (RE = r1 + r2 + ... + rn). Faça uma classe que receba o valor de quatro resistências ligadas em série, calcule e mostre a resistência equivalente, a maior e a menor resistência, conforme indica a Figura 3.17.

Figura 3.17 – Exemplo de execução do Exercício 3.2.

3. Faça uma classe que solicite login e senha, simulando o acesso a um sistema. Considere que os conteúdos de login e senha originais são iguais a "java8". O usuário deverá fornecer login e senha e você irá compará-los com os conteúdos originais. O usuário tem três chances para digitar corretamente os dados de login e senha. Para cada tentativa incorreta deve aparecer uma mensagem alertando o erro e apresentando a quantidade de tentativas que ainda restam. Veja um exemplo de execução na Figura 3.18, em que o usuário já digitou o login e senha incorretos por duas vezes, restando apenas uma última chance.

Figura 3.18 – Exemplo de execução do Exercício 3.3.

4. Faça uma classe que apresente em tela a tabuada de qualquer número. O usuário fornece o número desejado e a classe apresenta a relação de todos os cálculos de 1 a 10. Veja um exemplo de execução na Figura 3.19.

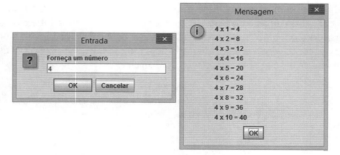

Figura 3.19 – Exemplo de execução do Exercício 3.4.

5. Elabore uma classe que apresente uma espécie de menu usando JOptionPane. Para cada opção escolhida, execute um dos exercícios anteriores. Veja a Tabela 3.2 e um exemplo de execução na Figura 3.20.

Tabela 3.2

Entrada	Operação
1	Exercício 1
2	Exercício 2
3	Exercício 3
4	Exercício 4

Figura 3.20 – Exemplo de execução do Exercício 3.5.

Material de apoio

Exercícios semelhantes aos aqui apresentados podem ser visualizados no endereço seguinte: <http://editoraerica.com.br/>.

Seu próximo passo

Este capítulo demonstrou os comandos condicionais, as estruturas de controle em Java e o tratamento de exceções. Não passe para o próximo capítulo se você ainda sente dificuldades nos exemplos e exercícios propostos. Se precisar, releia o capítulo e refaça todos os exemplos. É importante que as dúvidas não se acumulem para facilitar o progresso nos estudos do capítulo seguinte. O próximo passo trata dos tipos de funções matemáticas e de manipulação de strings.

Capítulo 4

Operações Matemáticas e de String

Objetivos deste capítulo
✓ Demonstrar as principais operações matemáticas em Java e seu uso prático.
✓ Apresentar mecanismos de internacionalização e formatação da linguagem Java.
✓ Introduzir técnicas de simulação por meio da geração aleatória de números.
✓ Demonstrar os principais métodos para manipulação de strings em Java e seu uso prático.

4.1 Operações matemáticas

A linguagem Java possui uma classe chamada *Math* que contém diversos métodos especializados em realizar cálculos matemáticos. Observe a seguinte sintaxe:

`Math.<nome do método>(<argumentos ou lista de argumentos>)`

Os métodos da classe Math são estáticos (vistos mais à frente) e por isso seguem a notação "Classe.nome do método". Não é necessário importar a classe Math em um programa para poder utilizar seus recursos, pois ela já faz parte do pacote java.lang, disponível com o Java. Além disso, a classe Math faz a definição de duas constantes matemáticas, sendo *Math.PI* – o valor de pi (π = 3.14159265358979323846) e *Math.E* que se refere ao valor da base para logaritmos naturais (2.7182818284590452354). A seguir, são apresentados os métodos mais comuns da classe Math.

4.1.1 Método ceil

O método ceil tem como função realizar o arredondamento de um número (do tipo float ou double) para o seu próximo inteiro, por exemplo: o próximo inteiro de 1.8 é 2, de 5.5 é 6, de 4.1 é 5, e assim por diante. Sua sintaxe é a seguinte:

`Math.ceil(<valor>)`

Operações Matemáticas e de String

O Exemplo 4.1 demonstra a utilização do método ceil da classe Math, que é chamado para realizar o arredondamento da variável qtdeOnibus (linha 10), nesse caso um número do tipo float. Na linha 5, a classe define a quantidade máxima de passageiros por ônibus por meio da constante LOTACAO_ONIBUS, na linha 6 solicita que o usuário forneça o número de passageiros que farão a viagem e na linha 7 faz o cálculo da quantidade de ônibus necessários. Na grande maioria das vezes, esse cálculo retornará um valor decimal, não inteiro. Por exemplo, para número de passageiros igual a 25, o valor calculado será 0.5. No entanto, a quantidade de ônibus necessária sempre deverá ser um valor inteiro, pois não existe 0.5 ônibus. Esse valor precisa ser arredondado para cima, no caso para 1. Isso acontecerá todas as vezes em que o valor calculado não for inteiro. Quando o valor calculado gerar um número inteiro, o valor não será alterado pelo método ceil. Por exemplo, se você fornecer o número de passageiros igual a 50 (ou múltiplos dele), o valor calculado será 1 e o retorno do método ceil será 1 também, ou seja, o valor não precisa ser arredondado porque já é um valor inteiro. A Figura 4.1 exibe a tela de resultados do Exemplo 4.1.

Exemplo 4.1 – Utilização da classe ArredondamentoParaCima

```java
package cap04;
import javax.swing.JOptionPane;
public class ArredondamentoParaCima {
    public static void main(String args[]) {
        final float LOTACAO_ONIBUS = 50;
        int numeroPassageiros = Integer.parseInt(JOptionPane.showInputDialog("Número de passageiros?"));
        float qtdeOnibus = numeroPassageiros / LOTACAO_ONIBUS;
        JOptionPane.showMessageDialog(null, "Quantidade de passageiros: " + numeroPassageiros
                + "\nQuantidade Calculada: " + qtdeOnibus
                + "\nQuantidade de Ônibus necessários: " + (int) Math.ceil(qtdeOnibus));
        System.exit(0);
    }
}
```

Figura 4.1 – Tela de execução do Exemplo 4.1.

4.1.2 Método floor

Assim como ceil, o método floor também é utilizado para arredondar um número, mas para o seu inteiro anterior, por exemplo: o inteiro anterior de 1.1 é 1, de 2.9 é 2 e de 6.54 é 6. Sua sintaxe é a mesma do método ceil:

```
Math.floor(<valor>)
```

O Exemplo 4.2 apresenta o exemplo de um professor exigente. A nota da prova que o aluno tirou será arredondada para baixo. Na linha 5 o usuário digita o valor da nota que é convertido para um tipo float e na linha 7 esse valor é arredondado para baixo por meio do método floor. A Figura 4.2 exibe a tela de resultados do Exemplo 4.2.

Exemplo 4.2 – Listagem da classe ArredondamentoParaBaixo

```java
package cap04;
import javax.swing.JOptionPane;
public class ArredondamentoParaBaixo {
    public static void main(String args[]) {
        float nota = Float.parseFloat(JOptionPane.showInputDialog("Nota da prova?"));
        JOptionPane.showMessageDialog(null, "Nota original: " + nota
                + "\nArredondada para baixo: " + Math.floor(nota));
        System.exit(0);
    }
}
```

Figura 4.2 – Tela de execução do Exemplo 4.2.

4.1.3 Métodos round, max, min, sqrt, pow e abs

Esta seção apresenta alguns métodos da classe Math. A Tabela 4.1 traz um resumo deles.

Tabela 4.1 – Alguns métodos da classe Math

Método	Sintaxe	Descrição
round	Math.round(<valor>)	Recebe um valor numérico e retorna esse valor arredondado. Para valores decimais <0.5 arredonda para baixo, para valores >=0.5 arredonda para cima. Exemplos: Math.round(2.35) → 2, Math.round(2.59) → 3
max	Math.max(<valor1>,<valor2>)	Recebe dois valores numéricos e retorna o maior deles. Exemplo: Math.max(10,20) → 20
min	Math.min(<valor1>,<valor2>)	Recebe dois valores numéricos e retorna o menor deles. Exemplo: Math.max(10,20) → 10
sqrt	Math.sqrt(<valor>)	Recebe um valor numérico e retorna sua raiz quadrada. Exemplo: Math.max(25) → 25
pow	Math.pow(<valor1>,<valor2>)	Recebe dois valores numéricos (o operando e o expoente) e eleva o primeiro valor ao segundo. Exemplo: Math.max(10,2) → 100
abs	Math.abs(<valor>)	Recebe um valor numérico e retorna seu valor absoluto, desconsiderando o sinal. Exemplo: Math.max(-2) → 2

Como pode ser visto na Tabela 4.1, o método round pode ser usado para arredondar um número para seu inteiro anterior ou posterior. O método max recebe dois valores numéricos e retorna o maior deles. Esses valores podem ser tipo double, float, int ou long. Caso seja necessário encontrar o maior dentre três valores, o retorno de um método max pode ser usado como entrada para o outro. No exemplo seguinte, o maior valor do trecho em destaque é comparado com o valor 10. Dessa forma, é possível encontrar o maior entre três valores.

int maior = Math.max(10, **Math.max(5,12)**);

Exemplo 4.3 – Listagem da classe DiversosMetodos

```
package cap04;
import javax.swing.JOptionPane;
public class DiversosMetodos {
    public static void main(String[] args) {
        double a = 2.4, b = 2.8, c = 4, d = -1;
        String r = "Arredondamento de " + a + " = " + Math.round(a)
                + "\nArredondamento de " + b + " = " + Math.round(b)
                + "\nMaior valor entre " + a + " e " + b + " = " + Math.max(a, b)
                + "\nMenor valor entre " + a + " e " + b + " = " + Math.min(a, b)
                + "\nO quadrado de " + c + " = " + Math.pow(c, 2)
                + "\nRaiz Quadrada de " + c + " = " + Math.sqrt(c)
                + "\nValor absoluto de " + d + " = " + Math.abs(d);
        JOptionPane.showMessageDialog(null, r);
    }
}
```

O método min fornece o resultado oposto do método max, sendo então utilizado para obter o valor mínimo entre dois números. Do mesmo modo que o método max, esses números também podem ser double, float, int ou long. O restante dos métodos constantes na Tabela 4.1 é apresentado no Exemplo 4.3 a seguir. Pela simplicidade do funcionamento dos métodos, não faremos comentários a respeito. O resultado da execução do Exemplo 4.3 é demonstrado na Figura 4.3.

Figura 4.3 – Tela de execução do Exemplo 4.3.

4.1.4 Método random

O método random da classe Math é utilizado para gerar valores de forma aleatória. Toda vez que o método random é chamado, sorteia-se um valor do tipo double entre 0.0 e 1.0 (o valor 1 nunca é sorteado). Nem sempre essa faixa de valores é suficiente numa aplicação real. Por exemplo, para simular o sorteio de números entre 0 e 99 para um jogo de loteria qualquer, torna-se necessário o sorteio de números inteiros aleatórios no intervalo de 0 a 99. Para que esses números possam ser sorteados, é preciso utilizar o operador de multiplicação (*) em conjunto com o método random. Com isso torna-se possível definir o intervalo em que o número será sorteado. O conversor (int) também pode ser usado para truncar a parte do ponto flutuante (a parte depois do ponto decimal) para que um número inteiro seja gerado, da seguinte forma:

```
(int)(Math.random() * 100)
```

Com isso seriam gerados números inteiros entre **0** e **99**, atendendo plenamente à necessidade exposta. O Exemplo 4.4 demonstra o uso do método random para simular a geração de uma senha de dez dígitos e de quatro cartões de loteria com seis números cada.

Exemplo 4.4 – Listagem da classe UsaRandom

```java
package cap04;
import javax.swing.JOptionPane;
public class UsaRandom {
    public static void main(String[] args) {
        String senha = "";
        for (int i = 1; i <= 10; i++) {
            int num = (int) (Math.random() * 10);
            senha += num;
        }
        JOptionPane.showMessageDialog(null, "Senha gerada: " + senha);

        for (int cartao = 1; cartao <= 4; cartao++) { // número de cartões
            String numerosCartao = "";
            for (int numCartao = 1; numCartao <= 6; numCartao++) { // qtde de números por cartão
                int num = (int) (Math.random() * 100);
                numerosCartao += num + "   ";
            }
            JOptionPane.showMessageDialog(null, "Números do cartão: " + cartao
                    + "\n" + numerosCartao);
        }
        System.exit(0);
    }
}
```

Funcionalidades comentadas do Exemplo 4.4:
- **Linha 5**: declara uma variável do tipo String chamada senha com conteúdo vazio.
- **Linha 6**: contém um loop for que executa um bloco de instruções 10 vezes, variando o valor da variável i de 1 a 10. O laço encerra na linha 9.
- **Linha 7**: gera um número entre 0 e 9 de forma randômica. Esse número é guardado como inteiro na variável num.

- **Linha 8:** acrescenta o número gerado na variável senha, no final de seu conteúdo.
- **Linha 9:** imprime a senha gerada contendo 10 caracteres randômicos. Esse processo é bastante usado em aplicações da Internet quando o usuário esquece sua senha.
- **Linha 12:** define um loop for responsável pela contagem de um a quatro (os quatro cartões). O segundo loop for (linha 14) é o responsável pela contagem de um a seis (os seis números de cada cartão). Um possível resultado para uma execução do Exemplo 4.4 aparece na Figura 4.4.

Com isso apresentamos alguns métodos da classe Math, mas existem diversos outros métodos cujo estudo foge aos objetivos desta obra.

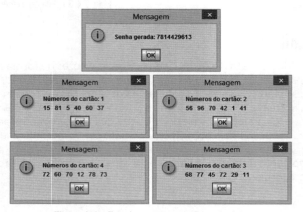

Figura 4.4 – Tela de execução do Exemplo 4.4.

4.1.5 Formatação com a classe DecimalFormat

Os cálculos matemáticos, em especial os que envolvem multiplicação e divisão, podem gerar resultados com muitas casas decimais. Isso nem sempre é necessário e esteticamente correto, pois apresentar um resultado com muitas casas decimais não é muito agradável nem legível à maioria dos usuários. Por exemplo, considere duas variáveis do tipo double: x=1 e y=6. Ao realizar a divisão de x por y, aparece na tela o resultado 0.16666666666666666, que não é o mais adequado para se apresentar na tela. Seria mais conveniente mostrar o resultado formatado com duas ou três casas decimais. Para realizar a formatação, é necessário definir um modelo de formatação, conhecido pelo nome *pattern*. Considere pattern o estilo de formatação que será apresentado sobre um valor numérico. Em outras palavras, você terá de informar ao compilador qual estilo de formatação deve ser usado para apresentar o número. Para definir o pattern são usados caracteres especiais; veja os mais usados na Tabela 4.2.

Tabela 4.2 – Caracteres mais usados na definição de patterns

Caractere	Significado
0	Imprime o dígito normalmente, ou, caso ele não exista, coloca 0 em seu lugar. Exemplo: sejam as variáveis int x=4, y=32 e z=154, ao usar o pattern "000", o resultado impresso na tela seria x à 004, y à 032 e z à 154.
#	Imprime o dígito normalmente, desprezando os zeros à esquerda do número. Exemplo: sejam as variáveis double x=0.4 e y=01.34, ao usar o pattern "##.##", o resultado impresso na tela seria x à .4, y à 1.34.
.	Separador decimal ou separador decimal monetário (depende do sistema usado).
-	Sinal de número negativo.

Para realizar a formatação foi usada a classe **DecimalFormat** no Exemplo 4.5.

Exemplo 4.5 – Listagem da classe FormatacaoDeNumeros

```
1   package cap04;
2   import java.text.DecimalFormat;
3   public class FormatacaoDeNumeros {
4       public static void main(String args[]) {
5           DecimalFormat df = new DecimalFormat();
6           short idade = 38;
7           df.applyPattern("000");
8           System.out.println(df.format(idade));
9           int quantidade = 9750;
10          df.applyPattern("#0,000");
11          System.out.println(df.format(quantidade));
12          long estoque = 198564;
13          df.applyPattern("#,##0,000");
14          System.out.println(df.format(estoque));
15          float altura = 1.74f;
16          df.applyPattern("#0.00");
17          System.out.println(df.format(altura));
18          double peso = 70.25;
19          df.applyPattern("#0.00");
20          System.out.println(df.format(peso));
21          String valorEmReais = "2583.75";
22          df.applyPattern("R$ #,##0.00");
23          System.out.println(df.format(Double.parseDouble(valorEmReais)));
24      }
25  }
```

Funcionalidades comentadas do Exemplo 4.5:

▶ **Linha 2:** importa a classe **DecimalFormat** do pacote java.text, uma vez que ela não pertence ao conjunto de classes default do pacote java.lang.

▶ **Linha 5:** declara o objeto df da classe DecimalFormat que será usado para realizar a formatação dos números por meio do método format (df.format). Essa linha poderia conter a definição do pattern no momento da inicialização do objeto df. Uma definição válida poderia ser: **DecimalFormat df = new DecimalFormat ("000")**. É possível observar que a definição do pattern pode ser realizada dentro dos parênteses.

▶ **Linha 7:** contém a definição do pattern pelo método **applyPattern** (df.applyPattern("000")). Essa instrução define que todos os números impressos a partir do objeto df serão formatados com três dígitos, mesmo que eles possuam menos que isso, conforme exemplificado na Tabela 4.1. As linhas 10, 13, 16, 19 e 22 redefinem o pattern, aplicando novas formatações ao objeto df, isto é, aos números que serão impressos por meio do método format.

▶ **Linha 22:** exibe uma maneira de formatar um número a partir de um formato string. A variável valorEmReais (linha 21) armazena um conteúdo do tipo string, que não pode ser manipulado diretamente pela classe DecimalFormat. Para que isso seja possível, o valor string é convertido no tipo double pelo método parseDouble da classe Double (**Double.parseDouble(valorEmReais)**).

O resultado da execução do Exemplo 4.5 aparece na Figura 4.5.

Figura 4.5 – Tela de execução do Exemplo 4.5.

4.1.6 Internacionalização com a classe Locale

A linguagem Java é utilizada no mundo todo. Em função disso, um mesmo software feito em Java pode ser utilizado por usuários espalhados pelo globo. Cada país ou região adota certos formatos para representação monetária, apresentação de datas etc., os quais são definidos pelo sistema operacional da máquina e ficam armazenados como configurações locais. O separador de decimais, por exemplo, pode ser um ponto (.) ou uma vírgula (,), dependendo da região.

A classe Locale permite identificar certas propriedades da máquina em que o software é executado. Dessa forma, torna-se possível utilizar os recursos do Java, configurando determinados formatos de maneira automática. Observe o Exemplo 4.6.

Exemplo 4.6 – Listagem da classe ConfiguracoesRegionais

```java
package cap04;
import java.text.DecimalFormat;
import java.util.Locale;
import javax.swing.JOptionPane;
public class ConfiguracoesRegionais {
    public static void main(String args[]) {
        DecimalFormat df = new DecimalFormat();
        Locale local = Locale.getDefault();
        double valor = 1370.25;
        if (local.getCountry().equals("BR")) {
            df.applyPattern("R$ #,##0.00");
        }
        JOptionPane.showMessageDialog(null, "Configurações do Sistema Operacional:"
                + "\nSigla: " + local.getCountry()
                + "\nPais: " + local.getDisplayCountry()
                + "\nIdioma: " + local.getDisplayLanguage()
                + "\nTeclado: " + local.getDisplayName()
                + "\nvalor: " + df.format(valor));
        System.exit(0);
    }
}
```

Funcionalidades comentadas do Exemplo 4.6:

- **Linhas 2 e 3:** importam as classes **DecimalFormat** do pacote java.text e **Locale** do pacote java.util, ambas essenciais ao funcionamento do exemplo.
- **Linha 7:** declara e cria o objeto **df** da classe DecimalFormat que será usado para formatar um valor monetário, dependendo da região em que a classe é executada.
- **Linha 8:** declara e cria o objeto **local** da classe Locale que será usado para identificar as configurações do sistema operacional da máquina do usuário. Nessa linha o objeto local passa a armazenar todas as configurações default do sistema operacional.
- **Linha 10:** faz uma comparação usando o método **getCountry()** que retorna a sigla do país configurado no sistema operacional. Caso seja Brasil (sigla BR), aplica um pattern (linha 11) para formatar um valor monetário em reais, de acordo com o padrão brasileiro. Outras comparações, de outros países, poderiam existir para adequar o formato monetário à região.
- **Linhas 14 a 17:** contêm a impressão das configurações regionais por meio dos métodos **getCountry()** que retorna a sigla do país, **getDisplayCountry()** que retorna o nome do país, **getDisplayLanguage()** que retorna o idioma do país e **getDisplayName()** que retorna a linguagem do teclado.
- **Linha 18:** imprime o valor monetário de acordo com o formato estabelecido (se existissem diversas comparações para países diferentes).

O resultado da execução do Exemplo 4.6 aparece na Figura 4.6.

Figura 4.6 – Tela de execução do Exemplo 4.6.

4.2 Operações com Strings

String é um tipo texto que corresponde à união de um conjunto de caracteres. Em Java, uma variável do tipo string é uma instância da classe String, isto é, gera objetos que possuem propriedades e métodos, diferentemente dos tipos primitivos como int, float, double etc. Não se preocupe com esses termos no momento, pois eles são estudados em mais detalhes no Capítulo 7 (definições da orientação a objetos). Essas strings podem ser manipuladas de várias formas. Por exemplo, é possível verificar seu comprimento, retirar uma parte dela, acessar ou mudar caracteres individuais. As strings constituem uma cadeia de caracteres entre aspas. Exemplo: frase = "Linguagem Java". Da mesma forma que as operações matemáticas, existem diversos métodos para manipulação de strings, os quais acompanham a seguinte sintaxe:

```
<Nome da string>.<nome-do-metodo>(<argumentos>)
```

A seguir, são apresentados os métodos mais comuns (e mais usados) da classe String.

4.2.1 Método length

O método length é utilizado para retornar o tamanho de uma determinada string, incluindo também os espaços em branco presentes nela. Esse método retorna sempre um valor do tipo int. Veja sua sintaxe:

```
<Nome da string>.length()
```

O método length é muito utilizado para ler os caracteres de uma variável do tipo String do início ao fim. Isso torna possível realizar a busca de caracteres ou palavras.

O Exemplo 4.7 usa o método length para apresentar o tamanho de uma variável do tipo String.

Exemplo 4.7 – Listagem da classe TamanhoDaFrase

```java
package cap04;
import javax.swing.JOptionPane;
public class TamanhoDaFrase {
    public static void main(String args[]) {
        String frase = JOptionPane.showInputDialog("Forneça uma frase");
        int tamanho = frase.length();
        JOptionPane.showMessageDialog(null, "Frase: " + frase
                + "\nQuantidade de Caracteres: " + tamanho);
        System.exit(0);
    }
}
```

A linha 5 contém a declaração da string **frase**. Conforme citado anteriormente, na realidade **frase** não é uma variável e sim um objeto, pois uma variável não pode conter métodos atrelados a ela; objetos podem. A linha 6 contém a utilização de length por meio de **frase.length()**, isto é, retorna o número de caracteres armazenado na variável frase digitada pelo usuário.

Em vez de empregar frase.length() poderia ser utilizada uma forma literal, como, por exemplo, **tamanho="Aprendendo Java".length()**. O resultado seria o mesmo, isto é, a quantidade de letras da frase. A Figura 4.7 mostra o resultado obtido ao executar o Exemplo 4.7:

Figura 4.7 – Tela de execução do Exemplo 4.7.

4.2.2 Método charAt

O método charAt é usado para retornar um caractere de determinada string de acordo com um índice especificado entre parênteses. Esse índice se refere à posição do caractere na string, sendo 0 (zero) o índice do primeiro caractere, **1** (um) o do segundo e assim por diante. O método charAt é útil quando for necessário verificar a existência de um caractere na string. Por exemplo, suponha que uma determinada string só possa conter números - o método charAt pode ser usado para verificar a existência de dígitos numéricos nessa string. A sintaxe do método charAt é a seguinte:

```
<Nome da string>.charAt(<índice>)
```

O Exemplo 4.8 mostra o uso do método charAt. Nele, o usuário fornece uma palavra com pelo menos quatro caracteres e o exemplo apresenta os primeiros quatro caracteres, os restantes são desconsiderados.

Veja na Figura 4.8 os resultados desse exemplo. Considerando a digitação da palavra "casamento", os caracteres apresentados serão "casa", referentes aos índices 0 a 3. Lembre-se de que, em Java, o primeiro valor do índice de uma string é 0, o segundo é 1 e assim sucessivamente. Veja isso nas linhas 8 a 11 do código da classe CaracteresDaPalavra.

Exemplo 4.8 – Listagem da classe CaracteresDaFrase

```java
package cap04;
import javax.swing.JOptionPane;
public class CaracteresDaPalavra {
    public static void main(String args[]) {
        String palavra = JOptionPane.showInputDialog("Forneça uma "
                + "palavra com pelo menos 4 letras");
        JOptionPane.showMessageDialog(null, "Palavra: " + palavra
                + "\nCaractere 1: " + palavra.charAt(0)
                + "\nCaractere 2: " + palavra.charAt(1)
                + "\nCaractere 3: " + palavra.charAt(2)
                + "\nCaractere 4: " + palavra.charAt(3));
        System.exit(0);
    }
}
```

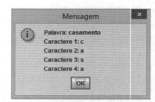

Figura 4.8 – Tela de execução do Exemplo 4.8.

Dessa forma, com o método charAt podemos ler o conteúdo de uma string, caractere a caractere. O próximo exemplo mostra como realizar esse processo, lendo os caracteres de duas formas: da esquerda para a direita e da direita para a esquerda (efeito espelho). Observe a listagem do Exemplo 4.9.

Exemplo 4.9 – Listagem da classe MostrarLetras

```java
package cap04;
import javax.swing.JOptionPane;
public class MostraLetras {
    public static void main(String args[]) throws InterruptedException {
        String palavra = JOptionPane.showInputDialog("Forneça uma palavra");
        for (int i = 0; i <= palavra.length(); i++) {
            char c = palavra.charAt(i);
            System.out.print(c);
            Thread.sleep(1000);
        }
        System.out.println();
        for (int i = palavra.length() - 1; i >= 0; i--) {
            char c = palavra.charAt(i);
            System.out.print(c);
            Thread.sleep(1000);
        }
    }
}
```

Funcionalidades comentadas do Exemplo 4.9:

▶ **Linhas 6 e 10:** contêm um laço de repetição que faz o valor da variável i variar de 0 (o primeiro índice da string), até o último caractere (definido pelo comprimento da string com o método length), de 1 em 1. Dessa forma, será possível percorrer todos os índices da string, independentemente de seu tamanho. A linha 7 armazena o caractere a ser impresso na linha 8. A linha 9 contém um temporizador de um segundo, conforme apresentamos num exemplo do Capítulo 3.

▶ **Linhas 12 a 16:** contêm um laço de repetição que faz o valor da variável i variar do último caractere da string (definido por seu comprimento menos 1) até o primeiro caractere (índice 0), decrescendo de 1 em 1. Dessa forma, será possível percorrer todos os índices da string, independentemente de seu tamanho, de trás para a frente, criando um efeito espelho.

Dessa forma, o método charAt pode ser usado sempre que for necessário ler o caractere de um índice da string. Outros exemplos práticos de uso do método charAt podem ser: percorrer um texto para verificar quantas vogais, consoantes ou outros caracteres existem; retirar os caracteres brancos (espaços em branco) existentes em uma frase (isso pode ser feito também com o método replace, como você verá mais à frente neste capítulo), entre outros.

4.2.3 Métodos toUpperCase e toLowerCase

Os métodos toUpperCase e toLowerCase são utilizados para transformar todas as letras de uma determinada string em maiúsculas ou minúsculas. O método toUpperCase transforma todos os caracteres de uma string em maiúsculos. O método toLowerCase transforma todos os caracteres de uma string em minúsculos. Sua sintaxe é a seguinte:

```
<Nome da string>.toUpperCase()   ou   <Nome da string>.toLowerCase()
```

O Exemplo 4.10 demonstra o uso dos métodos toUpperCase e toLowerCase e dispensa maiores detalhes, dada a simplicidade dessas duas funções. A única observação se refere ao fato de que esses métodos não alteram o valor original da string. Mesmo aplicando os métodos das linhas 8 e 9, o conteúdo das variáveis permanece o mesmo, isto é, a transformação ocorre apenas com fins de impressão em tela. Se for necessário alterar o conteúdo de uma variável string, substituindo seu valor original pelo transformado, a própria variável deve receber o valor de sua transformação, por exemplo, **frase = frase.toLowerCase()**.

A Figura 4.9 destaca os resultados obtidos com a execução do Exemplo 4.10.

Exemplo 4.10 – Listagem da classe TransformacoesNaFrase

```
1   package cap04;
2   import javax.swing.JOptionPane;
3   public class TransformacoesNaFrase {
4       public static void main(String args[]) {
5           String frase = JOptionPane.showInputDialog("Forneça uma frase");
6           JOptionPane.showMessageDialog(null, "Frase: " + frase
7                   + "\nTodas em Maiúsculas: " + frase.toUpperCase()
8                   + "\nTodas em Minúsculas: " + frase.toLowerCase());
9           System.exit(0);
10      }
11  }
```

Figura 4.9 – Tela de execução do Exemplo 4.10.

Outro método relacionado a caixa alta e baixa é *equalsIgnoreCase*. Esse método permite comparar valores desconsiderando se as letras são ou não maiúsculas. Suponha que seja necessário comparar uma string que receba uma resposta do usuário contendo, por exemplo, o texto "sim". Uma maneira fácil de fazer isso, sem se preocupar com maiúsculas e minúsculas, é:

if(reposta.**equalsIgnoreCase**("sim")) { // bloco de instruções }

Supondo que a variável resposta seja do tipo String, o resultado da comparação será verdadeiro se ela contiver qualquer um dos seguintes conteúdos: sim, siM, sIm, SIM, sIM, SiM.

4.2.4 Método substring

O método substring retorna a cópia de caracteres de uma string a partir de índices inteiros especificados. A sintaxe de substring é a seguinte:

```
<Nome da string>.substring(<índice inicial>,[<índice final>])
```

O primeiro argumento especifica o índice a partir do qual se inicia a cópia dos caracteres (da mesma forma que charAt, o índice inicia-se em **0**). O segundo argumento é opcional e especifica o índice final, em que termina a cópia dos caracteres. Entretanto, o índice final deve especificar um índice além do último caractere. Para facilitar entendimento, considere a variável frase com o seguinte conteúdo:

Frase	L	I	N	G	U	A	G	E	M		J	A	V	A
Índice	0	1	2	3	4	5	6	7	8	9	10	11	12	13	14

Cada caractere de uma variável string é indexado a partir do 0 (zero). Vamos apresentar alguns exemplos:

1. `String x = frase.substring(10)` → x recebe o conteúdo "JAVA", pois ao passar apenas o primeiro argumento para o método substring ele retorna da posição informada (no caso 10, a posição da letra J) até o último caractere da string.
2. `String x = frase.substring(3)` → x recebe o conteúdo "GUAGEM JAVA", isto é, do caractere de índice 3 até o último caractere da string frase.
3. `String x = frase.substring(3,9)` → x recebe o conteúdo "GUAGEM", isto é, do caractere de índice 3 até o caractere de índice 8.
4. `String x = frase.substring(0,1)` → x recebe o conteúdo "L", isto é, do caractere de índice 0 até o caractere de índice 0.
5. `String x = frase.substring(10,14)` → x recebe o conteúdo "JAVA", isto é, do caractere de índice 10 até o caractere de índice 13.

Se os índices especificados estiverem fora dos limites da string, nesse caso é gerado o erro **StringIndexOutOfBoundsException**. No exemplo, se você usar frase.substring(10,20), ocorre o erro citado, uma vez que não existe índice 20. O Exemplo 4.11 apresenta o uso do método substring.

Exemplo 4.11 – Listagem da classe PedacosDaFrase

```
package cap04;
import javax.swing.JOptionPane;
public class PedacosDaFrase {
    public static void main(String args[]) {
        try {
            String frase = JOptionPane.showInputDialog("Forneça uma frase");
            JOptionPane.showMessageDialog(null, "Frase: " + frase
                + "\n(0,2): " + frase.substring(0, 2)
                + "\n(3,8): " + frase.substring(3, 8)
                + "\n(9,11): " + frase.substring(9, 11)
                + "\n(12,14): " + frase.substring(12, 14));
        } catch (StringIndexOutOfBoundsException erro) {
            JOptionPane.showMessageDialog(null, "A frase de ter pelo menos 15 caracteres \n"
                + erro.toString());
        }
        System.exit(0);
    }
}
```

A Figura 4.10 exibe o resultado do Exemplo 4.11.

Figura 4.10 – Tela de execução do Exemplo 4.11.

4.2.5 Método trim

O método trim remove todos os espaços em branco que aparecem no início e no final de uma determinada string, porém não são removidos os espaços entre as palavras. Sua sintaxe é a seguinte:

```
<Nome da string>.trim()
```

O Exemplo 4.12 mostra a utilização do método trim.

Exemplo 4.12 – Listagem da classe RetirandoEspacos

```
1   package cap04;
2   import javax.swing.JOptionPane;
3   public class RetirandoEspacos {
4       public static void main(String args[]) {
5           String frase = JOptionPane.showInputDialog("Forneça uma frase");
6           frase = "    " + frase + "    ";
7           JOptionPane.showMessageDialog(null,
8               "\nCom espaços: " + "-" + frase + "-"
9               + "\nSem espaços: " + "-" + frase.trim() + "-");
10          System.exit(0);
11      }
12  }
```

A variável frase armazena uma string com espaços em branco no início e no final. Quando não é utilizado o método *trim*, os espaços permanecem na string; em contrapartida, ao usar trim, os espaços desaparecem. O método frase.trim() não retirou realmente os espaços em branco da variável, ou seja, apenas foi mostrado na tela um trim da variável, que consequentemente a exibe sem os espaços em branco, mas a variável em si ainda continua com os espaços no seu início e no seu final. Para que realmente os espaços sejam retirados, é necessário que o resultado de trim seja atribuído à própria variável, como a seguinte instrução: **frase=frase.trim()**. Isso tornaria a variável livre dos espaços em branco. A Figura 4.11 exibe os resultados obtidos com a execução do Exemplo 4.12:

Figura 4.11 – Tela de execução do Exemplo 4.12.

4.2.6 Método replace

O método replace é utilizado para substituição de caracteres, ou grupo de caracteres, em uma determinada string. Para isso é necessário informar o(s) caractere(s) que deseja substituir e por qual(is) caractere(s) ele(s) será(ão) substituído(s). Caso não haja na string nenhuma ocorrência do caractere a ser substituído, a string original é retornada, isto é, não ocorre nenhuma alteração. Veja sua sintaxe:

```
<Nome da string>.replace(<caracteres a serem substituídos>,<substituição>)
```

O Exemplo 4.13 mostra o uso do método replace.

Exemplo 4.13 – Listagem da classe TrocandoCaracteres

```
1   package cap04;
2   import javax.swing.JOptionPane;
3   public class TrocandoCaracteres {
4       public static void main(String args[]) {
5           String frase = JOptionPane.showInputDialog("Forneça uma frase");
6           JOptionPane.showMessageDialog(null, "Frase: " + frase
7               + "\nRetirando os espaços: " + frase.replace(" ", "")
8               + "\nSubstituindo a por u: " + frase.replace("a", "u"));
9           System.exit(0);
10      }
11  }
```

No Exemplo 4.13, a linha 5 declara uma String chamada frase que recebe uma frase fornecida pelo usuário. A linha 6 é responsável por apresentar a frase digitada. As linhas 7 e 8 substituem um caractere por outro (" " por "" e "a" por "u"). Da mesma forma que trim, o método replace não altera o conteúdo da variável. Para fazer com que uma variável receba o resultado de uma troca de caracteres, faça o seguinte: String <variável>=<String>.**replace**(<caracteres a serem substituídos>, <substituição>). Veja os resultados obtidos no Exemplo 4.13 por meio da Figura 4.12:

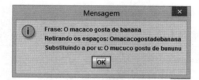

Figura 4.12 – Tela de execução do Exemplo 4.13.

4.2.7 Método valueOf

O método valueOf é usado para converter diversos tipos de dados em strings. Esse método aceita vários tipos de argumento (números ou cadeia de caracteres) e os transforma em strings. Uma das sintaxes possíveis para o método valueOf é:

<Nome da string>.**valueOf**(<nome da variável a ser convertida>)

Para facilitar o entendimento, o Exemplo 4.14 demonstra a conversão de vários tipos numéricos com o uso do método valueOf.

No Exemplo 4.14 todas as variáveis numéricas (a, b, c, d) declaradas nas linhas 5 a 8 são convertidas e acumuladas em uma variável String (x) nas linhas 9 e 10. Essa mesma funcionalidade pode ser obtida sem o uso do método valueOf, isto é, por meio da concatenação das variáveis com o operador de concatenação (+), conforme demonstrado a seguir:

String x = a + " " + b + " " + c + " " + d;

A Figura 4.13 mostra os resultados obtidos com a execução do Exemplo 4.14.

Exemplo 4.14 – Listagem da classe ConversaoParaString

```
1   package cap04;
2   import javax.swing.JOptionPane;
3   public class ConversaoParaString {
4       public static void main(String args[]) {
5           int a = 1000;
6           long b = 5000;
7           float c = 20.45f;
8           double d = 15.432;
9           String x = String.valueOf(a) + " " + String.valueOf(b) + " "
10                  + String.valueOf(c) + " " + String.valueOf(d);
11          JOptionPane.showMessageDialog(null, x);
12          System.exit(0);
13      }
14  }
```

Figura 4.13 – Tela de execução do Exemplo 4.14.

4.2.8 Método indexOf

O método indexOf é usado para localizar caracteres ou substrings em uma String. Quando realizamos a busca de uma palavra em um texto, usamos algo parecido com o funcionamento de indexOf, isto é, ele busca uma palavra e retorna a posição em que ela se encontra. Você já sabe que um texto (ou uma String) é indexado a partir do número zero. Caso haja sucesso na busca, é retornado um número inteiro referente à posição do texto (o índice) em que o caractere foi encontrado, ou a posição do texto na qual se inicia a substring localizada. Caso haja insucesso na busca, isto é, caso o caractere ou substring não tenha sido encontrado, é retornado o valor inteiro -1. De qualquer modo, o retorno de indexOf sempre será um número inteiro (o valor do índice, ou -1). A sintaxe geral para utilização do método indexOf é:

```
<Nome da string>.indexOf(<caractere ou substring a ser localizada, [posição inicial]>)
```

Existem várias maneiras de utilizar o método indexOf, conforme indica o Exemplo 4.15.

Exemplo 4.15 – Listagem da classe BuscaLetraNaFrase

```
package cap04;
import javax.swing.JOptionPane;
public class BuscaLetraNaFrase {
    public static void main(String args[]) {
        String frase = "Livro Java 8 - Ensino didático";
        char caractere = 'a';
        JOptionPane.showMessageDialog(null, "Frase: " + frase
            + "\nÍndices: " + frase.indexOf(caractere)
            + ", " + frase.indexOf(caractere, 10)
            + ", " + frase.indexOf("Ensino")
            + ", " + frase.indexOf("Java", 15));
        System.exit(0);
    }
}
```

No Exemplo 4.15, a linha 5 contém o texto que será usado nas pesquisas. A linha 6 armazena a letra 'a' na variável caractere. A letra 'a' será buscada no texto armazenado na variável frase. As formas de busca são as seguintes:

- **Linha 8:** busca o caractere 'a' no texto e retorna o índice referente à sua primeira ocorrência. No caso, retorna o índice 7.
- **Linha 9:** busca o caractere 'a' no texto a partir do índice 10 e retorna o índice referente à sua primeira ocorrência. No caso, retorna o índice 25. Na realidade, a primeira ocorrência do caractere 'a' seria na posição 7, entretanto foi solicitado que a busca iniciasse na posição 10.
- **Linha 10:** busca a substring "Ensino" no texto e retorna o índice referente à sua primeira ocorrência. No caso, retorna o índice 15.
- **Linha 11:** busca a substring "Java" no texto a partir da posição 15 e retorna o índice referente à sua primeira ocorrência. Como não existe a palavra "Java" após a posição 15, é retornado o valor -1 (busca sem sucesso). O mesmo princípio é aplicado quando você procura uma palavra em um editor de textos e ele não a encontra.

A Figura 4.14 mostra os resultados obtidos com a execução do Exemplo 4.15:

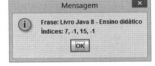

Figura 4.14 – Tela de execução do Exemplo 4.15.

Exercícios para prática da linguagem Java

1. Crie uma classe que simule a jogada de um dado de seis lados (números de 1 a 6) por três vezes. Ao final some seus valores e apresente o resultado das três jogadas. Veja o resultado dos lançamentos na Figura 4.15.

2. Uma farmácia precisa ajustar os preços de seus produtos em 12%. Elabore uma classe que receba o valor do produto e aplique o percentual de acréscimo. O novo valor a ser calculado deve ser arredondado para mais ou para menos usando o método round. A classe deve também conter um laço de repetição que encerre o programa quando o usuário fornecer o valor zero (0) para o valor do produto. Dessa forma, o usuário digita o valor do produto, a classe calcula e mostra o valor com acréscimo, a seguir solicita um novo valor. Esse processo continua enquanto o valor do produto for diferente de zero; caso contrário o programa será encerrado.

Figura 4.15 – Tela de execução do Exercício 4.1.

Figura 4.16 – Tela de execução do Exercício 4.2.

3. Crie uma classe que gera um número aleatoriamente (entre 5 e 10) por Math.random. Em seguida, faça com que apareça em tela uma senha numérica contendo a mesma quantidade de dígitos correspondentes ao valor aleatório gerado. Apresente em tela o número sorteado e a senha.

Figura 4.17 – Tela de execução do Exercício 4.3.

4. Construa uma classe que receba uma frase qualquer e mostre essa frase de trás para a frente e sem espaços em branco, como indica a Figura 4.18.

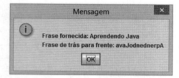

Figura 4.18 – Tela de execução do Exercício 4.4.

5. Elabore uma classe que receba uma frase e verifique se essa frase possui palavras impróprias. As palavras impróprias são: sexo e sexual. Caso encontre uma dessas palavras, emita em tela a mensagem "conteúdo impróprio", caso contrário "conteúdo liberado", conforme a Figura 4.19.

Figura 4.19 – Tela de execução do Exercício 4.5.

Material de apoio

Exercícios semelhantes aos aqui apresentados podem ser visualizados no endereço seguinte: <http://editoraerica.com.br/>.

Seu próximo passo

Este capítulo abordou as principais funções matemáticas e de string utilizadas em Java, além de outras classes importantes como DecimalFormat e Locale. O próximo capítulo aborda a criação e a manipulação de arrays e alguns exemplos práticos de sua utilização.

Capítulo 5

Utilização de Arrays

Objetivos deste capítulo
- Apresentar os diversos tipos de arrays.
- Definir os aspectos fundamentais da necessidade do uso de arrays.
- Demonstrar a praticidade da utilização de arrays.
- Fornecer conceitos que permitam ao leitor desenvolver aplicações mais consistentes e com código reduzido.

5.1 Definição

Suponha que seja necessário armazenar e manipular dezenas de nomes de pessoas num programa de computador. De acordo com o que estudamos até aqui, seriam necessárias dezenas de variáveis, cada uma armazenando um nome diferente, como, por exemplo, nome1="Lucas", nome2="Daniel" e assim por diante. Em vez disso, é possível a declaração de apenas uma variável indexada, chamada array. Em outras palavras, podemos definir uma variável cujos elementos são referenciados por um índice no seguinte formato: nome[0]="Lucas", nome[1]="Daniel" etc. O número entre colchetes se refere ao índice que diferencia os conteúdos da variável. Talvez o leitor não tenha notado, mas estamos usando um array desde o primeiro exemplo em Java, pois **String[] args** nada mais é do que um array de elementos do tipo String. Os arrays podem ser unidimensionais (com uma única dimensão, conhecido como vetor) ou bidimensionais (com duas dimensões, conhecido por matriz). A Figura 5.1 ilustra exemplos de arrays unidimensional e bidimensional.

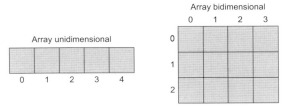

Figura 5.1 – Exemplos de arrays unidimensional e bidimensional.

Observe que, em Java, o primeiro elemento do array sempre possui índice 0 (zero). Maiores detalhes são apresentados nas seções que se seguem.

5.2 Arrays unidimensionais

Os arrays unidimensionais são os que possuem apenas um índice para acessar seu conteúdo. Eles são declarados da seguinte maneira:

```
Tipo-de-dado[] nome-do-array = new Tipo-de-dado[quantidade], em que:
```

- **Tipo-de-dado** → pode ser qualquer tipo de variável.
- **Nome-do-array** → um nome válido; as mesmas regras para nomes das variáveis.
- **quantidade** → a quantidade de elementos que o array pode manipular.

Exemplos:
- `int[] numeros=new int[10];` → cria um array com o nome **numeros** que contém **10** elementos do tipo **int** e seu índice varia de 0 a 9.
- `double[] precos=new double[5];` → cria um array com o nome **precos** que contém 5 elementos do tipo double e seu índice varia entre 0 e 4.
- `char[] sexo=new char[2];` → cria um array com o nome **sexo** que contém 2 elementos do tipo char e seu índice varia entre 0 e 1.
- `boolean[] opcoes=new boolean[2];` → cria um array com o nome **opcoes** que contém 2 elementos do tipo boolean e seu índice varia entre 0 e 1.
- `String[] meses=new String[12];` → cria um array com o nome **meses** que contém *12* elementos do tipo *String* e seu índice varia de 0 a 11.

Para atribuir o valor a um elemento do array, deve-se indicar o índice desejado dentro dos colchetes, como nos exemplos a seguir:

```
numeros[0] = 100;           numeros[5] = 38;            numeros[8] = 17;
meses[0] = "Janeiro";       meses[3] = "Abril";         meses[11] = "Dezembro";
```

O Exemplo 5.1 demonstra a utilização de um array unidimensional para armazenar dez números aleatórios (entre 0 e 999) gerados com random, método estudado no capítulo anterior. A Figura 5.2 exibe a tela de resultados do Exemplo 5.1.

Exemplo 5.1 – Listagem da classe ArrayNumeros

```
1  package cap05;
2  import java.text.DecimalFormat;
3  public class ArrayNumeros {
4      public static void main(String[] args) {
5          int[] inteiro = new int[10];
6          DecimalFormat df = new DecimalFormat();
7          df.applyPattern("000");
8          for (int i = 0; i < inteiro.length; i++) {
9              inteiro[i] = (int) (Math.random() * 1000);
10             System.out.println(df.format(inteiro[i]));
11         }
12     }
13 }
```

Figura 5.2 – Tela de execução do Exemplo 5.1.

Funcionalidades comentadas do Exemplo 5.1:

- **Linha 5:** declara o array unidimensional chamado inteiro contendo dez elementos (índices de 0 a 9). Caso seja necessário gerar uma quantidade maior, basta trocar o valor 10 pela quantidade necessária.

Utilização de Arrays

- **Linha 6:** declara um objeto chamado df a partir da classe DecimalFormat que será usado para formatar o valor numérico que será apresentado em tela.
- **Linha 7:** aplica a formatação padrão que será usada pelo objeto df, ou seja, a formatação que será aplicada ao valor numérico gerado.
- **Linha 8:** contém um laço de repetição com a instrução **for** que faz com que as linhas 9 e 10 sejam executadas várias vezes, dependendo da quantidade de elementos do array inteiro, declarado na linha 5. O método retorna a quantidade de elementos do array, no caso 10, mas poderia ser outro valor. Em nosso caso, a repetição ocorrerá dez vezes. O valor da variável "i" inicia em zero e é incrementado em 1 até o limite estabelecido pelo laço.
- **Linha 9:** armazena no array inteiro um valor gerado aleatoriamente por meio do método random. A cada ciclo de execução do laço o número gerado é armazenado num elemento diferente do array. Na primeira vez o número é armazenado em inteiro[0], na segunda em inteiro[1] e assim sucessivamente.
- **Linha 10:** imprime em tela o número gerado que foi armazenado no elemento do array.

Os arrays podem ser criados e inicializados de outra maneira. Em vez de usar o operador **new** para criar um array, é possível definir os elementos do array entre chaves e separados por vírgula. Esses elementos devem ser do mesmo tipo da variável definida como array. A sintaxe é:

```
Tipo-de-dado[] nome-do-array = { valores separados por vírgulas }
```

O Exemplo 5.2 demonstra a utilização de diversos arrays, inicializados de acordo com a sintaxe anterior. O resultado da execução desse exemplo é apresentado na Figura 5.3.

Exemplo 5.2 – Listagem da classe ArrayOrdena

```java
package cap05;
import java.util.*;
public class ArrayOrdena {
    public static void main(String[] args) {
        String[] nomes = {"Lucas","Daniel","Julia","Tatiana","Izabela","Matheus"};
        char[] vogais = {'i','u','a','o','e'};
        int[] numeros = {9,2,6,7,5,3,4,8,1,0};
        float[] notas = {7.6f,8.5f,9.7f,5.4f,7.4f};
        Arrays.sort(nomes);
        System.out.print("\nNomes: ");
        for(String nome: nomes){
            System.out.print(nome+", ");
        }
        Arrays.sort(vogais);
        System.out.print("\nVogais: ");
        for(char vogal: vogais){
            System.out.print(vogal+", ");
        }
        Arrays.sort(numeros);
        System.out.print("\nNúmeros: ");
        for(int numero: numeros){
            System.out.print(numero+", ");
        }
        System.out.print("\nNotas: ");
        Arrays.sort(notas);
        for(float nota: notas){
            System.out.print(nota+", ");
        }
        System.exit(0);
    }
}
```

```
Saída - java8 (run)
run:

Nomes: Daniel, Izabela, Julia, Lucas, Matheus, Tatiana,
Vogais: a, e, i, o, u,
Números: 0, 1, 2, 3, 4, 5, 6, 7, 8, 9,
Notas: 5.4, 7.4, 7.6, 8.5, 9.7, CONSTRUÍDO COM SUCESSO (tempo total: 0 segundos)
```

Figura 5.3 – Tela de execução do Exemplo 5.2.

Funcionalidades comentadas do Exemplo 5.2:

▸ **Linhas 5 a 8:** declaram e inicializam quatro arrays unidimensionais, cada um de um tipo diferente de dado.

▸ **Linhas 9, 14, 19 e 24:** classificam os elementos do array em ordem alfabética (ou numérica) por meio da classe Arrays. A classe Arrays permite manipular os elementos de um array (ordená-los ou realizar uma pesquisa com eles). Para ordenar os elementos foi usado o método sort.

▸ **Linha 11:** contém um laço de repetição com a instrução **for** que faz com que cada elemento do array nomes seja atribuído à variável nome, um de cada vez para cada execução do laço. Como o array possui 6 elementos, o laço será executado 6 vezes, imprimindo o conteúdo de todos os elementos do array. O mesmo ocorre com os laços das linhas 16, 21 e 26.

5.3 Arrays bidimensionais

Um array bidimensional possui dois índices e possibilita que os valores sejam armazenados na forma de matrizes. A linguagem Java não suporta arrays bidimensionais como as outras linguagens (no formato linha, coluna, por exemplo), entretanto é possível obter a mesma funcionalidade criando um array de arrays. Os de uso mais comum são os que envolvem dois arrays, mas é possível criar arrays com quantas dimensões forem necessárias. Esses arrays devem ser declarados da seguinte maneira:

```
Tipo-do-dado nome-do-array[][] = new tipo-do-dado [<indice1>] [<indice2>]
```

O Exemplo 5.3 demonstra o uso de um array bidimensional para armazenar os seis números da Tabela 5.1. Considere que essa tabela representa 9 pixels de uma imagem na tela. Os valores das células correspondem a tons de cinza.

Tabela 5.1 – Forma de armazenamento no array

	0	1	2
0	120	232	201
1	129	111	187
2	128	247	123

Exemplo 5.3 – Listagem da classe ArrayBidimensional

```java
package cap05;
public class ArrayBidimensional {
    public static void main(String[] args) {
        int[][] matriz = new int[3][3];
        matriz[0][0] = 120;      matriz[1][0] = 232;      matriz[2][0] = 201;
        matriz[0][1] = 129;      matriz[1][1] = 111;      matriz[2][1] = 187;
        matriz[0][2] = 128;      matriz[1][2] = 247;      matriz[2][2] = 123;
        for (int linha = 0; linha < matriz.length; linha++) {
            for (int coluna = 0; coluna < matriz[linha].length; coluna++) {

                System.out.println("[" + linha + "," + coluna + "]" + matriz[linha][coluna]);
            }
        }
    }
}
```

Funcionalidades comentadas do Exemplo 5.3:

▸ São armazenados nove números no array **matriz** (linhas 5 a 7) no formato de uma matriz, conforme apresenta a Tabela 5.1.

▸ **Linha 8:** contém um laço de repetição com a instrução **for**, responsável por percorrer todas as linhas da matriz. O método length retorna a quantidade de linhas existentes no array. Dessa forma, o valor da variável linha assumirá os valores 0, 1 e 2 (a primeira linha é zero).

Utilização de Arrays

▶ **Linha 9:** contém um laço de repetição com a instrução **for**, responsável por percorrer todas as colunas de cada linha. O método length, nesse caso, retorna a quantidade de colunas existentes para cada linha do array. Como todas as linhas possuem a mesma quantidade de colunas, o valor retornado sempre será 3, mas isso pode ser diferente, visto que é possível armazenar quantidades diferentes de colunas por linha.

A Figura 5.3 exibe a tela de resultados do Exemplo 5.4.

```
run:
[0,0] = 120
[0,1] = 129
[0,2] = 128
[1,0] = 232
[1,1] = 111
[1,2] = 247
[2,0] = 201
[2,1] = 187
[2,2] = 123
CONSTRUÍDO COM SUCESSO (tempo total: 0 segundos)
```

Figura 5.4 – Tela de execução do Exemplo 5.3.

O exemplo seguinte demonstra o uso de um array de três dimensões para criar duas matrizes. As duas matrizes possuem seis números cada. Ao final, imprimem-se em tela a soma dos números ímpares (armazenados na matriz 1) e também a soma dos números pares (armazenados na matriz 2).

Exemplo 5.4 – Listagem da classe ArrayDuasMatrizes

```java
package cap05;
import javax.swing.JOptionPane;
public class ArrayDuasMatrizes {
    public static void main(String[] args) {
        int[][][] cubo = new int[2][3][2];
        //dados da matriz 1              //dados da matriz 2
        cubo[0][0][0] = 1;                cubo[0][0][1] = 2;
        cubo[0][1][0] = 3;                cubo[0][1][1] = 4;
        cubo[0][2][0] = 5;                cubo[0][2][1] = 6;
        cubo[1][0][0] = 7;                cubo[1][0][1] = 8;
        cubo[1][1][0] = 9;                cubo[1][1][1] = 10;
        cubo[1][2][0] = 11;               cubo[1][2][1] = 12;

        int somaPares = 0, somaImpares = 0;
        for (int linha = 0; linha < 2; linha++) {
            for (int coluna = 0; coluna < 3; coluna++) {
                for (int matriz = 0; matriz < 2; matriz++) {
                    System.out.println(cubo[linha][coluna][matriz]);
                    if (matriz == 1) {
                        somaPares += cubo[linha][coluna][matriz];
                    } else {
                        somaImpares += cubo[linha][coluna][matriz];
                    }
                }
            }
        }
        JOptionPane.showMessageDialog(null, "Soma dos elementos pares: " + somaPares
                + "\nSoma dos elementos impares: " + somaImpares);
        System.exit(0);
    }
}
```

Funcionalidades comentadas do Exemplo 5.4:

▶ **Linha 5:** declara o array de três dimensões chamado cubo contendo duas matrizes com seis posições cada.

▶ **Linhas 15 a 17:** contêm três laços de repetição usados para somar os números pares e ímpares na matriz. O laço da linha 15 percorre as linhas, o laço da linha 16 percorre as colunas e **o laço** da linha 17 manipula uma matriz de cada vez. Em outras palavras, a sequência de leitura será: o primeiro elemento da matriz 1 ([0,0,0]), o primeiro elemento da matriz 2 ([0,0,1]), o segundo elemento da matriz 1 ([0,1,0]), o segundo elemento da matriz 2 ([0,1,1]) e assim sucessivamente.

▶ **Linha 19:** verifica se a matriz a ser considerada é a dos números pares (matriz==1). Se verdadeiro, executa a linha 20 acumulando o valor na variável somaPares; caso contrário (se matriz==0), executa a linha 22 acumulando o valor na variável somaImpares.

5.4 Busca em arrays

Outro aspecto pertinente ao uso de um array se refere à busca de um valor entre seus elementos. Existem diversas maneiras de realizar esse processo, umas mais simples, porém lentas, e outras mais complexas, porém mais velozes. Vamos iniciar pela forma mais simples. O exemplo a seguir solicita ao usuário a digitação de uma cor e verifica se ela está armazenada em um dos elementos do array. A Figura 5.5 exibe a tela de resultados do Exemplo 5.5.

Exemplo 5.5 – Listagem da classe ArrayPesquisaCor

```
package cap05;
import javax.swing.JOptionPane;
public class ArrayPesquisaCor {
    public static void main(String[] args) {
        String[] cores = {"verde", "amarelo", "azul", "vermelho", "preto"};
        String cor = JOptionPane.showInputDialog("Forneça uma cor");
        String mensagem = "Cor não encontrada";
        for (String elemento : cores) {
            if (elemento.equals(cor)) {
                mensagem = "Cor encontrada";
                break;
            }
        }
        JOptionPane.showMessageDialog(null, mensagem);
        System.exit(0);
    }
}
```

Figura 5.5 – Tela de execução do Exemplo 5.5.

Funcionalidades comentadas do Exemplo 5.5:

▶ **Linha 5:** declara um array chamado cores contendo cinco cores diferentes: verde, amarelo, azul, vermelho e preto.

▶ **Linha 7:** atribui um valor inicial à variável mensagem. Consideramos inicialmente que a cor fornecida pelo usuário não existe no array cores.

▶ **Linha 8:** contém um laço de repetição com a instrução **for** que faz com que as linhas 9 a 13 sejam executadas várias vezes, dependendo da quantidade de elementos do array. A estrutura desse laço **for** contém uma sintaxe reduzida (usada nesse caso para percorrer todos os elementos do array). A cada ciclo do **for**, a variável elemento recebe um conteúdo diferente armazenado num elemento do array cores.

▶ **Linha 9:** compara a string digitada pelo usuário com cada um dos elementos do array, dependendo do ciclo de execução do laço for. Ao encontrar a cor correspondente, atribui um novo valor à variável mensagem (linha 10) e quebra o laço de repetição por meio da instrução break (linha 11).

O leitor notou que nesse tipo de pesquisa o programa percorre os elementos do array um a um, até que o valor seja encontrado e a busca encerrada. O problema é quando o vetor é muito grande. Suponha que seja um vetor de 10.000.000 de elementos. Seria necessário realizar todas essas comparações até encontrar o valor desejado. Uma solução para reduzir o número de comparações e aumentar a eficiência do algoritmo é fazer a busca binária.

Utilização de Arrays

Vamos ilustrar o que estamos querendo dizer com um exemplo. Considere que o array seguinte contém 10 elementos (0 a 9), cujos valores não estão ordenados.

| 5 | 3 | 6 | 2 | 1 | 4 | 8 | 0 | 9 | 7 |

Para pesquisar, por exemplo, se existe o valor 7, seria necessário percorrer todos os elementos, um a um, como realizado no exemplo anterior. Seriam necessárias dez comparações até que o valor fosse encontrado no array.

Na busca binária, antes de iniciar o processo de busca, os valores do vetor são ordenados. Considere que os valores do array seguinte estão ordenados de forma crescente.

| 0 | 1 | 2 | 3 | 4 | 5 | 6 | 7 | 8 | 9 |

Para executar a busca binária com o vetor previamente ordenado, a lógica usada no algoritmo é realizar sucessivas divisões (em duas partes) do array até encontrar o valor a ser pesquisado. Em nosso exemplo, a divisão seria a seguinte: encontre o ponto central do array e compare-o com o valor pesquisado. O centro de nosso array contém o valor 4:

| 0 | 1 | 2 | 3 | **4** | 5 | 6 | 7 | 8 | 9 |

Como o valor 4 é inferior a 7 (o valor pesquisado) e o array está ordenado, então o valor pesquisado está à direita do valor 4. Em função disso, o lado direito do array será novamente dividido em duas partes:

| 0 | 1 | 2 | 3 | 4 | 5 | 6 | **7** | 8 | 9 |

Nessa segunda fase, o valor 7 pesquisado é comparado com o valor 7 presente no array e o valor é encontrado (já que 7 é igual a 7). Observe que foram necessárias apenas duas comparações para localizar o valor desejado (em vez de 10 do primeiro exemplo). Usando essa técnica da divisão do array em duas partes, para qualquer valor a ser pesquisado num array de 10 elementos, o número máximo de comparações será 4. Quanto maior o tamanho do array, maiores serão os benefícios da busca binária. O Exemplo 5.6 apresenta um exemplo de utilização dos dois tipos de pesquisa citados.

Exemplo 5.6 – Listagem da classe ArrayBuscaBinaria

```java
package cap05;
import java.util.Arrays;
import javax.swing.JOptionPane;
public class ArrayBuscaBinaria {
    public static void main(String[] args) {
        int[] n = new int[10000];
        for (int i = 0; i < n.length; i++) {
            n[i] = (int) (Math.random() * 1000);
        }
        int valor = Integer.parseInt(JOptionPane.showInputDialog("Forneça um número "));
        String r = "Valor não encontrado";
        for (int i = 0; i < n.length; i++) {
            if (n[i] == valor) {
                r = "Valor encontrado na posição " + i;
                break;
            }
        }
        System.out.println(r);

        Arrays.sort(n);
        int pos = Arrays.binarySearch(n, valor);
        System.out.println("Nova posição ordenada: " + pos);
    }
}
```

Funcionalidades comentadas do Exemplo 5.6:
- **Linha 5:** declara o array chamado n contendo 10000 elementos (índices de 0 a 9999).

- **Linhas 6 a 8:** contém um laço de repetição responsável por gerar 10000 números randômicos entre 0 e 999 (random() * 1000 na linha 8), valores que serão armazenados no array n. Não existe nenhum controle sobre os valores gerados, pois pode ser que o mesmo número seja gerado mais de uma vez.
- **Linha 10:** define uma variável inteira chamada valor que recebe um valor fornecido pelo usuário e que será pesquisado no array.
- **Linha 11:** define uma variável String chamada r, com o conteúdo "valor não encontrado". Caso o valor seja localizado no array, o conteúdo dessa variável será alterado (linha 14).
- **Linha 12:** inicia o laço **for** responsável por percorrer todos os índices do array n.
- **Linha 13:** verifica se o valor pesquisado é igual ao elemento atual do array. Caso verdadeiro, altera o conteúdo da variável r (linha 14) adicionando o valor do índice (i) em que o valor foi encontrado. Além disso, encerra o laço (linha 15) por meio de break.
- **Linha 18:** imprime o texto da variável r contendo o resultado da busca.
- **Linha 20:** ordena o array n em ordem crescente pelo método **sort** da classe Arrays. Como já dissemos, esse é um pré-requisito da busca binária.
- **Linha 21:** realiza a busca do conteúdo armazenado na variável valor, fornecido pelo usuário, no array n por meio do método binarySearch da classe Arrays. O resultado dessa busca é guardado na variável inteira pos, isto é, o resultado é o número da posição (do índice) em que o valor foi encontrado, ou um valor negativo, caso o valor não exista no array. É importante dizer que a posição retornada não é necessariamente a primeira na qual exista o valor pesquisado. Suponha que o valor fornecido pelo usuário exista nas seguintes posições do array n: 1200, 1201, 1202 e 1203, qualquer uma dessas posições pode ser retornada.
- Um ponto a ser observado é que no primeiro bloco de pesquisa (linhas 12 a 18) a posição (o índice) em que o valor for encontrado pode ser completamente diferente do segundo bloco usando a pesquisa binária (linhas 20 a 22), visto que, nesse último, os elementos foram reordenados e reposicionados no array.

A Figura 5.6 apresenta um exemplo de execução do Exemplo 5.6.

Figura 5.6 – Tela de execução do Exemplo 5.6.

Exercícios para prática da linguagem Java

1. Elabore uma classe que receba 5 notas de alunos por meio de showInputDialog, armazene essas notas em um array de cinco elementos, apresente em tela as cinco notas em ordem decrescente (da maior para a menor) e a média aritmética das notas.

2. Crie uma classe que armazene os 12 meses do ano em um array. A seguir, gere um valor randômico entre 0 e 11 e apresente o mês correspondente ao valor sorteado. Considere que o valor 0 corresponde ao mês de janeiro e o valor 11, ao mês de dezembro.

3. Uma imagem é formada por pixels. Considere uma imagem com dimensão de 40 x 40 e faça uma classe que contenha um array bidimensional com essas dimensões. A seguir, para cada posição desse array bidimensional armazene um valor aleatório entre 0 e 255 (esses valores correspondem às tonalidades aplicadas sobre a imagem). Apresente em tela os 1600 valores gerados.

Utilização de Arrays

4. Faça uma classe contendo dois arrays do tipo inteiro, um chamado par e outro chamado ímpar. Cada array deve conter 10 elementos. A seguir, faça um laço de repetição com 10 iterações e que contenha internamente a geração randômica de números entre 1 e 20. Se o valor gerado for par, armazene no array chamado par, caso contrário, no array chamado impar. Ao final, apresente o conteúdo de cada um dos arrays.

5. Usando um array unidimensional de 10 elementos do tipo String, faça uma classe que simule a ocupação de um estacionamento de veículos. Considere que a posição do array corresponde ao número da vaga e para cada vaga é armazenada a placa do veículo que está estacionado. Sua classe deve conter um laço de repetição simulando um menu que controle a entrada e a saída dos veículos com as opções: 1-Entrada, 2-Saída e 3-Listar situação atual e 4-Encerrar o programa. Se o usuário escolher 1, solicite o número da vaga e a placa do veículo; se escolher 2, solicite o número da vaga que será liberada e armazene o valor branco na posição correspondente ao array; se escolher 3, liste a situação atual apresentando em tela todos os elementos do array; quando for 4, encerre o laço e o programa.

Material de apoio

Exercícios semelhantes aos aqui apresentados podem ser visualizados no seguinte endereço: <http://editoraerica.com.br/>.

Seu próximo passo

Este capítulo apresentou uma pequena introdução à utilização de arrays, uma técnica que facilita o desenvolvimento de sistemas, reduzindo o tamanho do código. No entanto, o leitor deve ter ciência de que existem outras estruturas mais complexas para tratamento de dados não abordadas na obra. Trata-se das coleções (Collections), cujo tratamento foge ao escopo do livro, mas que são estruturas muito utilizadas em Java.

O próximo capítulo apresenta a criação de métodos e a troca de mensagens entre eles. De forma geral, fornece os subsídios necessários para que você mesmo possa criar seus métodos, compreendendo os conceitos de modularidade e reaproveitamento de código.

Criação de Métodos em Java

Objetivos deste capítulo
✓ Identificar os principais métodos usados em Java.
✓ Explicar as vantagens de uso dos métodos.
✓ Introduzir o conceito de modularidade a partir da criação de métodos.
✓ Fornecer subsídios para que o leitor possa criar seus próprios métodos.
✓ Descrever os mecanismos necessários para a troca de dados entre os métodos.

Até este ponto do livro, em todos os exemplos apresentados sempre foi declarado o método main, obrigatório em todas as classes executáveis. Também já utilizamos diversos métodos nos capítulos anteriores (matemáticos, de strings etc.). Este capítulo apresenta os conceitos básicos para a elaboração e utilização de métodos. Espera-se que o leitor adquira conhecimentos suficientes para criar seus próprios métodos.

Métodos são trechos de código que permitem modularizar um sistema, isto é, são pequenos blocos que, juntos, compõem um sistema maior. Os métodos recebem um determinado nome e podem ser chamados várias vezes durante a execução de uma classe, ou seja, é uma sub-rotina que pode ser invocada toda vez que sua funcionalidade for necessária em um trecho da classe ou ainda a partir de uma outra classe. Os principais motivos que levam a utilizar métodos se referem à redução do tamanho total de código de um sistema, à melhoria da modularização do sistema (cada trecho de código realiza uma tarefa) e à facilitação e agilização do processo de manutenção. Considere o método um programa autossuficiente que possui internamente todas as definições necessárias para seu funcionamento, no entanto ele compõe um sistema maior do qual é membro. O método pode ser comparado ao setor de uma empresa especializado numa determinada tarefa.

Para ilustrar esses conceitos, imagine um grande sistema (envolvendo muitas classes em Java) em que existe a necessidade de verificar se uma data é válida. Imagine ainda que em diversas aplicações isso deve ser realizado, isto é, a mesma validação de data deve ser feita em diversas classes. Um

programador pouco experiente talvez repita o mesmo trecho de programa em várias classes no sistema. Isso não é bom, pois, além de o código dos programas ficar maior, pode ser preciso alterar algo na rotina. Por exemplo, a data era considerada com dois dígitos para o ano e depois foi necessário tratá-la para ser aceita com quatro dígitos. É preciso alterar todas as classes que utilizam essa validação.

Suponha que em 15 classes diferentes, com diversos métodos distintos em cada uma, essa rotina fosse utilizada. Seria necessário alterar e compilar as 15 classes novamente. Por outro lado, se essa rotina de validação estivesse armazenada na forma de método em uma classe, todas as outras classes poderiam usar (importar) esse método. E melhor ainda, caso alterações no método fossem necessárias, apenas ele seria alterado e todas as classes que o utilizam seriam atualizadas automaticamente. Caso esse exemplo não tenha sido muito bem compreendido, não se preocupe, pois os exemplos seguintes vão tornar os conceitos mais claros.

Um método pode invocar outro método, isto é, durante a execução do método1 pode ser necessária a execução do método2 que pode invocar o método3 e assim por diante. Todo método possui uma declaração e um corpo, cuja estrutura simplificada é formada por:

```
qualificador tipo-do-retorno nome-do-método ([lista-de-parâmetros]){
   códigos do corpo
}
```

em que:

- **Qualificador:** conhecido também pelo nome de modificador, define a visibilidade do método. A Oracle o define como "nível de acesso" (*accessLevel*) do método. Trata-se de uma forma de especificar se o método é visível apenas à própria classe em que está declarado ou pode ser visualizado (e utilizado) por classes externas. O qualificador do método pode ser do tipo:

  public: o método é visível por qualquer classe. É o qualificador mais aberto no sentido de que qualquer classe pode usar esse método.

  private: o método é visível apenas pela própria classe. É o qualificador mais restritivo.

  protected: o método é visível pela própria classe, por suas subclasses e pelas classes do mesmo pacote.

  Vamos estudar o funcionamento desses qualificadores e outros conceitos anteriores no decorrer deste capítulo e do Capítulo 7, referente à orientação a objetos. Existem ainda outros qualificadores menos usados não citados no livro.

- **Tipo-de-retorno:** refere-se ao tipo de dado retornado pelo método. Métodos que não retornam valores devem possuir nesse parâmetro a palavra **void**. Sempre que void for usada em uma declaração de método, nenhum valor é retornado após sua execução, isto é, o método atua como uma procedure de outras linguagens de programação. Um método pode ter como retorno qualquer tipo primitivo (int, float, double etc.), um array ou ainda um objeto qualquer.

- **Nome-do-método:** pode ser qualquer palavra ou frase, desde que iniciada por uma letra. Se o nome for uma frase, não podem existir espaços em branco entre as palavras. Como padrão da linguagem Java, o nome de um método sempre inicia com uma palavra com letras minúsculas. Se outras palavras forem necessárias, elas devem iniciar com maiúsculas. São exemplos de nomes de métodos de acordo com o padrão da linguagem: imprimir, imprimir**F**rase, gravar**A**rquivo**T**exto. É importante dar aos métodos nomes sugestivos, ou seja, que identificam facilmente a tarefa executada por eles.

- **Lista-de-parâmetros:** trata-se de uma lista de variáveis opcionais, que podem ser recebidas pelo método para tratamento interno. Quando um método é invocado (chamado), ele pode receber valores de quem o chamou. Esses valores podem ser manipulados internamente e devolvidos ao emissor da solicitação. Esse processo pode ser comparado ao de uma fabricação industrial: entra matéria-prima (os valores passados ao método) e sai um produto acabado (o retorno do método). A Figura 6.1 apresenta uma analogia entre métodos com e sem retorno. Observe que, ao chamar um método, uma classe pode passar diversos valores (parâmetros) que são recebidos pelo método para processamento. O método da parte de cima da figura (com retorno) realiza o processamento e devolve um resultado para quem o chamou; já o método da parte de baixo (sem retorno) apenas processa os valores de entrada e realiza alguma tarefa interna. Um mesmo método pode receber diferentes tipos de variáveis, desde primitivos até objetos complexos. Os valores recebidos por um método podem também ser chamados de argumentos, como demonstra a Figura 6.1.

Figura 6.1 – Analogia do funcionamento dos métodos.

▶ *Códigos do corpo:* trata-se dos códigos implementados em Java que realizam os processos internos e retornam os valores desejados, isto é, constituem o programa do método.

O nome do método e a lista de parâmetros formam a **assinatura** do método, algo que o identifica de maneira única. Toda vez que um método for invocado (chamado), a assinatura deve ser obedecida, uma maneira que torna possível identificar um método em relação aos demais. Se a assinatura for diferente, ou seja, se qualquer um dos componentes não coincidir com a declaração, o método não pode ser utilizado. Voltaremos a falar da assinatura à medida que os exemplos forem analisados. Existem ainda outros aspectos referentes à declaração de métodos que serão citados em momento oportuno, como, por exemplo, o uso da palavra *static*.

Uma classe pode possuir diversos métodos, que podem ser invocados (chamados) a partir da própria classe ou a partir de outras classes. A Figura 6.2 ilustra essa característica.

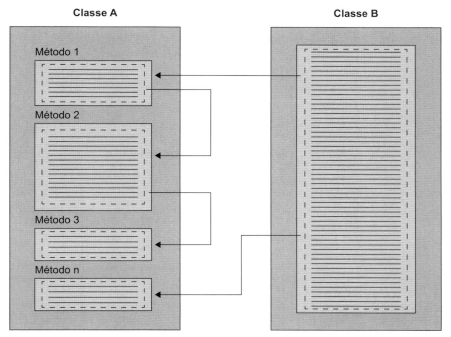

Figura 6.2 – Classe B chamando métodos da Classe A.

6.1 Métodos sem retorno

Não retornam valores e são semelhantes às procedures encontradas em outras linguagens de programação, como Pascal. Os métodos que não retornam valores devem ser definidos como **void**. Dessa forma, todos os métodos sem retorno acompanham a seguinte estrutura:

```
qualificador void nome-do-método ([lista-de-parâmetros]){
   //códigos do corpo
}
```

Para ilustrar um método sem retorno, observe a parte inferior da Figura 6.1 novamente. Um método desse tipo pode receber valores, executar procedimentos internos, mas não dar nenhum retorno para quem o chamou. Considere que um chefe (A) peça para um subordinado (B) executar uma tarefa. O subordinado executa a tarefa com os dados fornecidos (dependendo do caso, pode ser que nenhum dado seja enviado), mas não dá nenhum retorno ao chefe. O chefe apenas confia que o subordinado vai executar a tarefa. A e B podem estar localizados na mesma classe ou em classes diferentes.

O Exemplo 6.1 mostra uma classe que contém o método main e mais seis métodos que não retornam nenhum valor. Note que todos os métodos possuem a declaração void.

Os aspectos comentados do Exemplo 6.1 são:

▶ O exemplo segue a forma convencional, isto é, ao ser executado, é invocado automaticamente o método main. É muito comum em Java um método chamar o outro. Neste caso o método main vai chamar os outros seis métodos presentes na classe. Quando isso ocorre, a execução do método é suspensa e inicia-se a execução do outro método. Ao finalizar a execução do método chamado, a execução do programa retorna na linha imediatamente posterior à linha do método que realizou a chamada. Veja um exemplo no próximo tópico.

Exemplo 6.1 – Listagem da classe MetodosSemRetorno

```java
package cap06;
public class MetodosSemRetorno {
    public static void main(String args[]) {
        imprimir();
        imprimirTexto("Ola");
        mostrarQuadrado(10);
        somar(10, 20);
        mostrarMaior(10, 20, 30);
        mostrarSexoPorExtenso('F');
    }
    public static void imprimir() {
        System.out.println("Aprendendo a Linguagem Java");
    }
    public static void imprimirTexto(String texto) {
        System.out.println(texto);
    }
    public static void somar(int a, int b) {
        System.out.println(a + b);
    }
    public static void mostrarQuadrado(int valor) {
        System.out.println(Math.pow(valor, 2));
    }
    public static void mostrarMaior(int a, int b, int c) {
        System.out.println(Math.max(c, Math.max(a, b)));
    }
    public static void mostrarSexoPorExtenso(char sexo) {
        if (sexo == 'F') {
            System.out.println("Feminino");
        } else if (sexo == 'M') {
            System.out.println("Masculino");
        } else {
            System.out.println("Sexo desconhecido");
        }
    }
}
```

▶ **Linha 4:** invoca o método imprimir presente na linha 11, ou seja, a execução de main será suspensa e o programa "pula" para a linha 11. O método imprimir imprime a mensagem da linha 12 e retorna à linha 5, linha imediatamente posterior à linha 4 que chamou o método. Veja que o método imprimir não recebe nenhum valor. Se algum valor fosse recebido, existiria pelo menos uma variável declarada dentro dos parênteses. Nesse caso, dizemos que o método imprimir não possui nenhum parâmetro para recebimento de dados. Ele não é muito útil, pois toda vez que é chamado imprime a mesma mensagem em tela. Um método desse tipo seria útil, por exemplo, para imprimir o cabeçalho de um relatório com muitas páginas, ou seja, a cada início de página o método seria chamado e imprimiria a mesma mensagem.

▶ **Linha 5:** invoca o método imprimirTexto presente na linha 14, o qual recebe uma frase e a imprime em tela na linha 15. Veja que o método imprimirTexto recebe um valor do tipo String por meio da variável texto declarada entre parênteses. Dizemos que esse método possui um parâmetro do tipo String para recebimento de dados, no caso um texto qualquer. Esse método é melhor do que o anterior, visto que pode imprimir uma mensagem diferente na tela, dependendo do dado de entrada.

▶ **Linha 6:** invoca o método mostrarQuadrado presente na linha 20, o qual recebe um número e através do método pow da classe Math calcula o quadrado desse número e o imprime em tela na linha 21. Veja que o método quadrado recebe um valor do tipo int por meio da variável valor declarada entre parênteses. Dizemos que esse método possui um parâmetro do tipo int para recebimento de dados, no caso um número inteiro qualquer.

▶ **Linha 7:** invoca o método somar presente na linha 17, o qual recebe dois números, efetua a soma deles e imprime em tela (linha 18). Esse método recebe dois valores do tipo int por meio das variáveis "a" e "b" declaradas dentro dos parênteses. Dizemos que esse método possui dois parâmetros do tipo int para recebimento de dados, no caso dois números inteiros.

▶ **Linha 8:** invoca o método mostrarMaior presente na linha 23, o qual recebe três números e através do método max da classe Math verifica o maior valor entre dois números (a e b). Após a obtenção do primeiro resultado, verifica o maior valor encontrado (a ou b) com c. Em seguida imprime o resultado em tela na linha 24. Veja que o método mostrarMaior recebe três valores do tipo int por

meio das variáveis a, b e c declaradas dentro dos parênteses. Dizemos que esse método possui três parâmetros do tipo int para recebimento de dados, no caso três números inteiros.

▶ **Linha 9:** invoca o método mostrarSexoPorExtenso presente na linha 26, o qual recebe uma letra e através da estrutura if-else permite a seleção entre três caminhos distintos (se a letra recebida for F, M ou outra qualquer) e de acordo com o resultado imprime em tela uma das três saídas do método (linhas 28, 30 e 32). Veja que o método mostrarSexoPorExtenso recebe um valor do tipo char por meio da variável sexo declarada dentro dos parênteses. Dizemos que esse método possui um parâmetro do tipo char para recebimento de dados, no caso um caractere qualquer. Esse método funciona apenas se a letra enviada estiver em maiúsculas, mas você pode tentar alterá-lo para funcionar também com letras minúsculas. Basta adicionar o operador lógico ou da seguinte forma: if (sexo=='M' || sexo='m'). O mesmo pode ser feito para o sexo feminino.

▶ Ao encerrar a execução da linha 9, o programa é finalizado.

Outros comentários importantes a respeito de métodos:

1. A chamada de um método deve corresponder exatamente à sua declaração, ou melhor, à sua assinatura. Quando invocado, o método deve possuir o mesmo nome e o mesmo número de parâmetros. Observe a assinatura do método imprimir (linha 11). Ele possui o nome imprimir e não recebe nenhum tipo de parâmetro (nada dentro dos parênteses). Agora observe a invocação desse método na linha 4. Veja que nenhum valor está sendo enviado entre parênteses. Se você tentar executar o método imprimir passando algum valor como, por exemplo, imprimir ("ola"), ocorrerá erro de compilação, visto que não existe nenhum parâmetro declarado para esse método. Analise o Exemplo 6.1 e verifique que toda vez que um método é invocado, sua assinatura é respeitada. Caso isso não ocorra, o compilador registra um erro.

2. Conforme descrito anteriormente, quando declarada a palavra reservada **void**, significa que não existe um valor de retorno. O resultado dos métodos apresentados não é atribuído a nenhuma variável, pois eles não têm retorno. Os métodos foram declarados como públicos (public), como já discutido, o que possibilita que eles sejam utilizados externamente à classe em que foram declarados.

3. Note que a ordem em que os métodos da classe são declarados não influencia em nada a sequência de execução. O primeiro método definido no exemplo é imprimir (linha 11), mas nada mudaria se ele fosse o último a ser declarado, no lugar de mostrarSexoPorExtenso (linha 26).

4. Outro aspecto a ser considerado é o uso da palavra static em todas as declarações dos métodos do Exemplo 6.1. O uso de static é mais explorado no próximo capítulo; por enquanto apenas entenda que isso permite acessar os métodos a partir de outras classes, conforme veremos no Exemplo 6.2.

5. Apesar de não ser obrigatório, procure nomear métodos com verbos que indicam a ação a ser executada. Veja que todos os métodos exemplificados se iniciam com um verbo no infinitivo.

6. Um método pode receber vários parâmetros do mesmo tipo ou não. Como exemplo, veja as declarações a seguir:

    public static void imprimirVariasVezes (String frase, int quantidade) → informa que o método recebe um parâmetro do tipo String (frase) e um parâmetro do tipo inteiro (quantidade). Suponha que internamente o método imprima a frase várias vezes na tela, dependendo do valor da variável quantidade.

    public static void mostrarEmTela(double arg1, int arg2, float arg3, String arg4) → informa que o método recebe um parâmetro do tipo double (arg1), um parâmetro do tipo inteiro (arg2), um parâmetro do tipo float (arg3) e um parâmetro do tipo String (arg4).

6.2 Métodos com retorno de valores

Nos exemplos anteriores os métodos utilizados não retornaram nenhum valor (void), podendo ser comparados às procedures de outras linguagens de programação. Este item aborda métodos que retornam valores, os quais podem ser comparados às functions de outras linguagens. Os métodos com retorno observam a seguinte estrutura:

```
qualificador tipo-de-retorno nome-do-método ([lista-de-parâmetros]){
   // códigos do corpo
   return (valor-de-retorno)
}
```

Essa estrutura é praticamente a mesma dos métodos sem retorno, com a diferença de que o retorno é realizado por meio da instrução **return**, ao final do código do corpo. Após o return deve ser colocado o conteúdo a ser retornado, tipicamente uma variável ou uma fórmula. O uso dos parênteses após a instrução return é opcional.

Por exemplo:

```
public static int multiplicar(int x, int y){
   return x * y;
}
```

A especificação desse método declara que ele receberá dois parâmetros inteiros (int x, int y) e retornará um número também do tipo inteiro (int), no caso a multiplicação entre os dois valores. Esse valor é retornado pela instrução return x * y. Os valores recebidos e retornados não precisam ser necessariamente do mesmo tipo, conforme aparece neste exemplo. Podem existir métodos que recebem números e retornam uma String, recebem inteiros e retornam números com ponto flutuante, ou qualquer outra combinação.

Exemplo 6.2 – A classe MetodosComRetorno

```java
package cap06;
public class MetodosComRetorno {
    public static void main(String[] args) {
        System.out.println(MetodosComRetorno.somar(2, 3));
        System.out.println(MetodosComRetorno.mostrarPares(100));
        System.out.println(MetodosComRetorno.mostrarDiaPorExtenso(3));
        System.out.println(MetodosComRetorno.contarLetrasA("Banana"));
    }
    public static double somar(double a, double b) {
        return a + b;
    }
    public static String mostrarPares(int valor) {
        String retorno = "";
        for (int a = 0; a <= valor; a = a + 2) {
            retorno += a + " ";
        }
        return retorno;
    }
    public static String mostrarDiaPorExtenso(int dia) {
        String extenso = "Domingo";
        if (dia == 2) {
            extenso = "Segunda";
        } else if (dia == 3) {
            extenso = "Terça";
        } else if (dia == 4) {
            extenso = "Quarta";
        } else if (dia == 5) {
            extenso = "Quinta";
        } else if (dia == 6) {
            extenso = "Sexta";
        } else if (dia == 7) {
            extenso = "Sábado";
        } else {
            extenso = "dia não reconhecido";
        }
        return extenso;
    }
    public static int contarLetrasA(String palavra) {
        int quantidade = 0;
        palavra = palavra.toUpperCase();
        for (int a = 0; a < palavra.length(); a++) {
            if (palavra.charAt(a) == 'A') {
                quantidade++;
            }
        }
        return quantidade;
    }
}
```

O Exemplo 6.2 apresenta a utilização de diversos métodos que retornam valores.

Aspectos importantes do Exemplo 6.2:

- Ao rodar a aplicação, o método main é executado e invoca os quatro métodos existentes na classe (somar, mostrarPares, mostrarDiaPorExtenso e contarLetrasA), e todos eles retornam valores. Observe o uso da instrução **return** no final de cada método (linhas 10, 17, 36 e 46). O resultado do retorno dos métodos é impresso em tela nas linhas 4 a 7. O resultado da execução do método, retornado por meio de return, é substituído no mesmo ponto em que o método foi chamado.
- **Linha 9:** contém a especificação do método somar: public static double **somar**(double a, double b). Ele recebe dois valores do tipo double (a e b) e retorna a soma desses valores na linha 10. Observe que o tipo de dado de retorno (colocado após a instrução return) deve ser o mesmo definido na especificação do método; no caso foi definido que o retorno do método somar é um tipo double. Veja que a assinatura do método (definida na especificação do método na linha 9) e sua invocação (na linha 4) são idênticas.
- **Linha 12:** contém a especificação do método mostrarPares: public static String **mostrarPares**(int valor). Ele recebe um valor do tipo int (valor) e retorna uma String (linha 17) com todos os números pares compreendidos entre 0 e esse valor.
- **Linha 19:** contém a especificação do método mostrarDiaPorExtenso: public static String **mostrarDiaPorExtenso**(int dia). Ele recebe um valor do tipo int (dia) e retorna o dia da semana por extenso por meio da linha 36.
- **Linha 38:** contém a especificação do método contarLetrasA: public static int **contarLetrasA**(String palavra). Ele recebe um valor do tipo String (palavra) e retorna um valor inteiro referente à quantidade de letras "A" contidas no valor recebido (linha 46).

Os métodos representam um dos mais importantes recursos de programação, uma vez que sua funcionalidade pode ser reaproveitada em diferentes programas. Por exemplo, é possível a criação de métodos especializados para a entrada de dados, pois um método possibilita a digitação de dados do tipo inteiro, outro de dados do tipo double, outro de dados String e assim por diante. Com isso, toda vez que uma entrada via teclado for necessária, um método pode ser invocado.

 Observação

O conceito de assinatura do método é muito importante. Sempre preste atenção à declaração feita ao método para poder invocá-lo. Se o método possui vários parâmetros de entrada, como os apresentados nos Exemplos 6.1 e 6.2, o número de parâmetros (e o tipo deles) deve coincidir com a declaração.

6.3 Recursividade

Os programas são geralmente estruturados com métodos que chamam uns aos outros, o que facilita a resolução de muitos problemas, além de reduzir consideravelmente o tamanho do código. A recursividade ocorre quando um método chama a si próprio, direta ou indiretamente, por meio de outro método. Para entender corretamente o funcionamento desse tipo de método, é necessária muita dedicação por parte dos desenvolvedores, pois sua utilização pode ser extremamente complexa. Devido a essa dificuldade, este livro apenas cita esse aspecto com um pequeno exemplo. Seu estudo aprofundado foge dos objetivos do livro.

Exemplo 6.3 – Listagem da classe Recursividade

```
package cap06;
public class Recursividade {
    public static void main(String args[]) {
        for (long i = 0; i <= 10; i++) {
            System.out.println(i + "! = " + calcularFatorial(i));
        }
    }
    public static long calcularFatorial(long num) {
        if (num <= 1) {
            return (1);
        } else {
            return (num * calcularFatorial(num - 1));
        }
    }
}
```

```
0!  = 1
1!  = 1
2!  = 2
3!  = 6
4!  = 24
5!  = 120
6!  = 720
7!  = 5040
8!  = 40320
9!  = 362880
10! = 3628800
```

O Exemplo 6.3 mostra uma recursividade gerada para imprimir o fatorial dos números inteiros de 0 a 10. Conforme citado, seu funcionamento não é detalhado, uma vez que não faz parte do propósito do livro.

No Exemplo 6.3 a linha 12 contém uma chamada ao próprio método **calcularFatorial**, isto é, ele chama a si mesmo. Cada vez que o método é chamado, o valor da variável num é diminuído em 1. O resultado da execução desse exemplo aparece na figura ao lado direito do código.

6.4 Sobrecarga

A linguagem Java permite que vários métodos sejam definidos com o mesmo nome, desde que eles tenham uma assinatura diferente, ou seja, essas diferenças podem ser com base no número, nos tipos ou na ordem de parâmetros recebidos. Quando um método sobrecarregado é chamado, o compilador avalia e seleciona o método mais adequado à situação, examinando a assinatura correspondente, portanto os métodos sobrecarregados são utilizados para a realização de tarefas semelhantes sobre tipos de dados diferentes.

Sem se dar conta disso, o leitor já utilizou a sobrecarga várias vezes. Considere **System.out.println()**. O método println pode receber diversos dados como parâmetro, isto é, ora pode-se enviar um dado inteiro para ser impresso, ora pode ser enviado um tipo double, ou ainda String. Isso foge às regras de definição dos métodos, uma vez que ele deve receber o mesmo tipo de dado declarado. Sendo assim, como o método println() pode receber dados de tipos diferentes? Isso é possível por meio da sobrecarga de métodos.

O Exemplo 6.4 demonstra um método de nome **calcularArea** declarado três vezes.

Exemplo 6.4 – A classe AreaComSobrecarga

```
package cap06;
public class AreaComSobrecarga {
    public static void main(String args[]) {
        System.out.println("Área de um quadrado..." + calcularArea(3));
        System.out.println("Área de um retangulo.." + calcularArea(3, 2));
        System.out.println("Área de um cubo......." + calcularArea(3, 2, 5));
    }
    public static double calcularArea(int x) {
        return (x * x);
    }
    public static double calcularArea(int x, int y) {
        return (x * y);
    }
    public static double calcularArea(int x, int y, int z) {
        return (x * y * z);
    }
}
```

Funcionalidades comentadas do Exemplo 6.4:

▶ As linhas 4 a 6 invocam o método **calcularArea**. Cada linha passa uma quantidade diferente de parâmetros. Quando é passado apenas um parâmetro, o compilador compreende que deve ser executado o método da linha 8, pois apenas um valor está sendo enviado. Da mesma forma, quando

são enviados dois valores, é executado o método da linha 11, e quando são enviados três valores, é executado o método da linha 14. O fato de todos os valores enviados serem números inteiros é pura coincidência, pois qualquer tipo de dado pode ser declarado.
- As linhas 8, 11 e 14 declaram métodos com o mesmo nome (**calcularArea**), mesmo retorno (double), no entanto com quantidades de parâmetros do tipo int diferentes (1, 2 e 3). Isso caracteriza o uso de sobrecarga.
- Ao executar o exemplo, você vê em tela três cálculos de área diferentes, cada um deles retornado por um método diferente.

6.5 Acesso a métodos de outras classes

Até este ponto só foi demonstrado o acesso a métodos da própria classe, com exceção dos métodos internos da própria linguagem Java. Essa característica, apesar de útil, não é exatamente a mais usada em Java; o mais comum é que um método seja acessado externamente, isto é, ele é declarado em uma classe externa e sua funcionalidade é reaproveitada por qualquer outra classe. Já utilizamos métodos externos diversas vezes, como, por exemplo, os das classes Math e String.

Qualquer método do tipo static criado em uma classe pode ser chamado a partir de outra classe usando o formato **nome-da-classe.nome-do-método**. Com isso um método necessita ser criado apenas uma vez em uma única classe. Esse recurso é muito importante, pois, uma vez que o método foi criado, ele pode ser reutilizado em outra aplicação; basta chamar a classe em que ele se encontra.

Observação

Para que a invocação de um método de outra classe seja possível, é necessário que a classe utilizada esteja no mesmo diretório (mesmo pacote) da classe que contém o método. Caso a classe esteja localizada numa pasta diferente, torna-se necessário o uso da diretiva import.

O Exemplo 6.5 mostra o uso de métodos de outras classes já desenvolvidas em exemplos anteriores deste capítulo (Exemplos 6.1 e 6.2) para imprimir um texto, somar duas variáveis, mostrar o dia da semana por extenso e a quantidade de caracteres "a" presente em uma palavra. Observe como é possível utilizar as classes de outros exemplos para criar um aplicativo, economizando linhas de código e ganhando tempo.

No Exemplo 6.5, nas linhas 4 e 5 são invocados os métodos **imprimirTexto()** e **somar()** da classe MetodosSemRetorno. Nas linhas 6 e 7 são invocados os métodos **mostrarDiaPorExtenso()** e **contarLetrasA()** definidos na classe MetodosComRetorno. Cada um desses métodos é chamado primeiramente pelo nome da classe em que se situa e em seguida pelo nome do método. Voltamos a frisar que a utilização de um método de outra classe, sem a criação de um objeto, só é possível pelo fato de o método ter sido declarado como static. A criação de objetos é estudada no próximo capítulo.

Exemplo 6.5 – Listagem da classe UsaMetodos

```
1  package cap06;
2  public class UsaMetodos {
3      public static void main(String[] args) {
4          MetodosSemRetorno.imprimirTexto("Usando métodos de outra classe");
5          MetodosSemRetorno.somar(20, 30);
6          System.out.println(MetodosComRetorno.mostrarDiaPorExtenso(5));
7          System.out.println(MetodosComRetorno.contarLetrasA("Macacada"));
8      }
9  }
10
```

Vale a pena ressaltar que esse recurso de reaproveitamento de código não é exclusivo da linguagem Java, pois outras linguagens de programação também possuem recursos semelhantes.

O próximo exemplo traz a classe **EntradaDeDadosComMetodos**, em que existem vários métodos específicos para permitir que o usuário forneça entrada de dados. Eles podem ser chamados por outras classes quantas vezes forem necessárias. Os métodos do Exemplo 6.6 são os seguintes:

Exemplo 6.6 – A classe EntradaDeDadosComMetodos

```java
package cap06;
import javax.swing.*;
public class EntradaDeDadosComMetodos {
    static String aux = "";
    public static int lerNumeroInt(int minimo, int maximo, String men) {
        int n = 0;
        while (true) {
            try {
                aux = JOptionPane.showInputDialog(men);
                n = Integer.parseInt(aux);
                if (n < minimo || n > maximo) {
                    JOptionPane.showMessageDialog(null, "Entrada fora da faixa permitida !!");
                } else {
                    break;  // encerra o loop infinito
                }
            } catch (NumberFormatException erro) {
                JOptionPane.showMessageDialog(null, "Digite apenas valores numéricos !!\n" + erro.toString());
            }
        }
        return (n);
    }
    public static float lerNumeroFloat(float minimo, float maximo, String men) {
        float n = 0;
        while (true) {
            try {
                aux = JOptionPane.showInputDialog(men);
                n = Float.parseFloat(aux);
                if (n < minimo || n > maximo) {
                    JOptionPane.showMessageDialog(null, "Entrada fora da faixa permitida !!");
                } else {
                    break;
                }
            } catch (NumberFormatException erro) {
                JOptionPane.showMessageDialog(null, "Digite apenas valores numéricos !!\n" + erro.toString());
            }
        }
        return (n);
    }
    public static double lerNumeroDouble(int minimo, int maximo, String men) {
        double n = 0;
        while (true) {
            try {
                aux = JOptionPane.showInputDialog(men);
                n = Double.parseDouble(aux);
                if (n < minimo || n > maximo) {
                    JOptionPane.showMessageDialog(null, "Entrada fora da faixa permitida !!");
                } else {
                    break;
                }
            } catch (NumberFormatException erro) {
                JOptionPane.showMessageDialog(null, "Digite apenas valores numéricos !!\n" + erro.toString());
            }
        }
        return n;
    }
    public static String lerString(String men) {
        aux = JOptionPane.showInputDialog(men);
        return (aux);
    }
    public static char selecionarOpcao(String men) {
        Object[] op = {"Sim", "Não"};
        char opcao = 'N';
        String resp = (String) JOptionPane.showInputDialog(null,
                men + "\n", "Pesquisa",
                JOptionPane.PLAIN_MESSAGE,
                null, op, "Sim");
        if (resp == "Sim") {
            opcao = 'S';
        }
        return opcao;
    }
}
```

Criação de Métodos em Java

Os códigos usados no Exemplo 6.6 já apareceram em outros exemplos, por isso não há necessidade de comentá-los novamente. Vamos descrever apenas a função de cada um dos métodos implementados e o que não tiver sido usado em outros exemplos:

- **Linha 4:** contém a declaração da variável aux do tipo static. Isso se deve ao fato de que essa variável foi declarada para ser usada por todos os métodos (escopo global) os quais são também do tipo static. Uma variável não estática não pode ser usada dentro de um método estático se foi declarada fora dele. Se a variável aux fosse declarada dentro dos métodos, não seria necessário defini-la como static, no entanto ela teria de ser declarada em todos os métodos.
- **Linha 5:** `lerNumeroInt` → possibilita a leitura de um número do tipo inteiro dentro de um valor mínimo e um máximo, definidos no momento em que o método é chamado. Enquanto o usuário não fornecer um valor válido, o método continuará solicitando um valor. Esse método recebe também a mensagem que será exibida ao usuário na caixa de mensagem.
- **Linha 22:** `lerNumeroFloat` → possibilita a leitura de um número do tipo float dentro de um valor mínimo e um máximo, definidos no momento em que o método é chamado. Enquanto o usuário não fornecer um valor válido, o método continuará solicitando um valor. Esse método recebe também a mensagem que será exibida ao usuário na caixa de mensagem.
- **Linha 39:** `lerNumeroDouble` → possibilita a leitura de um número do tipo double dentro de um valor mínimo e um máximo, definidos no momento em que o método é chamado. Da mesma forma que os métodos anteriores, enquanto o usuário não fornecer um valor válido, o método continuará solicitando um valor. Esse método recebe também a mensagem que será exibida ao usuário na caixa de mensagem.
- **Linha 56:** `lerString` → possibilita a leitura de um texto qualquer. Não realiza nenhum tipo de validação. Esse método recebe também a mensagem que será exibida ao usuário na caixa de mensagem.
- **Linha 60:** `selecionarOpcao` → possibilita a seleção de uma opção retornando uma variável char ('S' ou 'N'). Ao chamar o método, deve ser enviado o texto que aparecerá para o usuário na caixa de mensagem.

Apesar de a classe EntradaDeDadosComMetodos possuir vários métodos, ela não é executável, pois não possui o método main, ela só é executada a partir de outras classes. O Exemplo 6.7 utiliza os métodos da classe EntradaDeDadosComMetodos. As chamadas aos métodos estão localizadas nas linhas 5 a 9.

Exemplo 6.7 – A classe ChamaMetodos

```java
package cap06;
import javax.swing.JOptionPane;
public class ChamaMetodos {
    public static void main(String args[]) {
        String nome = EntradaDeDadosComMetodos.lerString("Forneça seu nome");
        int idade = EntradaDeDadosComMetodos.lerNumeroInt(0, 120, "Forneça sua idade");
        float altura = EntradaDeDadosComMetodos.lerNumeroFloat(0, 2.5f, "Forneça sua altura");
        double peso = EntradaDeDadosComMetodos.lerNumeroDouble(0, 300, "Forneça seu peso");
        char op = EntradaDeDadosComMetodos.selecionarOpcao("Você gosta de Java");
        JOptionPane.showMessageDialog(null, "Nome: " + nome + "\nIdade: " + idade
                + "\naltura: " + altura + "\nPeso: " + peso + "\nOpção selecionada: " + op);
    }
}
```

A Figura 6.3 apresenta os resultados obtidos com a execução do Exemplo 6.7.

Figura 6.3 – Tela de execução do Exemplo 6.7.

6.6 Métodos que manipulam Arrays

Os métodos apresentados até aqui foram relativamente simples, mas podem existir métodos que manipulam estruturas mais complexas. Apresentamos neste ponto um método que recebe um array, manipula os elementos desse array internamente e retorna outro array.

Funcionalidades comentadas do Exemplo 6.8:

▶ **Linhas 4 a 10 e 18 a 23:** contêm comentários dos métodos buscarMaior e ordenarPalavras. Os comentários são muito importantes para a documentação dos métodos, pois facilitam a compreensão de seu funcionamento, em especial quando o desenvolvimento de um sistema é realizado por uma equipe.

▶ **Linha 11:** contém a especificação do método buscarMaior. Ele recebe um array de números e retorna (linha 16) o maior dos números presentes no array.

▶ **Linha 24:** contém a especificação do método ordenarPalavras. Ele recebe um array de elementos do tipo String e retorna esse mesmo array, porém com os elementos organizados em ordem alfabética.

Exemplo 6.8 – A classe MetodosComArray

```
package cap06;
import java.util.*;
public class MetodosComArray {
    /**
     * Recebe um arrays de números e retorna o maior deles, deve conter pelo
     * menos um elemento no arrays senão gera erro.
     *
     * @param numeros = os números a serem comparados
     * @return = o maior número
     */
    public static double buscarMaior(double[] numeros) {
        double maior = numeros[0];
        for (int i = 1; i < numeros.length; i++) {
            maior = Math.max(maior, numeros[i]);
        }
        return maior;
    }
    /**
     * recebe um array de palavras e retorna ordenados em ordem crescente
     *
     * @param palavras = as palavras a serem ordenadas
     * @return = o array ordenado
     */
    public static String[] ordenarPalavras(String[] palavras) {
        Arrays.sort(palavras);
        return palavras;
    }
}
```

O Exemplo 6.9 apresenta uma classe que utiliza os métodos do Exemplo 6.8.

Exemplo 6.9 – A classe UsaMetodosComArray

```
package cap06;
public class UsaMetodosComArray {
    public static void main(String[] args) {
        double[] numeros = {12.4, 3.4, 9, 7.3, 6.6};
        double maior = MetodosComArray.buscarMaior(numeros);
        System.out.println(maior);

        String[] nomes = {"Ivone", "Carlos", "Lila", "Alzira", "Bruno", "Fabio", "Rita"};
        String[] retorno = MetodosComArray.ordenarPalavras(nomes);
        for (int i = 0; i < retorno.length; i++) {
            System.out.println(retorno[i]);
        }
    }
}
```

Funcionalidades comentadas do Exemplo 6.9:

▶ **Linhas 4 a 6:** inicializa um array de números (linha 4), chama o método buscarMaior (linha 5) enviando os números definidos na linha 4 e imprime em tela o maior número presente no array números (linha 6) que está armazenado na variável maior declarada na linha 5.

▶ **Linhas 8 a 12:** essas linhas contêm o código necessário para inicializar um array do tipo String (linha 8) que será enviado ao método ordenarPalavras (linha 9). O retorno desse método é armazenado no array retorno, e na linha 11 os elementos do array (já ordenado) são impressos em tela por meio do laço de repetição iniciado na linha 10.

Neste ponto deve ter ficado claro que é possível criar um sistema a partir de pedaços menores, agrupando todos eles, os quais se referem aos métodos. Essa metodologia de desenvolvimento é conhecida como modularidade, isto é, um sistema é construído a partir de pequenos módulos, os métodos.

Exercícios para prática da linguagem Java

1. Faça uma classe chamada Mes que possua um método chamado getMesPorExtenso que recebe um número inteiro, referente ao mês do ano, um código referente ao idioma (1 para português e 2 para inglês) e retorne o mês por extenso. A tabela a seguir ilustra alguns exemplos. Faça também outra classe para testar o método.

Número do Mês	Idioma	Retorno
1	1	Janeiro
2	2	February
3	1	Março
4	2	April
5	1	Maio
6	2	June

2. Crie uma classe chamada Contagem que contenha quatro métodos com o nome "contar" utilizando o conceito da sobrecarga. A assinatura e função de cada método aparecem descritas na tabela a seguir. Faça também outra classe para testar o método.

Assinatura	Função
contar()	Apresenta em tela a contagem dos números de 1 a 10.
contar (int fim)	Apresenta em tela a contagem dos números de 1 até o valor definido pela variável fim.
contar (int inicio, int fim)	Apresenta em tela a contagem dos números com valor inicial definido pela variável inicio até o valor definido pela variável fim.
contar (int inicio, int fim, int pausa)	Apresenta em tela a contagem dos números com valor inicial definido pela variável inicio até o valor definido pela variável fim. O parâmetro pausa define a pausa (em segundos) que deve ser dada a cada valor impresso em tela.

3. Crie uma classe chamada Data que contenha os métodos getDia, getMes e getAno. Esses métodos recebem uma data em formato texto no padrão "dd/mm/aaaa" e retornam um número inteiro correspondente ao dia, mês e ano existentes na data fornecida. Caso a data enviada esteja fora do padrão, os métodos, deve retornar o valor zero. Faça também outra classe para testar o método.

Figura 6.4 – Tela de execução do Exercício 6.3.

4. Crie uma classe chamada Senha que contenha um método chamado gerar que retorna uma senha contendo oito caracteres numéricos. Faça também outra classe para testar o método.

Figura 6.5 – Tela de execução do Exercício 6.4.

5. Elabore uma classe chamada "MeusArrays" contendo dois métodos que realizam operações com arrays, conforme a descrição a seguir. Faça também outra classe para testar os métodos:

   a. um método que recebe dois arrays de inteiros e um número inteiro. Pesquise se esse número inteiro existe nos dois arrays e de um retorno conforme a descrição seguinte: se o número não for encontrado em nenhum dos arrays, retorne 0; caso encontre em um dos arrays, retorne 1; e caso seja localizado nos dois arrays, retorne 2.

   b. um método que recebe um valor inteiro (n) e retorna um array contendo n elementos inteiros gerados randomicamente. Os valores gerados devem estar entre 0 e 1000.

Seu próximo passo

Este capítulo abordou os principais tipos de método existentes em Java, desde os que retornam até os que não retornam valores, a sobrecarga, o acesso a métodos externos e a recursividade. A maneira mais usual de reaproveitamento de código dos métodos é a criação de objetos, tópico descrito no Capítulo 7.

Capítulo

7

Orientação a Objetos

Objetivos deste capítulo

✓ Fornecer definições básicas da orientação a objetos.
✓ Introduzir o conceito e uso de pacotes de classe.
✓ Demonstrar as diferentes partes que compõem uma classe.
✓ Definir a instanciação de objetos por meio de classes.
✓ Demonstrar o processo de troca de dados entre objetos.
✓ Enumerar as vantagens da utilização das técnicas de encapsulamento, herança e polimorfismo.
✓ Demonstrar como manter objetos em arquivos.

A teoria da Orientação a Objetos (OO) é extremamente importante para o mercado atual de software, e, além disso, a linguagem Java se baseia nesse paradigma de desenvolvimento. Os conceitos da OO são essenciais para os padrões atuais de desenvolvimento de software. Para que o leitor compreenda melhor os pontos abordados, serão apresentados diversos exemplos práticos pertinentes ao tema. Outro aspecto importante que abordaremos neste capítulo e que possui forte vínculo com a OO é a UML (*Unified Modeling Language*), uma linguagem de modelagem muito usada no mercado para representar certas características do software. O objetivo não é abordar a UML em detalhes, mas apresentar algumas de suas relações com a OO.

Para compreender a OO, o ponto de partida é entender o que é objeto e quais são os aspectos envolvidos em sua criação e manipulação. O item a seguir descreve conceitos referentes a objetos.

7.1 Definições sobre objetos

Na OO, objeto é uma abstração dos objetos reais existentes. Em uma sala de aula, por exemplo, existem diversos objetos: alunos, cadeiras, mesas, lousa etc. Se for necessário manter controle de uma sala de aula, pode ser elaborado um software que manipula objetos desse tipo.

No cotidiano vivemos cercados por objetos de diversos tipos e formas. O contato com esses objetos nos leva a identificar suas características físicas, sua forma etc. Ao visualizar um objeto qualquer, como uma conta bancária, por exemplo, reconhecemos seu número, cliente, saldo, enfim, suas diversas propriedades. Outros objetos possuem diferentes propriedades. Associado às propriedades do objeto existe outro fator: as ações que podem ser realizadas com ele. Voltando ao exemplo da conta bancária, ela pode estar bloqueada ou desbloqueada. Existe um procedimento para consultar, depositar e sacar. A programação orientada a objetos procura modelar, internamente no computador, a realidade dos objetos.

Apesar de existirem diferentes tipos de objetos, eles compartilham duas características principais: todos possuem um **estado** (conjunto de propriedades do objeto) e um **comportamento** (as ações possíveis sobre o objeto). No caso da conta bancária, o estado poderia ser o conjunto de propriedades "numero", "cliente", "saldo" etc.; já o comportamento poderia ser composto por "consultar", "depositar", "sacar" etc. Voltando ao estado, um objeto conta bancária pode ter um atributo chamado "status" que assuma um dos valores seguintes: bloqueada, desbloqueada etc. Em cada etapa da vida de um objeto, ele pode assumir um estado diferente.

Para armazenar o estado, um objeto de software utiliza uma ou diversas variáveis. Já o comportamento do objeto é definido pelo conjunto de métodos que ele possui. Considere a Figura 7.1 que simula o objeto conta bancária.

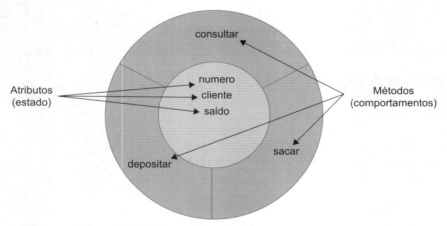

Figura 7.1 – O objeto contaBancaria (baseado no tutorial da Oracle).

A representação do objeto conta bancaria da Figura 7.1 contém o estado formado pelas variáveis "numero", "cliente" e "saldo". Em OO essas variáveis recebem o nome de atributos. Já o comportamento está representado pelos métodos "depositar", "sacar" e "consultar". Esses três métodos poderiam atuar sobre a variável saldo para aumentar (depositar), diminuir (sacar) ou simplesmente verificar seu valor (consultar). Na prática, podem existir outros métodos para manipular os valores das outras variáveis também. Mais à frente voltaremos a falar dessa representação da Figura 7.1.

7.2 Classes e a UML

Os objetos descritos no item anterior são criados a partir das classes. Os objetos são **instâncias** de classe que permanecem em memória e mantêm seus valores de maneira individual. A criação de uma classe deve anteceder a de um objeto, uma vez que este é criado a partir daquela. Uma classe é um molde, um modelo, um protótipo a partir do qual os objetos podem ser criados.

Ao definir uma classe, podem ser criados muitos objetos a partir dela. Imagine a classe como o projeto de um veículo criado por uma empresa montadora. Depois de definidos todos os aspectos importantes do projeto do veículo (partes que o compõem, lista de peças, ações a serem executadas sobre o veículo etc.), podem ser criados muitos veículos, sempre tendo como base o projeto original. Na orientação a objetos

Orientação a Objetos

também é assim, pois uma vez definidas todas as partes que compõem uma classe, isto é, seus atributos (estado) e métodos (comportamento), é possível criar objetos que receberão suas características. No entanto, apesar de todos os objetos serem criados a partir de uma mesma classe, eles podem manter conteúdos individuais em suas variáveis, como, por exemplo, a cor da lataria, a potência do motor etc.

Conforme apresentado, para definir uma classe é usada a palavra reservada **class** seguida do nome da classe, mais o par de chaves, como a declaração a seguir:

```
qualificador class Nome-da-classe{
// atributos
// métodos
}
```

O **qualificador** da classe indica como a classe (ou outro identificador) pode ser usada por outras classes, isto é, define sua **visibilidade**. Existem diversos tipos de qualificador, entre os quais serão citados no momento **public e private**. O qualificador **public** indica que o conteúdo da classe pode ser usado livremente por outras classes do mesmo pacote ou de outro pacote, isto é, a classe será visível a todas as classes, estejam elas no mesmo pacote ou não. Na prática, pacote é um diretório; sendo assim, quando usado public, uma classe pode ser usada por classes armazenadas em outros diretórios. Quando uma classe é criada como public, o arquivo Java deve possuir o mesmo nome da classe, observando o uso da caixa (maiúsculas/minúsculas) tanto para o nome da classe como para o nome do arquivo.

O qualificador **private** indica que o conteúdo da classe é privado e pode ser usado apenas por classes do mesmo pacote, isto é, ela será visível apenas para as classes localizadas no mesmo diretório. Em breve criaremos pacotes para praticar o uso desses qualificadores. É importante ressaltar que a visibilidade existe não apenas para classes, mas para diversos outros identificadores da linguagem como objetos, atributos e métodos.

Conforme já citado, o nome da classe deve se iniciar com **letra maiúscula**, uma forma de diferenciar da declaração os demais identificadores (objetos, variáveis, métodos etc.). Além disso, toda palavra presente no nome da classe deve se iniciar em maiúscula. Exemplos: Menu, MenuPrincipal, NumberFormatException.

Com base no exposto até o momento, podemos criar a estrutura de uma classe da seguinte maneira:

```
qualificador class Nome-da-classe{
// declaração de variáveis (atributos)

   declaração do método1
   { ... }

   declaração do método2
   { ... }

   declaração do métodoN
   { ... }
}
```

Uma classe envolve, através de suas chaves, todas as variáveis e métodos que a compõem. Vamos apresentar uma classe para simular um objeto do mundo real. Considere um televisor. Existem muitos modelos e formatos para um televisor. Apesar de a OO permitir que a realidade seja simulada em ambiente computacional, não é sensato (nem necessário) criar uma classe contendo todas as características possíveis de uma Televisor. É necessário apenas definir quais atributos e métodos são essenciais para o sistema no qual o objeto do tipo Televisor será usado.

A Figura 7.2 mostra a representação da classe Televisor de acordo com a UML. Observe os três compartimentos: o primeiro contém o nome da classe (em negrito e centralizado), o segundo contém os atributos da classe (definidos pelas variáveis) e o terceiro compartimento contém os métodos da classe. Na UML os métodos são chamados de operações. Observe também que todos os atributos e métodos possuem visibilidade pública, representada na UML pelo caractere "+" ao lado esquerdo de cada nome.

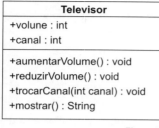
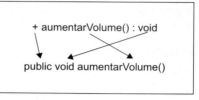

Figura 7.2 – Classe Televisor.

Veja um exemplo de correspondência entre Java e UML ao lado direito da Figura 7.2. O símbolo "+" refere-se a uma variável pública, "aumentarVolume()" e "void" estão presentes nas duas linguagens, o que muda é apenas a ordem da declaração. Já o código em Java correspondente à Figura 7.2 pode ser visto na listagem do Exemplo 7.1. A única diferença é o fato de que o código contém a implementação dos métodos, o diagrama de classe contém apenas as especificações dos métodos. Observa-se também que essa classe ainda não está completa e não é ideal; ainda precisamos estudar alguns conceitos e adicionar outras funcionalidades (isso será apresentado no Exemplo 7.5).

Exemplo 7.1 – Listagem da classe Televisor

```
package cap07;
public class Televisor {
    public int volume;
    public int canal;
    public void aumentarVolume() {
        volume++;
    }
    public void diminuirVolume() {
        volume--;
    }
    public void trocarCanal(int c) {
        canal = c;
    }
    public void mostrar() {
        System.out.println("Volume: " + volume + "\nCanal: " + canal);
    }
}
```

Funcionalidades comentadas do Exemplo 7.1:

▸ **Linha 2:** indica que a classe Televisor é pública (public), isto é, ela será visível a qualquer classe, independentemente de pertencer ao pacote cap07. Uma classe pertencente a outro pacote (cap06, por exemplo) poderia utilizá-la normalmente.

▸ **Linhas 3 e 4:** declaram os atributos "canal" e "volume" como públicos (public), indicando que seu conteúdo será visível a qualquer classe. Normalmente os atributos de uma classe são definidos como privados (private). Falaremos sobre isso mais à frente ao estudarmos o encapsulamento.

▸ **Linhas 5, 8, 11 e 14:** possui a declaração dos métodos que simulam as operações de aumentar o volume, reduzir o volume, trocar o canal e mostrar o conteúdo armazenado nos atributos. Cada método realiza uma ação diferente. Observe que todos os métodos são públicos e visíveis a outras classes.

▸ Essa classe não é executável, uma vez que não possui o método main. Por esse motivo, não é possível executá-la, como vínhamos fazendo. Em outras palavras, se você tentar executar a classe vai aparecer uma mensagem de erro informando que o método main não foi encontrado. Essa classe será usada para criar objetos que serão declarados em outras classes.

O Exemplo 7.1 representa um modelo padrão para uma classe, isto é, ela é composta por atributos e métodos, mas é possível haver classes somente com atributos ou somente com métodos, dependendo das necessidades da aplicação. O leitor já está familiarizado com o uso de classes, uma vez que as aplicações que fizemos são formadas por elas. Existem diferentes tipos de classes: as usadas na criação de componentes gráficos (por exemplo, a classe Button usada para criar um botão), as classes executáveis (como temos criado até aqui e que possui o método main) e também as classes comuns que possuem atributos e métodos, como a classe Televisor. A principal diferença entre elas é a presença do método **main**, ou seja, uma classe que possui esse método é uma aplicação que pode utilizar outras classes ou objetos de outras classes, como veremos mais à frente.

7.3 Utilização de objetos da classe

Conforme já citado, uma classe permite criar objetos que podem ser utilizados em outras classes ou aplicações. Para utilizar um objeto, existem três partes a serem consideradas:

1. A *declaração do objeto*: segue o mesmo padrão de declarações para tipos primitivos, isto é, nome--do-tipo nome-da-variável. Para declarar objeto, é usada a seguinte sintaxe: **nome-da-classe nome-do-objeto**. No caso, como desejamos gerar um objeto a partir da classe Televisor, criada anteriormente, a sintaxe será: **Televisor televisor1**. O nome Televisor se refere à classe a partir da qual o objeto "televisor1" está sendo declarado. Vale a pena ressaltar que a declaração não cria o objeto em si, trata-se apenas de uma declaração dizendo que televisor1 é um objeto do tipo Televisor. O nome "televisor1" se refere a uma convenção muito usada em Java, isto é, o nome do objeto possui o mesmo nome da classe, adicionando um número sequencial para diferenciar dos outros objetos, porém com o nome iniciando em letra minúscula. No caso, uma aplicação poderia ter os objetos "televisor1", "televisor2", "televisor3" e assim sucessivamente.

2. A *instanciação do objeto*: corresponde à criação do objeto pela alocação de memória para armazenar informações sobre ele, semelhantemente ao que ocorre na declaração de uma variável qualquer, isto é, são reservados endereços de memória para armazenar os dados correspondentes. Para realizar a instanciação de um objeto qualquer, é usado o operador **new**. Seguindo o exemplo, a sintaxe será **nome-do-objeto = new ("inicialização-do-objeto")**. A inicialização do objeto é tratada no item 3 a seguir.

3. A *inicialização do objeto*: corresponde ao processo de definir valores iniciais às variáveis do objeto. Conforme apresentado no item anterior, a inicialização é precedida pelo operador **new**. Para inicializar um objeto, é usado o método **construtor**, estudado mais à frente neste capítulo. Por enquanto o método construtor será usado em sua forma default (com o mesmo nome da classe sem nenhum parâmetro associado) e as variáveis terão seus valores iniciais conforme definidos na classe. Quando as variáveis não possuem um valor inicial definido em sua classe, ao criar um objeto todas as variáveis recebem um valor padrão: "0" (zero) para variáveis numéricas, "false" para variáveis booleanas e "null" para objetos. Da mesma forma que as variáveis de instância, ao criar um objeto, ele recebe os métodos presentes na classe. Como o leitor já possui conhecimentos sobre os métodos, esse aspecto não deve representar maiores dificuldades.

Dessa forma, a partir da definição de uma classe podem ser criados inúmeros objetos que passam a conter o estado e o comportamento declarados na classe. Essa é a base de funcionamento de toda a linguagem Java. Os procedimentos de declaração, instanciação e inicialização de objetos podem ser realizados em uma ou duas linhas de código. Segue a sintaxe das duas formas possíveis:

Em uma única linha:

```
nome-da-classe nome-do-objeto = new nome-do-construtor();
```

Em duas linhas:

```
nome-da-classe nome-do-objeto;
nome-do-objeto = new nome-do-construtor();
```

Considerando a classe Televisor, a sintaxe será:

```
Televisor tv = new Televisor();
```

ou

```
Televisor tv;
// códigos do programa
tv = new Televisor ();
```

Ao instanciar um objeto do tipo Televisor, ele passa a possuir todos os atributos e métodos definidos em sua classe. No caso, um objeto "tv" conterá os dois atributos e os três métodos definidos na classe Televisor. Vamos verificar isso por meio do Exemplo 7.2.

Exemplo 7.2 – A classe UsaTelevisor

```
 1  package cap07;
 2  public class UsaTelevisor {
 3      public static void main(String[] Args) {
 4          Televisor tv = new Televisor();
 5          tv.canal = 150;
 6          tv.volume = 3;
 7          tv.aumentarVolume();
 8          tv.aumentarVolume();
 9          tv.trocarCanal(10);
10          tv.mostrar();
11      }
12  }
```

Funcionalidades comentadas do Exemplo 7.2:
- **Linha 4:** contém a declaração e a criação do objeto "tv" a partir da classe Televisor. Ao ser criado, o objeto recebe todas as características da classe Televisor, ou seja, todos os atributos e métodos existentes.
- **Linha 5:** o atributo "canal" do objeto "tv" recebe o conteúdo 150.
- **Linha 6:** o atributo "volume" do objeto "tv" recebe o conteúdo 3.
- **Linhas 7 e 8:** chamam o método "aumentarVolume" da classe Televisor. Esse método é responsável por aumentar em 1 o valor do atributo volume, simulando que o usuário pressionou o botão + do controle remoto. Como o método é chamado duas vezes, então o valor do volume aumentará em 2.
- **Linha 9:** chama o método "trocarCanal" da classe Televisor. Esse método é responsável por alterar o valor do atributo canal, simulando que o usuário mudou o canal da TV. O atributo canal receberá o valor passado dentro dos parênteses (o valor do parâmetro), no caso o valor 10.
- **Linha 10:** invoca o método "mostrar" existente na classe Televisor que emitirá em tela o conteúdo dos atributos.
- Ao executar a classe UsaTelevisor, a saída em tela será: canal 10 e volume 5. Apesar de nosso exemplo não ter usado o método "diminuirVolume" da classe Televisor, ele poderia ser usado normalmente, da mesma forma que o método "aumentarVolume".
- O Exemplo 7.2 cria apenas um objeto do tipo Televisor chamado "tv", mas poderiam ser criados outros objetos (como "tv1", "tv2", "tv3" e assim por diante) e cada um deles poderia ter diferentes valores para os atributos. Esse foi apenas um exemplo inicial. No decorrer do capítulo são fornecidos maiores detalhes.

7.4 Escopo de classe e escopo de instância

Escopo de classe e escopo de instância existem para atributos e métodos. Vamos iniciar o estudo considerando apenas o uso em atributos. Conforme demonstrado anteriormente, cada objeto (ou instância) mantém o conteúdo das variáveis de forma exclusiva, isto é, cada objeto mantém um conteúdo diferente para um mesmo atributo da classe. Entretanto, em muitos casos não é necessário manter um conteúdo exclusivo para cada objeto, isto é, para todos os objetos da classe a variável pode conter o mesmo conteúdo. Essa característica faz com que o conteúdo da variável seja controlado pela própria classe e não pelos objetos individualmente. Para que essa funcionalidade seja possível, basta declarar a variável como sendo **static**, ou seja, o conteúdo da variável será estático, controlado apenas pela classe.

Vamos entender o parágrafo anterior criando um exemplo. Considere a classe Celular do Exemplo 7.3, que possui dois atributos: "numero" e "empresa". Se criarmos vários objetos do tipo Celular, cada um deles poderá manter um conteúdo diferente para o atributo "numero", afinal cada telefone celular possui um número diferente. Mas isso não acontece para a variável "empresa", uma vez que ela foi declarada como sendo static; com isso a variável passa a ter **"escopo de classe"** e não de instância. Isso equivale a dizer que todos os telefones celulares pertencerão a uma única empresa. Não importa a quantidade de objetos existentes, ao ser atribuído o conteúdo "Empresa Genérica" para o atributo "empresa", todos os objetos passam a "enxergar" esse conteúdo. Apesar de ser possível acessar o conteúdo de uma variável estática por meio de um objeto, na prática isso não é recomendado. O correto é fazê-lo por meio da própria classe (veja a linha 10 do Exemplo 7.4).

Exemplo 7.3 – A classe Celular

```
1  package cap07;
2  public class Celular {
3      public String numero;
4      public static String empresa;
5  }
```

Considerando seu uso em variáveis, a diferença entre escopo de classe e de instância é apresentada na Tabela 7.1.

Tabela 7.1

Escopo de Classe	Escopo de Instância
Uso do modificador static.	Não usa static.
O conteúdo da variável pertence à classe.	O conteúdo da variável pertence aos objetos.
Somente um valor comum poderá ser armazenado na variável.	Cada objeto pode manter um valor diferente para sua variável.

Para confirmar essa teoria, observe o Exemplo 7.4, que apresenta a classe **UsaCelular**.

Exemplo 7.4 – A classe UsaCelular

```
1   package cap07;
2   public class UsaCelular {
3       public static void main(String[] args) {
4           Celular celular1 = new Celular();
5           Celular celular2 = new Celular();
6           Celular celular3 = new Celular();
7           celular1.numero = "11 5431-2342";
8           celular2.numero = "11 9123-5678";
9           celular3.numero = "11 5765-3897";
10          Celular.empresa = "Empresa Genérica do Brasil";
11      }
12  }
```

As funcionalidades da classe UsaCelular são:
- **Linhas 4 a 6:** declaram e criam três objetos do tipo Celular.
- **Linhas 7 a 9:** atribuem um número diferente para cada objeto "celular".
- **Linha 10:** atribui o nome da empresa ao atributo "empresa" pertencente à classe Celular.

Como já dissemos, o modificador static pode ser usado também em métodos. O princípio é o mesmo; o método pertencerá à classe e não aos objetos. Isso faz com que o método possa ser chamado usando a sintaxe Nome-da-classe.nome-do-método. Fizemos isso muitas vezes no capítulo anterior.

7.5 Mensagens

Agora vamos definir outro conceito em OO: **mensagem** entre objetos. Já aprendemos que um objeto pode possuir diversos métodos definidos em sua classe. Em uma aplicação real é muito comum que existam diversos tipos de objetos e que um objeto necessite realizar uma tarefa que já está definida em outro objeto, ou seja, numa aplicação pode haver comunicação e interação entre objetos por meio de **mensagens**. Em outras palavras, um objeto **x** pode necessitar de um procedimento (método) já definido em um objeto **y**. Para realizar esse processo, o objeto x solicita ao objeto y que execute o método, ou seja, uma mensagem nada mais é do que o fato de um objeto chamar um método de um outro objeto (ou ainda um método estático de uma classe).

Vamos tentar elucidar com um exemplo. Digamos que um objeto "gerente" precise enviar um e-mail. Ele não sabe como fazer isso, porém o objeto "email" sabe. Então, o objeto "gerente" solicita ao "email" que faça isso por ele. Em orientação a objetos, quando um objeto **x** solicita a um objeto **y** que execute um de seus métodos, diz-se que o objeto **x** enviou uma **mensagem** ao objeto y. Uma **mensagem** pode conter **parâmetros** que são valores enviados de um objeto a outro quando um método é invocado. Observe a Figura 7.3, em que o objeto "gerente" envia uma mensagem ao objeto "email" (invocando o método enviar). São enviados quatro parâmetros: de, para, assunto e mensagem. Esse padrão do envio de mensagens é definido pela UML e pode ser encontrado, por exemplo, em diagramas de comunicação e sequência.

Figura 7.3 – Mensagem do objeto gerente para o objeto email.

O processo de comunicação entre os objetos "gerente" e "email" pode ser assim descrito:

1. O objeto "gerente" solicita ao objeto "email" o envio de e-mail pelo método "enviar" contido em "email", e fornece os parâmetros adequados.
2. O objeto "email" envia o e-mail usando os dados recebidos de "gerente".
3. Nesse caso o objeto "email" não fornece nenhum retorno para o objeto "gerente" (veja a palavra void adicionada ao final da mensagem), mas isso poderia ser diferente e o objeto "email" poderia retornar uma mensagem, por exemplo, informando se houve sucesso ou não no envio.

7.6 Encapsulamento

Encapsulamento (em inglês *data hidding*) é mais um dos conceitos presentes na orientação a objetos. Trata-se de um mecanismo que possibilita restringir o acesso a variáveis e métodos da classe (ou até à própria classe). Os detalhes de implementação ficam ocultos ao usuário da classe, isto é, o usuário

passa a utilizar os serviços da classe sem saber como isso ocorre internamente. Somente uma lista das funcionalidades existentes torna-se disponível ao usuário da classe. O encapsulamento é também conhecido como acessibilidade, pois define o que está acessível na classe.

O uso do encapsulamento fornece uma série de vantagens, não apenas pelo fato de ocultar certos detalhes de implementação, mas por tornar o código mais legível, minimizar os erros de programação, restringir o conteúdo das variáveis e facilitar a ampliação do código em função de novas atualizações. Um fabricante de uma classe pode, por exemplo, realizar atualizações, ou até mesmo modificações internas, sem que o usuário da classe se dê conta disso.

Para determinar o nível de acesso dos elementos de uma classe, são usados os qualificadores de acesso, já citados anteriormente:

- **public:** um nível sem restrições, equivalente a não encapsular, ou seja, se uma variável for definida como pública, não será possível realizar o encapsulamento.
- **private:** o nível de maior restrição em que apenas a própria classe pode ter acesso a variáveis e/ou métodos.
- **protected:** um nível intermediário de encapsulamento em que as variáveis e métodos podem ser acessados pela própria classe ou por suas subclasses (veremos isso mais adiante).
- **package:** nível em que a classe pode ser acessada apenas por outras classes pertencentes ao mesmo pacote (veremos a manipulação de pacotes mais à frente).

Por meio das restrições de acesso é possível assegurar que certas variáveis de instância tenham valores restritos que só podem ser acessados a partir da própria classe, mantendo uma certa segurança com relação à integridade do valor armazenado.

Conforme demonstrado até aqui, as variáveis declaradas na classe foram acessadas diretamente pelos objetos por meio da sintaxe nome-do-objeto.nome-da-variável ou diretamente por meio da classe quando o atributo era estático. Considerando o encapsulamento, o conteúdo das variáveis é acessado por métodos públicos **get** e **set**.

Neste ponto vamos alterar a classe Televisor do Exemplo 7.1, de maneira a implementar os conceitos definidos no encapsulamento. Começamos com a representação da classe usando a UML. Observe na Figura 7.4 a definição de visibilidade privada (sinal de "-") para os atributos. Uma vez que os atributos "volume" e "canal" são privados e visíveis apenas à própria classe, é necessário que sejam criados métodos para permitir a manipulação de seus conteúdos por meio de outras classes (ou de outros objetos). Por exemplo, como o atributo "volume" é privado, não será mais possível usar a sintaxe **tv.canal = 150** presente na linha 5 do Exemplo 7.2.

Televisor
−volume : int
−canal : int
+aumentarVolume() : void
+reduzirVolume() : void
+trocarCanal(int canal) : void
+mostrar() : String

Figura 7.4 – Classe Televisor com atributos privados.

Os atributos privados não podem ser acessados diretamente pelo objeto; deve existir um método público que permita tal acesso, como, por exemplo, **tv.setCanal (150)**. Dessa forma, o valor 150 não é atribuído diretamente ao atributo, ele é enviado ao método que pode atuar como um mediador entre o atributo e o valor a ser armazenado. Considere o seguinte: suponha que só existam televisores com canais de 0 a 1000. Se o atributo for público, você pode adicionar qualquer valor a ele livremente, mesmo que esse valor seja superior ao máximo (digamos que você armazene o valor 9000). Por outro lado, se o atributo for privado e devidamente encapsulado, é possível limitar o valor armazenado, rejeitando valores fora da faixa permitida. A Figura 7.5 apresenta um fluxograma para ilustrar esse conceito. Mais à frente apresentaremos um exemplo de código para demonstrar essa característica.

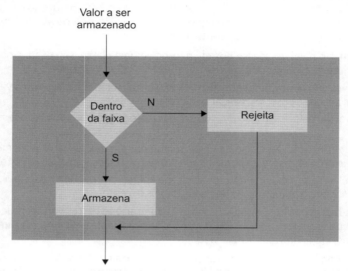

Figura 7.5 – Funcionamento de um método.

Apresentamos no Exemplo 7.5 a nova classe Televisor contendo os métodos get e set (com visibilidade pública) necessários para permitir o acesso aos atributos privados. Reforçando: para cada atributo privado devem ser elaborados um método get e um método set. A estrutura desses métodos segue um mesmo padrão para qualquer nome usado para o atributo.

- O método **set** recebe como parâmetro o mesmo tipo de dado do atributo da classe e retorna void. Ele sempre armazenará no atributo o conteúdo passado por parâmetro. Seu padrão é:

```
public void setNomeDoAtributo (tipo_do_atributo nomeDoAtributo) {
      this.nomeDoAtributo = nomeDoAtributo;
}
```

- O método **get** não recebe nenhum parâmetro e sempre retorna o mesmo tipo de dado do atributo da classe. Ele sempre retornará o conteúdo atual que está armazenado no atributo. Seu padrão é:

```
public tipo_do_atributo getNomeDoAtributo () {
      return nomeDoAtributo;
}
```

Pelo fato de os métodos set e get possuírem uma estrutura padronizada, as ferramentas de desenvolvimento permitem automatizar a geração do código desses métodos, facilitando a vida do programador. Imagine uma classe com dez atributos. Seria necessário digitar o código de 20 métodos na mão, mas com uma IDE (Eclipse ou NetBeans, por exemplo) bastam "alguns cliques do mouse" e esses métodos são gerados automaticamente.

Vamos reforçar o conceito dos métodos set e get analisando o Exemplo 7.5.

Orientação a Objetos

Exemplo 7.5 – Listagem da classe TelevisorEncapsulada

```java
package cap07;
public class TelevisorEncapsulada {
    private int volume;
    private int canal;

    public void aumentarVolume() {
        if (volume < 100) {
            volume++;
        }
    }
    public void diminuirVolume() {
        if (volume > 0) {
            volume--;
        }
    }
    public void aumentarCanal() {
        if (canal < 1000) {
            canal++;
        }
    }
    public void reduzirCanal() {
        if (canal > 0) {
            canal--;
        }
    }
    public void mostrar() {
        System.out.println("Volume: " + getVolume() + "\nCanal: " + getCanal());
    }
    public int getVolume() {
        return volume;
    }
    public void setVolume(int volume) {
        try {
            if (volume >= 0 && volume <= 100) {
                this.volume = volume;
            } else {
                throw new Exception("Volume fora da faixa permitida, deve ser um valor entre 0 e 100.");
            }
        } catch (Exception erro) {
            System.out.println(erro.getMessage());
        }
    }
    public int getCanal() {
        return canal;
    }
    public void setCanal(int canal) {
        if (canal >= 0 && canal <= 1000) {
            this.canal = canal;
        }
    }
}
```

A classe Televisor encapsulou as variáveis "volume" e "canal", definindo a visibilidade como private. Por esse motivo não é permitido alterar seu valor diretamente por meio do objeto tv. O conteúdo dessas variáveis só pode ser acessado pelos métodos públicos. Exemplo: para manipular o conteúdo do atributo "volume" podem ser usados os métodos aumentarVolume(), diminuirVolume(), setVolume() e getVolume(). O mesmo acontece para o atributo "canal", isto é, pode ser acessado por meio dos métodos aumentarCanal(), diminuirCanal(), setCanal() ou getCanal(). Todos esses métodos são públicos e podem ser acessados fora da classe. Observe que para mudar o canal é possível usar os métodos setCanal (que permite fornecer o número do canal), aumentarCanal (aumenta em 1 o valor do canal) e diminuirCanal (diminui em 1 o valor do canal). Observe ainda que existe uma faixa de valores permitidos, pois o valor do atributo canal só assumirá valores entre 0 e 1000. Valores fora dessa faixa serão "travados" pelos métodos, protegendo o valor a ser armazenado no atributo. Procedimento semelhante foi definido para o valor do atributo volume, apenas valores entre 0 e 100 são permitidos. O método setVolume define uma exceção que será lançada caso o valor do volume esteja fora da faixa.

Apesar de simples, o Exemplo 7.5 demonstra como podem ser definidas regras de negócio por meio do encapsulamento. Alguns exemplos de regras de negócio que podem ser definidas numa classe com atributos encapsulados aparecem na Tabela 7.2.

Tabela 7.2

Atributo	Regra de negócio exemplificada em Java

Saldo	Um banco pode definir que o valor máximo a ser sacado do saldo é R$ 1000,00.
	Exemplo:
	`public void sacar(double valor){`
	`   if(valor<=1000){`
	`      saldo = saldo - valor;`
	`   }`
	`}`

Preço	Uma farmácia pode definir que os aposentados possuem desconto de 10% nas compras à vista de qualquer medicamento.
	`public double calcularPrecoFinal(double total, boolean aposentado){`
	`   if (aposentado==true){`
	`      total = total * 0.9;`
	`   }`
	`   return total;`
	`}`

Idade	Num cadastro de pessoas, a idade deve ser um valor entre 0 e 120.
	`public void setIdade(int idade){`
	`   if(idade>=0 && idade<=120){`
	`      this.idade = idade;`
	`   }`
	`}`

Já discutimos o papel e o funcionamento dos métodos get e set. Em breve vamos entender o papel desempenhado pelo this usado nos métodos set, mas antes vamos testar a classe Televisor por meio da classe do Exemplo 7.6.

Exemplo 7.6 – Listagem da classe UsaTelevisorEncapsulada

```
1  package cap07;
2  public class UsaTelevisorEncapsulada {
3      public static void main(String[] args) {
4          TelevisorEncapsulada tv = new TelevisorEncapsulada();
5          tv.setCanal(150);
6          tv.aumentarCanal();
7          tv.setVolume(3);
8          tv.diminuirVolume();
9          System.out.println(tv.getCanal());
10         System.out.println(tv.getVolume());
11     }
12 }
```

Funcionalidades comentadas do Exemplo 7.6:

▶ **Linha 4:** contém a declaração e a criação do objeto "tv" a partir da classe TelevisorEncapsulada. Ao ser criado, o objeto recebe todas as características da classe Televisor, ou seja, todos os atributos e métodos existentes.

▶ **Linha 5:** define o conteúdo do atributo "canal" como 150 por meio do método "setCanal". O valor 150 será enviado ao parâmetro "canal" presente na linha 46 do Exemplo 7.5.

▶ **Linha 6:** aumenta em 1 o valor atual do canal.

▶ **Linha 7:** define o conteúdo do atributo "volume" como 3 por meio do método "setVolume". O valor 3 será enviado ao parâmetro "volume" presente na linha 32 do Exemplo 7.5.

▶ **Linha 8:** reduz em 1 o valor atual do volume.

▶ **Linha 9:** resgata o conteúdo do atributo "canal" por meio do método "getCanal" presente na linha 43 do Exemplo 7.5. O conteúdo será impresso em tela.

7.7 Uso da palavra reservada this

A palavra reservada this faz referência ao objeto corrente, isto é, ao objeto que chamou o método. Vamos analisar o método "setCanal" da classe Televisor, mas inicialmente sem utilização da palavra this. Outra declaração possível para esse método seria:

```
public void setCanal(int c) {
    canal = c;
}
```

O parâmetro "c" é local, enquanto a variável "canal" é global à classe e se refere ao atributo da classe. Nesse caso, o valor a ser atribuído ao atributo "canal" é recebido por meio do parâmetro "c". Isso está perfeitamente correto, no entanto, na maioria das aplicações, é desejável manter o mesmo nome da variável tanto para o parâmetro quanto para o atributo da classe. Na verdade isso é um padrão de construção em Java, o que produziria o código:

```
public void setCanal(int canal) {
    canal = canal;
}
```

Esse código traria problemas, porque o parâmetro local "canal" (que está dentro dos parênteses) tem o mesmo nome do atributo da classe. Isso faria com que as duas variáveis fossem consideradas locais, isto é, do próprio método "setCanal". Para resolver esse problema, basta inserir a palavra reservada this ao lado do nome do atributo, conforme o código:

```
public void setCanal(int canal) {
    this.canal = canal;
}
```

Isso permite diferenciar as duas variáveis, a local (do parâmetro do método) e a global (referente à variável do atributo).

Como dissemos, o uso da palavra reservada **this** faz referência ao objeto corrente, então this.canal é o mesmo que **tv.canal**, pois usamos o objeto "tv" para invocar o método "setCanal" (linha 5 do Exemplo 7.6). É como se estivesse escrito tv.canal = canal.

7.8 Construtores

Até o momento, em todas as instanciações (ou inicializações) de objetos foi usada a palavra reservada **new** da seguinte forma:

```
Televisor tv = new Televisor();
```

Conforme comentado anteriormente, o *operador* **new** é o responsável pelo processo de instanciação do objeto, representando uma forma extremamente simples de atribuir valores default a um objeto. A declaração anterior pode ser lida como: construa o objeto tv (do tipo Televisor) com valores default. Como o próprio nome diz, o método construtor é o responsável por construir um objeto com determinados valores. Se um construtor não for declarado, é assumido um construtor default da linguagem Java, em que as variáveis são inicializadas com os conteúdos default (variáveis numéricas recebem zero, valores lógicos recebem false e objetos recebem null). Quando declarado, ele deve possuir, obrigatoriamente, sempre o mesmo nome (idêntico) da classe em que se localiza. Dependendo das necessidades, uma classe pode conter de 0 a N construtores declarados.

O método construtor é responsável por alocar espaço na memória para a manipulação do objeto e pode conter também a chamada para outros métodos, possibilitando a criação de objetos mais complexos. Na criação de janelas gráficas (frames), por exemplo, o método construtor pode definir todas as propriedades dos componentes visuais do frame (cor do formulário, tamanho dos botões etc.).

A seguir, vamos definir quatro métodos do tipo construtor diferentes à classe Televisor (Exemplo 7.5). Os métodos foram adicionados no início da classe, logo após a declaração dos atributos, mas eles poderiam ser colocados em outro local (por exemplo, antes da última chave de encerramento da classe). De forma semelhante ao exemplo anterior, poderiam ser implementadas regras de negócio e os atributos poderiam ter seus valores controlados. Para tornar o exemplo menor, optamos por não realizar esse controle. Veja a listagem do Exemplo 7.7.

Exemplo 7.7 – Listagem da classe Televisor

```
1   package cap07;
2   public class Televisor {
3       private int volume;
4       private int canal;
5       public Televisor() {
6       }
7       public Televisor(int volume) {
8           this.volume = volume;
9       }
10      public Televisor(int volume, int canal) {
11          this.volume = volume;
12          this.canal = canal;
13      }
14      public void mostrar() {
15          System.out.println("Volume: " + volume + "\nCanal: " + canal);
16      }
17  }
```

A adição desses métodos construtores permite maior flexibilidade no momento da criação dos objetos, no caso na criação de objetos do tipo Televisor.

Funcionalidades comentadas do trecho do Exemplo 7.7 referente aos construtores:

- **Linha 5:** define um construtor que não recebe nenhum valor, inicializando as variáveis com valores default.
- **Linha 7:** define um construtor que recebe o valor do parâmetro "volume" que será armazenado no atributo volume na linha 8. O atributo "canal", não utilizado no método, será inicializado com o valor default, isto é, com zero.
- **Linha 10:** define um construtor que recebe o valor do parâmetro "volume" que será armazenado no atributo volume na linha 11. Recebe também o parâmetro "canal" que será armazenado no atributo "canal" na linha 12.

Para exemplificar o funcionamento desse trecho envolvendo os construtores, vamos criar uma classe de teste. Veja o código do Exemplo 7.8.

Exemplo 7.8 – Listagem da classe TelevisorTestaConstrutor

```
1   package cap07;
2   public class TelevisorTestaConstrutor {
3       public static void main(String[] Args) {
4           Televisor tv1 = new Televisor();
5           Televisor tv2 = new Televisor(150);
6           Televisor tv3 = new Televisor(150,3);
7
8           tv1.mostrar();
9           tv2.mostrar();
10          tv3.mostrar();
11      }
12  }
```

Funcionalidades comentadas do Exemplo 7.8:

- A linhas 4 a 6 da classe TelevisorTestaConstrutor chamam um método construtor diferente da classe Televisor, dependendo da assinatura do método.
- **Linha 4:** utiliza o construtor que não recebe nenhum valor, inicializando as variáveis com valores default.
- **Linha 5:** utiliza o construtor que recebe apenas o canal.

- **Linha 6:** utiliza o construtor que recebe o canal e o volume.
- **Linhas 8 a 10:** apresentam o conteúdo dos objetos do tipo Televisor por meio do método mostrar.

Você deve ter notado que o construtor funciona como um método qualquer da linguagem Java, suportando sobrecarga e podendo receber parâmetros para que os objetos sejam criados com quaisquer valores, passados no momento da sua instanciação.

7.9 Destrutores

Ao contrário dos construtores, como o próprio nome sugere, os destrutores (finalizers) são responsáveis por liberar os recursos usados pelos objetos durante a execução do programa. Enquanto os construtores alocam um espaço inicial na memória, os destrutores liberam esse espaço. A necessidade e a importância dos destrutores são liberação de recursos do sistema, pois se isso não for realizado os recursos podem esgotar-se durante a execução dos programas, especialmente o espaço alocado em memória. O método destrutor praticamente "passa uma borracha" nos endereços de memória alocados para o objeto em questão, liberando espaço para que outros objetos ou outros sistemas aplicativos quaisquer possam utilizá-lo.

Para tornar esse conceito mais fácil de entender, observe o trecho a seguir:

```
Televisor tv;
tv = new Televisor(150);
tv = new Televisor(150, 3);
```

Como o objeto Televisor foi instanciado duas vezes, o espaço alocado inicialmente fica perdido na memória. Apesar de essa característica ser um problema, ela não representa uma ameaça, pois a linguagem Java possui um processo automático para limpeza de objetos não utilizados depois de um certo tempo. Isso é feito por meio de um processo nomeado **coleta automática de lixo** (*automatic garbage collection*). Cada vez que um objeto deixa de ser referenciado pelo programa, ficando perdido na memória, ele recebe uma marcação para eliminação futura. Assim que o programa ficar ocioso, o gerenciador automático de memória destrói os objetos perdidos, liberando os recursos ao sistema. Com esse processo torna-se desnecessário liberar a memória explicitamente em um programa em Java, uma vez que isso é feito automaticamente.

Existem ainda diversos detalhes a respeito da destruição de objetos cuja descrição foge aos objetivos definidos neste livro.

7.10 Definição de pacotes

Conforme citado anteriormente, um pacote (package) em Java é um diretório (pasta) em que está armazenado um conjunto de classes. Geralmente as classes de mesma afinidade, ou mesmo propósito, são armazenadas num mesmo local. Alguns exemplos de pacote do próprio Java são: awt, beans, io, lang, math, net, rmi etc. Na realidade, todas as classes pertencem a algum pacote. Quando o pacote não é especificado, a classe passa a pertencer ao pacote default, isto é, a própria pasta na qual a classe foi salva.

Por convenção, o nome de um pacote sempre deve ser em letras minúsculas (isso permite diferenciar do nome de classes), podendo ser separados por ponto final (.). É indicado também que os pacotes tenham o nome reverso ao site a partir do qual eles se encontram armazenados. Por exemplo, se um pacote chamado "meupacote" se localiza no site http://www.pacotes.com.br, então o endereço completo do pacote deve ser **br.com.pacotes.meupacote**.

Um pacote é definido a partir da palavra reservada **package**, inserida na primeira linha de uma classe, seguindo a sintaxe **package nome-do-pacote**; como já estamos usando desde nosso primeiro exemplo do livro. Outros exemplos válidos para nomeação de pacotes poderiam ser cap01.java.exemplos, teste, br.com.pacotes.sistemadetransporte.meupacote etc.

7.10.1 Criação de pacotes

Para compreender a criação de pacotes, nada melhor do que praticar sua criação. Já estamos criando pacotes desde o início do livro, mas vamos fornecer alguns detalhes adicionais. Para isso, criaremos classes extremamente simples. Siga os procedimentos na sequência usando a ferramenta de sua preferência (NetBeans ou Eclise). Caso sinta dificuldades, consulte os Apêndices do livro.

1. Em um projeto java qualquer, crie um pacote com o nome pacote1.
2. Pressione com o botão direito do mouse sobre o pacote1 e crie as duas classes seguintes (C1 e C2) conforme o Exemplo 7.9.

Exemplo 7.9 – As classes C1 e C2 no mesmo pacote

```
package pacote1;
public class C1 {
    public int somar(int a, int b) {
        return (a + b);
    }
}
```

```
package pacote1;
public class C2 {
    public int subtrair(int a, int b) {
        return (a - b);
    }
}
```

3. No mesmo pacote1, crie outra classe chamada C3 conforme o Exemplo 7.10.

Exemplo 7.10 – Listagem da classe C3

```
package pacote1;
public class C3 {
    public static void main(String[] args) {
        C1 x = new C1();
        C2 y = new C2();
        System.out.println(x.somar(6,2));
        System.out.println(y.subtrair(6,2));
    }
}
```

4. Execute a classe C3 e verifique seu resultado na Figura 7.6.

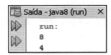

Figura 7.6 – Execução do Exemplo 7.10.

5. Vamos analisar os exemplos envolvidos:
- ▶ Todas as classes pertencem ao mesmo pacote (pacote1) e são públicas, isto é, podem ser acessadas a partir de outros pacotes.
- ▶ A classe C1 possui um método público (somar) que recebe dois valores inteiros e retorna sua soma.
- ▶ A classe C2 possui um método público (subtrair) que recebe dois valores inteiros e retorna sua diferença.
- ▶ A classe C3 cria um objeto (x) da classe C1, um objeto (y) da classe C2 e utiliza os métodos correspondentes para realizar cálculos.
- ▶ Se for retirada a definição do pacote da classe C3 (package pacote1), as classes C1 e C2 não são localizadas e produzem erro de compilação. Isso porque a classe C3 passa a pertencer ao pacote "default", devido à omissão da declaração do pacote.
- ▶ Se todas as declarações de pacotes forem retiradas das três classes, o exemplo funciona normalmente, uma vez que todas as classes pertencem ao mesmo pacote.

6. Vamos colocar a classe C3 em outro pacote. Modifique a definição do pacote da classe C3 para package **pacote2** e salve a classe novamente. Surgem erros de compilação, pois as classes C1 e C2 pertencem a um pacote diferente da classe C3. Para utilizar classes localizadas em pacotes diferentes, o mais comum é usar a diretiva **import**.

7. Adicione a linha **import pacote1.*** à classe C3, logo após a definição do pacote. Salve a classe novamente. A compilação deve ser realizada com sucesso, pois as classes do pacote1 foram adicionadas à classe C3 pela diretiva import. A seção a seguir traz maiores detalhes sobre o uso da diretiva import.

7.10.2 Uso da diretiva import

Como vimos em exemplos anteriores, a diretiva import permite utilizar um pacote externo em uma classe qualquer do seguinte modo:

```
import nome-do-pacote.nome-da-classe;
```

Esse é o formato mais comum em que o nome da classe é inserido no final do caminho do pacote. Talvez esse formato não seja o mais adequado quando se necessita importar diversas classes de um mesmo pacote, pois haveria a necessidade de especificar, uma a uma, todas as classes importadas. Para facilitar esse processo, pode ser usado o caractere asterisco (*) ao final do nome do pacote. Isso permite especificar todas as classes de uma só vez. No entanto, é importante observar que o asterisco "enxerga" apenas as classes de um diretório. Caso existam subdiretórios (subpacotes), as classes pertencentes a eles não são consideradas, sendo necessária outra declaração import que inclua o subpacote. Alguns exemplos podem ser:

- **import java.util.Date;** → indica que será usada a classe Date do pacote java.util, isto é, a classe Date está localizada na pasta java\util. A letra maiúscula de **D**ate permite distinguir o nome da classe do nome do pacote.
- **import java.io.*;** → indica que será usada qualquer classe do pacote java.io.

7.11 Herança

Como o próprio nome sugere, na orientação a objetos o termo herança se refere a algo herdado. Em Java, a herança ocorre quando uma classe passa a herdar características (variáveis e métodos) definidas em outra classe, especificada como sua ancestral ou superclasse. A técnica da herança possibilita o compartilhamento ou reaproveitamento de recursos definidos anteriormente em outra classe. A classe fornecedora dos recursos recebe o nome de superclasse, e a receptora dos recursos, de subclasse.

Outro termo envolvido com herança é a especialização. Uma vez que uma classe herda características de outra, ela pode implementar partes específicas não contempladas na classe original (superclasse), tornando-se especializada em algum processo.

Todas as classes criadas em Java herdam, ou seja, recebem recursos da classe Object, a "classe mãe" da linguagem Java. Esse processo é transparente ao programador, ocorre de maneira automática, sem que ele se dê conta disso. Para melhor compreensão, vamos apresentar um exemplo. Considere o Exemplo 7.11 da classe Camisa. Observe que a classe define apenas três atributos públicos.

Exemplo 7.11 – Listagem da classe Camisa

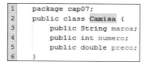

Agora verifique o Exemplo 7.12 da classe UsaCamisa. Na linha 4 é declarado e instanciado um objeto chamado camisa. Até aqui tudo bem. Porém, nas linhas 5 a 7 são usados os métodos getClass(), getSimpleName() e hashCode(). De onde surgiram esses métodos? Eles não existem na classe Camisa! Esses métodos (e alguns outros) foram herdados pela classe Camisa no momento de sua criação.

Exemplo 7.12 – Listagem da classe UsaCamisa

```
1  package cap07;
2  public class UsaCamisa {
3      public static void main(String[] args) {
4          Camisa camisa = new Camisa();
5          System.out.println(camisa.getClass());
6          System.out.println(camisa.getClass().getSimpleName());
7          System.out.println(camisa.hashCode());
8      }
9  }
```

Funcionalidades comentadas do Exemplo 7.12:

- **Linha 4:** cria o objeto camisa a partir da classe Camisa.
- **Linha 5:** utiliza o método getClass() da classe Object, herdado pela classe Camisa e disponibilizado para o objeto camisa. Esse método apresenta em tela o nome do pacote seguido do nome da classe. Esse método torna possível descobrir, em tempo de execução, qual é o tipo do objeto, ou seja, a qual classe ele pertence ou ainda a partir de qual classe ele foi criado.
- **Linha 6:** similar ao anterior, porém retorna apenas o nome da classe por meio do método getSimpleName().
- **Linha 7:** utiliza o método hashCode() da classe Object. Esse método retorna um número único para o objeto, um número diferente para cada objeto. Esse método é usado para agilizar o processo de armazenamento e recuperação em estruturas de dados complexas, não abordadas aqui.

O resultado da execução da classe do Exemplo 7.12 aparece na Figura 7.7.

```
run:
class cap07.Camisa
Camisa
366712642
CONSTRUÍDO COM SUCESSO (tempo total: 0 segundos)
```

Figura 7.7 – Execução do Exemplo 7.12.

A técnica da herança é extremamente utilizada em Java. Para melhor esclarecimento dos conceitos de herança e especialização, observe os exemplos a seguir. Vamos iniciar com a classe Pessoa do Exemplo 7.13.

Exemplo 7.13 – A classe Pessoa

```
1   package cap07;
2   public class Pessoa {
3       private String nome;
4       public void setNome(String nome) {
5           this.nome = nome;
6       }
7       public String getNome() {
8           return (nome);
9       }
10  }
```

A classe Pessoa possui uma variável de instância "nome" e dois métodos setNome e getNome para manipular seu conteúdo. Essa classe pode ser especializada, uma vez que existem outros tipos de pessoa, como física e jurídica. Observe as classes seguintes dos Exemplos 7.14 (PessoaFisica) e 7.15 (PessoaJuridica). Ambas estendem a funcionalidade da classe Pessoa, adicionando uma variável e dois métodos. Em Java, o mecanismo de herança é realizado pela inserção da palavra **extends** na declaração do nome da classe, seguido pela classe a partir da qual a herança será recebida.

Orientação a Objetos

Exemplo 7.14 – A classe PessoaFisica

```
1  package cap07;
2  public class PessoaFisica extends Pessoa {
3      private String rg;
4      public void setRg(String rg) {
5          this.rg = rg;
6      }
7      public String getRg() {
8          return (rg);
9      }
10 }
```

Exemplo 7.15 – A classe PessoaJuridica

```
1  package cap07;
2  public class PessoaJuridica extends Pessoa {
3      private String cnpj;
4      public void setCnpj(String cnpj) {
5          this.cnpj = cnpj;
6      }
7      public String getCnpj() {
8          return (cnpj);
9      }
10 }
```

A classe PessoaFisica estende (por meio da palavra **extends**) a funcionalidade da classe Pessoa, herdando todo seu estado e comportamento e acrescentando novas funcionalidades: a variável "rg" e seus métodos de manipulação. Suponha que uma outra classe utilize PessoaFisica, declarando um objeto da seguinte forma: PessoaFisica pf = new PessoaFisica();.

Ao criar o objeto "pf", ele recebe todas as variáveis de instância e todos os métodos presentes nas classes Pessoa e PessoaFisica (além de Object como vimos), ou seja, o objeto "pf" conterá as variáveis "nome", "rg" e os métodos setNome, getNome, setRg e getRg. De forma similar, o mesmo ocorre com um objeto da classe PessoaJuridica. É importante salientar que, se a classe Pessoa (a superclasse do exemplo) for alterada, todas as mudanças são refletidas nas classes PessoaFisica e PessoaJuridica (as subclasses).

Agora suponha que seja necessário estender também as funcionalidades da classe PessoaFisica. Observe o Exemplo 7.16 da classe Funcionario.

Exemplo 7.16 – A classe Funcionario

```
1  package cap07;
2  public class Funcionario extends PessoaFisica {
3      private String cartao;
4      public void setCartao(String cartao) {
5          this.cartao = cartao;
6      }
7      public String getCartao() {
8          return (cartao);
9      }
10 }
```

A classe Funcionario estende a funcionalidade da classe PessoaFisica pelo mecanismo de herança, especializando ainda mais a classe original Pessoa. Por meio do mecanismo da herança, torna-se possível a criação de uma hierarquia de classes. A Figura 7.8 apresenta o diagrama das classes criadas no exemplo de acordo com a notação da UML. A hierarquia das classes criada pelo mecanismo de herança faz com que a subclasse Funcionario herde as funcionalidades da subclasse PessoaFisica que herda as funcionalidades da superclasse Pessoa. Da mesma forma, a subclasse PessoaJuridica herda as funcionalidades da superclasse Pessoa. Todas as subclasses foram criadas a partir da classe Pessoa.

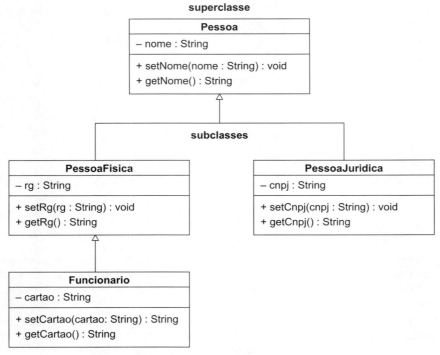

Figura 7.8 – Diagrama de classes de acordo com a UML.

Qualquer alteração realizada numa classe de nível superior vai refletir nas classes de níveis inferiores. O mecanismo da herança possibilita que classes sejam criadas e adicionadas à hierarquia sem necessidade de alteração no código das classes, pois cada uma define exatamente suas funcionalidades. São como engrenagens que se encaixam umas nas outras. As classes adicionadas a uma hierarquia podem especializar ou restringir o comportamento das classes superiores.

Para concretizar o exemplo de herança, o Exemplo 7.17 apresenta a classe UsaFuncionario. Apesar de a classe Funcionario declarar apenas a variável "cartao" e seus métodos set e get, todas as variáveis e métodos de suas classes ancestrais podem ser usados.

Exemplo 7.17 – A classe UsaFuncionario

```
package cap07;
public class UsaFuncionario {
    public static void main(String args[]) {
        Funcionario funcionario = new Funcionario();
        funcionario.setNome("Lucas");
        funcionario.setRg("25.654.678-x");
        funcionario.setCartao("RH845");
        System.out.println(funcionario.getNome());
        System.out.println(funcionario.getRg());
        System.out.println(funcionario.getCartao());
    }
}
```

Outro ponto a ser considerado se refere a restringir o uso da herança entre as classes. Suponha que você queira definir que uma determinada classe não permita que outras classes se aproveitem de seu funcionamento, ou seja, você deseja proibir o uso da herança para essa classe. Isso é possível por meio do uso da palavra **final**. Veja como ficaria no caso da classe Pessoa: public **final** class Pessoa. Se

Orientação a Objetos

você alterar a classe Pessoa para **final**, ocorre um erro em suas subclasses, já que Pessoa não poderá ser herdada por nenhuma classe.

Conforme apresentado, a herança constitui uma importante técnica para a orientação a objetos (e para Java), possibilitando que o código já criado em uma classe seja reaproveitado e especializado em outra. Como um exemplo mais prático, considere a seguinte situação: a linguagem Java fornece um componente gráfico por meio da classe JButton. Essa classe cria um botão padronizado, contendo dezenas de atributos e métodos associados. Um desenvolvedor pode reaproveitar todas as características já definidas em JButton e criar um botão personalizado (com uma cor de fundo padrão, tamanho etc.), chamado, por exemplo, MyButton. Com isso, em todos os sistemas, o desenvolvedor poderia usar seu botão personalizado, no caso o MyButton.

Outro aspecto importante referente à herança é o acesso a recursos da superclasse, isto é, uma subclasse pode acessar recursos de sua subclasse caso seja necessário. Vamos ilustrar esse recurso por meio de três classes bastante simples. Observe a classe do Exemplo 7.18.

Exemplo 7.18 – A classe Bola

```
package cap07;
public class Bola {
    private String cor;
    private int tamanho;

    public Bola(String cor, int tamanho) {
        this.cor = cor;
        this.tamanho = tamanho;
    }
    public void mostrar() {
        System.out.println(cor);
        System.out.println(tamanho);
    }
}
```

A classe Bola define dois atributos privados (cor e tamanho), um método construtor que inicializa os atributos e o método mostrar que apresenta o conteúdo dos atributos em tela. Agora observe a classe BolaFutebol do Exemplo 7.19.

Exemplo 7.19 – A classe BolaFutebol

```
package cap07;
public class BolaFutebol extends Bola {
    private String tipo;
    public BolaFutebol(String cor, int tamanho, String tipo) {
        super(cor, tamanho);
        this.tipo = tipo;
    }
    public void mostrar() {
        super.mostrar();
        System.out.println(tipo);
    }
}
```

A classe BolaFutebol define um atributo privado (tipo), um método construtor que recebe os atributos cor, tamanho e tipo e o método mostrar. As funcionalidades comentadas desse exemplo são as seguintes:

- **Linha 5:** utiliza a instrução **super**. Por meio dela é possível acessar recursos da superclasse, no caso a classe Bola. A instrução super(cor, tamanho) acessa o método construtor da classe Bola (linha 6 da classe Bola), inicializando o valor dos atributos cor e tamanho. Esse recurso só pode ser usado quando a herança é implementada (por meio de extends).
- **Linha 9:** voltamos a utilizar a instrução **super**, agora acessando o método mostrar da classe Bola. Portanto, sempre que for necessário acessar algum recurso (que não seja privado) da superclasse, pode ser utilizada a sintaxe super seguindo o recurso (atributo ou método).

O Exemplo 7.20 apresenta a classe UsaBolaFutebol para testar as funcionalidades dessas classes.

Exemplo 7.20 – A classeUsaBolaFutebol

```
package cap07;
public class UsaBolaFutebol {
    public static void main(String[] args) {
        BolaFutebol bola = new BolaFutebol("Branca", 5, "Oficial");
        bola.mostrar();
    }
}
```

A sequência de execução é a seguinte: na linha 4 da classe UsaBolaFutebol é chamado o método construtor da classe BolaFutebol (linha 4), passando o valor dos atributos. Na linha 5 da classe BolaFutebol é chamado o método construtor da classe Bola (linha 6). Na sequência, é executada a linha 5 da classe UsaBolaFutebol que chama o método mostrar da classe BolaFutebol (linha 8), que, por sua vez, chama o método mostrar da classe Bola (linha 10).

7.12 Polimorfismo

O leitor pôde verificar que, por meio das técnicas de encapsulamento e herança, novas funcionalidades podem ser adicionadas às classes. Enquanto a herança é um poderoso mecanismo de especialização, o polimorfismo oferece um mecanismo para a generalização. Ao analisar a hierarquia de classes da Figura 7.8 de forma inversa, isto é, da classe de nível inferior para a classe de nível superior, percebe-se a generalização das classes relacionadas, ou seja, cada classe da hierarquia pode assumir o mesmo comportamento da superclasse, sendo tratada como tal. Caso a superclasse modifique sua estrutura, igualmente todas as classes da hierarquia são afetadas. Com isso nota-se que uma classe da hierarquia pode assumir diferentes formas (funcionalidades) de acordo com as classes de nível superior.

O polimorfismo representa uma técnica avançada de programação, e seu uso pode gerar economia de recursos computacionais. A ideia geral do polimorfismo é que um objeto de uma determinada classe mais genérica (a superclasse) possa assumir diferentes comportamentos, gerando objetos distintos, dependendo de certas condições. Na prática quer dizer que um mesmo objeto pode executar métodos diferentes, dependendo do momento de sua criação. Como um mesmo objeto pode ser gerado a partir de classes diferentes e classes diferentes possuem métodos distintos, o objeto criado pode ter comportamentos variados, dependendo da classe a partir da qual ele foi criado. A definição pode parecer complicada, mas na realidade nem tanto. Nada melhor do que um exemplo prático para melhorar o entendimento. Considere o diagrama de classes da Figura 7.8. Um objeto pode ser declarado como do tipo Pessoa e ser criado, **em tempo de execução**, como do tipo PessoaFisica, PessoaJuridica ou Funcionario.

O uso do polimorfismo pressupõe duas condições: a existência de herança entre as classes e a redefinição de métodos em todas as classes. Todas as classes devem possuir métodos com a mesma assinatura (nome e parâmetros), porém com funcionalidades diferentes. Esse mecanismo de redefinição de métodos entre superclasses e subclasses é conhecido como **overriding**, diferente do mecanismo de sobrecarga (**overloading**) de métodos que ocorre em uma mesma classe.

Vamos criar um exemplo de polimorfismo aproveitando o exemplo de herança apontado no diagrama de classes anterior. Siga os procedimentos:

1. Ao final de cada uma das quatro classes (Pessoa, PessoaFisica, PessoaJuridica e Funcionário), adicione um método chamado **mostraClasse** da forma a seguir:

```
public void mostraClasse() {
    System.out.println("classe Pessoa");
}
```

2. Esse método foi adicionado à classe Pessoa. Para as outras classes, modifique apenas a mensagem de texto que será impressa na tela, isto é, para a classe PessoaFisica, modifique a mensagem para "classe PessoaFisica" e assim por diante. Salve e compile as quatro classes.

3. Salve e compile o Exemplo 7.21, referente à classe PessoaPolimorfa.

Exemplo 7.21 – A Classe PessoaPolimorfa

```java
package cap07;
import javax.swing.JOptionPane;
public class PessoaPolimorfa {
    public static void main(String args[]) {
        Pessoa pessoa = null;
        int tipo = Integer.parseInt(
                JOptionPane.showInputDialog("Forneça um número de 1 a 4"));
        switch (tipo) {
            case 1:
                pessoa = new Pessoa(); break;
            case 2:
                pessoa = new PessoaFisica(); break;
            case 3:
                pessoa = new PessoaJuridica(); break;
            case 4:
                pessoa = new Funcionario(); break;
            default: {
                System.out.println("tipo desconhecido");
                System.exit(0); // encerra a execucao da classe
            }
        }
        pessoa.mostraClasse();
    }
}
```

4. Vamos analisar a classe PessoaPolimorfa:

▶ **Linha 5:** declara um objeto do tipo Pessoa, porém ele é inicializado com null (nulo), ou seja, nesse ponto o objeto ainda não foi criado. Ainda não foi decidido a que tipo de classe (do diagrama de classes da herança) o objeto pertence. Isso ocorre durante a execução da classe.

▶ **Linha 6:** declara e inicializa uma variável inteira "tipo" dependendo da entrada do usuário. Dependendo do conteúdo dessa variável (1, 2, 3 ou 4), o objeto "pessoa" é criado a partir de uma classe diferente, de acordo com a estrutura switch da linha 8.

▶ **Linhas 9 a 16:** criam um objeto diferente, dependendo do valor da variável "tipo". Observe que o objeto "pessoa" foi declarado como do tipo "Pessoa", porém ele pode ser criado a partir de qualquer classe presente na estrutura, criada com o uso da herança.

▶ **Linha 18:** imprime em tela uma mensagem "tipo desconhecido", caso o valor da variável "tipo" seja diferente de 1, 2, 3 ou 4.

▶ **Linha 22:** imprime uma mensagem diferente na tela, dependendo da classe a partir da qual o objeto "pessoa" foi criado. Observe que todas as classes possuem esse mesmo método, no entanto cada um imprime uma mensagem diferente. Isso serve para provar que se trata de objetos diferentes com comportamentos específicos.

O exemplo apresentado referente ao polimorfismo é extremamente simples, serve apenas para fins didáticos. Existem outras formas de utilização, como, por exemplo, passagem de um "objeto polimórfico" como parâmetro num método. Tenha em mente que o polimorfismo constitui uma técnica para o reaproveitamento e a simplificação do código, possibilitando o desenvolvimento de aplicações mais robustas.

7.13 Gravação e leitura de objetos

O conteúdo das variáveis de instância dos objetos de uma classe pode ser armazenado e recuperado mediante sua gravação em arquivo. Apesar de o método mais usual de armazenamento de dados do mercado ser por meio de tabelas, usadas no modelo relacional de banco de dados, existe a tendência da utilização de banco de dados orientado a objetos, como, por exemplo, o DB4O, um banco de dados orientado a objetos criado a partir da linguagem Java. Não é objetivo discutir essas questões, apenas apresentar uma forma simples de armazenar objetos em disco para futura recuperação. Os exemplos a seguir demonstram como isso é possível.

Para entender a gravação e leitura de objetos, vamos criar três classes. O diagrama das classes que serão criadas está representado na Figura 7.9 e está de acordo com a notação da UML.

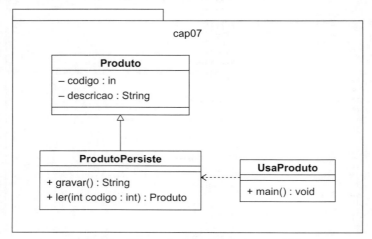

Figura 7.9 – Diagrama de classes de acordo com a UML.

O código de cada uma das classes apresentadas no diagrama é comentado a seguir. Vamos iniciar pela classe Produto do Exemplo 7.22.

Exemplo 7.22 – Classe Produto

```
1  package cap07;
2  import java.io.*;
3  public class Produto implements Serializable {
4      private int codigo;
5      private String descricao;
6      public int getCodigo() {
7          return codigo;
8      }
9      public void setCodigo(int codigo) {
10         this.codigo = codigo;
11     }
12     public String getDescricao() {
13         return descricao;
14     }
15     public void setDescricao(String descricao) {
16         this.descricao = descricao;
17     }
18 }
```

Funcionalidades comentadas do Exemplo 7.22:

- **Linha 2:** importa o pacote java.io necessário para a leitura e gravação em arquivos.
- **Linha 3:** declara a classe Produto e implementa a interface Serializable, necessária para a leitura e gravação dos objetos em arquivo.
- **Linhas 4 e 5:** declaram duas variáveis "codigo" e "descricao" que serão usadas para manter os dados referentes ao produto.
- As linhas seguintes declaram os métodos set e get necessários para que o valor das variáveis possa ser acessado a partir da classe ProdutoPersiste, comentada a seguir.

A classe **ProdutoPersiste** do Exemplo 7.23 estende a classe Produto e adiciona os métodos "ler" e "gravar" para ler e armazenar os dados a partir de um arquivo. Parece ser estranho criar outra classe

para isso, já que esses métodos poderiam estar na própria classe Produto. Essa opção pela divisão em classes distintas se tornará mais clara quando tratarmos da arquitetura em camadas.

Exemplo 7.23 – A classe ProdutoPersiste

```java
package cap07;
import java.io.*;
public class ProdutoPersiste extends Produto {
    public String gravar() {
        String ret = "Produto armazenado com sucesso!";
        try {
            FileOutputStream file = new FileOutputStream("c:/Produto" + this.getCodigo());
            ObjectOutputStream stream = new ObjectOutputStream(file);
            stream.writeObject(this);
            stream.flush();
        }
        catch (Exception erro) {
            ret = "Falha na gravação\n " + erro.toString();
        }
        return ret;
    }
    public static Produto ler(int codigo) {
        try {
            FileInputStream file = new FileInputStream("c:/Produto" + codigo);
            ObjectInputStream stream = new ObjectInputStream(file);
            return ((Produto) stream.readObject());
        }
        catch (Exception erro) {
            System.out.println("Falha na leitura\n " + erro.toString());
            return null;
        }
    }
}
```

Funcionalidades comentadas do Exemplo 7.23:

- **Linha 4:** contém a definição do método "gravar", responsável por armazenar em disco os dados atuais presentes no objeto do tipo produto. O método retorna um texto referente ao resultado da gravação.
- **Linhas 6 a 11:** encarregam-se de gravar o objeto produto em um arquivo localizado na unidade C. O arquivo será gravado com o nome Produto, concatenado com o conteúdo do código do produto, isto é, se o código do produto for 1, então o nome do arquivo será Produto1; se o código for 22, então o nome do arquivo será Produto22 e assim por diante. Não forneceremos maiores detalhes desse trecho; procure apenas entender que toda vez que um objeto for gravado essa sequência de linhas deve estar inserida no programa.
- **Linhas 12 a 14:** encarregam-se de definir uma mensagem a ser apresentada em tela, caso algum erro ocorra durante o processo de gravação do arquivo. Isso pode ocorrer, por exemplo, caso você não tenha permissão para criar um arquivo na unidade C.
- **Linha 15:** retorna uma mensagem de texto cujo conteúdo informa se houve ou não sucesso na gravação. A mensagem retorna para a classe que chamar o método "gravar".
- **Linha 17:** contém a definição do método "ler" que recebe o código do produto a ser lido por meio do parâmetro "codigo". Se for passado o conteúdo 10, então o arquivo a ser lido será Produto10 e assim por diante.
- **Linhas 18 a 22:** encarregam-se de ler e retornar o objeto armazenado em arquivo. O objeto será retornado na linha 21. Se ocorrer algum problema nesse processo, como, por exemplo, o arquivo não for encontrado, o controle da execução passa para a linha 23, imprimindo o erro ocorrido e retornando null para a classe (no caso a classe UsaProduto) que chamou o método "ler".

A *classe **UsaProduto*** do Exemplo 7.24 possui a função de testar a gravação e a leitura da classe ProdutoPersiste.

Exemplo 7.24 – Tela de execução da classe UsaProduto

```
1   package cap07;
2   public class UsaProduto {
3       public static void main(String[] args) {
4           // teste de gravação
5           ProdutoPersiste produto = new ProdutoPersiste();
6           produto.setCodigo(2);
7           produto.setDescricao("Sabonete");
8           System.out.println(produto.gravar());
9           // teste de leitura
10          Produto p = ProdutoPersiste.ler(2);
11          System.out.println(p.getCodigo());
12          System.out.println(p.getDescricao());
13
14      }
15  }
```

Funcionalidades comentadas do Exemplo 7.24:

▶ **Linha 5:** declara e cria um objeto da classe ProdutoPersiste chamado "produto".
▶ **Linhas 6 e 7:** armazenam os dados do produto que serão guardados em arquivo.
▶ **Linha 8:** chama o método "gravar" da classe ProdutoPersiste, enviando os dados armazenados em "produto" e que serão guardados em arquivo na unidade C.
▶ **Linha 10:** chama o método "ler" da classe ProdutoPersiste. Como esse método é estático, não existe a necessidade de criar um objeto; ele pode ser chamado diretamente a partir da classe. Observe que é passado o código do produto a ser lido. Conforme já dissemos, esse código será usado na composição do nome do arquivo gravado na unidade C. O resultado da execução do método "ler" retorna um objeto do tipo Produto que será armazenado no objeto "p".
▶ **Linhas 11 e 12:** imprimem em tela o conteúdo do objeto lido e armazenado em "p".

Os temas a seguir, a respeito de classes abstratas e interfaces, poderiam ocupar um espaço considerável no livro, mas, novamente, temos de dizer que o objetivo é apenas fazer uma breve introdução a respeito. Vamos iniciar pela classe abstrata.

7.14 Classes abstratas e concretas

A **classe abstrata** é uma classe que NÃO PERMITE a geração de instâncias a partir dela, isto é, não permite que sejam criados objetos; ao contrário, uma **classe concreta** permite a geração de instâncias. Bem, por que precisamos de uma classe que não permite a criação de objetos? Isso não parece estranho? Afinal, não é para isso que elaboramos classes? Bem, uma classe abstrata tem realmente essa característica, isto é, impedir que seja criado um objeto de seu tipo. Uma justificativa para seu uso é quando a classe serve apenas de base para a elaboração de outras classes. A superclasse Pessoa, presente no diagrama de classes da Figura 7.8, poderia ser uma classe abstrata. Vamos entender isso.

Considere que numa aplicação real existam apenas pessoas do tipo Física ou Jurídica. A classe Pessoa poderia apenas servir de base para a geração das classes PessoaFisica e PessoaJuridica, já que ela contém um atributo comum a essas duas classes (no caso o atributo "nome"). Observe que numa aplicação real não existe uma pessoa apenas com nome, ela precisa ter também um RG (no caso de pessoa física) ou um CNPJ (no caso de pessoa jurídica). Se declararmos que Pessoa é uma classe abstrata, usando a sintaxe a seguir:

```
public abstract class Pessoa {
...// códigos da classe
}
```

então a sintaxe seguinte gerará um *erro de compilação*:

```
Pessoa pessoa = new Pessoa();
```

Orientação a Objetos

Apesar de a sintaxe estar correta, ocorreria erro, já que não é permitido criar um objeto a partir de uma classe abstrata. No entanto, o código seguinte seria compilado normalmente. Lembre-se de que estamos nos referenciando ao exemplo da Figura 7.8.

```
PessoaFisica pf = new PessoaFisica();
PessoaJuridica pj = new PessoaJuridica();
```

Uma classe abstrata pode ser usada também para definir um comportamento padrão para um grupo de outras classes. Vamos examinar essa característica de forma prática. Considere o diagrama de classes da Figura 7.10, que apresenta a superclasse Veiculo e as subclasses Automovel e Aviao. Observe na figura que tanto o nome da classe Veiculo quanto o método "acelerar", também da classe Veiculo, estão em **itálico**. Esse é o padrão da UML para indicar que "algo" é abstrato.

A classe Veiculo implementa (codifica) os métodos "ligar", "desligar" e "mostrarStatus", que são comuns às suas subclasses (Automovel e Aviao), isto é, funcionam do mesmo jeito para as duas classes, no entanto o método "acelerar" é apenas definido na classe Veiculo, ele não é implementado (não é codificado). A implementação fica a cargo das subclasses, já que acelerar um automóvel pode ser diferente de acelerar um avião. Veja que a classe abstrata Veiculo apenas define o que as subclasses **devem** implementar. Reforçando: a classe abstrata Veiculo define um método abstrato chamado "acelerar", que deve, obrigatoriamente, ser implementado em todas as subclasses de Veiculo. Veja pelo diagrama que as duas subclasses possuem também o método "acelerar". Isso já não ocorre com os outros três métodos. As subclasses podem até realizar a implementação desses métodos, mas não é obrigatório, pois eles não são abstratos. Vamos codificar essas classes iniciando com a classe Veiculo do Exemplo 7.25.

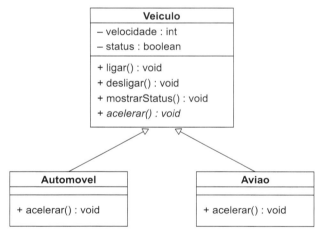

Figura 7.10 – A classe abstrata Veiculo.

Exemplo 7.25 – A classe Veiculo

```
1  package cap07;
2  public abstract class Veiculo {
3      public int velocidade;
4      public boolean status;
5      public void ligar() {
6          status = true;
7      }
8      public void desligar() {
9          status = false;
10     }
11     public void mostrarStatus() {
12         System.out.println(status);
13     }
14     public abstract void acelerar();
15 }
```

Funcionalidades comentadas do Exemplo 7.25:
- **Linha 2:** declara que a classe Veiculo é abstrata.
- **Linhas 3 e 4:** declaram os atributos "velocidade" e "status". Ambos foram definidos como públicos para facilitar o exemplo.
- **Linha 5:** declara o método "ligar" que simula o acionamento do motor do veículo. Quando o conteúdo do atributo "status" estiver "true", indica que o motor do veículo está ligado.
- **Linha 8:** declara o método "desligar", que simula o desligamento do motor do veículo. Quando o conteúdo do atributo "status" estiver "false", indica que o motor do veículo está desligado.
- **Linha 11:** declara o método "mostrarStatus", que se encarrega de apresentar em tela o conteúdo do atributo "status" (true ou false).
- **Linha 14:** declara o método abstrato "acelerar". Não existe nenhuma implementação para esse método. Isso deve ser feito pelas subclasses da classe Veiculo.

Uma vez elaborada a classe Veiculo, vamos analisar a classe Automovel do Exemplo 7.26.

Exemplo 7.26 – A classe Automovel

```
1  package cap07;
2  public class Automovel extends Veiculo{
3      @Override
4      public void acelerar(){
5          velocidade++;
6      }
7  }
```

Funcionalidades comentadas do Exemplo 7.26:
- **Linha 2:** declara a classe Automovel como herdeira de Veiculo.
- **Linha 3:** possui uma anotação (notation) em Java. Anotações são metadados com o objetivo de possibilitar que, em tempo de compilação, carregamento ou execução de classes, suas informações (atributos e métodos) sejam acessadas. Toda anotação inicia-se com o caractere @. Neste caso, trata-se de uma maneira de indicar que o método seguinte, no caso o método "acelerar", está sendo redefinido (overriding, já abordado anteriormente).
- **Linhas 4 a 6:** implementam o método "acelerar", que incrementa em um a velocidade atual do veículo. Lembre-se de que esse método é obrigatório para a classe Automovel, uma vez que ele foi definido como abstrato na classe Veiculo.

A próxima classe do exemplo é Aviao, praticamente idêntica à classe Automovel, exceto pelo fato de aumentar a velocidade atual em dez. Observe no Exemplo 7.27 que o método é o mesmo da classe Automovel, porém funciona de maneira diferente.

Exemplo 7.27 – A classe Aviao

```
1  package cap07;
2  public class Aviao extends Veiculo{
3      @Override
4      public void acelerar(){
5          velocidade = velocidade + 10;
6      }
7  }
```

Para encerrar, vamos verificar o funcionamento da classe UsaVeiculo do Exemplo 7.28, a qual contém o método main e utiliza as duas subclasses Automovel e Aviao. Já que essa classe possui o método main, será possível executá-la.

Orientação a Objetos

Exemplo 7.28 – A classe UsaVeiculo

```
package cap07;
public class UsaVeiculos {
    public static void main(String[] args) {
        //Veiculo veiculo = new Veiculo(); --> essa linha gera erro
        Automovel automovel = new Automovel();
        automovel.ligar();
        automovel.acelerar();
        System.out.println(automovel.velocidade);
        automovel.desligar();

        Aviao aviao = new Aviao();
        aviao.ligar();
        aviao.acelerar();
        System.out.println(aviao.velocidade);
        aviao.desligar();
    }
}
```

Funcionalidades comentadas do Exemplo 7.28:

▶ **Linha 4:** contém uma linha comentada para lembrar ao leitor que não é possível criar uma instância de Veiculo, uma vez que a classe é abstrata.
▶ **Linhas 5 a 9:** criam o objeto "automovel" e usam os métodos e atributos disponíveis dessa classe.
▶ **Linhas 11 a 15:** criam o objeto "aviao" e utilizam os métodos e atributos disponíveis dessa classe.

Como você viu, uma classe abstrata funciona como um modelo para outras classes, mas possui funcionalidades não totalmente definidas (por meio dos métodos abstratos). Cabe a cada uma das classes concretas adicionar um comportamento específico, implementando os métodos abstratos definidos na classe abstrata.

7.15 Interfaces

Costuma-se dizer que uma **interface** permite estabelecer um "contrato" entre as classes; funciona de maneira bastante similar a classes abstratas, porém não permite implementação de nenhum método, contendo apenas a especificação deste. A codificação de uma interface também é semelhante à de uma classe, no entanto a declaração de uma interface **não se inicia** com a palavra reservada class. Um exemplo de codificação de uma interface é:

```
package cap07;
public interface Teste {
// especificações de métodos
}
```

Veja que existe a palavra reservada "interface" no lugar de "class", mas o arquivo deve ser salvo da mesma forma que uma classe (no exemplo Teste.java).

Vamos elaborar um exemplo mais real para entendermos melhor. Veja o diagrama da Figura 7.11. Ele mostra duas possíveis representações para uma interface de acordo com a UML:

▶ uma representação similar à de uma classe (veja a interface DAO) contendo o estereótipo <<interface>>. Isso permite diferenciar visualmente uma interface de uma classe, já que a representação gráfica é a mesma. Essa representação permite também visualizar o conteúdo interno (os métodos) da interface.
▶ uma representação reduzida, em formato de um pequeno círculo (veja a interface Estoque). Permite reduzir o tamanho de um diagrama, mas possui a desvantagem de não permitir visualizar o conteúdo interno da interface.

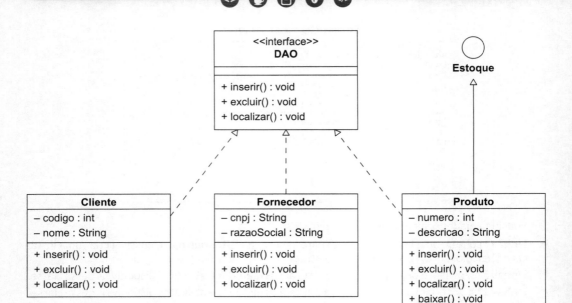

Figura 7.11 – As interfaces DAO e Estoque.

Esse diagrama representa o seguinte:

As classes Cliente e Fornecedor implementam a interface DAO, ou seja, codificam todos os métodos especificados na interface DAO, no caso os métodos "incluir", "excluir" e "localizar". Por esse motivo, cada uma das classes possui três métodos. As classes poderiam também implementar outros métodos não especificados pela interface DAO.

A classe Produto implementa a interface DAO (os métodos "incluir", "excluir" e "localizar") e a interface Estoque (o método "baixar"). Como dissemos anteriormente, apesar de a representação ser diferente, ambas são interfaces.

Bem, se você não entendeu algo, não se preocupe. Isso ficará mais claro ao codificar as interfaces e classes. Vamos iniciar pelas interfaces.

O Exemplo 7.29 apresenta a interface DAO.

Exemplo 7.29 – A interface DAO

```
package cap07;
public interface DAO {
    public void inserir();
    public void excluir();
    public void localizar();
}
```

Conforme já dissemos, uma interface apenas contém a especificação dos métodos, e nenhuma implementação. Ela apenas define os métodos que as classes que a implementam serão obrigadas a conter (da mesma forma que a classe abstrata). Nesse caso, a interface DAO está especificando os métodos "incluir", "excluir" e "localizar".

Da mesma forma, a interface Estoque contém apenas a especificação do método "baixar". Veja sua codificação no Exemplo 7.30.

Orientação a Objetos

Exemplo 7.30 – A interface Estoque

```
1  package cap07;
2  public interface Estoque {
3      public void baixar();
4  }
```

Neste ponto vamos apresentar a codificação resumida da classe Cliente. Veja o Exemplo 7.31.

Exemplo 7.31 – A classe Cliente

```
1   package cap07;
2   public class Cliente implements DAO {
3       private int codigo;
4       private String nome;
5       public void inserir() {
6       }
7       public void excluir() {
8       }
9       public void localizar() {
10      }
```

Observe na linha 2 a forma utilizada em Java para vincular uma classe a uma interface: trata-se do uso da palavra "implements". Quando o compilador analisa essa linha, ele identifica que a classe Cliente precisará implementar todos os métodos definidos na interface DAO, inclusive seguindo a mesma assinatura. Se qualquer um dos métodos não existir na classe Cliente, o compilador apresenta um erro. Em outras palavras, você pode interpretar a linha 2 como se fosse um contrato: Eu, classe Cliente, aceito implementar todos os métodos definidos na interface DAO. Se a classe Cliente deixar de cumprir esse contrato, ela se torna inválida (não é compilada). Obviamente, na prática os métodos da classe Cliente (linhas 5 a 10) seriam codificados, isto é, possuíram todo o código necessário para, por exemplo, inserir os dados do cliente num banco de dados. Não é esse o objetivo no momento. Estamos interessados apenas em entender o funcionamento de interfaces.

A classe Fornecedor segue exatamente o mesmo princípio da classe Cliente e por isso não apresentaremos sua codificação. Neste ponto algo deve ficar claro para o leitor: o estabelecimento de contratos por meio de interfaces permite padronizar o código de um sistema. Uma vez que tanto a classe Cliente quanto a classe Fornecedor precisam implementar os mesmos métodos (com os mesmos nomes), é possível construir um código mais padronizado. Imagine se para inserir dados num banco de dados a classe Cliente definisse o método "inserir", a classe Fornecedor definisse o método "inclui" e outra classe qualquer definisse o método "inserirRegistro". Veja que bagunça seria!

Como já dissemos, uma classe pode implementar mais de uma interface ao mesmo tempo. Esse é o caso da classe Produto, que necessita implementar os métodos das interfaces DAO e Estoque. O princípio é o mesmo; basta adicionar todas as interfaces após a palavra "implements", separadas por vírgulas. Veja o Exemplo 7.32.

Observe na linha 2 que a classe Produto implementa duas interfaces: DAO e Estoque. Como já dissemos, os nomes das interfaces aparecem separados por vírgula. Por causa disso, a classe Produto deve implementar os métodos das duas interfaces, o que pode ser visto nas linhas 5 a 12.

Exemplo 7.32 – A classe Produto

```
1   package cap07;
2   public class Produto implements DAO, Estoque {
3       private int numero;
4       private String descricao;
5       public void inserir() {
6       }
7       public void excluir() {
8       }
9       public void localizar() {
10      }
11      public void baixar() {
12      }
13  }
```

Além do exposto até o momento, uma interface ajuda a garantir que uma classe vai disponibilizar determinados serviços para outras classes. Suponha o seguinte exemplo: considere A e B duas classes e X uma interface. A classe A implementa serviços definidos na interface X e B utiliza esses serviços de A. Caso uma nova classe C, que também implementa serviços definidos na interface X, melhore os serviços de A e seja colocada no lugar desta, a classe B não deve notar a diferença. Isso reforça ainda mais a ideia de que um sistema pode ficar mais flexível quando padrões são seguidos.

Com as definições apresentadas neste capítulo, espera-se que o leitor tenha adquirido um conhecimento básico sobre a orientação a objetos; afinal, a linguagem Java trabalha dessa forma. Obviamente, o estudo da orientação a objetos não foi esgotado neste capítulo, pois para isso seria necessário escrever um livro inteiro sobre o assunto.

Exercícios para prática da linguagem Java

1. Faça uma classe que simule o funcionamento de uma bomba d´água. A bomba possui um atributo booleano chamado "status" e os métodos "ligar" e "desligar" (ambos sem retorno). O método "ligar" coloca true em "status" e o método "desligar" coloca false em status. A bomba deve ficar ligada durante um certo intervalo de tempo (em segundos). O tempo em segundos deve ser recebido pelo método ligar. A cada segundo, apresente em tela quantos segundos faltam para a bomba ser desligada. Decorrido o tempo, o método desligar é acionado e a bomba é desligada.

2. Crie uma classe chamada UsaBomba que utilize a classe do exercício anterior. Ela deve conter o método main e:

- instanciar uma bomba (bomba1);
- ligar o objeto bomba1 durante 5 segundos;

3. Crie uma classe chamada GPS contendo os seguintes atributos do tipo String: "idioma" e "rota". Defina dois métodos construtores: o default e outro para ligar o GPS com o idioma português e uma rota qualquer. Elabore métodos para realizar as seguintes funções:

- Definir idioma;
- Definir rota;
- Um método chamado "mostrar" para apresentar todos os valores atuais dos atributos do GPS.

Elabore também uma outra classe (UsaGPS) para testar essas funcionalidades.

4. Considere a representação da classe Brinquedo da Figura 7.12. Elabore essa classe em Java contendo os métodos get e set necessários e os métodos construtores apresentados. O atributo faixaEtaria é um atributo do tipo String que deve receber apenas um dos valores seguintes: "0 a 2", "3 a 5", "6 a 10" e "acima de 10". Outros valores são inválidos e não devem ser armazenados. Essa validação deve ser realizada no método setFaixaEtaria. A seguir, elabore a classe UsaBrinquedo para testar as funcionalidades da classe Brinquedo.

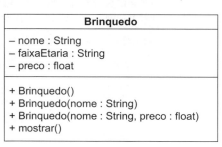

Figura 7.12 – A classe Brinquedo.

Orientação a Objetos

5. Crie uma interface chamada Controle que especifique os métodos "andar", "virar" e "falar". A seguir, crie uma classe chamada Robo que implemente esses métodos. Dentro de cada método imprima uma mensagem em tela contendo a ação correspondente. Para testar, elabore uma terceira classe chamada UsaRobo.

Material de apoio

Exercícios semelhantes aos aqui apresentados podem ser visualizados no endereço a seguir: <http://editoraerica.com.br/>.

Seu próximo passo

Este capítulo demonstrou os aspectos fundamentais da linguagem Java em relação à orientação a objetos. Esse é o paradigma de desenvolvimento mais aceito atualmente e fundamental para sua carreira profissional. O próximo capítulo fornece uma visão geral da criação de interfaces gráficas em Java.

Capítulo 8

Interfaces Gráficas com Swing

Objetivos deste capítulo

✓ Demonstrar o funcionamento das principais classes do pacote swing para a criação da Interface Gráfica do Usuário.

✓ Identificar os principais objetos presentes nas janelas de uma aplicação em Java, tais como botões, campos texto, painéis de rolagem, listas de múltipla escolha, entre outros.

✓ Demonstrar a utilização de diversos tipos de caixa de mensagens e menus de barra e suspensos.

✓ Definir os principais métodos usados no controle de layout das janelas de uma aplicação por meio dos gerenciadores de layout.

✓ Fornecer uma série de informações que permite desenvolver a maioria das interfaces gráficas necessárias em uma aplicação.

✓ Desenvolver a capacidade de abstrair uma necessidade de entrada e saída de dados de uma aplicação, transformando-a numa interface gráfica.

Este capítulo aborda a utilização de classes disponíveis no Java para o desenvolvimento de interfaces gráficas, conhecidas inicialmente como AWT – *ABSTRACT WINDOW TOOLKIT*. Com o desenvolvimento da linguagem Java, o AWT foi substituído pelo *swing* pertencente à biblioteca JFC (*Java Foundation Classes*), portanto o swing é uma extensão das classes da AWT. Por esse motivo, o capítulo dá enfoque às classes do swing que possuem diversas vantagens e muitos aprimoramentos em relação às classes da AWT – melhor aparência, melhor tratamento de eventos, recursos estendidos, entre outros.

A diferença básica entre as classes do swing em relação às do pacote awt está na presença da letra **J** antes do início do nome da classe. Por exemplo, para inserir um botão do pacote awt, é usada a classe **Button**, já para inserir um botão do pacote swing é usada a classe **JButton**. O mesmo vale para as classes do swing, pois todas iniciam com **J**.

Interfaces Gráficas com Swing

As aplicações gráficas são aquelas que possibilitam a criação de uma GUI (*Graphical User Interface* – Interface Gráfica do Usuário). Ao desenvolver uma aplicação dotada de uma GUI, é necessário definir quais componentes (objetos) serão utilizados e a disposição que eles terão na janela. O swing possui inúmeras classes que podem ser utilizadas na construção da GUI. Neste ponto, a linguagem começa a ficar mais interessante, pois as aplicações são criadas a partir de janelas gráficas. Ao projetar uma aplicação gráfica, é necessário definir todos os componentes que serão utilizados, seus objetivos e sua posição na janela.

Este capítulo abrange os componentes mais utilizados na criação de interfaces gráficas sem ainda se preocupar com questões de arquitetura (definidas no capítulo seguinte). Um componente da GUI é um objeto visual (criado a partir de classes Java) que possibilita realizar a interação com a aplicação por meio do mouse e do teclado. Os componentes mais comuns são etiquetas, botões, caixas de texto, painéis de rolagem, menus, objetos de múltipla escolha, entre outros. Conforme será apresentado, cada um dos componentes possui propriedades que podem ser alteradas em tempo de desenvolvimento ou execução (cor, tamanho, fonte etc.), assim como em outras linguagens de programação. As classes do swing são extensões do pacote awt, que, por sua vez, são extensões da classe java.lang.Object, a superclasse de todas as classes do Java. Além dos pacotes de classes da awt e *swing*, existem ainda outras formas de criar interfaces em Java, não discutidas aqui.

Vale a pena ressaltar que será estudado apenas o uso do swing para a elaboração de aplicações. Todas as classes elaboradas neste capítulo necessitam de diversas classes externas tanto do pacote swing como do awt. Na maioria dos exemplos, as classes terão pelo menos três linhas com a diretiva import apontando para pacotes de classes externas, conforme as declarações seguintes:

- ▶ *import java.awt.*;* → permite a utilização de diversas classes do pacote awt, além de possuir uma série de constantes numéricas.
- ▶ *import java.awt.event.*;* → usado para o processamento dos eventos que ocorrem na janela, tais como clique do mouse.
- ▶ *import javax.swing.*;* → permite a utilização de diversas classes do pacote swing.

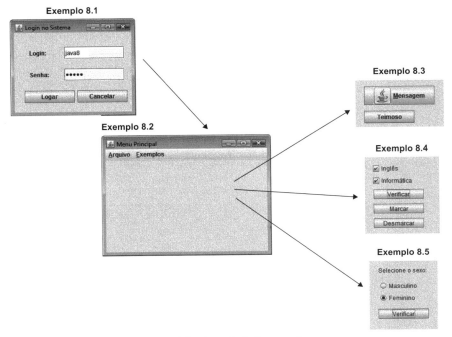

Figura 8.1 – A sequência dos exemplos.

A Figura 8.1 apresentou algumas telas dos exemplos iniciais deste capítulo e o roteiro de trabalho a ser seguido. O objetivo é ajudar o leitor a entender nossa linha de trabalho e raciocínio. O primeiro exemplo se refere a um formulário de login, uma funcionalidade normalmente encontrada em qualquer tipo de sistema. O segundo exemplo se refere a um formulário contendo um menu. A partir deste, todos os exemplos do capítulo serão chamados. A ideia é que os exemplos deste capítulo funcionem como uma aplicação real, mesmo sabendo que são simples e independentes. O capítulo apresenta o funcionamento básico de diversos componentes visuais, um passeio sobre os métodos e atributos mais usados de cada componente. Reforçando: vamos simular uma aplicação real contendo um menu principal a partir do qual todas as outras telas são chamadas. A cada exemplo você adiciona um item de menu que chamará a nova aplicação.

Observação

No dia a dia do desenvolvimento de aplicações gráficas é muito comum a utilização de alguma ferramenta para o design de telas, isto é, na criação da interface do usuário. Tanto o NetBeans (Apêndice A), quanto o Eclipse (Apêndice B) oferecem este recurso.

8.1 Criação de frames

Para criar frames utilizaremos a *classe JFrame* disponível no pacote swing, a qual gera uma janela com barra de título, bordas e pode ter outros componentes visuais (objetos) em seu interior. Neste capítulo optamos por criar uma aplicação MDI (*multiple document interface*), em que todas as telas do sistema aparecem dentro de uma única janela; no caso, cada aplicação será um painel a ser adicionado ao frame principal.

Antes de apresentarmos o primeiro exemplo, vamos descrever algumas funcionalidades das quatro classes do pacote swing que serão usadas: JLabel, JTextField, JPasswordField e JButton.

8.1.1 Classe JLabel

A classe JLabel permite definir um texto que pode ser adicionado a um outro componente (frame, painel etc.). Podem ser definidas várias propriedades para esse texto, tais como alinhamento, tipo de letra, tamanho, cor etc. Uma possível sintaxe para a declaração e criação de um objeto JLabel é:

```
JLabel <nome do objeto> = new JLabel("<texto do label>",JLabel.<alinhamento>);
Exemplo: JLabel lbNome = new JLabel("Nome",JLabel.RIGHT);
```

Esse exemplo cria um objeto chamado lbNome contendo o texto "Nome", alinhado à direita. A Tabela 8.1 apresenta um resumo dos principais métodos disponíveis na classe JLabel.

Tabela 8.1 – Resumo dos métodos da classe JLabel

Método	Função
JLabel()	Cria um Label vazio (sem texto)
JLabel(String)	Cria um Label com o texto dado
JLabel(String,int)	Cria um Label com o texto e o alinhamento dados
JLabel(String, Image)	Cria um Label com o texto e a imagem dados
JLabel(String, Image, int)	Cria um Label com o texto, a imagem e o alinhamento dados
getText()	Obtém o texto do Label
setText()	Especifica o texto do Label

8.1.2 Classe JTextField

A *classe JTextField* permite criar uma caixa de texto gráfica em que o usuário pode digitar dados. Assim como JLabel, existem diversas propriedades cujos conteúdos podem ser modificados. Uma possível sintaxe para a declaração e criação de um objeto JTextField é:

```
JTextField <nome do objeto> = new JTextField();
Exemplo: JTextField tfNome = new JTextField();
```

Esse exemplo cria um objeto chamado tfNome com conteúdo em branco. A Tabela 8.2 apresenta um resumo dos principais métodos disponíveis na classe JTextField.

Tabela 8.2 – Resumo dos métodos da classe JTextField

Método	Função
JTextField()	Cria uma caixa de texto vazia
JTextField(String)	Cria uma caixa de texto com a string dada
JTextField(String,int)	Cria uma caixa de texto com a string e a quantidade de colunas especificada
JTextField(int)	Cria uma caixa de texto com a quantidade de colunas especificada
getText()	Obtém o texto do objeto
getSelectedText()	Obtém o texto selecionado no objeto
isEditable()	Verifica se o componente é editável ou não
selectAll()	Seleciona todo o texto
setEditable(boolean)	Especifica se o componente é editável ou não
setText()	Especifica o texto contido no componente

8.1.3 Classe JPasswordField

De forma semelhante à JTextField, a classe JPasswordField permite criar um componente visual em que o usuário digita os caracteres, porém eles são substituídos (visualmente) por outro caractere. O funcionamento da classe JPasswordField é praticamente o mesmo da classe JTextField, a diferença é que o caractere digitado é substituído por outro para ocultar a senha digitada. O caractere default que aparece no momento da digitação é o asterisco (*), entretanto qualquer caractere pode ser definido pelo método **setEchoChar**. Uma possível sintaxe para a declaração e criação de um objeto JPasswordField é:

```
JPasswordField <nome do objeto> = new JPasswordField();
Exemplo: JPasswordField pfSenha = new JPasswordField();
```

Esse exemplo cria um objeto chamado pfSenha com conteúdo em branco. A Tabela 8.3 apresenta um resumo dos principais métodos disponíveis na classe JPasswordField.

Tabela 8.3 – Resumo dos métodos da classe JPasswordField

Método	Função
JPasswordField()	Cria uma caixa de texto vazia
JPasswordField (String)	Cria uma caixa de texto com a string dada
JPasswordField (int)	Cria uma caixa de texto com a quantidade de colunas especificada

(continua)

(continuação)

Método	Função
getPassword()	Obtém o texto do objeto, porém retornando um array do tipo char. Cada caractere é armazenado num elemento do array
getEchoChar()	Obtém o caractere usado na substituição dos caracteres digitados
setEchoChar()	Define o caractere a ser usado em substituição aos caracteres digitados

8.1.4 Classe JButton

A *classe JButton* permite a criação de botões gráficos a serem adicionados em outros componentes gráficos (como frames e painéis). Um botão pode ser criado com apenas um texto e/ou com ícones para tornar o ambiente mais intuitivo. Neste primeiro exemplo vamos criar botões da maneira mais simples.

Uma possível sintaxe para a declaração e criação de um objeto JButton é:

```
JButton <nome do objeto> = new JButton(<texto do botão>);
Exemplo: JButton btCalcular = new JButton("Calcular");
```

Esse exemplo cria um objeto chamado btCalcular contendo o texto "Calcular". A Tabela 8.4 apresenta um resumo dos principais métodos disponíveis na classe JButton.

Tabela 8.4 – Resumo dos métodos da classe JButton

Método	Função
Button()	Cria um botão sem texto
Button(String)	Cria um botão com o texto dado
Button(String, Image)	Cria um botão com o texto e a imagem dados
getText()	Obtém o texto do botão
setText(String)	Especifica o texto do botão
setEnabled (boolean)	Define se o botão está habilitado (true) ou desabilitado (false)
setHorizontalTextPosition()	Define o tipo de alinhamento horizontal do texto em relação a uma imagem. Pode assumir LEFT (esquerda) ou RIGHT (direita)
setMnemonic(char)	Define uma letra que será usada como acionadora do evento clique, em conjunto com a tecla ALT
setToolTipText(String)	Possibilita atrelar uma mensagem ao botão. Quando o ponteiro do mouse estaciona sobre o botão, a mensagem é apresentada
setVerticalTextPosition()	Define o tipo de alinhamento vertical do texto em relação a uma imagem. Pode assumir TOP (topo) ou BOTTOM (abaixo)

8.1.5 O frame Login

O primeiro exemplo simula uma tela de login para entrada no sistema. O usuário fornece login e senha, e, caso estejam corretos, é apresentada a tela principal do sistema. Antes de iniciarmos as explicações referentes à listagem do Exemplo 8.1, o leitor deve compreender que nem todas as funcionalidades serão explicadas em detalhes. A cada exemplo, e no momento oportuno, são fornecidas outras informações referentes aos componentes gráficos.

Interfaces Gráficas com Swing

Exemplo 8.1 – A classe GuiLogin

```java
package cap08;
import java.awt.*;
import java.awt.event.*;
import javax.swing.*;
public class GuiLogin extends JFrame {

    private JTextField tfLogin;
    private JLabel lbSenha;
    private JLabel lbLogin;
    private JButton btLogar;
    private JButton btCancelar;
    private JPasswordField pfSenha;
    private static GuiLogin frame;

    public GuiLogin() {
        inicializarComponentes();
        definirEventos();
    }

    private void inicializarComponentes() {
        setTitle("Login no Sistema");
        setBounds(0, 0, 250, 200);
        setLayout(null);
        tfLogin = new JTextField(5);
        pfSenha = new JPasswordField(5);
        lbSenha = new JLabel("Senha:");
        lbLogin = new JLabel("Login:");
        btLogar = new JButton("Logar");
        btCancelar = new JButton("Cancelar");
        tfLogin.setBounds(100, 30, 120, 25);
        lbLogin.setBounds(30, 30, 80, 25);
        lbSenha.setBounds(30, 75, 80, 25);
        pfSenha.setBounds(100, 75, 120, 25);
        btLogar.setBounds(20, 120, 100, 25);
        btCancelar.setBounds(125, 120, 100, 25);
        add(tfLogin);
        add(lbSenha);
        add(lbLogin);
        add(btLogar);
        add(btCancelar);
        add(pfSenha);
    }

    private void definirEventos() {
        btLogar.addActionListener(new ActionListener() {
            public void actionPerformed(ActionEvent e) {
                String senha = String.valueOf(pfSenha.getPassword());
                if (tfLogin.getText().equals("java8") && senha.equals("java8")) {
                    frame.setVisible(false);
                    //GuiMenuPrincipal.abrir();
                } else {
                    JOptionPane.showMessageDialog(null, "Login ou Senha incorretas!");
                }
            }
        });

        btCancelar.addActionListener(new ActionListener() {
            public void actionPerformed(ActionEvent e) {
                System.exit(0);
            }
        });
    }

    public static void main(String[] args) {
        SwingUtilities.invokeLater(new Runnable() {
            public void run() {
                frame = new GuiLogin();
                frame.setDefaultCloseOperation(JFrame.EXIT_ON_CLOSE);
                Dimension tela = Toolkit.getDefaultToolkit().getScreenSize();
                frame.setLocation((tela.width - frame.getSize().width) / 2,
                        (tela.height - frame.getSize().height) / 2);
                frame.setVisible(true);
            }
        });
    }
}
```

Funcionalidades comentadas do Exemplo 8.1:

- **Linhas 2 a 4:** contêm os imports necessários referentes aos componentes gráficos usados no exemplo.
- **Linha 5:** a palavra *extends* (lembre-se da herança) informa que a classe **GuiLogin** vai utilizar todos os recursos da classe JFrame, porém terá outras características próprias, definidas em seu método construtor, no caso o método **GuiLogin** (linha 14).
- **Linhas 6 a 12:** contêm a declaração de diferentes componentes visuais utilizados na aplicação. A cada exemplo você aprenderá a utilizar diferentes componentes.
- **Linhas 14 a 17:** contêm a implementação do método construtor, que invoca dois métodos internos: **inicializarComponentes** e **definirEventos**, os quais são usados de forma padronizada em todos os exemplos envolvendo aplicações gráficas. Eles serão usados para definir, respectivamente, as características visuais dos componentes gráficos e os eventos envolvidos neles. Os eventos definem as funcionalidades para cada componente visual (como, por exemplo, o que acontecerá se clicarmos em cima do botão).
- **Linha 20:** define o título "Login no Sistema" por meio do método **setTitle**. Essa frase aparecerá na barra de título do frame (à janela do programa).
- **Linha 21:** define a coordenada de posicionamento e as dimensões do frame. Os dois primeiros valores dizem respeito à posição da tela (x,y) a partir da qual o frame será desenhado. Os dois últimos valores se referem ao tamanho do frame (largura e altura) em pixels por polegada. O método **setBounds** aceita quatro parâmetros (posição esquerda que o componente aparece na tela, posição superior que o componente aparece na tela, largura do componente, altura do componente), resumindo (x, y, largura, altura).
- **Linha 22:** define como "nulo" o gerenciador de layout a ser usado no frame por meio do método **setLayout**. Como você verá mais à frente, um frame (e outros componentes) pode usar diferentes tipos de gerenciadores de layout, uma maneira de definir o posicionamento físico dos componentes no frame. Ao definir o layout como nulo, temos maior liberdade em posicionar os componentes.
- **Linhas 23 a 24:** contêm a declaração e criação dos objetos tfLogin e pfSenha. O número 5, definido entre parênteses, diz respeito ao comprimento das caixas de texto.
- **Linhas 25 a 28:** contêm a declaração e criação de outros componentes visuais (labels e botões) com os seus respectivos títulos.
- **Linhas 29 a 34:** definem o posicionamento e o tamanho que cada um dos componentes gráficos ocupará no frame.
- **Linhas 35 a 40:** todos os componentes gráficos são adicionados ao frame. De forma similar a um quebra-cabeças, é necessário montar as peças. Nessas linhas, cada uma das peças (componentes) é adicionada ao frame, na posição e tamanho definidos anteriormente.
- **Linha 43:** contém a definição do método **definirEventos**, que tem a responsabilidade de definir todos os eventos associados ao usuário. Para cada interação do usuário, como, por exemplo, o clique sobre um botão, é criado um evento associado.

Todo evento a ser controlado pela aplicação possui a seguinte estrutura:

```
btCancelar.addActionListener(new ActionListener() {
    public void actionPerformed(ActionEvent e) {
        // códigos referentes ao evento
    }
});
```

Vamos entender isso por partes:

- **Primeira linha:** adicione ao botão cancelar um novo ouvinte de ação chamado ActionListener, uma interface que especifica o método **actionPerformed**.
- **Segunda linha:** receba a ação disparada por meio de ActionEvent e execute o código implementado no método actionPerformed, presente a partir da terceira linha.

Interfaces Gráficas com Swing

Vamos entender melhor isso. Todo componente que será usado para interação com o usuário precisa conter um "ouvinte" de eventos, isto é, o componente precisa perceber que o usuário executou alguma ação sobre ele (clicar sobre o componente, passar o mouse etc.). Dessa forma, para todo componente é necessário registrar um ouvinte para receber as ações do usuário. A estrutura apresentada anteriormente faz justamente isso. É uma estrutura padrão para todos os componentes cujo evento de ação deva ser registrado, ou seja, se uma aplicação tiver dez botões, para cada um deles deve ser criada essa estrutura, mudando apenas o nome do botão cujo evento está sendo associado. Dependendo do tipo de evento associado, outros ouvintes (como ActionListener) podem ser usados, assim também como outros receptores (como ActionEvent). Tanto o ouvinte como o receptor podem ser adicionados em diferentes tipos de componentes (listas, caixas de texto etc.).

- **Linhas 44 a 55:** adiciona o evento de ação ao botão btLogar e implementa o código referente a esse botão.
- **Linha 47:** a caixa de senha pfTexto possui um método chamado **getPassword** que retorna um vetor de caracteres, referente à senha digitada pelo usuário. Esse vetor de caracteres está sendo convertido em String por meio do método **valueOf**. Esse valor convertido está sendo armazenado na String "senha". Isso se faz necessário para podermos comparar o que o usuário digitou com a senha definida no exemplo.
- **Linha 48:** realiza a comparação do que o usuário digitou na caixa de texto tfLogin com o conteúdo "java8". Para pegar o conteúdo texto armazenado num JTextField é usado o método **getText**. Para comparar um texto em Java deve ser usado o método **equals**. Além disso, compara também o conteúdo armazenado na variável "senha" com "java8". Dessa forma, o resultado do "if" será verdadeiro se tanto o login quanto a senha digitada forem iguais a "java8"; caso contrário, a execução pula para a linha 52 e o usuário é informado de que os dados estão incorretos.
- **Linha 49:** esconde o frame por meio do método **setVisible**, que permite tornar visível (true) ou oculto (false) um determinado componente, aqui o frame da aplicação. Nesse caso, o objetivo é ocultar a tela de login caso o login e senha estejam corretos.
- **Linha 50:** contém uma linha comentada. Isso porque a classe GuiMenuPrincipal ainda não foi criada. Depois de criá-la (no próximo exemplo), retire esse comentário. Isso faz com que essa aplicação seja carregada. Dessa forma, caso o login e a senha fornecidos estejam corretos, a tela de login some e aparece a tela referente ao menu principal.
- **Linha 57 a 61:** adiciona o evento de ação para o botão btCancelar e implementa o código referente a esse botão. Quanto o usuário clicar nesse botão, a aplicação será encerrada (linha 59).
- **Linha 64 a 75:** contêm o código referente ao método "main" responsável por iniciar a execução da aplicação. Lembre-se de que toda aplicação executável necessita desse método.
- **Linhas 65 e 66:** definem um novo processo de execução (para entendermos isso precisaríamos aprender threads, assunto não coberto pelo livro).
- **Linha 67:** cria o objeto "frame" a partir do construtor "GuiLogin". Esse objeto recebe todas as características definidas no construtor, já citadas anteriormente, incluindo a inicialização dos componentes e a definição dos eventos.
- **Linha 68:** possui o método **setDefaultCloseOperation**, responsável por encerrar a aplicação quando a janela for fechada. A constante usada foi EXIT_ON_CLOSE. Outras constantes que podem ser usadas são: HIDE_ON_CLOSE (oculta a janela quando fechada), DO_NOTHING_ON_CLOSE (não faz nada, apenas desativa o botão de encerramento) e DISPOSE_ON_CLOSE (a janela desaparece e os recursos usados pela classe são liberados).
- **Linha 69:** cria um objeto chamado "tela" contendo as dimensões da tela. Essa dimensão varia em função da resolução gráfica usada no ambiente em que a aplicação está sendo executada.
- **Linhas 70 e 71:** define a localização em que o frame aparecerá na tela do monitor por meio do método **setLocation**, que recebe dois parâmetros (posicionamento em relação ao canto esquerdo, posicionamento em relação ao topo), isto é, cada valor define um ponto da coordenada x,y a partir da qual o frame aparecerá. Observe que é realizado um cálculo que leva em consideração o tamanho

da tela e do frame ((largura da tela – largura do frame)/2,(altura da tela – altura do frame)/2). Isso permite centralizar o frame na tela, independentemente de seu tamanho.
- **Linha 72:** torna o frame visível.

8.2 Inclusão de menus

Há dois tipos de menu utilizados em Java: as barras de menu que aparecem na parte superior de quase todos os aplicativos e os menus Popup que aparecem quando o usuário coloca o ponteiro do mouse sobre algum objeto e pressiona o botão direito. Por enquanto vamos estudar apenas o primeiro tipo.

8.2.1 Barras de menus

Antes de criar um menu, é necessário criar uma barra de menus para que ela contenha o conjunto de menus que aparece na parte superior da janela. Essa barra de menus é criada com a seguinte sintaxe:

```
JMenuBar <nome da barra de menus> = new JMenuBar()
```

Para definir essa barra de menus como o menu padrão da janela, é utilizado o método **setJMenuBar** da seguinte maneira:

```
setJMenuBar(<nome da barra de menus>)
```

Com essas duas linhas de comando já é possível criar e definir a barra de menus, entretanto é necessário criar também os menus que aparecerão na barra, pois apenas com as declarações realizadas a janela conteria uma barra de menus vazia. Para criar os menus, utiliza-se a classe **JMenu**, conforme a sintaxe a seguir:

```
JMenu <nome do menu> = new JMenu()
```

Para que o menu criado seja adicionado à barra de menus, deve-se utilizar o método **add** da seguinte forma:

```
<nome da barra de menus>.add(<nome do menu>)
```

Com isso um menu é inserido na barra. Imagine, por exemplo, a inserção do menu Arquivo de um aplicativo qualquer. Depois de criado o menu, é necessário adicionar a ele os itens que o compõem (para o menu Arquivo seriam: Novo, Salvar, SalvarComo...). Para criar um item de menu, é usada a seguinte sintaxe:

```
JMenuItem <nome do item> = new JMenuItem()
```

Para adicionar o item ao menu, utiliza-se o método **add**:

```
<nome do menu>.add(<nome do item>)
```

De acordo com os parágrafos anteriores, pode-se notar que o processo de criação de menus possui uma série de passos que devem ser seguidos. A Figura 8.2 ilustra os itens necessários para a criação de menus. Em resumo, cria-se uma barra de menus, adicionam-se os menus a essa barra, juntam-se os itens a cada menu e adiciona-se a barra de menus à janela.

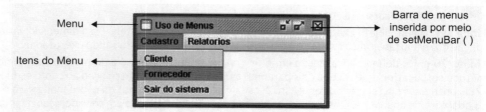

Figura 8.2 – A criação de menus.

O Exemplo 8.2 demonstra a criação de uma classe GuiMenuPrincipal. Deste ponto em diante, todos os exemplos deste capítulo serão chamados a partir dela. Como já comentado anteriormente, a aplicação possui um menu a partir do qual os exemplos são carregados.

Depois de testar a classe GuiMenuPrincipal, **retire o comentário da linha 50 do Exemplo 8.1** (classe GuiLogin). Como a classe GuiMenuPrincipal não possui o método "main", ela não será executada diretamente. Isso será feito por meio da classe GuiLogin, seguindo a sequência que já descrevemos, isto é, execute a classe GuiLogin, forneça o login e senha "java8" e a aplicação GuiMenuPrincipal será carregada.

Exemplo 8.2 – A classe GuiMenuPrincipal

```java
package cap08;
import java.awt.*;
import java.awt.event.*;
import javax.swing.*;
public class GuiMenuPrincipal extends JFrame {
    private Container contentPane;
    private JMenuBar mnBarra;
    private JMenu mnArquivo, mnExemplos;
    private JMenuItem miSair, miBotao;

    public GuiMenuPrincipal() {
        inicializarComponentes();
        definirEventos();
    }

    private void inicializarComponentes() {
        setTitle("Menu Principal");
        setBounds(0, 0, 800, 600);
        contentPane = getContentPane();
        mnBarra = new JMenuBar();
        mnArquivo = new JMenu("Arquivo");
        mnArquivo.setMnemonic('A');
        mnExemplos = new JMenu("Exemplos");
        mnExemplos.setMnemonic('E');
        miSair = new JMenuItem("Sair", new ImageIcon("sair.jpg"));
        miSair.setAccelerator(KeyStroke.getKeyStroke(
                KeyEvent.VK_S, ActionEvent.ALT_MASK));
        miBotao = new JMenuItem("Botao");
        mnArquivo.add(miSair);
        mnExemplos.add(miBotao);
        mnBarra.add(mnArquivo);
        mnBarra.add(mnExemplos);
        setJMenuBar(mnBarra);
    }

    private void definirEventos() {
        miSair.addActionListener(new ActionListener() {
            public void actionPerformed(ActionEvent e) {
                System.exit(0);
            }
        });

        miBotao.addActionListener(new ActionListener() {
            public void actionPerformed(ActionEvent e) {
                // aqui vai o codigo para chamar o exemplo8.3
            }
        });
    }

    public static void abrir() {
        GuiMenuPrincipal frame = new GuiMenuPrincipal();
        frame.setDefaultCloseOperation(JFrame.EXIT_ON_CLOSE);
        Dimension tela = Toolkit.getDefaultToolkit().getScreenSize();
        frame.setLocation((tela.width - frame.getSize().width) / 2,
                (tela.height - frame.getSize().height) / 2);
        frame.setVisible(true);
    }
}
```

Funcionalidades comentadas do Exemplo 8.2:

- **Linha 6:** declara um objeto chamado contentPane do tipo Container, uma classe que permite que outros componentes sejam adicionados a ela (como uma fila). No exemplo, o container será o responsável por abrigar todos os próximos exemplos (que serão criados a partir da classe JPanel). Sendo assim, o objeto contentPane vai abrigar objetos do tipo JPanel.
- **Linhas 7 a 9:** contêm as classes necessárias para a criação do menu já abordadas anteriormente.
- **Linha 19:** cria o objeto contentPane que, como já dissemos, abrigará todos os exemplos seguintes.
- **Linha 22:** usando o *método setMnemonic*, define uma tecla de acesso rápido ao menu. Teclando ALT + A, o menu "Arquivo" fica disponível ao usuário. O mesmo ocorre na linha 24 para o menu Exemplos (ALT + E).
- **Linha 25:** cria o objeto miSair com um texto e um ícone (uma imagem). Assim como o texto, esse ícone também será adicionado ao menu Sair. Observe que o arquivo do ícone deve estar armazenado na mesma pasta da classe Java.
- **Linhas 26 a 27:** definem um menu de atalho para o item Sair por meio do método **setAccelerator**. Para acionar essa opção do menu o usuário pode pressionar a sequência ALT + S. Observe que o método setAccelerator possui um objetivo diferente do método setMnemonic.
- **Linha 28:** cria o item de menu miBotao.
- **Linhas 29 a 30:** adicionam os itens de menu aos menus correspondentes.
- **Linhas 31 a 32:** adicionam os menus mnArquivo e mnExemplos à barra de menus.
- **Linha 33:** define o objeto mnBarra como sendo a barra de menus do frame.
- **Linhas 37 a 41:** definem o evento clique para o item de menu miSair. Quando o usuário escolher essa opção, a aplicação será encerrada (linha 39). A estrutura do código é exatamente a mesma que foi usada na criação de eventos para os botões do Exemplo 8.1.
- **Linhas 43 a 47:** definem o evento clique para o item de menu miBotao. O código para esse evento ainda aparece somente com o comentário; ele será feito após elaborarmos o Exemplo 8.3. Dessa forma, esse item de menu será o responsável por carregar a aplicação referente ao Exemplo 8.3 que faremos em seguida.
- **Linhas 50 a 57:** implementam o método estático **abrir**, responsável por criar um objeto do tipo GuiMenuPrincipal e mostrá-lo na tela. O código é praticamente o mesmo do Exemplo 8.1 (linhas 67 a 72).

A Figura 8.3 apresenta a tela de execução do Exemplo 8.2.

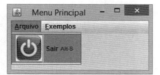

Figura 8.3 – Janela do Exemplo 8.2.

8.3 Inclusão de painéis e botões

Um painel é um container, isto é, um componente que abriga outros componentes, um local que permite agregar outros componentes para fins de melhoria do layout e organização. Isso pode ser feito, por exemplo, por meio de bordas simples ou coloridas. Para manipular painéis será usada a classe JPanel.

A Seção 8.1 já apresentou o uso de botões. Nesta seção vamos apresentar outras propriedades e eventos que podem ser manipulados por esse componente. Vamos nos prender a comentar apenas as características que ainda não foram citadas nos exemplos anteriores. Além disso, criaremos nossa primeira classe usando um painel. Isso será feito em todos os próximos exemplos do livro, ou seja, vamos criar um painel que será adicionado ao frame da classe GuiMenuPrincipal.

Interfaces Gráficas com Swing

Um botão pode conter texto e/ou uma imagem associada. Para adicionar uma imagem a um botão é usada a classe ImageIcon. Para criar um objeto do tipo ImageIcon a sintaxe é:

ImageIcon <nome do objeto> **= new ImageIcon(**<Caminho e nome da imagem a ser inserida>**)**

Para definir o caminho da imagem, deve ser utilizada a barra normal (/). A barra invertida (\) é considerada caractere reservado. Depois de criado o objeto que armazena a imagem, ele deve ser inserido no JButton.

A Tabela 8.5 apresenta a lista de métodos definidos para a interface MouseListener, usada no Exemplo 8.3, e descreve em que momento cada método é invocado.

Tabela 8.5 – Métodos da interface MouseListener

	Métodos definidos em MouseListener:
Interface: MouseListener	**mousePressed** → método executado quando o botão do mouse é pressionado sobre um componente;
	mouseClicked → método executado quando o botão do mouse é solto sobre um componente;
Evento: MouseEvent	**mouseEntered** → método executado quando o ponteiro do mouse entra na área de um componente;
	mouseExited → método executado quando o ponteiro do mouse sai da área de um componente;
	mouseReleased → método executado quando o mouse é solto sobre um componente.

O Exemplo 8.3 utiliza dois botões e faz uma brincadeira para demonstrar o uso de alguns eventos. O botão Mostrar apenas apresenta uma mensagem em tela, já o botão Teimoso muda de posição quando o usuário tenta pressioná-lo. Bem, vamos ver o que existe de diferente nesse exemplo.

Funcionalidades comentadas do Exemplo 8.3:

- **Linha 4:** a classe GuiBotoes é um painel, já que estende (herança) a classe JPanel.
- **Linha 6:** contém a declaração do objeto imageIcon1 que armazenará uma imagem.
- **Linha 15:** contém a criação do objeto imageIcon1 com a imagem java.jpg. Observa-se que essa imagem precisa estar na mesma pasta de nosso exemplo, ou deve ser indicado seu caminho (por exemplo: c:/livro/java8/java.jpg).
- **Linha 16:** cria o botão btMensagem contendo o texto e a imagem associada.
- **Linha 18:** contém o método **setMnemonic** já usado em itens de menu. O objetivo é o mesmo, isto é, permitir que o usuário pressione ALT + M para acionar o botão.
- **Linha 19:** contém o método **setToolTipText** que define uma frase a ser mostrada em tela quando o ponteiro do mouse estacionar sobre o botão btMensagem. Em outras linguagens essa propriedade é chamada de Hint.
- **Linhas 27 a 31:** definem o evento de ação para o botão btMensagem, como já apresentado anteriormente.
- **Linhas 33 a 37:** definem o evento de ação para o botão btTeimoso. Observa-se que o usuário não conseguirá fazer o código referente a esse evento em função dos outros métodos implementados para esse botão. Veja os comentários seguintes.
- **Linhas 39 a 49:** definem todos os métodos especificados pela interface MouseListener para o botão btTeimoso. Observe que essa interface exige a presença dos cinco métodos, mesmo que eles não sejam usados. Como apresentado na Tabela 8.5, cada método é acionado em função das ações do usuário. Neste caso, foram implementados apenas os códigos para os métodos mouseEntered e mouseExited. Quando o ponteiro do mouse entrar na área do botão btTeimoso, será executado o método **mouseEntered** e o posicionamento do botão será mudado no painel. O mesmo ocorre para o método **mouseExited** quando o ponteiro do mouse deixar a área do botão. Dessa forma, o botão btTeimoso ficará "pulando" de cima para baixo ou de baixo para cima e o usuário não conseguirá clicar nele.

Exemplo 8.3 – A classe GuiBotao

```java
package cap08;
import java.awt.event.*;
import javax.swing.*;
public class GuiBotao extends JPanel {
    private JButton btMensagem, btTeimoso;
    private ImageIcon imageIcon1;

    public GuiBotao() {
        inicializarComponentes();
        definirEventos();
    }

    private void inicializarComponentes() {
        setLayout(null);
        imageIcon1 = new ImageIcon("java.jpg");
        btMensagem = new JButton("Mensagem", imageIcon1);
        btMensagem.setBounds(50, 20, 140, 38);
        btMensagem.setMnemonic(KeyEvent.VK_M);
        btMensagem.setToolTipText("Clique aqui para ver a mensagem");
        btTeimoso = new JButton("Teimoso");
        btTeimoso.setBounds(50, 70, 100, 25);
        add(btMensagem);
        add(btTeimoso);
    }

    private void definirEventos() {
        btMensagem.addActionListener(new ActionListener() {
            public void actionPerformed(ActionEvent e) {
                JOptionPane.showMessageDialog(null, "Botão Mensagem");
            }
        });

        btTeimoso.addActionListener(new ActionListener() {
            public void actionPerformed(ActionEvent e) {
                JOptionPane.showMessageDialog(null, "Botão Teimoso!");
            }
        });

        btTeimoso.addMouseListener(new MouseListener() {
            public void mouseClicked(MouseEvent e) {}
            public void mousePressed(MouseEvent e) {}
            public void mouseReleased(MouseEvent e) {}
            public void mouseEntered(MouseEvent e) {
                btTeimoso.setBounds(50, 120, 100, 25);
            }
            public void mouseExited(MouseEvent e) {
                btTeimoso.setBounds(50, 70, 100, 25);
            }
        });
    }
}
```

Não se esqueça de que este exemplo deve ser chamado a partir da classe GuiMenuPrincipal. Para isso, você deve adicionar o seguinte trecho de código à classe GuiMenuPrincipal, a partir da linha 45:

```java
miBotao.addActionListener(new ActionListener() {
    public void actionPerformed(ActionEvent e) {
        GuiBotao botao = new GuiBotao();
        contentPane.removeAll();
        contentPane.add(botao);
        contentPane.validate();
    }
});
```

▶ **Linha 45:** cria o objeto guiBotao a partir da classe GuiBotao, o Exemplo 8.3.

▶ **Linha 46:** remove todos os objetos do container por meio do método **removeAll**. Isso é usado para manter apenas o último objeto armazenado no container.

▶ **Linha 47:** adiciona o Exemplo 8.3 ao container do Exemplo 8.2 (GuiMenuPrincipal).
▶ **Linha 48:** valida o container por meio do *método* **validate** e todos os componentes que estão dentro dele, no caso apenas o painel guiBotao.

A Figura 8.4 apresenta a janela obtida com a execução do Exemplo 8.3. Se o botão "Mensagem" for pressionado, uma mensagem é impressa na tela. Na tentativa de clicar sobre o botão "Teimoso", ele se moverá e o usuário não conseguirá clicar nele.

Figura 8.4 – Janela do Exemplo 8.3.

Observação

Como dissemos anteriormente, todos os exemplos seguintes serão chamados a partir do menu principal. No entanto, caso o leitor deseje executar cada exemplo de maneira independente, utilize a classe seguinte chamada CarregaFrame para testar cada um deles. Por exemplo, para testar o exemplo da classe GuiBotao a classe ficaria da seguinte forma:

```
package cap08;
import javax.swing.JFrame;
public class CarregaFrame {
        public static void main(String[] args){
                JFrame frame = new JFrame ("Uso de Botões");
                frame.setDefaultCloseOperation (JFrame.EXIT_ON_CLOSE);
                frame.getContentPane().add (new GuiBotao());
                frame.setBounds(0,0,500,300);
                frame.setVisible (true);
        }
}
```

Seguindo esse modelo, alterando apenas o nome da classe destacada em negrito, todos os exemplos seguintes neste capítulo podem ser executados de maneira independente, sem a necessidade do menu principal. Uma outra forma possível seria incluir em cada um dos exemplos o método main apresentado anteriormente.

8.4 Inclusão de caixas de opção

As caixas de opção são criadas a partir da classe JCheckBox e permitem representar uma opção que está ativada (true) ou desativada (false). As caixas de opção são utilizadas para exibir várias opções dentre as quais o usuário pode optar por selecionar nenhuma, uma ou várias delas. Como exemplo prático de utilização, suponha que o usuário precise selecionar todos os idiomas que ele domina (inglês, português, espanhol etc.). Ele poderia selecionar quais e quantos forem necessários.

A Tabela 8.6 mostra um resumo dos métodos mais utilizados da *classe JCheckBox*.

Tabela 8.6 – Resumo dos métodos da classe JCheckBox

Método	Função
JCheckBox(String)	Cria um checkbox com o texto especificado e com a opção não selecionada
JCheckBox(String, boolean)	Cria um checkbox com o texto e estado especificados com a seleção definida em boolean (true ou false)
getStateChange()	Obtém o estado do checkbox, retornando verdadeiro (true) ou falso (false)
setSelected(boolean)	Especifica o estado do checkbox: true marca a caixa, false desmarca

O Exemplo 8.4 demonstra a funcionalidade do JCheckBox.

Exemplo 8.4 – Listagem da classe GuiCaixaOpcao

```java
package cap08;
import java.awt.event.*;
import javax.swing.*;
public class GuiCaixaOpcao extends JPanel {
    private JButton btVerificar, btMarcar, btDesmarcar;
    private JCheckBox ckIngles, ckInformatica;

    public GuiCaixaOpcao() {
        inicializarComponentes();
        definirEventos();
    }

    private void inicializarComponentes() {
        btVerificar = new JButton("Verificar");
        ckIngles = new JCheckBox("Inglês");
        ckInformatica = new JCheckBox("Informática");
        btMarcar = new JButton("Marcar");
        btDesmarcar = new JButton("Desmarcar");
        setLayout(null);
        add(btVerificar);
        add(ckIngles);
        add(ckInformatica);
        add(btMarcar);
        add(btDesmarcar);
        btVerificar.setBounds(20, 70, 100, 20);
        ckIngles.setBounds(15, 15, 100, 25);
        ckInformatica.setBounds(15, 40, 100, 25);
        btMarcar.setBounds(20, 100, 100, 20);
        btDesmarcar.setBounds(20, 130, 100, 20);
    }

    private void definirEventos() {
        btMarcar.addActionListener(new ActionListener() {
            public void actionPerformed(ActionEvent arg0) {
                ckInformatica.setSelected(true);
                ckIngles.setSelected(true);
            }
        });
        btDesmarcar.addActionListener(new ActionListener() {
            public void actionPerformed(ActionEvent arg0) {
                ckInformatica.setSelected(false);
                ckIngles.setSelected(false);
            }
        });
        btVerificar.addActionListener(new ActionListener() {
            public void actionPerformed(ActionEvent arg0) {
                String selecao = "Selecionados: ";
                if (ckIngles.isSelected()) {
                    selecao += "\nInglês";
                }
                if (ckInformatica.isSelected()) {
                    selecao += "\nInformática";
                }
                JOptionPane.showMessageDialog(null, selecao);
            }
        });
    }
}
```

Funcionalidades comentadas do Exemplo 8.4:
- **Linha 6:** declara os dois objetos ckIngles e ckInformatica como sendo do tipo JCkeckBox.
- **Linhas 15 e 16:** criam os dois objetos com a caixa desmarcada e com um texto associado.
- **Linhas 33 a 38:** adicionam o evento de ação para o botão btMarcar. Quando o usuário pressionar esse botão, as duas caixas de opção serão marcadas por meio do método **setSelected**. Ao passar true como parâmetro, as caixas de opção serão marcadas.
- **Linhas 39 a 44:** idem ao anterior, porém, ao passar false como parâmetro, as caixas de opção são desmarcadas.
- **Linhas 45 a 56:** adicionam o evento de ação para o botão btVerificar. Quando o usuário clicar nesse botão, será apresentada em tela uma mensagem com o estado das caixas de opção. O método **isSelected** retorna true ou false, dependendo do estado de cada caixa.

Você pode testar esse exemplo de maneira independente usando a classe CarregaFrame apresentada anteriormente, ou a partir da classe GuiMenuPrincipal. Para carregar usando o menu, você deve adicionar um item ao menu "Exemplos" da classe GuiMenuPrincipal obedecendo às seguintes instruções:
- Declare um objeto chamado miCaixaOpcao do tipo JMenuItem (junto com miBotao).
- No método inicializarComponentes, crie o objeto miCaixaOpcao, abaixo de miBotao:

```
miBotao = new JMenuItem("Botao");
miCaixaOpcao = new JMenuItem("Caixa de Opcao");
```

- Adicione o objeto miCaixaOpcao ao objeto mnExemplos, abaixo de miBotao:

```
mnExemplos.add(miBotao);
mnExemplos.add(miCaixaOpcao);
```

- Ao final do método definirEventos (antes da chave de encerramento do método), crie um evento para miCaixaOpcao:

```
miCaixaOpcao.addActionListener(new ActionListener() {
    public void actionPerformed(ActionEvent e) {
        GuiCaixaOpcao guiCaixaOpcao = new GuiCaixaOpcao();
        contentPane.removeAll();
        contentPane.add(guiCaixaOpcao);
        contentPane.validate();
    }
});
```

Definidos os passos anteriores, o Exemplo 8.4 pode ser aberto por meio da classe GuiMenuPrincipal. Observe o resultado da execução na Figura 8.5.

Este exemplo pode ser chamado também a partir da classe CarregaFrame como descrito anteriormente.

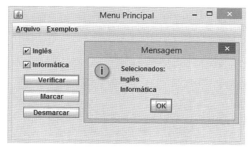

Figura 8.5 – Janela do Exemplo 8.4.

8.5 Inclusão dos botões de rádio

Os botões de rádio são criados a partir da classe JRadioButton e, diferentemente dos JCheckBox, permitem que apenas uma entre várias opções seja escolhida pelo usuário. Os botões de rádio devem sempre ser agrupados em um ButtonGroup para cada conjunto de botões de rádio a ser inserido no painel. É por meio de ButtonGroup que o usuário só consegue selecionar um dos botões que pertençam ao mesmo grupo. Se os botões não forem agrupados, o usuário pode selecionar mais de uma opção (funcionando da mesma forma que JCheckBox).

O Exemplo 8.5 demonstra a funcionalidade do JRadioButton.

Exemplo 8.5 – Listagem da classe GuiRadio

```java
package cap08;
import java.awt.event.*;
import javax.swing.*;
public class GuiRadio extends JPanel {
    private JLabel lbSexo;
    private JButton btVerificar;
    private JRadioButton rbMasculino, rbFeminino;
    private ButtonGroup buttonGroup;

    public GuiRadio() {
        inicializarComponentes();
        definirEventos();
    }

    private void inicializarComponentes() {
        setLayout(null);
        btVerificar = new JButton("Verificar");
        rbMasculino = new JRadioButton("Masculino");
        lbSexo = new JLabel("Selecione o sexo:");
        rbFeminino = new JRadioButton("Feminino");
        buttonGroup = new ButtonGroup();
        buttonGroup.add(rbMasculino);
        buttonGroup.add(rbFeminino);
        btVerificar.setBounds(55, 105, 100, 20);
        rbMasculino.setBounds(55, 45, 100, 25);
        lbSexo.setBounds(55, 10, 105, 30);
        rbFeminino.setBounds(55, 70, 100, 25);
        rbMasculino.setSelected(true);
        add(btVerificar);
        add(rbMasculino);
        add(lbSexo);
        add(rbFeminino);
    }

    private void definirEventos() {
        btVerificar.addActionListener(new ActionListener() {
            public void actionPerformed(ActionEvent arg0) {
                if (rbMasculino.isSelected()) {
                    JOptionPane.showMessageDialog(null, "Masculino selecionado");
                } else if (rbFeminino.isSelected()) {
                    JOptionPane.showMessageDialog(null, "Feminino selecionado");
                }
            }
        });
    }
}
```

A Tabela 8.7 mostra um resumo dos métodos mais utilizados das classes JRadioButton e ButtonGroup.

Tabela 8.7 – Resumo dos métodos das classes JRadioButton e ButtonGroup

Método	Função
JRadioButton(String)	Cria um botão de rádio com o texto especificado
JRadioButton(String, boolean)	Cria um botão de rádio com o texto especificado e com a seleção definida (true ou false)
setSelected(boolean)	Define se o botão está ou não selecionado (true ou false)
ButtonGroup()	Cria um grupo para botões de rádio
<nome do grupo>.add()	Adiciona cada botão de rádio a um determinado grupo

Interfaces Gráficas com Swing

Funcionalidades comentadas do Exemplo 8.5:
- **Linha 7:** declara os dois objetos rbMasculino e rbFeminino como sendo do tipo JRadioButton.
- **Linha 8:** declara o objeto buttonGroup como sendo do tipo ButtonGroup.
- **Linhas 18 e 20:** criam os dois objetos do tipo JRadioButton com um texto associado.
- **Linhas 21 a 23:** criam um objeto do tipo buttonGroup e adicionam os dois objetos (rbMasculino e rbFeminino) a ele.
- **Linha 28:** define que o botão de rádio rbMasculino seja selecionado por meio do método **setSelected**.
- **Linha 38:** verifica se o botão de rádio rbMasculino está selecionado por meio do método **isSelected**. Em caso positivo, apresenta a mensagem correspondente (linha 39).
- **Linha 40:** idem ao anterior para o botão de rádio rbFeminino.

O Exemplo 8.5 apresenta uma janela na qual o usuário escolhe entre duas opções por meio de botões de rádio. Cada botão emite em tela um resultado diferente: Masculino ou Feminino. Esse exemplo pode ser chamado a partir da classe CarregaFrame ou da GuiMenuPrincipal. Para a segunda opção, adicione um item ao menu "Exemplos" da classe GuiMenuPrincipal como descrito nas explicações finais do Exemplo 8.4.

Figura 8.6 – Janela do Exemplo 8.5.

8.6 Mais sobre Labels

Como já visto anteriormente, para inclusão de texto em frames (ou em painéis) é usada a classe JLabel, que pode ser usada para inserir um texto, uma imagem, ou ainda os dois ao mesmo tempo, separados por vírgula. Para abrigar imagens num JLabel é usada a classe ImageIcon, da mesma forma que foi usada para inserir uma imagem num botão.

O Exemplo 8.6 demonstra a utilização da classe JLabel para incluir textos e figuras em um painel.

Exemplo 8.6 – A classe GuiLabel

```java
package cap08;
import java.awt.*;
import javax.swing.*;
public class GuiLabel extends JPanel {
    private JLabel label1, label2, label3, label4;
    private ImageIcon imageIcon1;

    public GuiLabel() {
        inicializarComponentes();
    }

    private void inicializarComponentes() {
        setLayout(new GridLayout(4, 1));
        imageIcon1 = new ImageIcon("java.jpg");
        setBackground(new Color(100, 220, 100));
        label1 = new JLabel("   Aprendendo", JLabel.LEFT);
        label1.setForeground(Color.white);
        label2 = new JLabel(imageIcon1);
        label3 = new JLabel("Inserir    ", JLabel.RIGHT);
        label3.setForeground(Color.blue);
        label4 = new JLabel("Labels e Imagens", imageIcon1, JLabel.CENTER);
        label4.setFont(new Font("Serif", Font.BOLD, 20));
        label4.setForeground(Color.black);
        add(label1);
        add(label2);
        add(label3);
        add(label4);
    }
}
```

Funcionalidades comentadas do Exemplo 8.6:

▶ **Linha 5:** contém a declaração dos objetos da classe JLabel que serão usados para armazenar texto e imagens.

▶ **Linhas 8 a 10:** contêm a implementação do método construtor da classe GuiLabel. Observa-se que o construtor invoca apenas o método inicializarComponentes, uma vez que a manipulação de eventos não será tratada neste exemplo.

▶ **Linha 13:** define que o gerenciador de layout usado no painel será do tipo GridLayout. Isso significa que a área do painel será dividida em uma grade de quatro linhas e uma coluna (4,1) em que os componentes serão inseridos. Essa divisão é apenas "virtual", não aparece nenhuma linha dividindo as células.

▶ **Linha 15:** define a cor de fundo do painel utilizando o *método setBackground*. Os números que aparecem dentro dos parênteses referem-se ao padrão RGB (*Red-Green-Blue*) e definem as tonalidades das cores vermelha, verde e azul. Os números para a tonalidade podem variar de 0 (mínimo) a 255 (máximo) e sua mistura forma uma cor específica. Neste caso, a mistura gera um tipo de cor verde.

▶ **Linhas 16 e 19:** inicializam os objetos label a partir de um texto e alinhamentos diferentes. Esse alinhamento é definido por meio de constantes inteiras predefinidas pela linguagem (**JLabel.LEFT** que equivale a zero, **JLabel.CENTER** que equivale a um e **JLabel.RIGHT** que equivale a dois). Quando o alinhamento não for especificado, o default é à esquerda.

▶ **Linha 17:** define a cor da fonte do objeto label1 por meio do método **setForeground**. Da esquerda para a direita essa declaração pode ser interpretada assim: para o objeto label1 utilize a cor de fonte (setForeground) branca (Color.white).

▶ **Linha 18:** contém a inicialização do objeto label2 usando o objeto imageIcon1. Observe que, da mesma forma que ocorre com o texto, um objeto do tipo Label pode ser inicializado com uma imagem. Assim, o objeto label2 terá uma imagem atrelada a ele, e não um texto.

▶ **Linha 21:** contém a inicialização do objeto label4 como um texto e uma imagem ao mesmo tempo.

▶ **Linha 22:** realiza a formatação do texto do objeto label4 por meio do método **setFont**, definindo que será utilizada a fonte Serif, em negrito (**Font.BOLD**) e com tamanho 20.

▶ **Linhas 24 a 27:** contêm o método **add** utilizado para adicionar os diversos objetos ao frame. Os objetos são inseridos no frame na ordem em que aparecem. A ordem em que os objetos são inseridos é importante para sua correta disposição no painel. Ao usar o **add()**, os objetos são inseridos linha a linha (sempre de cima para baixo). Neste exemplo a grade possui apenas uma coluna; caso existissem mais colunas, o preenchimento seria realizado da seguinte forma: linha1_coluna1, linha1_coluna2, linha2_coluna1, linha2_coluna2 e assim sucessivamente. Portanto, o preenchimento do painel acontece sempre de cima para baixo (linhas) e da esquerda para a direita (colunas).

A Figura 8.7 demonstra os resultados obtidos com a execução do Exemplo 8.6. Ele não possui nenhuma funcionalidade, apenas serve para demonstrar a inclusão de texto e imagem numa janela. Ele pode ser chamado a partir da classe CarregaFrame ou da GuiMenuPrincipal. Para a segunda opção, adicione um item ao menu "Exemplos" da classe GuiMenuPrincipal como descrito nas explicações finais do Exemplo 8.4.

Figura 8.7 – Janela do Exemplo 8.6.

8.7 Inclusão de listas de seleção

As listas de seleção são objetos que possibilitam a escolha de um ou vários valores armazenados em uma lista de opções. Essa lista é manipulada a partir da *classe JList*. Para utilização e melhor desempenho das listas de seleção, torna-se necessário realizar alguns procedimentos, conforme a listagem a seguir:

1. Declarar um objeto para instanciar a classe JList.
2. Declarar um objeto que conterá a lista das opções e adicionar a ele todas as opções.
3. Inicializar o objeto do item 1 com o objeto do item 2.
4. Criar um painel de rolagem.
5. Adicionar o objeto do item 1 ao painel de rolagem.

A Tabela 8.8 apresenta um resumo dos métodos mais usados da classe JList.

Tabela 8.8 – Resumo dos métodos da classe JList

Método	Função
JList()	Cria uma caixa de seleção
getSelectedvalue()	Obtém o texto do item selecionado
getSelectedIndex()	Obtém o índice do item selecionado
setSelectedIndex(int)	Seleciona o índice especificado
setSelectedInterval(int, int)	Seleciona diversos índices dentro do intervalo especificado
isSelectionEmpty()	Verifica se existe algum item selecionado na lista, retornando verdadeiro ou falso
isSelectedIndex(int)	Verifica se o índice especificado está selecionado, retornando verdadeiro ou falso

O Exemplo 8.7 demonstra como criar uma lista seguindo os procedimentos anteriores. Neste exemplo são usados os principais métodos envolvidos com a manipulação de listas de seleção.

Exemplo 8.7 – A classe GuiLista

```java
package cap08;
import java.awt.event.*;
import javax.swing.*;
public class GuiLista extends JPanel {
    private JButton btCalcular;
    private JLabel lbValor;
    private JTextField tfValor, tfValorDesconto;
    private JList liDesconto;
    private JScrollPane spLista;

    public GuiLista() {
        inicializarComponentes();
        definirEventos();
    }

    private void inicializarComponentes() {
        setLayout(null);
        String[] liDescontoItems = {"10%", "20%", "30%", "40%", "50%"};
        btCalcular = new JButton("Calcular");
        lbValor = new JLabel("Valor");
        tfValor = new JTextField(5);
        liDesconto = new JList(liDescontoItems);
        tfValorDesconto = new JTextField(5);
        spLista = new JScrollPane(liDesconto);
        btCalcular.setToolTipText("Faz o cálculo");
        btCalcular.setMnemonic(KeyEvent.VK_C);
        lbValor.setBounds(35, 05, 100, 25);
        tfValor.setBounds(35, 30, 100, 25);
        spLista.setBounds(35, 60, 100, 55);
        btCalcular.setBounds(35, 120, 90, 25);
        tfValorDesconto.setBounds(35, 150, 100, 25);
        add(btCalcular);
        add(lbValor);
        add(tfValor);
        add(spLista);
        add(tfValorDesconto);
    }

    private void definirEventos() {
        btCalcular.addActionListener(new ActionListener() {
            public void actionPerformed(ActionEvent arg0) {
                if (tfValor.getText().equals("")) {
                    tfValor.requestFocus();
                    return;
                }
                try {
                    float valor = Float.parseFloat(tfValor.getText());
                    if (liDesconto.getSelectedIndex() == -1) {
                        JOptionPane.showMessageDialog(null, "Selecione um item da lista");
                        return;
                    }
                    float desconto = 0.9f;
                    if (liDesconto.getSelectedIndex() == 1) {
                        desconto = 0.8f;
                    } else if (liDesconto.getSelectedIndex() == 2) {
                        desconto = 0.7f;
                    } else if (liDesconto.getSelectedIndex() == 3) {
                        desconto = 0.6f;
                    } else if (liDesconto.getSelectedIndex() == 4) {
                        desconto = 0.5f;
                    }
                    tfValorDesconto.setText("" + valor * desconto);
                } catch (NumberFormatException erro) {
                    JOptionPane.showMessageDialog(null, "Forneça apenas valores numéricos\n"
                            + erro.toString());
                    tfValor.requestFocus();
                }
            }
        });
    }
}
```

Funcionalidades comentadas do Exemplo 8.7:

- **Linha 8:** contém a declaração do objeto liDesconto da classe JList que será usado como uma lista, armazenando valores de descontos para serem calculados.
- **Linha 9:** contém a declaração do objeto spLista da classe JScrollPane que será usado para rolar a lista de opções. Isso é necessário porque uma classe JList não possui internamente uma maneira de rolar os itens. Você verá que nossa lista possui a altura de apenas três itens, mas possui cinco itens. Para visualizar os dois outros itens é necessário rolar a lista, e isso é feito por meio do painel de rolagem.
- **Linha 18:** contém a declaração de um array de Strings chamado liDescontoItems que será adicionado ao JList. Esse array deve ser formado por todos os elementos (opções) que a lista terá, separados por vírgula.
- **Linha 22:** realiza a criação e inicialização do objeto liDesconto. Sua lista contém as strings armazenadas no array liDescontoItems.
- **Linha 24:** realiza a criação do painel de rolagem a partir da lista. Nesse caso, a lista está sendo colocada dentro do objeto spLista.
- **Linha 29:** define o posicionamento e as dimensões do painel de rolagem. Isso é necessário porque a própria barra será adicionada ao painel (linha 35).
- **Linhas 40 a 70:** implementam o evento de ação para o botão calcular.
- **Linhas 42:** verifica se a caixa de texto tfValor está vazia. Em caso positivo, devolve o foco para a caixa tfValor (quando o botão Calcular é pressionado, o foco é passado ao botão) por meio da linha 43 e retorna para a tela do usuário (linha 44). Mesmo que o usuário pressione o botão Calcular, esse código faz com que o cursor permaneça na caixa Valor enquanto ela estiver vazia.
- **Linha 46:** inicia o processo de cálculo do valor. Esse cálculo foi adicionado à estrutura try-catch para tratar erros de digitação, se o usuário fornecer um valor não numérico, por exemplo. Nesse caso, o ideal seria trabalharmos com uma máscara para impedir a digitação de valores não numéricos. Isso será visto mais à frente neste capítulo.
- **Linha 48:** verifica se existe algum item da lista selecionado por meio do método **getSelectedIndex**, que retorna o valor -1 caso não exista nenhum índice selecionado. Se isso ocorrer quando o botão Calcular for pressionado, será emitida uma mensagem em tela alertando o usuário e o cálculo será interrompido por meio do retorno (linha 50) à interface do usuário.
- **Linha 52:** assume inicialmente que o desconto será de 10%, atribuindo o valor 0,9 à variável "desconto". A letra "f" ao lado do valor numérico faz com que esse valor seja considerado do tipo float.
- **Linha 53:** caso o segundo item da lista esteja selecionado, atribui o valor 0,8f à variável "desconto" (isso equivale a 20%). O mesmo ocorre para as linhas 55 a 61 para outros valores de desconto.
- **Linha 62:** realiza o cálculo do desconto e o armazena na caixa de texto tfValorDesconto. O uso das aspas é necessário apenas para manter a compatibilidade de tipos entre o valor armazenado e a caixa de texto.
- **Linhas 63 a 67:** emite uma mensagem de alerta ao usuário caso seja fornecido um valor inválido e retorna o foco para a caixa de texto tfValor.

A Figura 8.8 demonstra o resultado da execução do Exemplo 8.7. Ele apresenta uma janela na qual o usuário fornece um valor, seleciona um item da lista referente ao desconto a ser aplicado sobre esse valor e pressiona o botão Calcular. O resultado será o valor digitado menos o desconto selecionado. O exemplo pode ser chamado a partir da classe CarregaFrame ou da GuiMenuPrincipal. Para a segunda opção, adicione um item ao menu "Exemplos" da classe GuiMenuPrincipal como descrito nas explicações finais do Exemplo 8.4.

Figura 8.8 – Janela do Exemplo 8.7.

O próximo exemplo, 8.8, apresenta uma maneira diferente de manipular uma lista utilizando a classe DefaultListModel. Além disso, mostra como adicionar um evento para identificar o momento em que o usuário selecionou um item da lista. Traz ainda uma maneira de criar um álbum de fotos aproveitando-se dos recursos da classe JList.

A Tabela 8.9 mostra um resumo dos métodos mais utilizados da classe DefaultListModel, que permite declarar um objeto para armazenar itens de uma lista.

Tabela 8.9 – Resumo dos métodos da classe DefaultListModel

Método	Função
addElement(String)	Adiciona o texto como um novo item da lista
getSize()	Obtém a quantidade total de itens da lista
remove(int)	Remove o item do índice especificado

Funcionalidades comentadas do Exemplo 8.8:

- **Linha 8:** contém a declaração do objeto "dlm" da classe DefaultListModel.
- **Linha 19:** contém a criação do objeto "dlm". Nesse momento a lista está vazia.
- **Linhas 20 a 22:** adiciona dez elementos ao objeto "dlm" por meio de um laço de repetição. A cada posição percorrida, um novo item é adicionado. Ao término do laço, os itens são nomeados como "Foto1", "Foto2",...,"Foto10".
- **Linha 23:** cria a lista lsFotos a partir dos elementos definidos em "dlm", ou seja, a lista será criada com todos os elementos existentes em "dlm".
- **Linhas 34 a 39:** contêm a implementação do evento de mudança de seleção do item da lista. Isso é realizado por meio da interface **ListSelectionListener** que define o método **valueChanged**. Esse método será acionado toda vez que o usuário selecionar um item da lista; no caso, um item presente no objeto lsFotos.
- **Linha 36:** cria um objeto chamado imagem1 do tipo ImageIcon. Observe que o arquivo terá um nome como "Foto1" ou "Foto2" etc., dependendo do item da lista que estiver selecionado. Para que as imagens apareça na tela, é necessário que exista uma pasta chamada "Imagens" a partir da pasta na qual seu exemplo está sendo executado e contendo todos os arquivos das fotos, ou seja, deve existir a pasta c:\Java8\Imagens e os arquivos das fotos dentro dela. Veja a Figura 8.9.
- **Linha 37:** define a imagem que será apresentada em tela por meio do método **setIcon** da classe ImageIcon.

Não se esqueça de que este exemplo deve ser chamado a partir da classe GuiMenuPrincipal. Para isso, você deve adicionar um item ao menu "Exemplos" da classe GuiMenuPrincipal. Se tiver dúvidas, consulte as explicações finais do Exemplo 8.4.

Exemplo 8.8 – A classe GuiListaComFotos

```java
package cap08;
import javax.swing.*;
import javax.swing.event.ListSelectionEvent;
import javax.swing.event.ListSelectionListener;
public class GuiListaComFotos extends JPanel {
    private JList lsFotos;
    private DefaultListModel dlm;
    private ImageIcon imagem1;
    private JScrollPane sp;
    private JLabel lbImagem;

    public GuiListaComFotos() {
        inicializarComponentes();
        definirEventos();
    }

    private void inicializarComponentes() {
        setLayout(null);
        dlm = new DefaultListModel();
        for (int i = 1; i <= 10; i++) {
            dlm.addElement("Foto" + i);
        }
        lsFotos = new JList(dlm);
        sp = new JScrollPane(lsFotos);
        sp.setBounds(50, 40, 70, 150);
        imagem1 = new ImageIcon();
        lbImagem = new JLabel(imagem1);
        lbImagem.setBounds(150, 30, 180, 180);
        add(sp);
        add(lbImagem);
    }

    private void definirEventos() {
        lsFotos.addListSelectionListener(new ListSelectionListener() {
            public void valueChanged(ListSelectionEvent e) {
                imagem1 = new ImageIcon("Imagens/" + lsFotos.getSelectedValue() + ".gif");
                lbImagem.setIcon(imagem1);
            }
        });
    }
}
```

A Figura 8.9 demonstra o resultado da execução do Exemplo 8.8. Ele apresenta uma lista com dez opções de fotos. O usuário deve clicar numa opção, e cada uma delas abre uma foto diferente. Esse exemplo pode ser chamado a partir da classe CarregaFrame ou da GuiMenuPrincipal. Para a segunda opção, adicione um item ao menu "Exemplos" da classe GuiMenuPrincipal como descrito nas explicações finais do Exemplo 8.4.

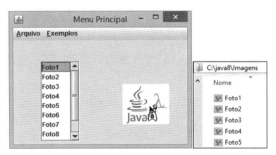

Figura 8.9 – Janela do Exemplo 8.8.

8.8 Inclusão do JComboBox

O componente *JComboBox* funciona praticamente da mesma forma que o JList, ou seja, permite a seleção de um (ou mais) item. No entanto existem diferenças em seus métodos e propriedades.

Tabela 8.10 – Resumo dos métodos da classe JComboBox

Método	Função
JComboBox(String)	Cria uma caixa de seleção JComboBox com um array do tipo string
addItem(String)	Adiciona o texto como um novo item
getSelectedItem()	Obtém o texto do item selecionado
getItemCount()	Obtém a quantidade total de itens
getSelectedIndex()	Obtém o índice do item selecionado
removeItemAt(int)	Remove o item com o índice especificado
removeAllItems()	Remove todos os itens da lista

Observe o Exemplo 8.9, que demonstra como utilizar alguns métodos da classe JComboBox.

Exemplo 8.9 – Listagem da classe GuiCombo

```java
package cap08;
import java.awt.event.*;
import javax.swing.*;
public class GuiCombo extends JPanel {
    private JComboBox cbEstados;
    private JLabel lbEstados;
    private JButton btMostrar;

    public GuiCombo() {
        inicializarComponentes();
        definirEventos();
    }

    private void inicializarComponentes() {
        setLayout(null);
        String[] cbEstadosItems = {"Espírito Santo", "Minas Gerais", "Rio de Janeiro", "São Paulo"};
        cbEstados = new JComboBox(cbEstadosItems);
        lbEstados = new JLabel("Estados do Sudeste:");
        btMostrar = new JButton("Mostrar");
        add(lbEstados);
        add(cbEstados);
        add(btMostrar);
        lbEstados.setBounds(25, 15, 150, 25);
        cbEstados.setBounds(25, 40, 150, 25);
        btMostrar.setBounds(25, 75, 100, 25);
    }

    private void definirEventos() {
        btMostrar.addActionListener(new ActionListener() {
            public void actionPerformed(ActionEvent e) {
                JOptionPane.showMessageDialog(null,
                    "Índice Selecionado: " + cbEstados.getSelectedIndex()
                    + "\nTexto Selecionado: " + cbEstados.getSelectedItem());
            }
        });
    }
}
```

Funcionalidades comentadas do Exemplo 8.9:
- **Linha 5:** declara o objeto cbEstados a partir da classe JComboBox.
- **Linha 16:** contém a declaração de um array de Strings chamado cbEstadosItems que será adicionado ao objeto cbEstados. Esse array deve ser formado por todos os elementos (opções) que o combo terá, separados por vírgula, no caso todos os estados desejados.
- **Linha 17:** realiza a criação e a inicialização do objeto cbEstados a partir dos elementos definidos em cbEstadosItems.
- **Linhas 29 a 35:** implementam o evento de ação para o objeto btMostrar. Toda vez que o usuário clicar nesse botão será emitida uma mensagem em tela contendo o índice e o texto selecionados.
- **Linha 32:** apresenta o índice selecionado atualmente em cbEstados por meio do método **getSelectedIndex**.
- **Linha 33:** apresenta o texto selecionado atualmente em cbEstados por meio do método **getSelectedItem**.

A Figura 8.10 exibe os resultados obtidos com a execução do Exemplo 8.9. A tabela mostra todas as opções possíveis de seleção do combo. Esse exemplo pode ser chamado a partir da classe CarregaFrame ou da GuiMenuPrincipal. Para a segunda opção, adicione um item ao menu "Exemplos" da classe GuiMenuPrincipal como descrito nas explicações finais do Exemplo 8.4.

Texto Selecionado	Índice Selecionado
Espírito Santo	0
Minas Gerais	1
Rio de Janeiro	2
São Paulo	3

Figura 8.10 – Resultados da execução do Exemplo 8.9.

8.9 Inclusão de áreas de texto

As áreas de texto geradas a partir da classe **JTextArea** são semelhantes às caixas de texto, porém permitem manipular diversas linhas de texto ao mesmo tempo. Um método construtor disponível na classe JTextArea é:

```
JTextArea(<String>,<n° de linhas iniciais>,<dimensão>)
```

em que:
- **String** → um texto inicial qualquer que pode ser definido para o objeto no momento de sua criação.
- **n° de linhas iniciais** → um valor inteiro que especifica o número de linhas que a área de texto apresentará na tela, sem o uso de um painel de rolagem.
- **dimensão** → um valor inteiro que especifica a dimensão da área de texto em número de caracteres, isto é, o número de caracteres que cabe em uma linha na área de texto. Essa definição não tem muita importância, pois na realidade o número de caracteres que uma linha pode conter está relacionado diretamente ao tipo de caractere usado. Por exemplo, se o número de caracteres de uma linha for definido para 40, então cabem exatamente 40 caracteres **W**. Entretanto cabem 62 caracteres **A** e 156 caracteres **l**.

A Tabela 8.11 mostra um resumo dos métodos mais utilizados da classe JTextArea.

Tabela 8.11 – Resumo dos métodos da classe JTextArea

Método	Função
JTextArea()	Cria uma área de texto
JTextArea(int,int)	Cria uma área de texto de acordo com o número de linhas e colunas especificadas
JTextArea(String)	Cria uma área de texto de acordo com o texto especificado
JTextArea(String,int, int)	Cria uma área de texto de acordo com o texto, o número de linhas e o número de colunas especificadas
getColumns()	Obtém o comprimento ou colunas da área de texto em caracteres
getRows()	Obtém a largura ou linhas da área de texto em caracteres
getSelectedText()	Obtém o texto selecionado na área de texto
setColumns()	Define o comprimento ou colunas da área de texto
setRows()	Define a largura ou linhas da área de texto
insert(String, int)	Insere a string especificada na posição indicada por uma variável inteira
replaceRange(String, int, int)	Substitui o texto fornecido na variável string pelo texto contido entre as posições definidas (início e fim)
setText(), getText(), setEditable()	Métodos da classe JTextComponent que funcionam da mesma forma que em JTextField

O Exemplo 8.10 demonstra a utilização da classe JTextArea.

Funcionalidades comentadas do Exemplo 8.10:

- **Linha 6:** contém a declaração do objeto taTexto da classe JTextArea.
- **Linha 9:** contém a declaração da constante estática novaLinha, cujo conteúdo é o caractere de nova linha. Essa variável será usada para quebrar uma linha dentro do objeto taTexto.
- **Linha 19:** cria o objeto taTexto com cinco linhas e vinte colunas. Na verdade, nesse caso a inicialização é desnecessária, visto que não estamos usando gerenciador de layout e o tamanho de taTexto será definido por meio do método **setBounds**. Você verá que a área de texto aparece com mais de cinco linhas e vinte colunas.
- **Linha 21:** cria o botão btLimpar com a imagem "borracha.jpg".
- **Linha 22:** adiciona o objeto taTexto ao painel de rolagem scrollPane. O objetivo do painel de rolagem é o mesmo de quando usado no JList. No caso, o painel de rolagem permite visualizar outras linhas quando não existir mais espaço na área.
- **Linhas 32 a 38:** implementam o evento de ação para a caixa tfCampo. Esse evento será gerado quando o usuário pressionar a tecla ENTER com o cursor dentro dessa caixa.
- **Linha 34:** seleciona o texto da caixa tfCampo por meio do método **selectAll**.
- **Linha 35:** adiciona a taTexto o texto presente na caixa tfCampo por meio do método **append**. Insere também uma quebra de linha com a constante novaLinha.
- **Linhas 39 a 44:** implementam o evento de ação para o botão btLimpar. Ao pressionar o botão, são limpos os conteúdos de taTexto e tfCampo.

Exemplo 8.10 – A classe GuiAreaDeTexto

```java
package cap08;
import java.awt.event.*;
import javax.swing.*;
public class GuiAreaDeTexto extends JPanel {
    private JTextField tfCampo;
    private JTextArea taTexto;
    private JScrollPane scrollPane;
    private JButton btLimpar;
    private final static String novaLinha = "\n";

    public GuiAreaDeTexto() {
        inicializarComponentes();
        definirEventos();
    }

    private void inicializarComponentes() {
        setLayout(null);
        tfCampo = new JTextField();
        taTexto = new JTextArea(5, 20); //desnecessário por causa de setBounds
        taTexto.setEditable(false);
        btLimpar = new JButton(new ImageIcon("borracha.jpg"));
        scrollPane = new JScrollPane(taTexto);
        tfCampo.setBounds(25, 15, 150, 25);
        scrollPane.setBounds(25, 45, 300, 120);
        btLimpar.setBounds(25, 170, 50, 50);
        add(tfCampo);
        add(scrollPane);
        add(btLimpar);
    }

    private void definirEventos() {
        tfCampo.addActionListener(new ActionListener() {
            public void actionPerformed(ActionEvent e) {
                tfCampo.selectAll();
                taTexto.append(tfCampo.getText() + novaLinha);
                taTexto.setCaretPosition(taTexto.getDocument().getLength());
            }
        });
        btLimpar.addActionListener(new ActionListener() {
            public void actionPerformed(ActionEvent e) {
                tfCampo.setText("");
                taTexto.setText("");
            }
        });
    }
}
```

A Figura 8.11 demonstra os resultados obtidos com a execução do Exemplo 8.10. O usuário digita um texto qualquer na caixa de texto, e, ao pressionar a tecla ENTER, o texto digitado é adicionado à área de texto. Ao clicar na borracha, as caixas são limpas. Esse exemplo pode ser chamado a partir da classe CarregaFrame ou da GuiMenuPrincipal. Para a segunda opção, adicione um item ao menu "Exemplos" da classe GuiMenuPrincipal como descrito nas explicações finais do Exemplo 8.4.

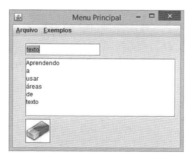

Figura 8.11 – Janela do Exemplo 8.10.

8.10 Inclusão de caixas de diálogo

A inclusão de caixas de diálogo é realizada por meio da *classe JOptionPane*, que apresenta diversas janelas diferentes: que fazem uma pergunta, que avisam o usuário ou fornecem uma mensagem qualquer. Essas janelas representam um modo de comunicação com o usuário, possibilitando passar uma informação ou obter respostas. Existem quatro tipos padrão de caixas de diálogo, cujos detalhes são tratados individualmente nas descrições que se seguem. Para abrir as caixas de diálogo, basta invocar os métodos estáticos da classe JOptionPane:

- *showMessageDialog* → caixa de diálogo que apresenta uma mensagem, possibilitando acrescentar ícones de alerta ao usuário.
- *showConfirmDialog* → além de emitir uma mensagem, possibilita ao usuário responder a uma pergunta.
- *showInputDialog* → além de emitir uma mensagem, permite a entrada de um texto.
- *showOptionDialog* → caixa de diálogo que abrange os três tipos anteriores.

Vamos apresentar alguns exemplos para demonstrar as funcionalidades desses métodos. Não abordaremos o método **showInputDialog**, uma vez que ele já foi muito usado em exemplos anteriores do livro.

8.10.1 O método showMessageDialog

O método **showMessageDialog** é utilizado para mostrar ao usuário alguma informação e não retorna nenhum tipo de valor de resposta. Essa caixa de diálogo pode apresentar um ícone referente ao tipo de mensagem (pergunta, informação, alerta, erro ou definido pelo usuário) ou não apresentar nada, apenas a mensagem na tela sem ícone. Sua sintaxe é a seguinte:

```
JOptionPane.showMessageDialog(Component,<mensagem>,<título da mensagem>,<tipo de mensagem>)
```

em que:

- **Component:** refere-se a um objeto do tipo container que permite definir a posição da tela em que a caixa de mensagem aparecerá. Normalmente esse argumento é deixado como null (*default*) para que a mensagem apareça centralizada na tela.
- **Mensagem:** é a mensagem a ser apresentada ao usuário.
- **Título da mensagem:** é o texto que aparece na barra de título da janela da caixa de diálogo.
- **Tipo da mensagem:** é o ícone que representa o tipo de mensagem apresentado ao usuário. A Tabela 8.12 mostra as constantes da linguagem Java para definição dos ícones a serem exibidos na tela. Conforme veremos adiante, esses ícones podem ser usados em outros métodos, isto é, em outras caixas de diálogo.

Tabela 8.12 – Tipos de mensagens/ícones da caixa de diálogo

Ícone	Comando
Pergunta	QUESTION_MESSAGE
Informação	INFORMATION_MESSAGE
Alerta	WARNING_MESSAGE
Erro	ERROR_MESSAGE
Definido pelo usuário	INFORMATION_MESSAGE,<*ícone*>
Vazio (somente mensagem)	PLAIN_MESSAGE

Interfaces Gráficas com Swing

O Exemplo 8.11 demonstra a classe GuiDialogoMensagem que permite ao usuário escolher qual tipo de ícone deve aparecer na caixa de diálogo.

Exemplo 8.11 – A classe GuiDialogoMensagem

```java
package cap08;
import java.awt.event.*;
import javax.swing.*;
public class GuiDialogoMensagem extends JPanel {
    private ImageIcon imageIcon1;
    private JComboBox cbCaixas;

    public GuiDialogoMensagem() {
        inicializarComponentes();
        definirEventos();
    }

    private void inicializarComponentes() {
        setLayout(null);
        imageIcon1 = new ImageIcon("estrela.gif");
        String[] cbCaixasItens = {"Pergunta", "Informação", "Alerta", "Erro",
            "definida pelo usuário", "Somente Mensagem"};
        cbCaixas = new JComboBox(cbCaixasItens);
        cbCaixas.setBounds(25, 40, 150, 25);
        add(cbCaixas);
    }

    private void definirEventos() {
        cbCaixas.addActionListener(new ActionListener() {
            public void actionPerformed(ActionEvent e) {
                switch (cbCaixas.getSelectedIndex()) {
                    case 0:
                        JOptionPane.showMessageDialog(null, "Estou aprendendo Java?",
                            "Pergunta", JOptionPane.QUESTION_MESSAGE);
                        break;
                    case 1:
                        JOptionPane.showMessageDialog(null, "Gravação OK.",
                            "Informacao", JOptionPane.INFORMATION_MESSAGE);
                        break;
                    case 2:
                        JOptionPane.showMessageDialog(null, "Cuidado!",
                            "Alerta", JOptionPane.WARNING_MESSAGE);
                        break;
                    case 3:
                        JOptionPane.showMessageDialog(null, "Ocorreu algum erro!",
                            "Erro", JOptionPane.ERROR_MESSAGE);
                        break;
                    case 4:
                        JOptionPane.showMessageDialog(null, "Usando um gif animado",
                            "Personalizado", JOptionPane.INFORMATION_MESSAGE,
                            imageIcon1);
                        break;
                    case 5:
                        JOptionPane.showMessageDialog(null, "Caixa de mensagem simples",
                            "Somente mensagem", JOptionPane.PLAIN_MESSAGE);
                        break;
                }
            }
        });
    }
}
```

Funcionalidades comentadas do Exemplo 8.11:

▶ **Linhas 16 e 17:** definem o array cbCaixasItens do tipo String que contém os nomes das opções que serão apresentadas ao usuário.
▶ **Linha 18:** cria o objeto cbCaixas a partir do array descrito no item anterior.
▶ **Linhas 24 a 54:** implementam o código referente ao evento de ação para o objeto cbCaixas. Esse método será chamado quando o usuário selecionar uma das opções desse objeto.
▶ **Linha 26:** seleciona o item escolhido no objeto cbCaixas por meio do método **getSelectedIndex**. O conteúdo retornado por esse método é usado para selecionar uma das opções definidas pela estrutura switch-case, isto é, se o valor de getSelectedIndex for zero, as linhas 28 e 29 são executadas; se o valor for um, as linhas 32 e 33 são executadas e assim por diante.

A Figura 8.12 demonstra os resultados obtidos com a execução do Exemplo 8.11. Ele contém uma lista com seis opções. Dependendo da escolha do usuário, uma caixa de diálogo é aberta com uma mensagem e ícone específicos. Esse exemplo pode ser chamado a partir da classe CarregaFrame ou da GuiMenuPrincipal. Para a segunda opção, adicione um item ao menu "Exemplos" da classe GuiMenuPrincipal como descrito nas explicações finais do Exemplo 8.4.

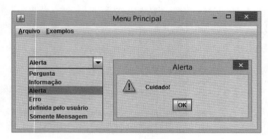

Figura 8.12 – Janela do Exemplo 8.11.

8.10.2 O método showConfirmDialog

As caixas de diálogo de confirmação possibilitam ao usuário responder a algum questionamento por meio dos botões *Yes*, *No* e *Cancel*. Uma vez apresentada na tela, o usuário escolhe uma das opções, e, dependendo do botão clicado, é retornado um valor inteiro pertencente à classe JOptionPane: **YES_OPTION** = 0, **NO_OPTION** = 1 e **CANCEL_OPTION** = 2. Portanto, esse valor é usado para conhecer qual dos botões foi clicado pelo usuário.

Existem três tipos de caixa de diálogo de confirmação: as que apresentam os botões *Yes* e *No* (**YES_NO_OPTION** ou **0**), as que apresentam os botões *Yes*, *No* e *Cancel* (**YES_NO_CANCEL_OPTION** ou **1**) e as que apresentam os botões *Ok* e *Cancel* (**OK_CANCEL_OPTION** ou **2**). A sintaxe do método showConfirmDialog é a seguinte:

```
int resposta = JOptionPane.showConfirmDialog(Component,<mensagem>,<título da mensagem>,
<botões presentes>,< tipo de mensagem>).
```

A única diferença entre essa sintaxe e a usada para a caixa de mensagem do Item 8.10.1 refere-se ao parâmetro <botões presentes> no qual são inseridos os botões que aparecerão na caixa de diálogo. O Exemplo 8.12 demonstra a classe GuiDialogoMensagem que permite ao usuário escolher quais botões ele deseja que apareçam na caixa de diálogo.

Interfaces Gráficas com Swing

Exemplo 8.12 – A classe GuiDialogoConfirmacao

```java
package cap08;
import java.awt.event.*;
import javax.swing.*;
public class GuiDialogoConfirmacao extends JPanel {
    private JButton btMostrar;
    private JRadioButton radioButton1, radioButton2, radioButton3;
    private ButtonGroup buttonGroup;

    public GuiDialogoConfirmacao() {
        inicializarComponentes();
        definirEventos();
    }

    private void inicializarComponentes() {
        setLayout(null);
        btMostrar = new JButton("Mostrar");
        radioButton1 = new JRadioButton("Sim e Nao");
        radioButton2 = new JRadioButton("Sim, Nao e Cancelar");
        radioButton3 = new JRadioButton("Ok e Cancelar");
        buttonGroup = new ButtonGroup();
        buttonGroup.add(radioButton1);
        buttonGroup.add(radioButton2);
        buttonGroup.add(radioButton3);
        radioButton1.setBounds(55, 10, 200, 25);
        radioButton2.setBounds(55, 30, 200, 35);
        radioButton3.setBounds(55, 60, 200, 25);
        btMostrar.setBounds(55, 90, 100, 20);
        add(btMostrar);
        add(radioButton1);
        add(radioButton2);
        add(radioButton3);
    }

    private void definirEventos() {
        btMostrar.addActionListener(new ActionListener() {
            public void actionPerformed(ActionEvent arg0) {
                int resp = 0;
                if (radioButton1.isSelected()) {
                    resp = JOptionPane.showConfirmDialog(null, "Erro ao acessar arquivo. "
                        + "Tentar novamente?", "Erro de arquivo", JOptionPane.YES_NO_OPTION,
                        JOptionPane.ERROR_MESSAGE);
                } else if (radioButton2.isSelected()) {
                    resp = JOptionPane.showConfirmDialog(null, "Deseja salvar as alteracoes?",
                        "Salvar o arquivo", JOptionPane.YES_NO_CANCEL_OPTION,
                        JOptionPane.QUESTION_MESSAGE);
                } else {
                    resp = JOptionPane.showConfirmDialog(null, "Deseja abrir o arquivo?",
                        "Abrir arquivo", JOptionPane.OK_CANCEL_OPTION,
                        JOptionPane.QUESTION_MESSAGE);
                }
                JOptionPane.showMessageDialog(null, resp, "Resposta", 1);
            }
        });
    }
}
```

Funcionalidades comentadas do Exemplo 8.12:

▸ **Linhas 17 a 19:** criam os botões de rádio que permitirão ao usuário escolher o tipo de caixa de diálogo desejada.

▸ **Linhas 20 a 23:** adicionam todos os botões de rádio a um grupo. O leitor já deve estar familiarizado com isso, pois esse recurso já foi usado em exemplos anteriores.

▸ **Linhas 35 a 53:** implementam o código referente ao evento de ação para o objeto btMostrar. Como o leitor já sabe, esse método é chamado quando o usuário clica no botão.

▸ **Linha 37:** declara a variável "resp" que será usada para armazenar o valor referente ao botão pressionado na caixa de diálogo.

- **Linha 38:** verifica se o botão de rádio 1 está selecionado por meio do método **isSelected**.
- **Linhas 39 a 41:** definem que a caixa de diálogo conterá os botões *Yes* e *No* por meio da constante JOptionPane.YES_NO_OPTION. Observe que a variável "resp" vai receber um número referente ao botão que foi pressionado pelo usuário.
- **Linhas 42 a 50:** idem aos anteriores, alterando os botões da caixa de diálogo.
- **Linha 51:** apresenta uma caixa de diálogo com o número do botão que foi pressionado pelo usuário.

A Figura 8.13 demonstra os resultados obtidos com a execução do Exemplo 8.12. Ele apresenta o uso de três tipos de caixa de confirmação. Esse exemplo pode ser chamado a partir da classe CarregaFrame ou da GuiMenuPrincipal. Para a segunda opção, adicione um item ao menu "Exemplos" da classe GuiMenuPrincipal como descrito nas explicações finais do Exemplo 8.4.

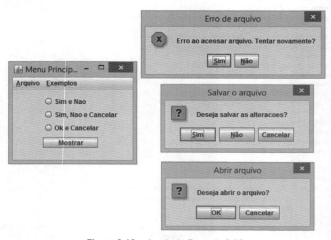

Figura 8.13 – Janela do Exemplo 8.12.

8.10.3 O método showOptionDialog

As caixas de diálogo de opção são geradas a partir do método showOptionDialog e são mais complexas que as anteriores. Elas são capazes de combinar todos os recursos já vistos nas outras caixas de diálogo. Sua sintaxe é a seguinte:

```
int resposta = (null,<mensagem>,<título da mensagem>,<botões presentes>, <tipo de
mensagem>,<ícone>,<array de objetos>,<seleção padrão>)
```

em que:

- **botões presentes:** um tipo de caixa que utiliza as variáveis YES_NO_OPTION, YES_NO_CANCEL_OPTION ou OK_CANCEL_OPTION. Deve-se utilizar o **0** (zero) caso outros botões sejam utilizados no lugar desses.
- **tipo de mensagem:** uma variável que se refere a uma pergunta, informação, alerta, erro ou definida pelo usuário.
- **ícone:** um objeto do tipo **ImageIcon** a ser apresentado no lugar de um dos ícones do argumento anterior (<tipo de mensagem>). Se nenhum ícone for usado, deve-se colocar a palavra null no lugar desse argumento.

Interfaces Gráficas com Swing

- **array de objetos:** é um array de objetos que contém os componentes ou outros objetos que representam as escolhas na caixa de diálogo, caso `YES_NO_OPTION`, `YES_NO_CANCEL_OPTION` ou `OK_CANCEL_OPTION` não sejam usados.
- **seleção padrão:** o objeto que representa a seleção padrão, caso as opções `YES_NO_OPTION`, `YES_NO_CANCEL_OPTION` ou `OK_CANCEL_OPTION` não sejam usadas.

O Exemplo 8.13 demonstra o uso da caixa de diálogo de opção que apresenta um ícone e dois botões.

Exemplo 8.13 – A classe GuiDialogoOpcao

```java
package cap08;
import java.awt.event.*;
import javax.swing.*;
public class GuiDialogoOpcao extends JPanel {
    private JButton btAbrir;
    private JLabel lbResposta;

    public GuiDialogoOpcao() {
        inicializarComponentes();
        definirEventos();
    }

    private void inicializarComponentes() {
        setLayout(null);
        lbResposta = new JLabel("");
        btAbrir = new JButton("Abrir");
        btAbrir.setBounds(25, 30, 100, 25);
        lbResposta.setBounds(25, 60, 200, 25);
        add(btAbrir);
        add(lbResposta);
    }

    private void definirEventos() {
        btAbrir.addActionListener(new ActionListener() {
            public void actionPerformed(ActionEvent arg0) {
                String[] escolha = {"Masculino", "Feminino"};
                int resp = JOptionPane.showOptionDialog(null, "Escolha o Sexo",
                    "Sexo", 0, JOptionPane.INFORMATION_MESSAGE,
                    new ImageIcon("sexo.gif"), escolha, escolha[0]);
                lbResposta.setText("Sexo Escolhido: " + escolha[resp]);
            }
        });
    }
}
```

Funcionalidades comentadas do Exemplo 8.13:

- **Linhas 24 a 32:** implementam o código referente ao evento de ação para o objeto btAbrir. Quando o usuário clicar sobre o botão, será carregada a caixa de diálogo definida nas linhas 27 a 29.
- **Linha 26:** declara e inicializa o array "escolha" do tipo String contendo os dois elementos que serão usados na caixa de diálogo.
- **Linhas 27 a 29:** definem o estilo da caixa de diálogo de acordo com a estrutura apresentada no início desta seção, com destaque para a linha 29 que contém o ícone a ser apresentado, o array "escolha" e o botão que aparecerá selecionado (definido por escolha[0], isto é, o botão "Masculino").

A Figura 8.14 demonstra os resultados obtidos com a execução do Exemplo 8.13. Observe a presença do ícone usado na caixa de diálogo juntamente com os dois botões "Masculino" e "Feminino". Esse exemplo pode ser chamado a partir da classe CarregaFrame ou da GuiMenuPrincipal. Para a segunda opção, adicione um item ao menu "Exemplos" da classe GuiMenuPrincipal como descrito nas explicações finais do Exemplo 8.4.

Figura 8.14 – Janela do Exemplo 8.13.

8.11 Inclusão de barras de rolagem

As barras de rolagem são componentes que possibilitam o controle de um valor numérico, compreendido entre um valor mínimo e um máximo. Existem três formas diferentes de mudar o valor da barra de rolagem:

- **Por meio das setas das extremidades:** são utilizadas para incrementar ou decrementar valores de pequena quantidade (de um em um por default).
- **Pelo intervalo no meio:** utilizado para incrementar ou decrementar valores em uma quantidade maior (de dez em dez por default).
- **Caixa no meio:** sua posição é utilizada para mostrar onde o valor corrente está localizado dentro do intervalo dos valores. Ao mover essa barra com o mouse, ocorre uma mudança absoluta no valor com base na posição da caixa dentro da barra de rolagem.

A sintaxe para criar uma barra de rolagem em Java é:

```
JScrollBar(<orientação>,<valor inicial>,<intervalo do meio>,<valor mínimo>,valor máximo>).
```

em que:

- **Orientação:** é um valor inteiro que define se a barra de rolagem é horizontal (**0**) ou vertical (**1**). A orientação pode ser definida também pelas constantes **JScrollBar.HORIZONTAL** e **JScrollBar.VERTICAL**.
- **Valor inicial:** é o valor inicial da barra de rolagem que deve ser do tipo inteiro, compreendido entre os valores máximo e mínimo da barra de rolagem.
- **Intervalo do meio:** é um valor do tipo inteiro que define o incremento ou decremento do valor da barra de rolagem quando o usuário clicar nessa área.
- **Valor mínimo:** define o valor inteiro mínimo da barra de rolagem.
- **Valor máximo:** define o valor inteiro máximo da barra de rolagem.

A Tabela 8.13 mostra um resumo dos métodos mais utilizados da classe **JScrollBar**.

Tabela 8.13 – Resumo dos métodos da classe JScrollBar

Método	Função
JScrollBar(int,int,int,int,int)	Cria uma barra de rolagem de acordo com os argumentos definidos
getMaximum()	Obtém o máximo valor da barra de rolagem
getMinimum()	Obtém o mínimo valor da barra de rolagem

(continua)

Interfaces Gráficas com Swing

(continuação)

Método	Função
getOrientation()	Retorna o valor da orientação da barra de rolagem: 0 para JScrollBar.HORIZONTAL e 1 para JScrollBar.VERTICAL
getValue()	Obtém o valor inteiro corrente da barra de rolagem
getUnitIncrement()	Obtém o valor do incremento por meio das setas das extremidades
getBlockIncrement()	Obtém o valor do incremento por intermédio do intervalo do meio
setMaximum(int)	Determina o valor máximo da barra de rolagem
setMinimum(int)	Determina o valor mínimo da barra de rolagem
setOrientation(int)	Define o valor da orientação da barra de rolagem: vertical ou horizontal
setValue(int)	Determina o valor corrente da barra de rolagem
setUnitIncrement(int)	Determina o valor do incremento por meio das setas das extremidades
setBlockIncrement(int)	Determina o valor do incremento por intermédio do intervalo do meio

O Exemplo 8.14 demonstra o uso da barra de rolagem, criando um pequeno conversor de polegadas em centímetros.

Exemplo 8.14 – A classe GuiBarraRolagem

```java
package cap08;
import java.awt.event.*;
import javax.swing.*;
import java.text.NumberFormat;
public class GuiBarraRolagem extends JPanel {
    private JScrollBar scrollBar1;
    private JLabel lbCentimetros, lbPolegadas;

    public GuiBarraRolagem() {
        inicializarComponentes();
        definirEventos();
    }

    private void inicializarComponentes() {
        setLayout(null);
        scrollBar1 = new JScrollBar(JScrollBar.HORIZONTAL, 0, 5, 0, 105);
        lbPolegadas = new JLabel("0 Polegadas", JLabel.CENTER);
        lbCentimetros = new JLabel("0.00 Centimetros", JLabel.CENTER);
        scrollBar1.setBounds(25,20,180,25);
        lbPolegadas.setBounds(35,50,150,25);
        lbCentimetros.setBounds(35,80,150,25);
        add(scrollBar1);
        add(lbCentimetros);
        add(lbPolegadas);
    }

    private void definirEventos() {
        scrollBar1.addAdjustmentListener(new AdjustmentListener() {
            public void adjustmentValueChanged(AdjustmentEvent e) {
                lbPolegadas.setText(scrollBar1.getValue() + " Polegadas");
                NumberFormat nf = NumberFormat.getNumberInstance();
                nf.setMinimumFractionDigits(2);
                nf.setMaximumFractionDigits(2);
                double cm = scrollBar1.getValue() * 2.54;
                lbCentimetros.setText( nf.format(cm) + " Centimetros");
            }
        });
    }
}
```

Funcionalidades comentadas do Exemplo 8.14:

- **Linha 4:** este exemplo apresenta uma maneira de formatar números por meio da classe NumberFormat. Por isso torna-se necessário importar essa classe pertencente ao pacote java.text.
- **Linha 6:** declara o objeto scrollBar1 como sendo do tipo JScrollBar.
- **Linha 16:** cria e inicializa o objeto scrollBar1 de acordo com a estrutura apresentada no início desta seção.
- **Linhas 28 a 36:** implementam o código referente ao evento de ajuste para o objeto scrollBar1 por meio da interface AdjustmentListener que especifica o método **adjustmentValue Changed**, executado quando o usuário clica sobre a barra de rolagem, alterando seu valor.
- **Linha 30:** define o texto do objeto lbPolegadas por meio do método **setText** a partir do valor atual da barra de rolagem e usando o método **getValue**, portanto o método getValue permite obter o valor atual da barra de rolagem.
- **Linha 31:** declara e cria o objeto "nf" a partir da classe NumberFormat, que permite definir com quantas casas decimais um determinado número será formatado.
- **Linhas 32 e 33:** definem a quantidade mínima e máxima de casas decimais a serem usadas no objeto "nf". Isso é feito por meio dos métodos **setMinimumFractionDigits** e **setMaximumFractionDigits** respectivamente.
- **Linha 34:** declara e inicializa a variável "cm" com o valor da barra de rolagem multiplicado por 2.54. Esse valor é o correspondente em centímetros para uma polegada.
- **Linha 35:** define o valor em centímetros para o objeto lbCentimetros por meio do método **setText**. Contém também o uso do método **format** para formatar o valor armazenado em "cm". O valor será formatado com duas casas conforme definido nas linhas 32 e 33 para o objeto "nf".

A Figura 8.15 demonstra os resultados obtidos com a execução do Exemplo 8.14. Aparece o valor correspondente em centímetros na medida em que o usuário selecionar um valor para a polegada. Esse exemplo pode ser chamado a partir da classe CarregaFrame ou da GuiMenuPrincipal. Para a segunda opção, adicione um item ao menu "Exemplos" da classe GuiMenuPrincipal como descrito nas explicações finais do Exemplo 8.4.

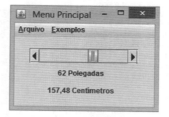

Figura 8.15 – Janela do Exemplo 8.14.

8.12 Inclusão de barras de progresso

Muitas vezes, a execução de um programa leva certo tempo para ser concluída. Nesse caso, talvez seja importante adicionar uma imagem que informe o andamento do processo ao usuário. Na criação de sistemas é sempre importante prover *feedback* ao usuário, ou seja, ele precisa estar informado sobre o que acontece durante a execução do sistema. Exemplos triviais sobre isso são: o processo de download na Internet e a instalação de programas. Em casos como esses, podemos utilizar a barra de progresso.

A Tabela 8.14 mostra um resumo dos métodos mais utilizados da classe **JProgressBar**.

Interfaces Gráficas com Swing

Tabela 8.14 – Resumo dos métodos da classe JProgressBar

Método	Função
getMaximum()	Obtém o máximo valor da barra de rolagem
getMinimum()	Obtém o mínimo valor da barra de rolagem
getValue()	Obtém o valor inteiro corrente da barra de rolagem
setMaximum(int)	Determina o valor máximo da barra de rolagem
setMinimum(int)	Determina o valor mínimo da barra de rolagem
setValue(int)	Determina o valor corrente da barra de rolagem

Vejamos o Exemplo 8.15.

Exemplo 8.15 – A classe GuiBarraProgresso

```java
package cap08;
import java.awt.event.*;
import javax.swing.*;
public class GuiBarraProgresso extends JPanel {
    private JProgressBar pbInstalar;
    private JButton btAumenta, btDiminui;
    public GuiBarraProgresso() {
        inicializarComponentes();
        definirEventos();
    }
    private void inicializarComponentes() {
        setLayout(null);
        pbInstalar = new JProgressBar();
        pbInstalar.setBounds(50,10,100, 20);
        btAumenta = new JButton("Aumentar");
        btAumenta.setBounds(50, 50, 100, 25);
        btAumenta.setMnemonic('A');
        btDiminui = new JButton("Dimunuir");
        btDiminui.setBounds(50, 100, 100, 25);
        btDiminui.setMnemonic('D');
        add(pbInstalar);
        add(btAumenta);
        add(btDiminui);
    }
    private void definirEventos() {
        btAumenta.addActionListener(new ActionListener() {
            public void actionPerformed(ActionEvent e) {
                pbInstalar.setValue(pbInstalar.getValue() + 5);
            }
        });
        btDiminui.addActionListener(new ActionListener() {
            public void actionPerformed(ActionEvent e) {
                pbInstalar.setValue(pbInstalar.getValue() - 5);
            }
        });
    }
}
```

Funcionalidades comentadas do Exemplo 8.15:

- **Linha 5**: declara o objeto pbInstalar como sendo do tipo JProgressBar.
- **Linha 13**: cria o objeto pbInstalar.
- **Linhas 26 a 30**: implementam o código referente ao evento de ação para o objeto btAumenta. Quando o usuário clicar nesse botão, o valor da barra de rolagem será incrementado em cinco.
- **Linha 28**: contém dois métodos importantes da classe JScrollBar: setValue que define o valor para a barra e getValue que retorna o valor atual da barra.
- **Linhas 31 a 35**: idem às linhas 26 a 30 para o objeto btDiminui, porém decrementam em cinco o valor da barra de rolagem.

A Figura 8.16 demonstra os resultados obtidos com a execução do Exemplo 8.15, que apenas demonstra como aumentar e diminuir o valor da barra manualmente pressionando os botões. Na prática, deve ser usado um processo automático que realiza um cálculo do tempo restante de processamento e incrementa a barra em função disso. Esse exemplo pode ser chamado a partir da classe CarregaFrame ou da GuiMenuPrincipal. Para a segunda opção, adicione um item ao menu "Exemplos" da classe GuiMenuPrincipal como descrito nas explicações finais do Exemplo 8.4.

Figura 8.16 – Janela do Exemplo 8.15.

8.13 Gerenciadores de layout

Os gerenciadores de layout têm a função de definir o layout a ser usado num componente gráfico, como um painel ou um frame, isto é, o gerenciador permite dividir o componente em regiões que abrigarão outros componentes. Dependendo do gerenciador usado, é criada uma divisão diferente. Esta seção não pretende esgotar o assunto, tampouco apresentar todos os tipos de gerenciadores. Serão abordados os gerenciadores FlowLayout, GridLayout e BorderLayout, mas existem ainda outros não tratados no livro. Na grande maioria dos exemplos apresentados neste capítulo não utilizamos nenhum gerenciador de layout (layout nulo), mas já usamos o gerenciador de grade (GridLayout). Conforme já apresentado, para inserir um componente em outro é usado o método "add".

8.13.1 FlowLayout

No gerenciador FlowLayout os componentes são inseridos da esquerda para a direita, isto é, na ordem em que são adicionados pelo método "add". Quando não existe mais espaço em uma linha, é criada outra linha abaixo dela, e esse critério é usado em todo o espaço do componente. A distribuição dos objetos por meio do FlowLayout pode ser comparada à distribuição das palavras que um editor de texto qualquer faz, isto é, ao terminar o espaço na linha, a palavra é colocada na linha abaixo. Esse processo é feito automaticamente de acordo com o tamanho da janela do componente.

A Figura 8.17 apresenta três fotos da mesma janela, que é composta por seis botões distribuídos de acordo com o tamanho dela, afetando a distribuição dos componentes.

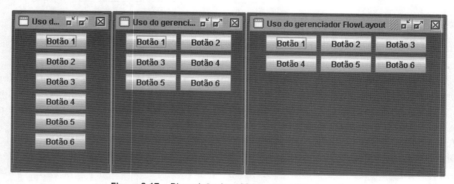

Figura 8.17 – Disposição dos objetos com o FlowLayout.

A sintaxe utilizada para a definição do layout de fluxo é a seguinte:

```
setLayout(new FlowLayout([Alinhamento, Espaçamento_horizontal,
Espaçamento_vertical]));
```

em que:

- **Alinhamento:** refere-se ao alinhamento que os componentes assumirão no momento em que forem inseridos, podendo assumir os seguintes valores inteiros: 0=esquerda, 1=centralizado, 2=direita. O alinhamento é opcional e quando não especificado assume valor 0.
- **Espaçamento_horizontal:** refere-se à distância que será dada entre os objetos inseridos na mesma linha. O espaçamento horizontal é opcional e quando não especificado é considerado com cinco unidades.
- **Espaçamento_vertical:** refere-se à distância que será dada entre as linhas em que os objetos estão inseridos. O espaçamento vertical é opcional e quando não especificado é considerado com cinco unidades.

Assim, um layout pode ser criado para definir o espaçamento que os objetos terão entre si na janela, da seguinte forma:

```
setLayout(new FlowLayout(1,20,40));
```

Com essa declaração, será criado um layout de alinhamento centralizado, 20 unidades de espaçamento horizontal e 40 unidades de espaçamento vertical. Observe na Figura 8.18 a disposição dos botões usando os espaçamentos, em comparação com a Figura 8.17, em que o espaçamento não foi utilizado.

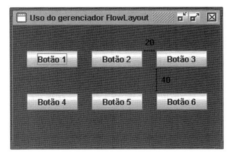

Figura 8.18 – Uso de espaçamento entre os objetos.

A Tabela 8.15 mostra os diversos métodos do tipo construtor disponíveis de FlowLayout.

Tabela 8.15 – Métodos do tipo construtor de FlowLayout

Método	Função
FlowLayout()	Cria um layout padrão: alinhamento centralizado e espaçamentos entre objetos com cinco unidades
FlowLayout(int)	Cria um layout com o alinhamento fornecido e espaçamentos entre objetos com cinco unidades
FlowLayout(int,int,int)	Cria um layout com o alinhamento, espaçamento horizontal e espaçamento vertical fornecidos

8.13.2 GridLayout

O GridLayout é um gerenciador que divide a janela num conjunto de células espalhadas numa grade retangular, de maneira que todas elas possuam a mesma dimensão. Com o GridLayout uma janela pode ser dividida em linhas e colunas de acordo com os argumentos especificados no momento de sua criação. Os componentes são dispostos na ordem em que aparecem, sendo inseridos na grade da esquerda para a direita e de cima para baixo. Os componentes adicionados à grade são expandidos de forma a ocuparem todo o espaço da célula em que estão inseridos. Qualquer modificação no tamanho da janela reflete automaticamente no tamanho dos componentes adicionados a ela, ou seja, os componentes são redimensionados em função da nova dimensão da janela.

A Figura 8.19 apresenta duas fotos da mesma janela, que é composta por seis botões distribuídos em forma de uma grade de três linhas por duas colunas. Observe como os botões são redimensionados de acordo com o tamanho da janela.

A sintaxe utilizada para a definição do layout na forma de grade é a seguinte:

```
setLayout(new GridLayout([Número_de_linhas, Número_de_colunas,
Espaçamento_horizontal, Espaçamento_vertical]));
```

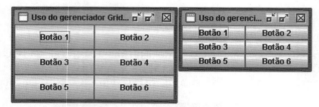

Figura 8.19 – Redimensionamento automático dos botões no GridLayout.

em que:

- **Número de linhas:** refere-se à quantidade de linhas que a grade conterá. Se não especificado, assume valor 1.
- **Número de colunas:** refere-se à quantidade de colunas que a grade conterá. Se não especificado, assume valor 1.
- **Espaçamento_horizontal e Espaçamento_vertical:** idem ao descrito para o gerenciador FlowLayout. São parâmetros opcionais. A Figura 8.20 apresenta a mesma grade da Figura 8.19, porém com espaçamentos entre os objetos.

Figura 8.20 – Uso de espaçamento entre os objetos.

O gerenciador GridLayout é indicado quando os objetos a serem inseridos precisam estar dispostos em forma de linhas e colunas, geralmente alinhados. Nem todas as aplicações utilizam objetos alinhados, e, na maioria das vezes, o gerenciador GridLayout sozinho não é uma boa opção, uma vez que os objetos possuem tamanhos diferentes. Para melhorar o layout de uma aplicação, pode ser usada uma combinação de diversos gerenciadores.

A Tabela 8.16 mostra os diversos métodos do tipo construtor disponíveis de GridLayout.

Tabela 8.16 – Métodos do tipo construtor de GridLayout

Método	Função
GridLayout()	Cria um layout com uma linha e uma coluna
GridLayout(int,int)	Cria um layout com o número de linhas e colunas especificado
GridLayout(int,int,int,int)	Cria um layout com o número de linhas e colunas especificado e com os espaçamentos horizontal e vertical também especificados

8.13.3 BorderLayout

O BorderLayout é um gerenciador que divide uma janela em cinco regiões distintas: **north** (região superior), **south** (região inferior), **west** (região à esquerda), **east** (região à direita) e **center** (região central). Diferentemente dos gerenciadores FlowLayout e GridLayout, a ordem em que os componentes são inseridos é irrelevante, uma vez que as regiões são fixas. Em cada região cabe apenas um componente, ou seja, apenas cinco componentes podem ser inseridos nesse layout. Caso outro componente seja inserido em uma região já ocupada, o componente é sobreposto. Da mesma forma que no GridLayout, as regiões do BorderLayout são redimensionadas de acordo com as dimensões da janela. Veja a Figura 8.21.

Figura 8.21 – Redimensionamento automático dos botões no BorderLayout.

A divisão de uma janela em apenas cinco regiões parece uma desvantagem, porém cada componente adicionado pode ser um painel com seus componentes próprios, gerenciados por um layout próprio. A sintaxe utilizada para a definição do layout na forma de regiões é a seguinte:

```
setLayout(new BorderLayout([Espaçamento_horizontal, Espaçamento_vertical]));
```

em que:

- **Espaçamento_horizontal e Espaçamento_vertical:** idem ao descrito para os gerenciadores FlowLayout e GridLayout. São parâmetros opcionais.

Para a utilização do BorderLayout existe uma pequena diferença em relação aos gerenciadores anteriores: é necessário informar no método "add" em qual região o objeto será inserido:

```
add("North", btSuperior);
add("South", btInferior);
add("West", btEsquerda);
add("East", btDireita);
add("Center", btCentro);
```

Outro ponto a ser observado com o uso do BorderLayout é que nem todas as regiões necessitam ser preenchidas. É possível usar apenas as desejadas. Aquelas não usadas são consideradas pelo gerenciador uma região única que pode receber um componente qualquer. Observe a listagem a seguir:

```
add("North",btSuperior);
add("West",btEsquerda);
add(tfTexto);
```

Esse trecho utiliza apenas as regiões superior e esquerda; as outras não são usadas. Dessa forma, o objeto tfTexto (um campo texto) ocupa o restante do espaço disponível no layout, conforme apresenta a Figura 8.22.

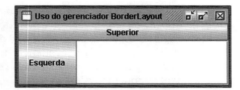

Figura 8.22 – Uso de algumas regiões no BorderLayout.

A Tabela 8.17 mostra os diversos métodos do tipo construtor disponíveis de BorderLayout.

Tabela 8.17 – Métodos do tipo construtor de BorderLayout

Método	Função
BorderLayout()	Cria um layout sem espaçamento entre as regiões
BorderLayout (int,int)	Cria um layout com espaçamento horizontal e vertical entre as regiões

Não apresentamos ainda nenhum exemplo prático que envolva os diferentes gerenciadores de layout. Isso é feito em seguida na próxima seção.

8.14 Inclusão de abas

A inclusão de abas (ou guias) permite agrupar diversas telas num só componente. Essa característica é possível utilizando a classe JTabbedPane, que permite ao usuário escolher diferentes grupos de componentes clicando numa aba que contém um título e/ou um ícone. A Tabela 8.18 mostra um resumo dos métodos mais utilizados da classe JTabbledPane.

Tabela 8.18 – Resumo dos métodos da classe JTabbledPane

Método	Função
JTabbedPane()	Cria um painel vazio com as abas na parte superior
JTabbedPane(int)	Cria um painel vazio com as abas na localização fornecida: JTabbedPane.TOP (superior), JTabbedPane.BOTTOM (inferior), JTabbedPane.LEFT (esquerda) ou JTabbedPane.RIGHT (direita)
addTab(String, Component)	Adiciona um componente com o título da aba fornecido (não adiciona ícone)
addTab(String, Icon, Component)	Adiciona um componente contendo um título e um ícone
getSelectedIndex()	Retorna um número inteiro referente ao índice da aba atualmente selecionada
getTabCount()	Retorna um número inteiro referente à quantidade de abas existentes

(continua)

Interfaces Gráficas com Swing

(continuação)

Método	Função
remove(int)	Remove a aba e o componente correspondentes ao índice fornecido
removeAll()	Remove todas as abas e seus componentes correspondentes de TabbedPane
setSelectedIndex(int)	Seleciona a aba correspondente ao índice fornecido

O Exemplo 8.16 demonstra a utilização da classe JTabbedPane. Em cada aba aparece um painel que utiliza um gerenciador de layout diferente.

Exemplo 8.16 – A classe GuiAbas

```
1   package cap08;
2   import java.awt.*;
3   import javax.swing.*;
4   public class GuiAbas extends JPanel {
5       private JTabbedPane tpAbas;
6       private JButton[] botoes = new JButton[15];
7
8       public GuiAbas() {
9           inicializarComponentes();
10      }
11
12      private void inicializarComponentes() {
13          setLayout(null);
14          for (int i = 0; i < 15; i++) {
15              botoes[i] = new JButton("Botão " + (i + 1));
16          }
17          JPanel panel1 = new JPanel(new GridLayout(5, 1));
18          for (int i = 0; i < 5; i++) {
19              panel1.add(botoes[i]);
20          }
21          JPanel panel2 = new JPanel(new FlowLayout());
22          for (int i = 5; i < 10; i++) {
23              panel2.add(botoes[i]);
24          }
25          JPanel panel3 = new JPanel(new BorderLayout());
26          panel3.add(botoes[10], "North");
27          panel3.add(botoes[11], "West");
28          panel3.add(botoes[12], "Center");
29          panel3.add(botoes[13], "East");
30          panel3.add(botoes[14], "South");
31          tpAbas = new JTabbedPane();
32          tpAbas.addTab("GridLayout", panel1);
33          tpAbas.addTab("FlowLayout", panel2);
34          tpAbas.addTab("BorderLayout", panel3);
35          tpAbas.setBounds(0, 0, 300, 200);
36          add(tpAbas);
37      }
38  }
```

Funcionalidades comentadas do Exemplo 8.16:

▶ **Linha 5:** declara o objeto tpAbas como sendo do tipo JTabbletPane.
▶ **Linha 6:** declara e cria o array botoes contendo 15 elementos do tipo JButton. Esses botões serão usados para exemplificar o uso dos gerenciadores de layout.
▶ **Linhas 14 e 15:** criam todos os elementos do array botoes contendo o texto "Botão1", "Botão2",..."Botão14".
▶ **Linha 17:** declara e cria o painel "painel1" com o layout de grade contendo cinco linhas e uma coluna.
▶ **Linhas 18 e 19:** adicionam os elementos de índice 0 a 4 do array botoes ao painel "painel1".
▶ **Linha 21:** declara e cria o painel "painel2" com o layout de fluxo.
▶ **Linhas 22 e 23:** adicionam os elementos de índice 5 a 9 do array botoes ao painel "painel2".
▶ **Linha 25:** declara e cria o painel "painel3" com o layout de regiões.
▶ **Linhas 26 a 30:** adicionam cinco botões ao objeto "painel3", cada um numa região.
▶ **Linha 31:** cria o objeto tpAbas.

- **Linhas 32 a 34:** adicionam os painéis "painel1", "painel2" e "painel3" ao objeto tpAbas; cada aba terá um título diferente.

Este exemplo não possui nenhuma interação com o usuário, isto é, não possui nenhum evento. Ele foi construído apenas com o objetivo de demonstrar o uso de abas e dos gerenciadores de layout.

A Figura 8.23 demonstra os resultados obtidos com a execução do Exemplo 8.16. Ao clicar sobre uma aba, aparece uma janela diferente, construída a partir de um gerenciador de layout diferente. Esse exemplo pode ser chamado a partir da classe CarregaFrame ou da GuiMenuPrincipal. Para a segunda opção, adicione um item ao menu "Exemplos" da classe GuiMenuPrincipal como descrito nas explicações finais do Exemplo 8.4.

Figura 8.23 – Janela do Exemplo 8.16.

8.15 Inclusão de frames internos

O leitor já sabe que para a criação de frames é usada a classe JFrame. Da mesma forma, para a criação de um frame interno é usada a classe JInternalFrame. Um frame interno é um objeto "leve" que possui muitas das características de um frame comum, tais como redimensionamento da janela, botões de maximizar e minimizar, título da janela, entre outros.

Para usar um frame interno, deve ser definida uma dimensão; caso contrário, ele possuirá dimensão zero e se tornará invisível. Para isso podem ser usados os métodos setSize ou setBounds. É preciso especificar também a localização do frame interno; senão, a localização default será (0,0). Isso pode ser feito por meio dos métodos setLocation ou setBounds.

A Tabela 8.19 mostra um resumo dos métodos mais utilizados da classe JInternalFrame.

Tabela 8.19 – Resumo dos métodos da classe JInternalFrame

Método	Função
JInternalFrame()	Cria um frame interno sem título e sem nenhum botão
JInternalFrame(String)	Cria um frame interno contendo um título e sem nenhum botão
JInternalFrame(String, boolean, boolean, boolean, boolean)	Cria um frame interno contendo um título e outras características dependendo de cada variável booleana ser true ou false. Na sequência temos: redimensionamento, botão fechar, botão maximizar e minimizar
setClosable(boolean)	Define se o frame interno pode ser fechado pelo usuário
setIconifiable(boolean)	Define se o frame interno pode ser minimizado pelo usuário
setMaximizable(boolean)	Define se o frame interno pode ser maximizado pelo usuário
setResizable(boolean)	Define se o frame interno pode ser redimensionado
show()	Torna o frame interno visível, o mesmo que "setVisible(true)"

Um frame interno deve ser adicionado a um container. Para um melhor desempenho deve ser usada a classe JDesktopPane. Como nosso menu principal (a classe GuiMenuPrincipal do Exemplo 8.2) não utiliza o container JDesktopPane, é necessário realizar algumas modificações. Faça o seguinte no Exemplo 8.2:

Interfaces Gráficas com Swing

1. Na linha 6, substitua a classe Container por JDesktopPane.
2. Retire a linha 19 e adicione duas linhas:

```
contentPane = new JDesktopPane();
setContentPane(contentPane);
```

Com essas alterações você pode carregar o Exemplo 8.17 da mesma forma que nos exemplos anteriores. Sem essas alterações, não seria possível maximizar e minimizar o frame interno.

Exemplo 8.17 – A classe GuiFrameInterno

```
1   package cap08;
2   import java.awt.*;
3   import javax.swing.JInternalFrame;
4   public class GuiFrameInterno extends JInternalFrame {
5
6       public GuiFrameInterno() {
7           inicializarComponentes();
8       }
9
10      private void inicializarComponentes() {
11          setTitle("Usando Frame Interno");
12          setSize(300, 100);
13          setResizable(true);
14          setClosable(true);
15          setMaximizable(true);
16          setIconifiable(true);
17          setBackground(Color.orange);
18          setVisible(true);
19      }
20  }
```

Funcionalidades comentadas do Exemplo 8.17:
- **Linha 3**: importa a classe JInternalFrame que será usada no exemplo.
- **Linha 4**: o exemplo GuiFrameInterno estende por meio da herança a classe JInternalFrame.
- **Linha 12**: define a dimensão do frame interno por meio do método **setSize**.
- **Linha 13**: define que será possível redimensionar o frame passando o valor true ao método **setResizable**.
- **Linha 14**: indica que será possível fechar o frame passando o valor true ao método **setClosable**.
- **Linha 15**: define que será possível maximizar o frame passando o valor true ao método **setMaximizable**.
- **Linha 16**: indica que será possível minimizar o frame passando o valor true ao método **setMinimizable**.
- **Linha 17**: define a cor de fundo laranja para o frame interno por meio do método **setBackground**.

A execução do Exemplo 8.17 pode ser vista na Figura 8.24. Observe a presença dos botões Minimizar, Maximizar e Fechar. A janela se inicia com uma dimensão fixa, mas o usuário pode redimensioná-la por meio do mouse. Ele pode ser chamado a partir da classe CarregaFrame ou da GuiMenuPrincipal. Para a segunda opção, adicione um item ao menu "Exemplos" da classe GuiMenuPrincipal como descrito nas explicações finais do Exemplo 8.4.

Figura 8.24 – Janela do Exemplo 8.17.

8.16 Inclusão de grades

Esta seção descreve o uso de grades por meio da classe JTable, um componente que permite mostrar e editar uma tabela de duas dimensões. O estudo da classe JTable é relativamente extenso (existem mais de 130 métodos nessa classe). Como sempre, no livro, vamos focar apenas as funcionalidades mais usadas.

A Tabela 8.20 fornece um resumo dos métodos mais utilizados da classe JTable.

Tabela 8.20 – Resumo dos métodos da classe JInternalFrame

Método	Função
JTable(int, int)	Cria uma tabela contendo um determinado número de linhas e colunas fornecidas com células vazias e usando o DefaultTableModel
JTable(TableModel)	Cria uma tabela a partir do TableModel fornecido
getColumnCount()	Retorna um número inteiro referente ao número de colunas existentes
getColumnName(int)	Retorna uma string referente ao nome da coluna cujo número foi fornecido
getRowCount()	Retorna um número inteiro referente ao número de linhas existentes
getSelectedColumns()	Retorna um array de inteiros contendo os índices de todas as colunas selecionadas
getSelectedRows()	Retorna um array de inteiros contendo os índices de todas as linhas selecionadas
getValueAt(int, int)	Retorna um objeto com o conteúdo da célula cujas linha e coluna foram fornecidas
selectAll()	Seleciona todas as linhas, colunas e células da tabela
setValueAt(Object, int, int)	Define um valor presente em Object para a célula cujas linha e coluna são fornecidas

Como o Exemplo 8.18 é relativamente extenso, vamos dividi-lo em partes para facilitar a compreensão. A Listagem 1 apresenta apenas as declarações da classe GuiPedido.

Exemplo 8.18 – A classe GuiPedido (Listagem 1: linhas 1 a 15)

```
1   package cap08;
2   import javax.swing.*;
3   import javax.swing.table.*;
4   import javax.swing.border.TitledBorder;
5   import java.awt.*;
6   import java.awt.event.*;
7   import java.text.DecimalFormat;
8   public class GuiPedido extends JPanel {
9       private JPanel pnPrincipal, pnTable;
10      private JButton btRemover, btAdicionar;
11      private JScrollPane scrollTable;
12      private JTable table;
13      private JLabel lbNumero, lbTotal, lbProduto, lbPrecoUnitario, lbQuantidade;
14      private JTextField tfNumero, tfTotal, tfProduto, tfPrecoUnitario, tfQuantidade;
15      DecimalFormat df = new DecimalFormat("#,###.00");
```

Funcionalidades comentadas da Listagem 1 do Exemplo 8.18:

▶ **Linha 3:** importa diversas classes do pacote "javax.swing.table". As classes usadas serão comentadas nos trechos de código seguintes.

▶ **Linha 4:** importa a classe TitledBorder do pacote "javax.swing.border", a qual será usada para adicionar uma borda com título a um painel.

▶ **Linha 7:** importa a classe DecimalFormat do pacote "java.text" que será usada para formatar números com casas decimais.

▶ **Linhas 9 a 14:** declaram todos os componentes usados no exemplo e que já foram estudados anteriormente. Nossa aplicação utiliza os seguintes componentes: dois painéis, dois botões, uma barra de rolagem, uma tabela, cinco labels e cinco caixas de texto.

Interfaces Gráficas com Swing

▶ **Linha 15:** declara e cria o objeto "df" da classe DecimalFormat com a formatação "#,###.00" que será aplicada a valores monetários usados no exemplo.

Obviamente, ainda não é possível compilar e executar a classe GuiPedido. Vamos prosseguir o exemplo. A Listagem 2 apresenta o método construtor e parte do método inicializarComponentes.

Exemplo 8.18 – A classe GuiPedido (Listagem 2: linhas 16 a 37)

```
public GuiPedido() {
    inicializarComponentes();
    definirEventos();
}

private void inicializarComponentes() {
    setLayout(null);
    lbProduto = new JLabel("Produto");
    lbQuantidade = new JLabel("Quantidade");
    lbPrecoUnitario = new JLabel("PrecoUnitario");
    lbNumero = new JLabel("Numero do Pedido:");
    lbTotal = new JLabel("Total do Pedido:");
    tfProduto = new JTextField();
    tfPrecoUnitario = new JTextField();
    tfQuantidade = new JTextField();
    tfNumero = new JTextField();
    tfTotal = new JTextField();
    tfTotal.setEnabled(false);
    tfTotal.setHorizontalAlignment(JTextField.RIGHT);
    btAdicionar = new JButton("Adicionar");
    btAdicionar.setToolTipText("Adiciona um item ao pedido");
```

Funcionalidades comentadas da Listagem 2 do Exemplo 8.18:

▶ **Linha 34:** o campo total não deve ser editado pelo usuário. Para isso, a caixa de texto tfTotal é desabilitada enviando-se "false" ao método **setEnabled**.
▶ **Linha 35:** define que o alinhamento da caixa de texto tfTotal será à direita. Isso é realizado passando a constante JTextField.RIGHT ao método **setHorizontalAlignment**.
▶ **O restante das linhas é conhecido do leitor e dispensa maiores comentários.**

A Listagem 3 apresenta mais um trecho do método inicializarComponentes.

Exemplo 8.18 – A classe GuiPedido (Listagem 3: linhas 38 a 57)

```
btRemover = new JButton("Remover");
btRemover.setToolTipText("Remove os itens selecionados");
lbProduto.setBounds(15, 40, 100, 25);
lbQuantidade.setBounds(225, 40, 100, 25);
lbPrecoUnitario.setBounds(310, 40, 100, 25);
lbNumero.setBounds(15, 10, 120, 25);
lbTotal.setBounds(278, 360, 100, 25);
tfProduto.setBounds(15, 65, 200, 25);
tfQuantidade.setBounds(225, 65, 50, 25);
tfPrecoUnitario.setBounds(310, 65, 80, 25);
tfNumero.setBounds(130, 10, 50, 25);
tfTotal.setBounds(375, 360, 100, 25);
btAdicionar.setBounds(15, 100, 100, 22);
btRemover.setBounds(125, 100, 100, 22);
pnPrincipal = new JPanel();
pnPrincipal.setLayout(null);
pnPrincipal.setBounds(0, 0, 500, 400);
pnPrincipal.add(lbNumero);
pnPrincipal.add(lbTotal);
pnPrincipal.add(tfNumero);
```

183

Funcionalidades comentadas da Listagem 3 do Exemplo 8.18:
- Não há muito a comentar sobre este trecho, pois contém códigos muito usados em exemplos anteriores. Destaque para a linha 52, que cria o painel pnPrincipal, que abriga todos os componentes da aplicação.

A Listagem 4 apresenta mais um trecho do método inicializarComponentes.

Exemplo 8.18 – A classe GuiPedido (Listagem 4: linhas 58 a 81)

```
58    pnPrincipal.add(tfTotal);
59    pnPrincipal.add(lbProduto);
60    pnPrincipal.add(tfProduto);
61    pnPrincipal.add(lbQuantidade);
62    pnPrincipal.add(tfQuantidade);
63    pnPrincipal.add(lbPrecoUnitario);
64    pnPrincipal.add(tfPrecoUnitario);
65    pnTable = new JPanel(new BorderLayout());
66    pnTable.setBorder(new TitledBorder("Itens do Pedido"));
67    scrollTable = new JScrollPane();
68    df.setMinimumFractionDigits(2);
69    df.setMaximumFractionDigits(2);
70    pnPrincipal.add(btAdicionar);
71    pnPrincipal.add(btRemover);
72    DefaultTableModel tableModel = new DefaultTableModel(
73        new String[]{"Produto", "Qtde", "Preco Un.", "Total"},0) {
          public boolean isCellEditable(int row, int col) {
75            if (col == 3) {
76                return false;
77            }
78            return true;
79        }
80    };
81    table = new JTable(tableModel);
```

Funcionalidades comentadas da Listagem 4 do Exemplo 8.18:
- **Linha 65:** cria o painel pnTable com o gerenciador BorderLayout.
- **Linha 66:** define uma borda para o painel pnTable a partir do método **setBorder**. Essa borda terá o título "Itens do Pedido".
- **Linhas 72 e 73:** declaram e criam o objeto tableModel a partir da classe DefaultTableModel, que serve como um modelo a partir do qual a tabela será criada. Na linha 73 o objeto tableModel recebe um array de strings contendo os nomes das colunas que serão usadas na tabela. O número zero, ao final da linha, indica que inicialmente a tabela não terá nenhuma linha.
- **Linhas 74 a 79:** redefinem o método **isCellEditable** da classe DefaultTableModel. O objetivo é estabelecer quais células da tabela serão editáveis pelo usuário. No exemplo, foi definido que a coluna 3 (a coluna "total", já que a numeração das colunas inicia a partir do zero) não será editável, isto é, o usuário não conseguirá alterar seu valor. O ideal seria não permitir a alteração em nenhuma coluna, mas assim o fizemos para servir de exemplo. Observe que o método isCellEditable recebe linha e coluna como argumento, tornando possível controlar o acesso a todas as células da grade.
- **Linha 75:** como o objetivo é apenas travar a edição da coluna total, verificamos se o usuário está tentando editar a coluna 3. Em caso positivo, é retornado o valor "false" (linha 76); caso contrário, é retornado "true" na linha 78.
- **Linha 81:** cria o objeto table a partir das características definidas no objeto tableModel.

A Listagem 5 apresenta o último trecho do método inicializarComponentes.

Interfaces Gráficas com Swing

Exemplo 8.18 – A classe GuiPedido (Listagem 5: linhas 82 a 103)

```
82      DefaultTableCellRenderer alinhaDireita = new DefaultTableCellRenderer();
83      alinhaDireita.setHorizontalAlignment(SwingConstants.RIGHT);
84      table.getColumnModel().getColumn(0).setPreferredWidth(150);
85      table.getColumnModel().getColumn(0).setResizable(false);
86      table.getColumnModel().getColumn(1).setPreferredWidth(50);
87      table.getColumnModel().getColumn(1).setResizable(false);
88      table.getColumnModel().getColumn(1).setCellRenderer(alinhaDireita);
89      table.getColumnModel().getColumn(2).setPreferredWidth(100);
90      table.getColumnModel().getColumn(2).setResizable(false);
91      table.getColumnModel().getColumn(2).setCellRenderer(alinhaDireita);
92      table.getColumnModel().getColumn(3).setPreferredWidth(100);
93      table.getColumnModel().getColumn(3).setResizable(false);
94      table.getColumnModel().getColumn(3).setCellRenderer(alinhaDireita);
95      table.getTableHeader().setReorderingAllowed(false);
96      table.setAutoResizeMode(JTable.AUTO_RESIZE_OFF);
97      scrollTable.setViewportView(table);
98      pnTable.add(scrollTable);
99      pnTable.setBounds(10, 130, 470, 230);
100     pnPrincipal.add(pnTable);
101     add(pnPrincipal);
102   }
103
```

Funcionalidades comentadas da Listagem 5 do Exemplo 8.18:

▶ **Linha 82:** declara e cria o objeto alinhaDireita a partir da classe DefaultTableCellRenderer que serve para estabelecer características de alinhamento para as células da tabela.

▶ **Linha 83:** indica o alinhamento à direita para o objeto alinhaDireita por meio do método **setHorizontalAlignment** usando a constante RIGHT da classe SwingConstants.

▶ **Linhas 84, 86, 89 e 92:** definem a largura de cada coluna da tabela por meio do método **setPreferredWidth**. Observe que a numeração das colunas se inicia em zero. A leitura da linha 84, da esquerda para a direita, pode ser interpretada como: para o objeto "table" retorne todas as colunas (getColumnModel), em seguida retorne a coluna produto (getColumn(0)) e defina como largura preferencial (setPreferredWidth) o valor 150.

▶ **Linhas 85, 87, 90 e 93:** definem que não será permitido realizar o redimensionamento das colunas por meio do método **setResizable**.

▶ **Linhas 88, 91 e 94:** indicam que o alinhamento das células das colunas 1 a 3 será à direita por meio do método **setCellRenderer**.

▶ **Linha 95:** define que não será permitido reorganizar as colunas da tabela (com o arrastar e soltar do mouse) por meio do método **setReorderingAllowed**. O default é permitir a reorganização.

▶ **Linha 96:** define que as colunas da tabela não serão redimensionadas automaticamente caso o tamanho dos caracteres exceda a largura da coluna. Isso é realizado por meio do método **setAutoResizeMode** usando a constante AUTO_RESIZE_OFF da classe JTable. O default é permitir o redimensionamento.

▶ **Linha 97:** define o objeto table como conteúdo do painel de rolagem scrollTable por meio do método **setViewportView**. Esse método faz com que o painel de rolagem entre em sincronismo com o objeto table e sempre seja atualizado quando o conteúdo deste for modificado.

▶ **Linha 98:** adiciona o objeto scrollTable ao painel pnTable.

▶ **Linha 100:** adiciona o painel pnTable ao painel principal pnPrincipal.

Com isso terminamos a inserção dos componentes gráficos da interface. O próximo passo é especificar o código do método definirEventos. Veja a Listagem 6 do Exemplo 8.18.

Funcionalidades comentadas da Listagem 6 do Exemplo 8.18:

▶ **Linhas 105 a 119:** contêm o controle do evento de ação para o botão btAdicionar. Esse trecho será executado sempre que o usuário inserir um item no pedido.
▶ **Linhas 107 e 108:** verificam se as caixas de texto tfProduto, tfQuantidade e tfPrecoUnitario estão preenchidas com algum valor. Caso alguma delas não esteja preenchida, emitem um alerta para o usuário e cancelam a inclusão do item do pedido (linhas 109 e 110).
▶ **Linha 112:** contém a declaração e criação do objeto "dtm" da classe DefaultTableModel a partir do conteúdo atual do objeto table, ou seja, o "dtm" será inicializado com o mesmo conteúdo da tabela. Esse objeto permite inserir uma nova linha na tabela, isto é, adicionar um novo item ao pedido.
▶ **Linhas 113 a 115:** adicionam uma nova linha à tabela por meio do método **addRow**.
▶ **Linha 116:** contém a chamada ao método **limparCampos**. Esse método ainda não foi criado, e será mostrado na próxima listagem. Seu objetivo é limpar as caixas de texto referentes ao item do pedido e colocar o foco (o cursor) na caixa de texto tfProduto. Dessa forma, toda vez que um item for inserido na grade, as caixas de texto do item serão limpas, preparando a interface para uma nova inserção.
▶ **Linha 117:** contém a chamada ao método **calcularTotal**, que também não foi criado ainda. Ele será mostrado na próxima listagem. Seu objetivo é calcular o total do pedido considerando o novo item que está sendo adicionado.
▶ **Linhas 120 a 129:** contêm o controle do evento de ação para o botão btRemover. Esse trecho será executado quando o usuário remover um ou mais itens do pedido.
▶ **Linha 122:** cria um array chamado "linhas", que contém o índice de todas as linhas selecionadas atualmente do objeto table. Isso é feito por meio do método **getSelectedRows** da classe JTable.
▶ **Linha 123:** o mesmo que a linha 112.
▶ **Linha 124:** define um laço de repetição que percorrerá todas as linhas do objeto table, isto é, todas as linhas atuais presentes na grade.
▶ **Linha 125:** remove todas as linhas da tabela cujo índice esteja armazenado no array "linhas".
▶ **Linha 127:** o mesmo que a linha 117, ou seja, toda vez que um ou mais itens forem removidos, o cálculo do total deve ser refeito.

Exemplo 8.18 – A classe GuiPedido (Listagem 6: linhas 104 a 130)

```
104     private void definirEventos() {
105         btAdicionar.addActionListener(new ActionListener() {
            public void actionPerformed(ActionEvent e) {
107             if(tfProduto.getText().equals("") || tfQuantidade.getText().equals("") ||
108                 tfPrecoUnitario.getText().equals("")){
109                 JOptionPane.showMessageDialog(pnTable, "Preencha todos os campos!");
110                 return;
111             }
112             DefaultTableModel dtm = (DefaultTableModel) table.getModel();
113             dtm.addRow(new Object[]{tfProduto.getText(), tfQuantidade.getText(),
114                 tfPrecoUnitario.getText(), "" + df.format(Integer.parseInt(
115                 tfQuantidade.getText()) * Double.parseDouble(tfPrecoUnitario.getText()))});
116             limparCampos();
117             calcularTotal();
118         }
119     });
120     btRemover.addActionListener(new ActionListener() {
            public void actionPerformed(ActionEvent e) {
122             int[] linhas = table.getSelectedRows();
123             DefaultTableModel dtm = (DefaultTableModel) table.getModel();
124             for (int i = (linhas.length - 1); i >= 0; --i) {
125                 dtm.removeRow(linhas[i]);
126             }
127             calcularTotal();
128         }
129     });
130     }
```

Interfaces Gráficas com Swing

Com isso terminamos a implementação do método definirEventos. A Listagem 7 é a última do Exemplo 8.18 e contém a implementação dos métodos calcularTotal e limparCampos.

Exemplo 8.18 – A classe GuiPedido (Listagem 7: linhas 131 a 149)

```java
private void calcularTotal() {
    double total = 0;
    for (int linha = 0; linha < table.getRowCount(); linha++) {
        String valor = "" + table.getValueAt(linha, 3);
        valor = valor.replace(".", "");
        valor = valor.replace(",", ".");
        total += Double.parseDouble(valor);
    }
    tfTotal.setText("" + df.format(total));
}

private void limparCampos() {
    tfProduto.setText("");
    tfQuantidade.setText("1");
    tfPrecoUnitario.setText("");
    tfProduto.requestFocus();
}
```

Funcionalidades comentadas da Listagem 7 do Exemplo 8.18:

- **Linhas 132 a 141:** contêm a implementação do método calcularTotal, que realiza a soma dos valores dos itens de pedido e mostra o resultado na caixa de texto tfTotal.
- **Linha 134:** faz um laço de repetição da primeira até a última linha da tabela, isto é, permite realizar a leitura de todos os itens que aparecem na grade.
- **Linha 135:** a cada iteração do laço, armazena o valor referente ao total do item na variável "valor". Isso é realizado por meio do **método getValueAt** que retorna o conteúdo de uma célula da tabela e para isso possui dois parâmetros (linha, coluna), ou seja, ele recebe o número da linha e o número da coluna cuja leitura do valor ele deve realizar. Nesse caso, a coluna sempre será a 3 (referente ao valor total do item), no entanto a linha será variável em função do item do pedido. Dessa forma, a cada iteração do laço, uma nova célula é lida (0,3), (1,3), (2,3) e assim sucessivamente, dependendo da quantidade de itens do pedido.
- **Linha 136:** o valor total do item que consta na célula da grade aparece formatado com um ponto na casa do milhar e uma vírgula na parte decimal (exemplo: 1.234,56). Esse valor está armazenado como uma string e precisa ser convertido para ser possível realizar a soma dos valores. O que mostramos é uma forma possível para resolver esse problema. Em primeiro lugar vamos retirar o ponto (.). Isso é realizado por meio do método **replace** substituindo o ponto por vazio, isto é, o ponto será retirado. Considerando o exemplo, caso o conteúdo da variável "valor" seja 1.234,56, então, ao executar a linha 136, o novo conteúdo será 1234,56. Mesmo assim, o valor ainda não pode ser convertido em número, já que a linguagem Java entende o ponto (.) como casa decimal. A linha 137 resolve esse problema.
- **Linha 137:** realiza a troca da vírgula pelo ponto (.) no conteúdo da variável "valor". Seguindo o mesmo exemplo do item anterior, o novo conteúdo da variável "valor" será 1234.56. Com esse formato, agora sim é possível realizar a conversão de string em número.
- **Linha 138:** acumula na variável "total" o valor de todos os itens do pedido.
- **Linha 140:** apresenta na caixa de texto tfTotal o valor total referente à soma de todos os itens do pedido, formatando-o de acordo com o objeto "df" (já estudado anteriormente).
- **Linhas 143 a 148:** contém a implementação do método limparCampos que limpa as caixas de texto tfProduto (linha 144), tfPrecoUnitario (linha 146), guarda o valor "1" na caixa de texto tfQuantidade (linha 145), considera que a quantidade "1" é a mais comum e concede o foco à caixa tfProduto por meio do método **requestFocus**.

Ufa, finalmente terminamos o Exemplo 8.18. Mesmo assim, é preciso dizer que ele pode ser melhorado. O objetivo foi apresentar uma tela básica para emissão de pedidos, mas muita coisa ainda pode ser alterada para melhorar o funcionamento. Cabe ao leitor incrementar o exemplo.

A Figura 8.25 demonstra os resultados obtidos com a execução do Exemplo 8.18. Ele pode ser chamado a partir da classe CarregaFrame ou da GuiMenuPrincipal. Para a segunda opção, adicione um item ao menu "Exemplos" da classe GuiMenuPrincipal como descrito nas explicações finais do Exemplo 8.4.

Para realizar um pedido, inicialmente o usuário preenche Número do Pedido, Produto, Quantidade, o PrecoUnitario e pressiona o botão Adicionar. O item é adicionado à grade. Para adicionar um novo item, basta preencher os dados e pressionar o botão Adicionar novamente. Para remover um ou vários itens, o usuário seleciona as linhas e pressiona o botão Remover. Como dissemos, outras funcionalidades poderiam ser adicionadas, como, por exemplo, armazenar os dados em banco de dados ou criar um arquivo texto com os dados do pedido, mas isso é assunto de outro capítulo.

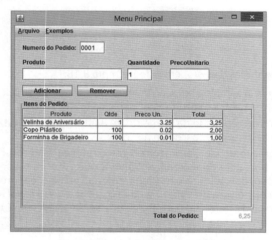

Figura 8.25 – Janela do Exemplo 8.18.

8.17 Inclusão de máscaras

Numa aplicação real é muito comum o uso de campos com máscaras previamente definidas. Além de facilitar a digitação, o uso de máscaras evita que o usuário digite caracteres indevidos, como, por exemplo, digitar uma letra num local onde deveria ser digitado um número. Em resumo, o uso de máscaras facilita, traz diversas vantagens, e seu uso deve ser incentivado, mesmo em aplicações mais simples. Esta seção apresenta algumas das máscaras mais comuns que podem ser encontradas na maioria das aplicações.

Para que o conteúdo dos campos seja restrito a valores, número de caracteres e/ou formatos específicos, pode ser utilizada a classe MaskFormatter. Para criar uma máscara para digitação do código de endereçamento postal (CEP), por exemplo, podemos utilizar a sintaxe:

```
MaskFormatter msCep = new MaskFormatter("##.###-###");
```

Interfaces Gráficas com Swing

O caractere "#" indica que o usuário pode fornecer um dígito numérico; outros caracteres são bloqueados. A classe MaskFormatter apenas cria uma máscara que será utilizada por outra classe, no caso a classe JFormattedTextField. Como o nome sugere, JFormattedTextField gera uma caixa de texto formatada, isto é, que suporta o uso de máscaras. Podemos criar um JFormattedTextField da seguinte forma:

```
JFormattedTextField tfCep = new JFormattedTextField(msCep);
```

Observe que a caixa tfCep foi criada usando a formatação definida em msCep, ou seja, no momento da digitação o usuário pode digitar apenas os valores numéricos contidos no CEP. Os outros caracteres presentes na máscara permanecerão constantes.

A Tabela 8.21 mostra um resumo dos métodos mais utilizados da classe JFormattedTextField.

Tabela 8.21 – Resumo dos métodos da classe JFormattedTextField

Método	Função
getValue()	Retorna o último valor válido presente na máscara
setValue()	Define o valor a ser formatado, de acordo com o padrão atual de formatação
getFormatter()	Retorna o AbstractFormatter que é usado na formatação do valor atual
setFormatter()	Define o AbstractFormatter atual
invalidEdit()	Chamado quando o usuário insere um valor inválido
isEditValid()	Retorna true se o valor atual que está sendo editado é válido

Para exemplificar, vamos desenvolver uma aplicação que possui quatro campos (CPF, CNPJ, telefone e CEP) com máscaras diferentes. Observe o Exemplo 8.19.

Funcionalidades comentadas do Exemplo 8.19:

- **Linha 5:** importa a classe MaskFormatter do pacote "javax.swing.text".
- **Linha 8:** declara os objetos tfCpf, tfCnpj, tfTel, tfCep como sendo do tipo JFormattedTextField.
- **Linha 9:** declara os objetos msCpf, msCnpj, msTel, msCep como sendo do tipo MaskFormatter.
- **Linha 19 a 22:** cria as máscaras msCpf, msCnpj, msTel, msCep contendo suas formatações: "###.###.###-##" para CPF, "##.###.###/####-##" para CNPJ, "(##)####-####" para telefone e "##.###-###" para CEP.
- **Linhas 27, 31, 35 e 39:** cria as caixas de texto com suas respectivas máscaras.
- **Linhas 58 a 70:** definem o código referente ao evento clique sobre o botão btMostrar. Ao clicar no botão, aparecem o conteúdo das caixas formatadas e também o conteúdo referente ao CNPJ apenas com caracteres numéricos.
- **Linhas 65 a 67:** apresentam uma maneira de retirar todos os caracteres não numéricos presentes no conteúdo do CNPJ, substituindo-os por vazio.

Exemplo 8.19 – A classe GuiMascara

```java
package cap08;
import java.awt.event.*;
import java.text.ParseException;
import javax.swing.*;
import javax.swing.text.MaskFormatter;
public class GuiMascara extends JPanel {
    private JLabel lbCpf, lbCnpj, lbTel, lbCep;
    private JFormattedTextField tfCpf, tfCnpj, tfTel, tfCep;
    private MaskFormatter msCpf, msCnpj, msTel, msCep;
    private JButton btMostrar;

    public GuiMascara() {
        inicializarComponentes();
        definirEventos();
    }

    public void inicializarComponentes() {
        try {
            msCpf = new MaskFormatter("###.###.###-##");
            msCnpj = new MaskFormatter("##.###.###/####-##");
            msTel = new MaskFormatter("(##)####-####");
            msCep = new MaskFormatter("##.###-###");
            setBounds(0, 0, 250, 220);
            setLayout(null);
            lbCpf = new JLabel("CPF:");
            lbCpf.setBounds(15, 20, 100, 20);
            tfCpf = new JFormattedTextField(msCpf);
            tfCpf.setBounds(50, 20, 100, 20);
            lbCnpj = new JLabel("CNPJ:");
            lbCnpj.setBounds(15, 50, 100, 20);
            tfCnpj = new JFormattedTextField(msCnpj);
            tfCnpj.setBounds(50, 50, 150, 20);
            lbTel = new JLabel("TEL:");
            lbTel.setBounds(15, 80, 100, 20);
            tfTel = new JFormattedTextField(msTel);
            tfTel.setBounds(50, 80, 100, 20);
            lbCep = new JLabel("CEP:");
            lbCep.setBounds(15, 110, 100, 20);
            tfCep = new JFormattedTextField(msCep);
            tfCep.setBounds(50, 110, 100, 20);
            btMostrar = new JButton("Mostrar");
            btMostrar.setBounds(15, 140, 100, 22);
            add(lbCnpj);
            add(lbTel);
            add(lbCep);
            add(tfCnpj);
            add(tfTel);
            add(tfCep);
            add(lbCpf);
            add(tfCpf);
            add(btMostrar);
        } catch (ParseException erro) {
            erro.printStackTrace();
        }
    }

    public void definirEventos() {
        btMostrar.addActionListener(new ActionListener() {
            public void actionPerformed(ActionEvent E) {
                JOptionPane.showMessageDialog(null,
                    tfCpf.getText() + "\n" + tfCnpj.getText() + "\n" +
                    tfTel.getText() + "\n" + tfCep.getText());
                JOptionPane.showMessageDialog(null, tfCpf.getValue());
                String cnpjSoNumeros = tfCnpj.getText();
                cnpjSoNumeros = cnpjSoNumeros.replace(".", "");
                cnpjSoNumeros = cnpjSoNumeros.replace("/", "");
                cnpjSoNumeros = cnpjSoNumeros.replace("-", "");
                JOptionPane.showMessageDialog(null, cnpjSoNumeros);
            }
        });
    }
}
```

A Figura 8.26 demonstra os resultados obtidos com a execução do Exemplo 8.19. Ele pode ser chamado a partir da classe CarregaFrame ou da GuiMenuPrincipal. Para a segunda opção, adicione um item ao menu "Exemplos" da classe GuiMenuPrincipal como descrito nas explicações finais do Exemplo 8.4.

Figura 8.26 – Janela do Exemplo 8.19.

Este capítulo apresentou os principais componentes visuais utilizados na criação de interfaces gráficas. Espera-se que o leitor tenha uma boa base para desenvolver e aprimorar suas aplicações.

Exercícios para prática da linguagem Java

1. Faça uma classe contendo um painel que desenhe um tabuleiro de xadrez de acordo com a Figura 8.27. Para isso, divida o painel em 8 x 8 por meio de GriLayout. Teste esse painel usando a classe CarregaFrame apresentada neste capítulo.

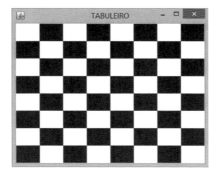

Figura 8.27 – Tela de execução do Exercício 8.1.

2. Faça uma classe contendo um painel que apresenta um combo com nomes de cinco países diferentes. Assim que o usuário selecionar em uma opção do combo, devem aparecer a foto da bandeira correspondente e o nome do continente em que o país se localiza. Observe a Figura 8.28. Teste esse painel usando a classe CarregaFrame apresentada neste capítulo.

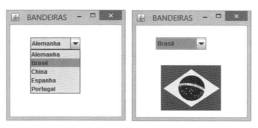

Figura 8.28 – Tela de execução do Exercício 8.2.

3. Crie uma classe que simule vendas contendo três formas de pagamento, de acordo com o apresentado pela Figura 8.29. O usuário entra com um valor, escolhe a forma de pagamento, e o cálculo do preço final é realizado conforme os seguintes critérios: para pagamento em dinheiro, desconto de 5%; para pagamento em cheque, acréscimo de 5%; para pagamento com cartão, acréscimo de 10%.

Figura 8.29 – Tela de execução do Exercício 8.3.

4. Crie uma classe contendo um painel que simule o cadastramento de pessoas, de acordo com o apresentado pela Figura 8.30. O usuário digita o nome e endereço de uma pessoa, escolhe o sexo e o estado civil através de componentes do tipo combo. Ao pressionar o botão Mostrar, todos os dados cadastrados são copiados para um componente TextArea. Teste esse painel usando a classe CarregaFrame apresentada neste capítulo.

Figura 8.30 – Tela de execução do Exercício 8.4.

5. Crie uma classe contendo um frame que carrega os Exercícios 8.1 a 8.4 deste capítulo, de acordo com o apresentado pela Figura 8.31.

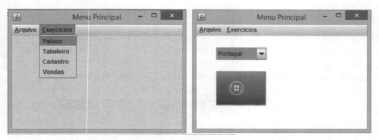

Figura 8.31 – Tela de execução do Exercício 8.5.

Material de apoio

Exercícios semelhantes aos aqui apresentados podem ser visualizados no endereço a seguir: <http://editoraerica.com.br/>.

Seu próximo passo

Este capítulo apresentou os principais aspectos envolvidos na criação de janelas por meio das classes do pacote swing. Apesar de tornar o aprendizado mais interessante, uma vez que o ambiente visual motiva, existem mais detalhes que devem ser considerados na elaboração de uma aplicação profissional. Um aspecto a ser observado na criação das interfaces do usuário refere-se aos eventos gerados pelo mouse e pelo teclado. Este capítulo abordou apenas alguns tipos de eventos, mas existem diversos outros que devem ser levados em conta e merecem atenção. O próximo capítulo descreve os principais eventos envolvidos na criação da interface gráfica do usuário.

Capítulo

9

Controle de Eventos

Objetivos deste capítulo

✓ Enumerar algumas classes receptoras de evento.
✓ Demonstrar os principais eventos envolvidos na elaboração de uma aplicação.
✓ Fornecer conhecimentos para que o leitor possa desenvolver uma GUI mais aprimorada.
✓ Apresentar as relações existentes entre as classes receptoras e seus métodos para tratamento dos eventos.

9.1 Definição

No capítulo anterior o leitor aprendeu a usar uma boa parte dos componentes disponíveis para a criação de GUI em Java. Apesar de todo o seu aspecto visual, apenas a distribuição dos objetos pela janela não é suficiente para criação de uma aplicação profissional. É preciso ter o controle de todas as ações que o usuário realize na janela. Este capítulo torna a interface com o usuário mais receptiva, reconhecendo diversos tipos de evento, não se limitando apenas ao simples clicar do mouse.

As classes do pacote swing tratam os eventos por meio de um conjunto de classes, chamadas de **receptores de evento**. Esses receptores podem ser incluídos na maioria dos objetos usados nas janelas da interface do usuário.

9.2 Classes receptoras de evento

Conforme apresentado no capítulo anterior, quando uma janela precisa gerar certo evento, é necessário implementar uma interface, que nada mais é do que uma classe receptora de eventos. Cada objeto (ou cada classe) pode implementar quantos receptores de evento forem necessários. Um botão, por exemplo, pode reconhecer quando o mouse é clicado, quando é solto, quando entra na área do botão, quando sai da área do botão e assim por diante.

Cada classe receptora de eventos trata um evento diferente. A Tabela 9.1 apresenta alguns dos principais eventos disponíveis do *pacote swing* que são tratados neste capítulo.

Tabela 9.1 – Algumas classes receptoras de evento do pacote swing

Evento	Descrição
ActionListener	Eventos de ação como o clique do mouse sobre um botão, conforme demonstrado até aqui
AdjustmentListener	Eventos de ajuste gerados por um componente ajustado, por exemplo, quando o valor de uma barra de rolagem é mudado
DocumentListener	Evento para receber notificações quando ocorre alguma mudança no documento
FocusListener	Eventos de foco, gerados quando um componente recebe ou perde o foco, por exemplo, quando um campo texto recebe o foco
ItemListener	Eventos gerados quando o item selecionado de uma lista é mudado, por exemplo, quando o usuário escolhe um item de um componente List ou Combo
KeyListener	Refere-se aos eventos do teclado que ocorrem quando uma tecla é pressionada, quando é solta etc.
MouseListener	Refere-se aos eventos gerados pelo mouse quando é clicado, entra na área de um componente, sai da área do componente etc.
MouseMotionListener	Refere-se a eventos do mouse, gerados pela movimentação dele sobre um componente
WindowListener	Refere-se a eventos de janela, gerados quando uma janela é maximizada, minimizada etc.
ComponentListener	Refere-se a qualquer componente de uma janela, gerado quando o componente se torna visível, oculto, é movido ou redimensionado. Por exemplo, quando um botão é redimensionado, ou quando uma janela é oculta

Existe mais de uma maneira de registrar eventos para um objeto. Vamos seguir o mesmo padrão usado até o momento nos exemplos do Capítulo 8, isto é, adicionar o método receptor do evento a cada objeto desejado. Por exemplo, para registrar um evento a uma caixa de texto, um código possível seria este:

```
tfCaixa1.addActionListener(new ActionListener(){ // ENTER pressionado
    public void actionPerformed(ActionEvent e){
        // Código do evento...
    }
});
```

Observe que o código do evento é executado quando o usuário pressiona a tecla ENTER sobre a caixa de texto tfCaixa1.

9.3 Métodos para manipulação de eventos

Para associar um evento a um objeto qualquer, é necessário utilizar um método. Alguns dos métodos mais comuns do pacote swing são apresentados na Tabela 9.2.

Tabela 9.2 – Alguns métodos para registro de componentes do pacote swing

Método	Alguns componentes gráficos que podem usá-lo
addActionListener()	JButton, JCheckBox, JComboBox, JTextField e JRadioButton
addItemListener()	JButton, JCheckBox, JComboBox, JRadioButton
addDocumentListener()	JTexttField, JTextArea
addFocusListener()	Todos os componentes do swing

Método	Alguns componentes gráficos que podem usá-lo
addAdjustmentListener()	JScrollBar
addMouseListener()	Todos os componentes do swing
addMouseMotionListener()	Todos os componentes do swing
addKeyListener()	Todos os componentes do swing
addWindowListener()	JWindow e JFrame
addComponentListener()	Todos os componentes do swing

Toda vez que uma classe implementa as interfaces receptoras de eventos, torna-se necessário declarar os métodos que realizarão o controle dos eventos. Da mesma forma que a interface ActionListener exige a declaração do método actionPerformed, cada interface exige a declaração de seus métodos. A Tabela 9.3 traz um resumo das interfaces e dos métodos que devem ser declarados quando forem implementados em uma classe.

Tabela 9.3 – Métodos das interfaces para controle de eventos

Interface/Evento	Métodos a serem declarados	Disparados quando
ActionListener ActionEvent	actionPerformed	O mouse é clicado no componente, ou quando é pressionada a tecla Enter
AdjustmentListener AdjustmentEvent	adjustmentValueChanged	O valor de um componente é alterado
ComponentListener ComponentEvent	componentHidden componentMoved componentResized componentShown	Um componente torna-se oculto Um componente é movido Um componente é redimensionado Um componente se torna visível
DocumentListener DocumentEvent	insertUpdate removeUpdate changedUpdate	Uma inserção é realizada no componente Uma remoção é realizada no componente Um atributo do componente é alterado
FocusListener FocusEvent	focusGained focusLost	Um componente recebe o foco Um componente perde o foco
KeyListener KeyEvent	keyPressed keyReleased keyTyped	Uma tecla é pressionada sobre um componente Uma tecla é solta sobre um componente Uma tecla Unicode, isto é, uma tecla que possui um código relacionado, é pressionada sobre um componente. As teclas SHIFT, ALT, CTRL, direcionais, Insert, Delete, teclas de função, entre outras, não executam esse método
MouseListener MouseEvent	mousePressed mouseClicked mouseEntered mouseExited mouseReleased	O botão do mouse é pressionado sobre um componente O botão do mouse é pressionado e solto sobre um componente O ponteiro do mouse entra na área de um componente O ponteiro do mouse sai da área de um componente O mouse é solto sobre um componente
MouseMotionListener MouseEvent	mouseMoved mouseDragged	O ponteiro do mouse se move sobre um componente Enquanto o ponteiro do mouse é arrastado sobre o componente

(continua)

(continuação)

Interface/Evento	Métodos a serem declarados	Disparados quando
WindowListener WindowEvent	windowClosing	A janela é fechada
	windowClosed	Após a janela ter sido fechada
	windowActivated	A janela é ativada
	windowDeactivated	A janela é desativada
	windowIconified	A janela é minimizada
	windowDeiconified	A janela é restaurada
	windowOpened	A janela é aberta

Os métodos demonstrados na Tabela 9.3 são executados quando um evento ocorre. Para os eventos do mouse (**MouseEvent**) e do teclado (**KeyEvent**), existem métodos que permitem verificar certas características da geração do evento. Por exemplo, é possível descobrir se foram dados um clique ou dois cliques no mouse (duplo clique).

A seguir, são descritos os principais métodos que atuam em conjunto com os eventos do mouse e do teclado. A sintaxe para sua utilização é nome_do_evento.nome_do_método.

Alguns métodos relacionados ao evento do mouse (**MouseEvent**):

- **int getClickCount()** → retorna o número de vezes que o mouse foi clicado.
- **int getX()** → retorna a posição X do ponteiro do mouse sobre o componente.
- **int getY()** → retorna a posição Y do ponteiro do mouse sobre o componente.
- **boolean isPopupTrigger()** → retorna verdadeiro se o evento gerado pelo mouse causa a abertura de um menu do tipo Popup.
- **boolean isAltDown()** → retorna verdadeiro se a tecla ALT estava pressionada quando o mouse foi clicado.
- **boolean isControlDown()** → retorna verdadeiro se a tecla CTRL estava pressionada quando o mouse foi clicado.
- **boolean isShiftDown()** → retorna verdadeiro se a tecla ALT estava pressionada quando o mouse foi clicado.

Alguns métodos relacionados ao evento do teclado (**KeyEvent**):

- **int getKeyChar()** → retorna o caractere associado com a tecla do evento.
- **int getKeyCode()** → retorna um número inteiro associado ao caractere gerado no evento.
- **boolean isAltDown()**, **boolean isControlDown()** e **boolean isShift Down()** → funciona da mesma forma que o descrito para o evento do mouse.

Para ilustrar o tratamento de eventos do pacote swing, é exibido um exemplo que implementa a grande maioria dos eventos apresentados. A tela gerada pelo Exemplo 9.1 é apresentada na Figura 9.1. Você pode interagir de diversas maneiras com a interface e visualizar o resultado na janela de prompt.

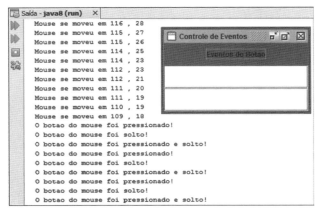

Figura 9.1 – A janela do Exemplo 9.1.

Exemplo 9.1 – A janela do Exemplo 9.1 (Listagem 1: linhas 1 a 64)

```java
package cap09;
import java.awt.*;
import java.awt.event.*;
import javax.swing.*;
import javax.swing.event.*;
public class GuiEventos extends JFrame {
    JButton btMudarCor;
    JTextField tfCaixa1, tfCaixa2;
    int posicaoEsquerda = 100, posicaoTopo = 100;

    public static void main(String[] args) {
        JFrame janela = new GuiEventos();
        janela.addWindowListener(new WindowListener() {
            public void windowOpened(WindowEvent e) {}
            public void windowClosing(WindowEvent e) {}
            public void windowClosed(WindowEvent e) {}
            public void windowIconified(WindowEvent e) {
                System.out.println("A janela foi minimizada!");
            }
            public void windowDeiconified(WindowEvent e) {
                System.out.println("A janela foi restaurada!");
            }
            public void windowActivated(WindowEvent e) {}
            public void windowDeactivated(WindowEvent e) {}
        });
        janela.addComponentListener(new ComponentListener() {
            public void componentResized(ComponentEvent e) {
                System.out.println("A janela foi redimensionada!");
            }
            public void componentMoved(ComponentEvent e) {
                System.out.println("A janela foi movida!");
            }
            public void componentShown(ComponentEvent e) {
                System.out.println("A janela tornou-se visível!");
            }
            public void componentHidden(ComponentEvent e) {
                System.out.println("A janela tornou-se oculta!");
            }
        });
        janela.setUndecorated(true);
        janela.getRootPane().setWindowDecorationStyle(JRootPane.FRAME);
        janela.setDefaultCloseOperation(JFrame.EXIT_ON_CLOSE);
        janela.setVisible(true);
    }

    public GuiEventos() {
        inicializarComponentes();
        definirEventos();
    }

    public void inicializarComponentes() {
        setTitle("Controle de Eventos");
        setSize(250, 150);
        setLocation(posicaoEsquerda, posicaoTopo);
        setLayout(new GridLayout(3, 1));
        btMudarCor = new JButton("Eventos do Botao");
        tfCaixa1 = new JTextField();
        tfCaixa2 = new JTextField();
        btMudarCor.setBackground(Color.gray);
        add(btMudarCor);
        add(tfCaixa1);
        add(tfCaixa2);
    }
```

Controle de Eventos

Exemplo 9.1 – A janela do Exemplo 9.1 (Listagem 2: linhas 65 a 128)

```java
65      public void definirEventos() {
66          btMudarCor.addMouseListener(new MouseListener() {
67              public void mouseClicked(MouseEvent e) {
68                  System.out.println("O botao do mouse foi pressionado e solto!");
69              }
70              public void mousePressed(MouseEvent e) {
71                  System.out.println("O botao do mouse foi pressionado!");
72                  tfCaixa1.setBackground(Color.red);
73              }
74              public void mouseReleased(MouseEvent e) {
75                  System.out.println("O botao do mouse foi solto!");
76              }
77              public void mouseEntered(MouseEvent e) {
78                  btMudarCor.setBackground(Color.yellow);
79              }
80              public void mouseExited(MouseEvent e) {
81                  btMudarCor.setBackground(Color.gray);
82              }
83          });
84          btMudarCor.addMouseMotionListener(new MouseMotionListener() {
85              public void mouseDragged(MouseEvent e) {
86                  System.out.println("Mouse foi arrastado em " + e.getX() + " , " + e.getY());
87              }
88              public void mouseMoved(MouseEvent e) {
89                  System.out.println("Mouse se moveu em " + e.getX() + " , " + e.getY());
90              }
91          });
92          tfCaixa1.addKeyListener(new KeyListener() {
93              public void keyTyped(KeyEvent e) {}
94              public void keyPressed(KeyEvent e) {
95                  System.out.println(e.getKeyCode());
96                  if (e.getKeyCode() == 38) // seta direcional para cima
97                      posicaoTopo = posicaoTopo - 5;
98                  if (e.getKeyCode() == 40) // seta direcional para baixo
99                      posicaoTopo = posicaoTopo + 5;
100                 if (e.getKeyCode() == 37) // seta direcional para esquerda
101                     posicaoEsquerda = posicaoEsquerda - 5;
102                 if (e.getKeyCode() == 39) // seta direcional para direita
103                     posicaoEsquerda = posicaoEsquerda + 5;
104                 setLocation(posicaoEsquerda, posicaoTopo);
105             }
106             public void keyReleased(KeyEvent e) {}
107         });
108         tfCaixa2.addFocusListener(new FocusListener() {
109             public void focusGained(FocusEvent e) {
110                 System.out.println("A caixa 2 recebeu o foco!");
111             }
112             public void focusLost(FocusEvent e) {
113                 System.out.println("A caixa 2 perdeu o foco");
114             }
115         });
116         tfCaixa2.getDocument().addDocumentListener(new DocumentListener() {
117             public void insertUpdate(DocumentEvent e) {
118                 System.out.println("Um caractere foi inserido!");
119             }
120             public void removeUpdate(DocumentEvent e) {
121                 System.out.println("Um caractere foi removido!");
122             }
123             public void changedUpdate(DocumentEvent e) {
124                 System.out.println("O conteúdo de um atributo mudou!");
125             }
126         });
127     }
128 }
```

No Exemplo 9.1 existe uma série de eventos implementados. Em termos de usuário, a aplicação funciona da seguinte maneira:

▶ **Eventos da janela:** quando a janela é movida ou redimensionada, aparece uma mensagem correspondente; caso a janela seja maximizada ou restaurada, duas mensagens são enviadas em tela. Se a janela se tornar visível ou oculta, uma nova mensagem também é impressa.

▶ **Eventos do botão:** quando o usuário movimenta o ponteiro do mouse sobre o botão, ocorrem diversos eventos: ao entrar na área do botão, sua cor é mudada para amarelo; ao sair, sua cor volta para cinza; ao se movimentar sobre o botão, aparecem as coordenadas X e Y da localização do ponteiro; o mesmo ocorre quando o mouse é arrastado. Quando o mouse é clicado sobre o botão pela primeira vez, a cor da primeira caixa de texto é mudada para vermelho.

▶ **Eventos da primeira caixa de texto:** ao movimentar as setas direcionais, a janela é movida e uma mensagem é apresentada.

▶ **Eventos da segunda caixa de texto:** quando essa caixa recebe ou perde o foco, uma mensagem é enviada em tela. Quando um caractere é digitado, removido ou alterado, uma mensagem correspondente é apresentada.

Funcionalidades comentadas do Exemplo 9.1:

▶ **Linha 9:** define duas variáveis contendo os valores do posicionamento inicial que a janela terá na tela.

▶ **Linhas 13 a 25:** implementam todos os eventos que podem ser tratados por uma janela. Os métodos relativos a esses eventos estão descritos na Tabela 9.3.

▶ **Linhas 26 a 39:** implementam outros eventos relativos à janela, que verificam a movimentação da janela pela tela.

▶ **Linha 40:** contém o método **setUndecorated** que retira a decoração (o estilo) da janela. Quando esse método é definido como **true**, somente o "miolo" da janela fica visível. As bordas, título e botões desaparecem. Para entender melhor, comente a linha 41 e rode o exemplo novamente.

▶ **Linha 41:** como o método da linha anterior **setUndecorated** retirou o estilo da janela, o método **setWindowDecorationStyle** define o novo estilo. A constante usada no exemplo para definir o estilo foi JRootPane.FRAME. Esse estilo corresponde ao padrão usado pela JVM. Essa constante gera uma janela no formato padrão com os botões de minimizar, maximizar e encerrar. Outras variações podem ser alcançadas pelas constantes: NONE, COLOR_CHOOSER_DIALOG, ERROR_DIALOG, FILE_CHOOSER_DIALOG, INFORMATION_DIALOG, PLAIN_DIALOG, QUESTION_DIALOG, WARNING_DIALOG. Modifique essas constantes no exemplo e verifique os resultados.

▶ **Linha 42:** possui o método **setDefaultCloseOperation**, responsável por encerrar a aplicação quando a janela for fechada. A constante usada foi **EXIT_ON_CLOSE**. Outras constantes que podem ser usadas são: HIDE_ON_CLOSE (oculta a janela quando fechada), DO_NOTHING_ON_CLOSE (não faz nada, apenas desativa o botão de encerramento) e DISPOSE_ON_CLOSE (a janela desaparece e os recursos usados pela classe são liberados).

▶ **Linhas 66 a 91:** implementam o código referente aos eventos **MouseListener** e **MouseMotionListener**. Diversos métodos são implementados para permitir a interação do usuário por meio do mouse. O código presente nesses métodos é bastante simples e dispensa maiores comentários. Destaque para os métodos **mouseEntered** e **mouseExited** disparados quando o mouse entra e sai da área do botão.

▶ **Linhas 92 a 107:** adicionam o evento **KeyListener** ao campo tfCaixa1, isto é, quando uma tecla for pressionada sobre o campo tfCaixa1, os métodos que controlam esse evento (**keyPressed**, **keyReleased** e **keyTyped**) serão executados. No exemplo, foi implementado apenas o código referente ao método keyPressed para controlar a movimentação da janela pela tela. O método **getKeyCode** permite identificar o código da tecla pressionada. Observe que para cada tecla direcional pressionada os valores da posição da janela são alterados.

▶ **Linha 104:** contém o método **setLocation** responsável por definir a posição atual da janela em relação à tela. Toda vez que uma seta direcional for pressionada no teclado (estando com o foco em tfCaixa1), a posição da janela será atualizada.

▶ **Linhas 108 a 115:** adicionam o evento **FocusListener** ao campo tfCaixa2, isto é, quando tfCaixa2 receber ou perder o foco, os métodos que controlam esse evento (**focusGained** e **focusLost**) são disparados e uma mensagem é enviada em tela.

▶ **Linhas 116 a 126:** adicionam o evento **DocumentListener** ao campo tfCaixa2, isto é, quando inserido, removido ou modificado um caractere em tfCaixa2, os métodos que controlam esse evento (**insertUpdate**, **removeUpdate** e **changedUpdate**) são executados e uma mensagem é enviada em tela.

Exercícios para prática da linguagem Java

1. Elabore um frame contedo uma caixa de texto que aceite a digitação de no máximo 10 caracteres. Observe a Figura 9.2. Dica: você pode fazer esse controle dentro do método keyTyped do evento KeyListener.

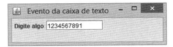

Figura 9.2 – Tela de execução do Exercício 9.1.

2. Faça um frame contendo um botão com fundo amarelo. Quando o ponteiro do mouse estiver sobre o botão, troque a cor de fundo do botão para laranja. Quando o ponteiro do mouse deixar a área do botão, volte para a cor original. Veja a Figura 9.3.

Figura 9.3 – Tela de execução do Exercício 9.2.

3. Faça um frame contendo um botão e uma imagem. Quando o ponteiro do mouse entrar no botão, a imagem torna-se visível. Quando o ponteiro do mouse sair da área do botão, a imagem desaparece. Veja a Figura 9.4.

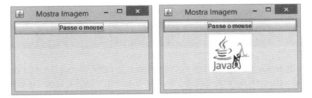

Figura 9.4 – Tela de execução do Exercício 9.3.

4. Você aprendeu que o método setBounds permite definir o local onde um determinado objeto será alocado na tela. Faça um painel de tamanho 500 x 500 contendo dois botões, conforme demonstra a Figura 9.5. Ao pressionar o botão "Mostrar", devem ser gerados dois números randômicos referentes às coordenadas x e y onde um ícone deve aparecer na tela. Para cada vez que o botão "Mostrar" for pressionado, a imagem deve aparecer numa posição diferente. O botão "Ocultar" oculta a imagem.

Figura 9.5 – Tela de execução do Exercício 9.4.

5. Faça um frame contendo três caixas de texto e um botão. O botão é habilitado quando todas as caixas de texto tiverem algum valor, caso contrário o botão permanece desabilitado. Acompanhe a Figura 9.6.

Figura 9.6 – Tela de execução do Exercício 9.5.

Material de apoio

Exercícios semelhantes aos aqui apresentados podem ser visualizados no endereço seguinte: <http://editoraerica.com.br/>.

Seu próximo passo

Este capítulo abordou os principais eventos relacionados ao desenvolvimento de aplicações em Java. Com os conhecimentos adquiridos nos Capítulos 8 e 9 o leitor já é capaz de construir a maioria das aplicações. O próximo capítulo destaca a manipulação de data e hora, itens muito utilizados na maioria das aplicações.

Capítulo 10

Manipulação de Data e Hora

Objetivos deste capítulo
✓ Demonstrar os principais métodos para o manuseio de data e hora.
✓ Fornecer subsídios para criar páginas que exibem mensagens de forma dinâmica.
✓ Apresentar novas classes para manipulação de data e hora inseridas na versão 8 do Java.

A manipulação de data e hora é interessante, pois, como a linguagem Java é voltada à Internet, os recursos de data e hora devem ser suficientemente flexíveis para permitir sua manipulação em qualquer tipo de cultura nas mais diversas regiões do globo, uma vez que cada região pode possuir formatos e características diferentes. Um bom sistema deve funcionar perfeitamente, sem que sejam necessárias correções ou adaptações, em qualquer lugar do mundo, ou seja, um mesmo programa deve funcionar em qualquer lugar sem que seja necessário "mexer" no código. Por exemplo, no calendário usado em países árabes a quantidade de dias de um ano é diferente da do calendário brasileiro (de origem romana).

A manipulação de data e hora pode confundir até um profissional mais experiente em Java, pois existem muitos detalhes envolvidos. Pelo fato de existir mais de uma dezena de classes diferentes para a manipulação de datas e horas, ocorre a repetição de métodos (com o mesmo nome) em classes diferentes e que funcionam também de forma distinta. As classes disponíveis para a manipulação de data e hora pertencem a diversos pacotes diferentes. A Tabela 10.1 apresenta os pacotes existentes até a versão 6 do Java. A versão 8 do Java trouxe diversas novidades que serão apresentadas ao final do capítulo. Por questões de compatibilidade com versões anteriores, diversos exemplos deste capítulo foram mantidos de acordo com versões anteriores do Java.

Tabela 10.1 – Pacotes e classes para tratamento de data e hora até a versão 6 do Java

Pacote	Classes
java.util	Date, Calendar, GregorianCalendar, TimeZone, SimpleTimeZone
java.text	DateFormat, SimpleDateFormat, FormatSymbols
java.sql	Date, Time, Timestamp

Verifique na Tabela 10.1 que a classe Date existe em dois pacotes (util e sql), ambos com características e comportamentos diferentes. A seguir, acompanhe a utilização das classes java.util.Date, java.text.DateFormat, java.text.SimpleDateFormat e java.util.Calendar:

- **Date** (do pacote util): representa um instante no tempo, sem levar em consideração sua representação ou localização geográfica, com precisão de milissegundos.
- **DateFormat:** representa uma data com formato String de acordo com um determinado fuso horário e calendário.
- **SimpleDateFormat:** permite a especificação de diferentes formatos para a data.
- **Calendar:** representa um instante no tempo de acordo com um sistema particular de calendário e fuso horário.

Para declarar e inicializar um objeto do tipo data, a sintaxe pode ser:

```
Nome-da-classe <nome do objeto> = new Date();
```

As seções e os exemplos seguintes pretendem diferenciar as funcionalidades dessas classes.

10.1 Uso da classe Date

Para declarar e inicializar um objeto a partir da classe Date, a sintaxe pode ser:

```
Date <nome do objeto> = new Date();

Exemplo: Date data = new Date();
```

Como você já sabe, o compilador compreende que "**data**" será um objeto declarado a partir da classe Date e, no caso, indica que "**data**" será inicializado com a data e hora atuais do sistema. Dessa forma, o seguinte trecho de código pode ser usado para apresentar todas as informações em tela referentes à data e à hora. Lembre-se de que, para usar a classe Date, é necessário usar **import.java.util.Date**.

Dissemos anteriormente que a classe Date representa um instante no tempo. Esse processo é realizado pelo método **getTime**. Para marcar o tempo, é considerado o número de milissegundos decorridos desde 1º de janeiro de 1970. Cada segundo possui 1.000 milissegundos, cada minuto possui 60 segundos, cada hora possui 60 minutos e cada dia possui 24 horas. Para saber o correspondente em dias, basta multiplicar 1.000 x 60 x 60 x 24, ou seja, cada dia corresponde a 86.400.000 milissegundos. Quando um objeto do tipo Date é criado, o número de milissegundos decorridos desde 1970 é armazenado no objeto e pode ser retornado pelo método getTime, que retorna um inteiro do tipo long, que permite representar milissegundos decorridos por milhares de anos. Você deve ter percebido que o uso de getTime torna possível realizar o cálculo entre datas, bastando calcular a diferença entre os milissegundos. O Exemplo 10.1 apresenta algumas formas de utilização do método getTime da classe Date.

Manipulação de Data e Hora

Exemplo 10.1 – Uso de getTime

```java
package cap10;
import java.awt.event.*;
import javax.swing.*;
import java.util.Date;
public class ManipulacaoDataHora extends JFrame {
    private JTextArea taTexto;
    private JButton btMostrar;
    private Date agora;
    final long MILI_SEGUNDOS_POR_DIA = 1000 * 60 * 60 * 24;

    public static void main(String[] args) {
        JFrame janela = new ManipulacaoDataHora();
        janela.setDefaultCloseOperation(JFrame.EXIT_ON_CLOSE);
        janela.setVisible(true);
    }

    public ManipulacaoDataHora(){
        inicializarComponentes();
        definirEventos();
    }

    public void inicializarComponentes() {
        setTitle("Manipulação de Datas e Horas");
        setBounds(100,100,300,200);
        taTexto = new JTextArea();
        btMostrar = new JButton("Mostrar");
        add(taTexto,"Center");
        add(btMostrar,"North");
        agora = new Date();
    }

    public void definirEventos() {
        btMostrar.addActionListener(new ActionListener() {
            public void actionPerformed(ActionEvent e) {
                long tempo = agora.getTime();
                Date novaData = new Date(agora.getTime() + (MILI_SEGUNDOS_POR_DIA * 10));
                taTexto.setText("Milisegundos desde 1970: " + tempo +
                    "\nDias: " + tempo / MILI_SEGUNDOS_POR_DIA +
                    "\nMeses: " + tempo / MILI_SEGUNDOS_POR_DIA / 30 +
                    "\nAnos: " + tempo / MILI_SEGUNDOS_POR_DIA / 365 +
                    "\nData: " + novaData);
            }
        });
    }
}
```

As funcionalidades do Exemplo 10.1 são:

- **Linha 9:** armazena o número de milissegundos equivalentes a um dia na constante de nome "MILI_SEGUNDOS_POR_DIA".
- **Linha 35:** a variável "tempo" recebe o número de milissegundos decorridos desde 1970 até o momento em que o objeto "agora" foi criado por meio do método getTime. Isso ocorre quando o botão Mostrar for pressionado pelo usuário.
- **Linha 36:** apresenta uma maneira de acrescentar dez dias a uma outra data já definida. Isso é feito somando a quantidade de milissegundos de uma data já criada e o número de milissegundos referente a dez dias. No exemplo, o objeto "novaData" recebe o que já está armazenado no objeto "agora" (**agora.getTime()**) + 10 dias (**MILI_SEGUNDOS_POR_DIA * 10**). A linha 41 mostra essa data em tela.
- **Linhas 37 a 41:** realizam a impressão de diversos valores, como a quantidade de milissegundos, a quantidade de dias, a quantidade de meses e de anos, todos esses valores decorridos desde 1970. Observe que o cálculo não é preciso, pois nem todos os meses possuem 30 dias, assim como nem todo ano possui 365 dias.

A Figura 10.1 apresenta os resultados obtidos com a execução do Exemplo 10.1.

Figura 10.1 – Execução do Exemplo 10.1.

 Observação

Apesar de o método getTime poder ser usado para realizar cálculos entre datas, ele pode gerar resultados imprecisos, principalmente quando a diferença entre datas é grande. No decorrer do capítulo apresentaremos outras formas de calcular a diferença entre datas. O método getTime retorna um valor negativo quando a data calculada for inferior ao ano de 1970.

A Tabela 10.2 mostra alguns métodos da classe java.util.Date.

Tabela 10.2 – Resumo dos métodos da classe Date

Método	Função	Retorno
after(Date d)	Verifica se a data é posterior à data presente em d	boolean
before(Date d)	Verifica se a data é anterior à data presente em d	boolean
equals(Date d)	Verifica se a data é igual à data presente em d	boolean
getTime()	Fornece o número de milissegundos decorridos desde 1º de janeiro de 1970, 00:00:00	long
setTime(long t)	Define no objeto Date o número de milissegundos armazenados em t	void
toString()	Converte o objeto Date em tipo String	String

10.2 Uso da classe DateFormat

A classe Date, estudada no item anterior, não fornece um mecanismo de controle sobre a formatação de uma data e não permite converter uma string com informações sobre uma data em um objeto Date. Essas funções cabem à classe DateFormat, que permite apresentar a data com diferentes formatações, dependendo das necessidades de utilização, tornando sua visualização mais agradável aos usuários. Diferentes países e usuários preferem visualizar a data com formatos diferentes. Um usuário norte-americano pode preferir ver "February 11, 2015", enquanto no Brasil as pessoas estão mais acostumadas a "11 de fevereiro de 2015" ou "11/02/2015". Além disso, DateFormat pode criar uma data a partir de uma string fornecida.

Ao criar um objeto a partir da classe DateFormat, ele conterá informação a respeito de um formato particular no qual a data será exibida.

Os próximos exemplos aproveitam a estrutura do Exemplo 10.1. **Em todos eles você deve alterar apenas o código referente ao botão btMostrar**. A cada exemplo, talvez seja necessário também acrescentar algum import específico à classe utilizada. Observe a listagem do botão btMostrar referente ao Exemplo 10.2.

Exemplo 10.2 – O uso do DateFormat

```
33    public void definirEventos() {
34        btMostrar.addActionListener(new ActionListener() {
35            public void actionPerformed(ActionEvent e) {
36                DateFormat dateFormat = DateFormat.getDateInstance(DateFormat.MEDIUM);
37                taTexto.setText("Data Normal: " + agora +
38                    "\nData Formatada: " + dateFormat.format(agora));
39            }
40        });
41    }
42 }
```

Reforçando, adicione o import "java.text.DateFormat" ao Exemplo 10.1 e modifique o código do botão btMostrar de acordo com a listagem anterior. A seguir, salve a classe com um nome diferente para manter a versão anterior.

Funcionalidades comentadas do Exemplo 10.2:

▶ **Linha 36:** declara o objeto "dateFormat" do tipo DateFormat que será usado para formatar a data. Em seguida, define um formato por meio do método getDateInstance. Ao invocar o método getDateInstance, deve ser passado um número inteiro que define o estilo de formatação. Para facilitar o trabalho do programador, a classe DateFormat fornece algumas constantes definidas com nomes sugestivos, conforme indica o exemplo (SHORT, MEDIUM, LONG e FULL).

Nesse caso, utilizamos a constante MEDIUM da classe DateFormat que define o formato da data "dd/mm/yyyy", como, por exemplo, "11/02/2015". Você pode testar as demais formatações: SHORT (exemplo: 11/02/15), LONG (exemplo: 11 de Fevereiro de 2015) e FULL (exemplo: Quarta, 11 de Fevereiro de 2015).

▶ **Linha 38:** formata o conteúdo do objeto "agora" por meio do método format. A formatação aplicada depende da constante usada na criação do objeto do tipo DateFormat.

A Figura 10.2 mostra os resultados obtidos com a execução do Exemplo 10.2.

Figura 10.2 – Execução do Exemplo 10.2.

A Tabela 10.3 apresenta alguns métodos da classe DateFormat.

Tabela 10.3 – Resumo dos métodos da classe DateFormat

Método	Função	Retorno
format(Date d)	Formata a data em uma string de acordo com o estilo utilizado	String
getInstance()	Retorna uma data e hora de acordo com o estilo SHORT	DateFormat
getDateInstance()	Retorna uma data de acordo com o estilo de formatação local	DateFormat
getTimeInstance()	Retorna um horário de acordo com o estilo de formatação local	Date
parse(String s)	Converte a string s em tipo Date	Date

10.3 Uso da classe SimpleDateFormat

A classe SimpleDateFormat permite criar formatos alternativos para a formatação de datas e horas, dependendo das necessidades do desenvolvedor, ou seja, essa classe possibilita expandir as capacidades da classe DateFormat. Para que o próprio desenvolvedor crie seu formato de data/hora, ele deve recorrer ao uso de um pattern.

As principais letras usadas para a criação de patterns estão na Tabela 10.4. A coluna **Caractere** contém a letra que pode ser usada na construção do pattern, a coluna **Descrição** apresenta o significado da utilização da letra, a coluna **Formato** contém o tipo de dado retornado por cada letra e a coluna **Exemplo** mostra um resultado típico de utilização das letras usadas no pattern.

Tabela 10.4 – Caracteres usados em patterns para data e hora

Caractere	Descrição	Formato	Exemplos
G	designador de era	Text	AD
y	ano	Year	2010
M	mês do ano	Month	July; 07
w	semana do ano	Number	15
W	semana do mês	Number	3
D	dia do ano	Number	234
d	dia do mês	Number	5
F	dia da semana no mês	Number	2
E	dia da semana	Text	Tuesday
a	am/pm	Text	PM
H	hora do dia (0-23)	Number	0
k	hora do dia (1-24)	Number	23
K	hora em am/pm (0-11)	Number	2
h	hora em am/pm (1-12)	Number	5
m	minuto da hora	Number	10
s	segundos do minuto	Number	30
S	milissegundos	Number	978
z	fuso horário	Text	BRST

As letras apresentadas na Tabela 10.4 permitem criar os mais diversos tipos de formatação, sejam numéricos ou textuais, dependendo da combinação de letras e das quantidades de cada letra usada. Observe que uma simples alteração do caractere de minúsculo para maiúsculo pode gerar um resultado totalmente diferente. Existem muitas combinações possíveis não citadas aqui.

O próximo exemplo mostra a utilização da classe SimpleDateFormat. Novamente lembramos que você deve usar como base o Exemplo 10.1. Edite a classe ManipulacaoDataHora, adicione a linha "**import java.text.SimpleDateFormat**" e altere apenas o código referente ao evento do botão btMostrar apresentado na listagem do Exemplo 10.3 a seguir. Então, salve a classe com outro nome para manter a original.

Exemplo 10.3 – O uso do SimpleDateFormat

```
35    public void definirEventos() {
36        btMostrar.addActionListener(new ActionListener() {
37            public void actionPerformed(ActionEvent e) {
38                String formato = "dd/MM/yyyy hh:mm:ss";
39                DateFormat dateFormat = new SimpleDateFormat(formato);
40                taTexto.setText("Data Normal: " + agora +
41                    "\nData Formatada: " + dateFormat.format(agora));
42            }
43        });
44    }
45 }
```

Funcionalidades comentadas do Exemplo 10.3:
- **Linha 38:** declara a String "formato" com o pattern (modelo) a ser usado na formatação. Observe o significado do par de caracteres usados: **dd** (dois dígitos para o dia), **MM** (dois dígitos para o mês), **yyyy** (quatro dígitos para o ano), **hh** (hora), **mm** (minuto), **ss** (segundos). Você pode testar

outros formatos, como **DD** (dia do ano), **mm** (minutos da hora), **yy** (ano com dois dígitos), **SS** (milissegundos), **EEE** (dia da semana), **MMM** (mês por extenso) e outras variações seguindo a Tabela 10.3.

▶ **Linha 39:** cria o objeto "dateFormat" do tipo DateFormat com o pattern definido na String "formato".
▶ **Linha 41:** formata o conteúdo do objeto "dateFormat" por meio do método format. A formatação aplicada depende do pattern usado na criação do objeto a partir da classe SimpleDateFormat.

A Figura 10.3 apresenta os resultados obtidos com a execução do Exemplo 10.3.

Figura 10.3 – Execução do Exemplo 10.3.

A Tabela 10.5 descreve alguns métodos da classe SimpleDateFormat.

Tabela 10.5 – Resumo dos métodos da classe SimpleDateFormat

Método	Função	Retorno
applyPattern (String p)	Aplica um pattern à data, conforme definido na String p	void
toPattern()	Fornece o pattern que está sendo usado no formato da data	String

10.4 Uso da classe Calendar

A classe Calendar oferece mecanismos adequados para a realização de cálculos com datas ou para a identificação das propriedades de uma data, como, por exemplo, para identificar o dia da semana, o dia do mês etc. Para isso, a classe Calendar converte um tipo Date armazenado nela em uma série de campos. Ela possui métodos para recuperar (get) ou armazenar (set) os valores correspondentes a datas e horas, por meio de um argumento fornecido que identifica o campo a ser manipulado. Por exemplo, para recuperar o número do ano, pode ser usada a sintaxe **get(Calendar.YEAR)**. Nesse caso, a sintaxe define que o campo a ser manipulado é o ano (YEAR) da data.

Os principais campos usados pela classe Calendar são mostrados na Tabela 10.6. A coluna **Campo** corresponde ao nome da propriedade usada por Calendar, e a coluna **Descrição** apresenta um breve significado de cada campo.

Tabela 10.6 – Campos usados na classe Calendar

Campo	Descrição (em valores inteiros)
DAY_OF_MONTH	Dia do mês (1 a 31)
DAY_OF_WEEK	Dia da semana (0=domingo, 6=sábado)
DAY_OF_WEEK_IN_MONTH	Semana do mês (1 a 5) corrente. Diferente em relação a WEEK_OF_MONTH porque considera apenas a semana cheia
DAY_OF_YEAR	Dias decorridos no ano corrente
HOUR	Hora do dia (manhã ou tarde) (0 a 11)
HOUR_OF_DAY	Hora do dia (0 a 23)
MILLISECOND	Milissegundos em relação ao segundo corrente
MINUTE	Minutos em relação à hora corrente
MONTH	Mês em relação ao ano corrente

(continua)

(continuação)

Campo	Descrição (em valores inteiros)
SECOND	Segundos em relação ao minuto corrente
WEEK_OF_MONTH	Semana em relação ao mês corrente (1 a 5)
WEEK_OF_YEAR	Semana em relação ao ano corrente
YEAR	Ano corrente
JANUARY, FEBRUARY, MARCH, APRIL, MAY, JUNE, JULY, AUGUST, SEPTEMBER, OCTOBER, NOVEMBER, DECEMBER	Mês correspondente ao ano
MONDAY, TUESDAY, WEDNESDAY, THURSDAY, FRIDAY, SATURDAY, SUNDAY	Dia correspondente à semana

O próximo exemplo mostra a utilização da classe Calendar. Novamente lembramos que você deve usar como base o Exemplo 10.1. Edite a classe ManipulacaoDataHora, adicione a linha "**import java.util.Calendar**" e altere apenas o código referente ao evento do botão btMostrar apresentado na listagem do Exemplo 10.4 a seguir. Então, salve a classe com outro nome para manter a original.

Exemplo 10.4 – O uso da classe Calendar

```java
public void definirEventos() {
    btMostrar.addActionListener(new ActionListener() {
        public void actionPerformed(ActionEvent e) {
            Calendar calendario = Calendar.getInstance();
            calendario.setTime(agora);
            int dia = calendario.get(Calendar.DATE);
            int mes = calendario.get(Calendar.MONTH);
            int ano = calendario.get(Calendar.YEAR);
            int hora = calendario.get(Calendar.HOUR_OF_DAY);
            int minuto = calendario.get(Calendar.MINUTE);
            int segundo = calendario.get(Calendar.SECOND);
            int diaDaSemana = calendario.get(Calendar.DAY_OF_WEEK);
            String semana = "";
            if (diaDaSemana == Calendar.SATURDAY || diaDaSemana == Calendar.SUNDAY)
                semana = "Fim de Semana";
            else
                semana = "Dia util";
            taTexto.setText("Dia = " + dia +
                "\nMes = " + mes +
                "\nAno = " + ano +
                "\nHora = " + hora +
                "\nMinuto = " + minuto +
                "\nSegundo = " + segundo +
                "\nDia da semana = " + diaDaSemana +
                "\n" + semana
            );
        }
    });
}
```

Funcionalidades comentadas do Exemplo 10.4:

- **Linha 36:** cria o objeto "calendario" a partir da classe Calendar e o inicializa com as configurações regionais da máquina do usuário.
- **Linha 37:** atribui ao objeto "calendario" o conteúdo (data e hora) armazenado no objeto "agora".
- **Linha 38:** recupera o número do dia armazenado no objeto "calendario" (o mesmo que o objeto "agora") por meio do método get(Calendar.**DATE**) e o atribui à variável "dia".
- **Linha 39:** recupera o número do mês armazenado no objeto "calendario" por meio do método get(Calendar.**MONTH**) e o atribui à variável "mes".
- **Linha 40:** recupera o número do ano armazenado no objeto "calendário" por meio do método get(Calendar.**YEAR**) e o atribui à variável "ano".

Manipulação de Data e Hora

- **Linhas 41 a 43:** realizam os mesmos procedimentos descritos nas linhas 38 a 40, porém com a hora do dia (**HOUR_OF_DAY**), o minuto da hora (**MINUTE**) e o segundo do minuto (**SECOND**).
- **Linha 44:** armazena o dia da semana (**DAY_OF_WEEK**) na variável "diaDaSemana". Observe que domingo corresponde ao valor 1, segunda, ao valor 2, sábado, ao valor 7 etc.
- **Linha 46:** verifica se o dia da semana, recuperado na linha 44, corresponde a um final de semana (**SATURDAY ou SUNDAY**).

A Figura 10.4 apresenta os resultados obtidos com a execução do Exemplo 10.4.

Figura 10.4 – Tela de execução do Exemplo 10.4.

As funcionalidades da classe Calendar permitem a criação de páginas que exibem informações de maneira dinâmica, dependendo da combinação de certas condições de data e hora. O Exemplo 10.5 retorna uma mensagem diferente, dependendo do momento em que a classe é executada. Imagine uma pessoa acessando um determinado site da Internet. Quando a página abre, uma saudação é mostrada de acordo com o horário em que foi acessada. Para testar, mantenha os imports da classe anterior e apenas altere o evento do botão btMostrar que aparece na listagem do Exemplo 10.1.

Exemplo 10.5 – Mensagens dinâmicas

```
34    public void definirEventos() {
35        btMostrar.addActionListener(new ActionListener() {
36            public void actionPerformed(ActionEvent e) {
37                DateFormat df = DateFormat.getDateInstance(DateFormat.MEDIUM);
38                Calendar calendario = Calendar.getInstance();
39                calendario.setTime(agora);
40                int hora = calendario.get(Calendar.HOUR_OF_DAY);
41                int minuto = calendario.get(Calendar.MINUTE);
42                int segundo = calendario.get(Calendar.SECOND);
43                String men = "Boa Noite!";
44                if(hora<6) men = "Boa Madrugada!";
45                else if(hora<12) men = "Bom Dia!";
46                    else if(hora<18) men = "Boa Tarde!";
47                taTexto.setText("Data Atual " + df.format(agora) +
48                    "\nHora atual " + hora + "h:" + minuto + "m:" + segundo + "s" +
49                    "\n" + men
50                );
51            }
52        });
53    }
54  }
```

O Exemplo 10.5 contém uma variável com o nome "**hora**" (linha 40), usada para controlar a hora em que o usuário acessa o aplicativo. Dependendo do horário de acesso, verificado com a estrutura **if else**, aparece uma mensagem na tela ("boa madrugada", "bom dia", "boa tarde" ou "boa noite"). O exemplo também recupera a data e hora atuais, cuja explicação foi descrita nos exemplos anteriores.

A Tabela 10.7 mostra alguns métodos da classe Calendar.

Tabela 10.7 – Resumo dos métodos da classe Calendar

Método	Função	Retorno
add(int field, int valor)	Função aritmética para objetos Date que adiciona o valor inteiro ao campo (field) determinado	void
after(Object x)	Verifica se o tempo (data e hora) do objeto x (pode ser Calendar ou outro tipo) é superior ao armazenado no objeto Calendar	boolean

(continua)

(continuação)

Método	Função	Retorno
before(Object x)	Idem ao anterior, porém verifica se o tempo é anterior ao objeto	boolean
clear()	Zera o conteúdo de data e hora, armazenando 1º de janeiro de 1970 00:00:00	void
getFirstDayOfWeek()	Fornece o primeiro dia da semana, dependendo da localidade	int
getTime()	Fornece o tempo corrente	Date
getTimeMillis()	Fornece o tempo corrente em milissegundos	long
roll()	Função aritmética para objetos Date aplicando o efeito de rolagem de datas. Verifique maiores detalhes na Seção 10.5	void
toString()	Fornece uma representação em formato String para a data armazenada	String

10.5 Cálculos com data

A classe Calendar, conforme citado, oferece mecanismos úteis para a realização de cálculos com datas ou para a identificação das propriedades de uma data, como, por exemplo, para identificar o dia da semana, o dia do mês em relação ao ano etc. O cálculo que envolve datas é muito comum em aplicações comerciais. Exemplos:

1. Um cliente compra um produto e realiza seu pagamento em seis vezes, a partir de uma data qualquer, de 20 em 20 dias. Como descobrir qual é a data decorrida após 20 dias de uma data?
2. Você quer descobrir quantos dias já viveu. Como é possível contar os dias, desde a data de seu nascimento até hoje?

Exemplo 10.6 – O uso da classe Calendar (cálculos com data)

```java
public void definirEventos() {
    btMostrar.addActionListener(new ActionListener() {
        public void actionPerformed(ActionEvent e) {
            DateFormat df = DateFormat.getDateInstance(DateFormat.MEDIUM);
            Calendar calendario1 = Calendar.getInstance();
            Calendar calendario2 = Calendar.getInstance();
            Calendar calendario3 = Calendar.getInstance();
            Calendar calendario4 = Calendar.getInstance();
            try {
                Date data1 = df.parse("01/01/2015"); // pode gerar erro (ParseException)
                calendario1.setTime(data1);
                Date data2 = df.parse("01/03/2015");
                calendario2.setTime(data2);
                long diaData1 = calendario1.getTimeInMillis();
                long diaData2 = calendario2.getTimeInMillis();
                long dif = (diaData2 - diaData1) / MILI_SEGUNDOS_POR_DIA;
                calendario2.add(Calendar.DAY_OF_YEAR, 30);
                Date trinta = calendario2.getTime();
                Date data3 = df.parse("31/12/2014");
                calendario3.setTime(data3);
                calendario4.setTime(data3);
                calendario3.add(Calendar.DAY_OF_YEAR, 1);
                calendario4.roll(Calendar.DAY_OF_YEAR, 1);
                Date dia1 = calendario3.getTime();
                Date dia2 = calendario4.getTime();
                taTexto.setText("Data 1 = " + df.format(data1)
                    + "\nData 2 = " + df.format(data2)
                    + "\nDiferenca de dias = " + (dif)
                    + "\n30 dias apos Data 2   = " + df.format(trinta)
                    + "\nDia primeiro com add = " + df.format(dia1)
                    + "\nDia primeiro com roll = " + df.format(dia2)
                );
            } catch (ParseException erro) {
                JOptionPane.showMessageDialog(null, "Data Invalida " + erro.getErrorOffset());
            }
        }
    });
}
```

Manipulação de Data e Hora

Para resolver essas e diversas outras questões, a classe Calendar possui vários métodos, tais como **add()** e **roll()**, cujo funcionamento é discutido no Exemplo 10.6. Novamente lembramos que você deve usar como base o Exemplo 10.1. Edite a classe ManipulacaoDataHora, então adicione a linha "**import java.text.ParseException**" e altere apenas o código referente ao evento do botão btMostrar apresentado na listagem do Exemplo 10.6 a seguir. Então, salve a classe com outro nome para manter a original.

Funcionalidades comentadas do Exemplo 10.6:

- Como dissemos anteriormente, esse exemplo importa a classe ParseException. Como o nome sugere, trata-se de uma classe usada para controle de exceções. O exemplo converte um tipo String numa data. Esse processo de conversão pode gerar erro caso a data tenha um formato inadequado.

- **Linhas 44, 46 e 53**: realizam a conversão de tipo String em tipo Date pelo método parse da classe **DateFormat**. Essa conversão pode gerar erro. Por exemplo, se a String a ser convertida possuir o conteúdo igual a "01@01/2015", com o sinal de arroba (@) no lugar da barra (/), ocorre erro, uma vez que o caractere usado como separador de dia e mês está incorreto. Outros caracteres geram o mesmo erro. Por outro lado, se o conteúdo fosse igual a "33/01/2015", apesar de não existir o dia 33, os dias excedentes ao mês são adicionados automaticamente ao mês seguinte, fazendo com que a data passe a ser "02/02/2015". Como janeiro tem 31 dias, restam 33-31 dias, isto é, dois dias que serão adicionados à data (31/01/2015 + 2 dias = 02/02/2015).

- **Linhas 45, 47, 54 e 55**: ajustam os objetos do tipo Calendar com os valores inicializados nos objetos do tipo Date, isto é, com os valores de data e hora atribuídos quando os objetos foram inicializados.

- **Linhas 48 e 49**: utilizam o método **getTimeInMillis** da classe Calendar, o qual retorna o número (tipo long) de milissegundos decorridos desde 1970. Com isso a variável "diaData1" recebe o número de milissegundos decorridos de 1970 até a data "01/01/2015" e a variável "diaData2" recebe o número de milissegundos decorridos de 1970 até a data "01/03/2015". Assim é possível realizar o cálculo entre as datas.

- **Linha 50**: realiza o cálculo da diferença de dias entre as duas datas, subtraindo a quantidade de milissegundos armazenados nas duas datas e dividindo o resultado pelo número de milissegundos de um dia. A linha 62 apresenta essa diferença na tela.

- **Linha 51**: utiliza o método **add** da classe **Calendar**, o qual possui dois parâmetros, que são o tipo de campo a ser manipulado e um valor inteiro que se refere à quantidade a ser adicionada (dependendo do tipo do primeiro parâmetro). No exemplo, o primeiro parâmetro (**Calendar.DAY_OF_YEAR**) indica que o campo é o dia do ano. Já o segundo parâmetro (30) determina que serão acrescentados 30 dias à data. Como o objeto "calendario2" mantém internamente a data "01/03/2015" e foi determinado para acrescentar 30 dias, a nova data armazenada passa a ser "31/03/2015".

- **Linha 52**: cria um objeto do tipo Date, chamado "trinta", com o conteúdo de milissegundos armazenados em "calendario2", isto é, a nova data armazenada no objeto "calendario2" é copiada para o objeto "trinta". A linha 63 apresenta a nova data na tela.

- **Linhas 56 e 57**: utilizam os métodos **add** e **roll**, cujo objetivo é mostrar a diferença entre eles. Ambos adicionam um dia à data "31/12/2014". O método add, conforme já apresentado, adiciona um dia à data, e o resultado é "01/01/2015", como é de se esperar. No entanto, o resultado obtido com o método roll é "01/01/2014". Isso ocorre pelo fato de roll realizar o cálculo sem considerar os campos de maior grandeza. São exemplos: a hora tem maior grandeza que o minuto, o ano tem maior grandeza que o mês e assim por diante. Como no exemplo o campo calculado foi "DAY_OF_YEAR" (dia do ano), o campo de maior grandeza que este (no caso o ano) não é levado em consideração no cálculo, fazendo com que o ano permaneça inalterado.

- **Linhas 58 e 59**: criam os objetos "dia1" e "dia2" do tipo Data a partir do conteúdo armazenado nos objetos "caledario1" e "calendario2".

- As linhas seguintes imprimem os dados na caixa de diálogo.

A Figura 10.5 apresenta os resultados obtidos com a execução do Exemplo 10.6.

Figura 10.5 – Tela de execução do Exemplo 10.6.

10.6 Novidades do Java 8

A versão 8 do Java trouxe diversas novidades na manipulação de data e hora. A Tabela 10.8 apresenta comentários sobre as principais alterações.

Tabela 10.8

Classe	Comentários
DateTimeFormatter	Permite realizar a formação de uma data a partir de caracteres padronizados e constantes predefinidas.
Duration	Representa a duração entre dois instantes (criados com a classe Instant). Com isso é possível manipular o período a partir de dois instantes, um inicial e um final. Em outras palavras, um objeto Duration pode manipular a diferença entre dois instantes.
Instant	Representa um ponto instantâneo na linha do tempo. Possui precisão de nanossegundos e 96 bits para armazenamento. Isso torna possível armazenar centenas de vezes uma data equivalente ao tempo de existência do universo.
LocalDate	Representa campos de datas e contém métodos que implementam ações comuns, normalmente utilizadas nos sistemas. Suporta diversos tipos de cálculos envolvendo datas, poupando o desenvolvedor desse trabalho.
LocalTime e LocalDateTime	Representa uma hora sem time zone (fuso horário). Representa data e hora ao mesmo tempo. Isso torna possível integrar data e hora num só objeto. Ao alterar a hora de uma data, o sistema faz o cálculo de horas corretamente, incrementando ou decrementando não apenas o horário, mas a data, se for necessário. Por exemplo, se a data representada for dia 11 e subtrairmos 48 horas, o sistema retorna o dia 9.
Period	Representa um período de tempo qualquer, como, por exemplo, a duração de uma aula, de alguma reunião. Além da classe Period, existe uma classe para cada parte do período: Days, Minutes, Months, Seconds, Weeks, Years.
ZonedDateTime ZoneId	Representa uma forma de armazenamento de data-hora com um fuso horário. Usando essas classes é possível, por exemplo, calcular o valor exato da duração de um voo entre um continente e outro considerando-se o fuso horário.

No conjunto de classes presente em versões anteriores do Java, existe uma série de problemas que podem gerar resultados imprevisíveis em determinadas condições, além da necessidade de codificação (por parte do desenvolvedor das aplicações em Java) de diversas funções rotineiras para manipulação de data e hora. Além de corrigir esses problemas, o novo conjunto de classes busca trazer várias facilidades.

Vamos apresentar algumas funcionalidades por meio do Exemplo 10.7. A primeira parte desse exemplo utiliza a classe LocalDate para calcular a diferença entre duas datas. Na linha 8 é armazenada a data em que o piloto Ayrton Senna nasceu, já a linha 9 armazena a data de sua morte. Na linha 10 é calculado o período decorrido entre essas duas datas por meio do método between da classe Period. As linhas 11 a 13 apresentam esse período decorrido em anos, meses e dias. Observe o resultado na Figura 10.6.

Manipulação de Data e Hora

Exemplo 10.7 – Data e hora com Java 8 – parte 1

```
1   package cap10;
2   import java.time.*;
3   import java.time.format.DateTimeFormatter;
4   import java.time.format.FormatStyle;
5   import java.util.Locale;
6   public class NovoManipulaData {
7       public static void main(String[] args) {
8           LocalDate nascimento = LocalDate.of(1960, Month.MARCH, 21);
9           LocalDate morte = LocalDate.of(1994, Month.MAY, 1);
10          Period periodo = Period.between(nascimento, morte);
11          System.out.println("Anos: " + periodo.getYears());
12          System.out.println("Meses: " + periodo.getMonths());
13          System.out.println("Dias: " + periodo.getDays());
```

Figura 10.6 – Saída do Exemplo 10.7 – parte 1.

A segunda parte do Exemplo 10.7 utiliza a classe DateTimeFormatter para realizar a formatação da data por meio de um padrão. A linha 14 cria esse padrão, definindo dia/mês/ano hora:minutos:segundos. A Tabela 10.4 contém a descrição de cada caractere que pode ser usado para definir o padrão de formatação. Na linha 16 a classe LocalDateTime pega o valor atual da data e hora. Na Linha 16 a String dataHora recebe o valor da data e hora formatado pelo objeto dtf criado na linha 14. Observe o resultado na Figura 10.7.

Exemplo 10.7 – Data e hora com Java 8 – parte 2

```
14      DateTimeFormatter dtf = DateTimeFormatter.ofPattern("dd/MM/yyyy HH:mm:ss");
15      LocalDateTime agora = LocalDateTime.now();
16      String dataHora = agora.format(dtf);
17      System.out.println(dataHora);
```

Figura 10.7 – Saída do Exemplo 10.7 – parte 2.

A terceira parte do Exemplo 10.7 (linhas 18 a 22) faz o mesmo do trecho anterior, definindo o padrão usado no Brasil para a formatação da data e hora. Para criar o padrão de formatação (objeto dtf) foi usado um estilo resumido (SHORT) para o país definido na classe Locale. Observe o resultado na Figura 10.8.

Exemplo 10.7 – Data e hora com Java 8 – parte 3

```
18      LocalDateTime hoje = LocalDateTime.now();
19      dtf = DateTimeFormatter.ofLocalizedDateTime(FormatStyle.SHORT)
20              .withLocale(new Locale("pt", "br"));
21      dataHora = hoje.format(dtf);
22      System.out.println(dataHora);
```

Figura 10.8 – Saída do Exemplo 10.7 – parte 3.

A quarta parte do Exemplo 10.7 (linhas 23 a 27) mostra como é possível adicionar uma quantidade de dias a uma data qualquer. Na linha 23 é criado um objeto do tipo LocalDate a partir da data atual do sistema. A linha 24 cria um novo objeto do tipo LocalDate, definindo 10 dias a mais a partir da data anterior por meio do método plusDays. As linhas seguintes são iguais às que já comentamos anteriormente. Observe o resultado na Figura 10.9.

Exemplo 10.7 – Data e hora com Java 8 – parte 4

```
23      LocalDate dataAtual = LocalDate.now();
24      LocalDate vencimento = dataAtual.plusDays(10);
25      dtf = DateTimeFormatter.ofPattern("dd/MM/yyyy");
26      String novaData = vencimento.format(dtf);
27      System.out.println(novaData);
```

Figura 10.9 – Tela de execução do Exemplo 10.7 – parte 4.

A quinta parte do Exemplo 10.7 (linhas 28 a 32) mostra como é possível identificar o tempo decorrido de um processamento por meio da classe Instant. Na linha 28 é armazenado o instante atual. A linha 29 contém um laço de repetição com for que vai levar um certo tempo de processamento. Na linha 30 é armazenado o novo instante. Com isso será possível visualizar nas linhas 31 e 32 o instante de tempo do primeiro e segundo objetos (início e fim) do tipo Instant. Observe o resultado na Figura 10.10.

Exemplo 10.7 – Data e hora com Java 8 – parte 5

```
28      Instant inicio = Instant.now();
29      for (int a = 0; a < 999999999; a++);
30      Instant fim = Instant.now();
31      System.out.println(inicio);
32      System.out.println(fim);
```

Figura 10.10 – Tela de execução do Exemplo 10.7 – parte 5.

A sexta parte do Exemplo 10.7 (linhas 33 a 35) mostra como é possível calcular a diferença de tempo entre dois instantes (do trecho anterior). Na linha 33 o objeto duracao recebe a diferença de tempo entre os instantes inicio e fim. A linha 34 armazena essa duração em milissegundos, e a linha 35 apresenta essa diferença em tela. Observe o resultado na Figura 10.11.

Exemplo 10.7 – Data e hora com Java 8 – parte 6

Figura 10.11 – Tela de execução do Exemplo 10.7 – parte 6.

A sétima e última parte do Exemplo 10.7 (linhas 36 a 41) mostra como é possível manipular datas e horas considerando-se o fuso horário. As linhas 36 e 37 criam os fusos de São Paulo e New York por meio da classe ZoneId. As linhas 38 e 39 criam dois objetos contendo a data e hora desses dois fusos, e as linhas 40 e 41 imprimem essas informações em tela. Observe o resultado na Figura 10.12.

Exemplo 10.7 – Data e hora com Java 8 – parte 7

```
36      ZoneId fusoSP = ZoneId.of("America/Sao_Paulo");
37      ZoneId fusoNY = ZoneId.of("America/New_York");
38      ZonedDateTime agoraSP = ZonedDateTime.now(fusoSP);
39      ZonedDateTime agoraNY = ZonedDateTime.now(fusoNY);
40      System.out.println(agoraSP);
41      System.out.println(agoraNY);
42     }
43  }
```

Figura 10.12 – Saída do Exemplo 10.7 – parte 7.

Exercícios para prática da linguagem Java

1. Crie uma classe que imprima uma mensagem diferente em tela dependendo do horário do dia. Considere uma repartição pública cujo atendimento é entre 8h e 17h, de segunda a sexta-feira. Quando estiver no horário de atendimento, deve aparecer a mensagem "estamos atendendo", caso contrário, "expediente encerrado", de acordo com a Figura 10.13.

Figura 10.13 – Tela de execução do Exercício 10.1.

2. Elabore uma classe que mostre na tela a diferença em horas entre dois fusos horários quaisquer, conforme exibido na Figura 10.14.

Figura 10.14 – Tela de execução do Exercício 10.2.

3. Faça uma classe que receba uma data inicial, uma data final e mostre quantos anos, meses e dias existem entre as duas datas fornecidas. Observe a Figura 10.15.

Figura 10.15 – Tela de execução do Exercício 10.3.

4. Um determinado banco precisa saber em quanto tempo seus clientes são atendidos a partir da hora da chegada. Ao chegar ao banco, o cliente retira uma senha e sua hora é registrada. Da mesma forma, ao ser atendido é armazenado o horário. Faça uma classe que apresente em tela o horário de chegada, o de saída e a diferença decorrida em minutos. Observe a Figura 10.16.

Figura 10.16 – Tela de execução do Exercício 10.4.

5. Faça uma classe que receba o valor total de uma compra e a quantidade de parcelas (3, 6 ou 12). Considerando que a primeira parcela é sempre à vista, emita em tela os vencimentos das parcelas seguintes (a cada 30 dias) e o valor de cada parcela. O valor da parcela será o valor total dividido pela quantidade de parcelas.

Figura 10.17 – Tela de execução do Exercício 10.5.

Material de apoio

Exercícios semelhantes aos aqui apresentados podem ser visualizados no endereço seguinte:
<http://editoraerica.com.br/>.

Seu próximo passo

Este capítulo mostrou os métodos para a manipulação de data e hora existentes em Java. O próximo capítulo destaca a manipulação de diretórios e a leitura e gravação de arquivos no formato texto, item importante para muitas aplicações.

Diretórios e Arquivos

Objetivos deste capítulo
✓ Apresentar o funcionamento básico da manipulação de diretórios.
✓ Demonstrar os passos necessários para o armazenamento de arquivos no formato texto.
✓ Demonstrar a importância do armazenamento e da recuperação de dados.
✓ Apresentar a utilização da classe FileDialog.

11.1 Definição

A grande maioria das aplicações necessita armazenar dados para manipulá-los posteriormente. Na prática, são poucas as aplicações que se limitam a armazenar dados apenas na memória durante o processo de execução, pois eles precisam ser recuperados a qualquer momento. Por esse motivo, devem ser usados os arquivos de dados, isto é, um conjunto de dados armazenado em uma memória secundária não volátil que pode ser recuperado pelo programa em qualquer instante. Inúmeras são as aplicações para o armazenamento de dados, e sua utilização é praticamente obrigatória em qualquer site, salvo aqueles que são usados apenas para consulta de informações. Para a manipulação de arquivos, vamos utilizar classes do pacote **java.io**. Associado a isso, os arquivos são armazenados em diretórios, pastas que permitem organizar arquivos e dados. Os dados podem ser armazenados e recuperados pelo pacote java.io por intermédio de um sistema de comunicação denominado controle de fluxo (**Stream**), permitindo a manipulação de diferentes formatos de arquivo, entre eles txt, dat, gif etc. Este capítulo fornece alguns exemplos para o tratamento de arquivos texto e as principais classes para manipular diretórios.

11.2 Criação de diretórios

Esta seção apresenta a criação de diretórios por meio de exemplos práticos. Quando um sistema manipula arquivos (imagens, sons, vídeos, pdf ou qualquer outro tipo de arquivo), será necessário armazenar esses arquivos em pastas no servidor. Dessa forma, antes de armazenar um arquivo, sua pasta correspondente deve existir. Considere que um site da Internet chamado loja armazena arquivos em diferentes pastas, conforme apresenta a Figura 11.1.

Figura 11.1 – Simulação do diretório de um site.

O Exemplo 11.1 apresenta o código necessário para criar o conjunto de pastas que aparece na Figura 11.1.

Exemplo 11.1 – A classe CriaDiretorio

```java
package cap11;
import java.io.File;
public class CriaDiretorio {
    public static void main(String[] args) {
        File dir = new File("c:/loja");
        if (!dir.exists()) {
            dir.mkdir();
        }
        dir = new File("c:/loja/site");
        if (!dir.exists()) {
            dir.mkdir();
        }
        dir = new File("c:/loja/site/imagens");
        if (!dir.exists()) {
            dir.mkdir();
        }
        dir = new File("c:/loja/site/videos");
        if (!dir.exists()) {
            dir.mkdir();
        }
        dir = new File("c:/loja/site/sons");
        if (!dir.exists()) {
            dir.mkdir();
        }
        System.out.println("Final do processo de criação");
    }
}
```

Funcionalidades comentadas do Exemplo 11.1:

- **Linha 5:** cria uma variável chamada dir do tipo File (arquivo) que recebe como parâmetro a localização do diretório que será criado, nesse caso c:/loja.
- **Linhas 6 a 8:** verificam se esse diretório não existe (linha 7). Caso não exista, é criado (linha 8) por meio do método mkdir (abreviação de *make directory*).
- **Linhas 9 a 24:** utilizam a mesma sintaxe das linhas anteriores para criação dos demais diretórios, sempre passando como parâmetro o local e nome onde o diretório será criado.
- Uma observação importante na criação de diretórios se refere à permissão. Apesar de não estarmos tratando disso em nosso exemplo, para criar um diretório você precisa ter permissão

Diretórios e Arquivos

para tal. Por causa disso, o método mkdir (linha 7, por exemplo) retorna tipo booleano (verdadeiro ou falso). Se esse método retornar verdadeiro, a criação do diretório foi bem-sucedida, caso contrário não foi.

11.3 Consulta em diretórios

Um diretório pode conter arquivos de diversos formatos ou outros subdiretórios. Em algumas aplicações torna-se necessário conhecer quais arquivos residem num determinado diretório. No Exemplo 11.2, o usuário fornece um diretório e todo o seu conteúdo é listado em tela.

Exemplo 11.2 – A classe ListaDiretorio

```java
package cap11;
import java.io.File;
import javax.swing.JOptionPane;
public class ListaDiretorio {
    public static void main(String args[]) {
        String path = JOptionPane.showInputDialog("Forneça o caminho "
                + "do diretório (utilize / entre os diretórios)");
        File dir = new File(path);
        if (dir.isDirectory()) {
            System.out.println("Conteúdo do diretório " + path);
            String s[] = dir.list();
            for (int i = 0; i < s.length; i++) {
                System.out.println(s[i]);
            }
        } else {
            System.out.println(path + " não é um diretório válido");
        }
    }
}
```

Funcionalidades comentadas do Exemplo 11.2:

▶ **Linha 6:** cria uma variável do tipo string chamada path que recebe o caminho do diretório fornecido pelo usuário.

▶ **Linha 8:** cria uma variável chamada dir, do tipo File (arquivo) que armazena o caminho do diretório a ser pesquisado (path).

▶ **Linha 9:** verifica se o conteúdo existente no caminho fornecido é um diretório.

▶ **Linha 11:** cria o array s a partir do retorno do método list. Todos os nomes dos arquivos existentes no diretório serão armazenados no array (um em cada índice).

▶ **Linhas 11 a 14:** criam um laço de repetição que apresenta em tela o nome de todos os arquivos presentes no diretório pesquisado e armazenados no array s.

11.4 Exclusão de diretórios

Assim como uma aplicação precisa criar diretório, às vezes torna-se necessário realizar sua exclusão. A exclusão de diretórios possui um problema adicional, pois seu conteúdo pode conter desde um único arquivo até uma árvore enorme de subdiretórios. Já que a quantidade de arquivos e subdiretórios pode variar bastante, como podemos resolver esse problema? Uma possível solução é utilizar a recursividade, isto é, uma maneira de fazer com que o método que exclui o arquivo seja chamado n vezes, dependendo da quantidade de arquivos. O Exemplo 11.3 apresenta um possível código que implementa a recursividade.

Exemplo 11.3 – A classe ExcluiDiretorio

```java
package cap11;
import java.io.File;
public class ExcluiDiretorio {
    public static void main(String[] args) {
        File dir = new File("c:/loja");
        String men = "";
        if (dir.isDirectory()) {
            if (dir.delete()) {
                men = dir.getName() + " Excluido com sucesso!";
            } else {
                if (excluirFilhos(dir)) {
                    men = dir.getName() + " Excluido com Sucesso!";
                } else {
                    men = "Falha na exclusão de " + dir.getName();
                }
            }
            System.out.println(men);
        }
    }
    private static boolean excluirFilhos(File dir) {
        if (dir.isDirectory()) {
            String[] arquivos = dir.list();
            for (int i = 0; i < arquivos.length; i++) {
                boolean success = excluirFilhos(new File(dir, arquivos[i]));
                if (success) {
                    System.out.println("Excluido: " + arquivos[i]);
                } else {
                    System.out.println("Não pode ser excluido: " + arquivos[i]);
                    return false;
                }
            }
        }
        return dir.delete();
    }
}
```

Funcionalidades comentadas do Exemplo 11.3:

▶ **Linha 5:** cria uma variável do tipo File chamada dir que armazena o endereço do diretório. Em nosso exemplo o diretório é "c:/loja", mas poderia ser um diretório fornecido pelo usuário. Muito CUIDADO com a execução desse exemplo em sua máquina, pois ele apaga uma pasta! Jamais teste esse exemplo passando uma pasta importante presente em sua máquina, crie apenas diretórios temporários para teste.

▶ **Linhas 7 e 8:** verificam se o conteúdo do caminho fornecido é um diretório. Em caso positivo, executa a linha 8, que chama o método excluirFilhos, passando o diretório a ser excluído.

▶ **Linhas 20 a 34:** antes de excluir uma pasta é necessário verificar se ela está vazia, isto é, se possui outros arquivos ou diretórios dentro dela. A linha 20 declara o método excluirFilhos, recebendo como parâmetro um File, isto é, o diretório a ser excluído. A linha 22 armazena a relação de arquivos presentes no diretório a ser excluído, e a linha 23 inicia um for para percorrê-lo, item por item. Na linha 24 ocorre a chamada recursiva, ou seja, o método excluirFilhos chama a si próprio novamente. Dessa forma, as linhas 23 a 31 excluem todos os arquivos presentes no diretório. Já a linha 33 exclui o diretório desejado, agora vazio.

▶ Assim como na criação de diretórios, a exclusão também só será permitida se você tiver permissão para isso. Caso exista algum arquivo (ou subdiretório) armazenado nele, será necessário apagar todos os arquivos e subdiretórios antes de realizar sua exclusão. Além disso, se você tentar excluir um diretório que possui um arquivo aberto por outro processo, provavelmente não será possível realizar sua exclusão.

11.5 Leitura e gravação

Esta seção apresenta de forma prática o armazenamento e a recuperação de um arquivo texto. Existem diversas classes que podem ser usadas para realizar esse processo. A forma apresentada utiliza a classe **BufferedReader** para a leitura do arquivo e a classe **PrintWriter** para a gravação.

Diretórios e Arquivos

Os Exemplos 11.4 e 11.5 demonstram o código necessário para a criação de um cadastro de pessoas, usando leitura e gravação em arquivo texto. O nome do arquivo a ser lido ou gravado será formado pelo "código da pessoa" + ".txt" e será armazenado numa pasta qualquer fornecida pelo usuário. Para isso criaremos duas classes: a classe Pessoa, que mantém dados sobre a pessoa e realiza a leitura e gravação desses dados, e a classe CadastroComArquivoTexto, um frame que realiza a interface com o usuário. Vamos começar com a classe Pessoa.

Exemplo 11.4 – A classe Pessoa

```java
package cap11;
import java.io.BufferedReader;
import java.io.File;
import java.io.FileReader;
import java.io.IOException;
import java.io.PrintWriter;
public class Pessoa {
    public String codigo, nome, email;
    public Pessoa ler(String path) {
        try {
            BufferedReader br = new BufferedReader(
                new FileReader(path + "/" + codigo + ".txt"));
            codigo = br.readLine();
            nome = br.readLine();
            email = br.readLine();
            br.close();
            return this;
        } catch (IOException erro) {
            return null;
        }
    }
    public String gravar(String path) {
        try {
            File dir = new File(path);
            if (!dir.exists()) {
                dir.mkdir();
            }
            PrintWriter pw = new PrintWriter(path + "/" + codigo + ".txt");//cria
            pw.println(codigo);
            pw.println(nome);
            pw.println(email);
            pw.flush();
            pw.close();
            return "Arquivo gravado com sucesso!";
        } catch (IOException erro) {
            return "Falha ao gravar o arquivo: " + erro.toString();
        }
    }
}
```

Funcionalidades comentadas do Exemplo 11.4:

▶ **Linha 8:** declara os atributos da classe pessoa, todos como públicos. Para facilitar nosso exemplo, poderiam ser privados, mas seria necessário criar os métodos get e set para cada atributo, aumentando o tamanho de nosso exemplo.

▶ **Linha 9:** especifica o método ler que recebe o caminho do arquivo a ser lido (por meio do parâmetro path) e retorna um objeto do tipo Pessoa. Internamente, o método preenche um objeto e o retorna na linha 17. Caso o arquivo não seja localizado, será retornado null, isto é, um objeto nulo, sem conteúdo. Esse método será chamado pela classe CadastroComArquivoTexto quando o usuário pressionar o botão Abrir.

▶ **Linhas 11 e 12:** contêm o código necessário para a abertura e leitura de um arquivo texto. Na linha 11 o objeto "br" é criado a partir da *classe BufferedReader*. O objeto tenta abrir o arquivo cujo caminho foi solicitado ao usuário na linha 12. Caso haja sucesso na abertura do arquivo, o cursor fica posicionado na primeira linha.

▶ **Linhas 13 a 15:** são responsáveis por ler o conteúdo do arquivo texto, linha a linha, por meio do método readLine, e armazená-lo nas caixas de texto correspondentes ao código, nome e e-mail. Cada vez que o método readLine é executado, uma linha do arquivo é lida e o cursor é posicionado automaticamente na próxima linha.

▶ **Linhas 16 e 17:** contêm o método close responsável por fechar o arquivo e o return responsável por retornar os dados pesquisados, na forma de um objeto. A linha 18 trata a exceção IOException gerada quando, por um motivo qualquer, não for possível realizar a abertura do arquivo. Provavelmente a exceção ocorrerá quando o arquivo a ser aberto não for encontrado.

▶ **Linha 22:** especifica o método gravar que recebe o caminho do arquivo a ser gravado (por meio do parâmetro path) e retorna um texto informando o resultado final da execução.

▶ **Linhas 24 a 27:** são responsáveis por criar o diretório especificado na variável path, caso este não exista, como vimos em exemplos anteriores.

▶ **Linha 28:** contém a classe PrintWriter usada para criar o arquivo texto, cujo nome é o conteúdo da variável path, concatenada com o conteúdo da caixa de texto tfCodigo, concatenado com a extensão ".txt". O arquivo a ser criado é controlado pelo objeto "pw".

▶ **Linhas 29 a 31:** o objeto "pw" realiza a gravação dos valores do código, nome e e-mail, cada um em uma linha diferente do arquivo texto por meio do método println.

▶ **Linhas 32 e 33:** contém os métodos flush e close responsáveis por forçar a transferência da memória para o arquivo e por fechar o arquivo. A linha 35 trata a exceção IOException gerada quando, por um motivo qualquer, não for possível realizar a gravação do arquivo.

Em resumo, para o armazenamento de dados em um arquivo texto, é necessário: 1) criar um arquivo de fluxo para a saída de dados por meio da classe PrintWriter; 2) gravar os dados no arquivo por meio do método println; 3) fechar o arquivo gravado por meio do método close.

O Exemplo 11.5 a seguir, chamado de CadastroComArquivoTexto, contém um frame que será usado como interface do usuário. Por meio dele o usuário fará interação com a classe Pessoa de maneira a permitir a leitura e gravação de arquivos texto.

Exemplo 11.5 – A classe CadastroComArquivoTexto
(Listagem 1 – linhas 1 a 61)

```java
package cap11;
import java.awt.*;
import java.awt.event.*;
import javax.swing.*;
public class CadastroComArquivoTexto extends JFrame {
    private JLabel label1, label2, label3;
    private JButton btAbrir, btGravar, btLimpar;
    private JTextField tfCodigo, tfNome, tfEmail;
    private Pessoa pessoa;

    public static void main(String[] args) {
        JFrame frame = new CadastroComArquivoTexto();
        frame.setDefaultCloseOperation(JFrame.EXIT_ON_CLOSE);
        frame.setVisible(true);
    }
    public CadastroComArquivoTexto() {
        inicializarComponentes();
        definirEventos();
    }
    public void inicializarComponentes() {
        setTitle("Cadastro usando arquivo texto");
        setBounds(250, 50, 340, 160);
        setBackground(new Color(150, 150, 150));
        label1 = new JLabel("Codigo");
        label2 = new JLabel("Nome");
        label3 = new JLabel("Email");
        btAbrir = new JButton("Abrir");
        btGravar = new JButton("Gravar");
        btLimpar = new JButton("Limpar");
        tfCodigo = new JTextField();
        tfNome = new JTextField();
        tfEmail = new JTextField();
        setLayout(null);
        label1.setBounds(10, 15, 40, 20);
        label2.setBounds(10, 40, 45, 20);
        label3.setBounds(10, 65, 45, 20);
        btAbrir.setBounds(10, 100, 75, 20);
        btGravar.setBounds(95, 100, 75, 20);
        btLimpar.setBounds(180, 100, 75, 20);
        tfCodigo.setBounds(60, 15, 55, 20);
        tfNome.setBounds(60, 40, 255, 20);
        tfEmail.setBounds(60, 65, 255, 20);
        add(label1);
        add(label2);
        add(label3);
        add(btAbrir);
        add(btGravar);
        add(btLimpar);
        add(tfCodigo);
        add(tfNome);
        add(tfEmail);
        pessoa = new Pessoa();
    }
    public void definirEventos() {
        btLimpar.addActionListener(new ActionListener() {
            public void actionPerformed(ActionEvent e) {
                tfCodigo.setText("");
                tfNome.setText("");
                tfEmail.setText("");
            }
        });
```

Diretórios e Arquivos

Exemplo 11.5 – A classe CadastroComArquivoTexto (Listagem 2 – linhas 62 a 95)

```
62      btGravar.addActionListener(new ActionListener() {
63          public void actionPerformed(ActionEvent e) {
64              if (tfCodigo.getText().equals("")) {
65                  JOptionPane.showMessageDialog(null, "O código nao pode estar vazio!");
66                  tfCodigo.requestFocus();
67              } else if (tfNome.getText().equals("")) {
68                  JOptionPane.showMessageDialog(null, "O nome não pode estar vazio!");
69                  tfNome.requestFocus();
70              } else if (tfEmail.getText().equals("")) {
71                  JOptionPane.showMessageDialog(null, "O email não pode estar vazio!");
72                  tfEmail.requestFocus();
73              } else {
74                  pessoa.codigo = tfCodigo.getText();
75                  pessoa.nome = tfNome.getText();
76                  pessoa.email = tfEmail.getText();
77                  JOptionPane.showMessageDialog(null, pessoa.gravar("c:/temp"));
78              }
79          }
80      });
81      btAbrir.addActionListener(new ActionListener() {
82          public void actionPerformed(ActionEvent e) {
83              pessoa.codigo = JOptionPane.showInputDialog(null, "Forneça o codigo a abrir:");
84              pessoa = pessoa.ler("c:/temp");
85              if (pessoa != null) {
86                  tfCodigo.setText(pessoa.codigo);
87                  tfNome.setText(pessoa.nome);
88                  tfEmail.setText(pessoa.email);
89              } else {
90                  JOptionPane.showMessageDialog(null, "Pessoa não encontrada");
91              }
92          }
93      });
94      }
95  }
```

O frame do Exemplo 11.5 possui três botões: um para abrir o arquivo texto, outro para gravar o arquivo texto e outro para limpar o conteúdo das caixas de texto, conforme apresenta a Figura 11.2. Ao pressionar o botão **Gravar**, o conteúdo das caixas de texto é armazenado num arquivo cujo nome é igual ao código da pessoa (mais a extensão .txt). Por padrão, foi definida a pasta temp onde os arquivos serão gravados ou lidos, mas outras pastas poderiam ser utilizadas. Dessa forma, cada pessoa cadastrada é armazenada num arquivo texto diferente, isto é, a pessoa de código "10" é armazenada no arquivo "10. txt", a pessoa de código "15" é armazenada no arquivo "15.txt" e assim sucessivamente. Ao pressionar o botão **Abrir**, ocorre o processo inverso, isto é, o conteúdo armazenado no arquivo, cujo código da pessoa deve ser fornecido pelo usuário, é copiado para as caixas de texto. Ao pressionar o botão **Limpar**, o conteúdo das caixas de texto tfCodigo, tfNome e tfEmail é apagado.

Figura 11.2 – O Exemplo 11.5 executado.

Concentrar-nos-emos apenas nas funcionalidades associadas aos botões, visto que as referentes à criação do frame já foram comentadas em exemplos anteriores. As principais funcionalidades são:

- **Linha 9:** declara um objeto do tipo Pessoa, nossa classe do exemplo 11.4 responsável por ler e gravar o arquivo texto. A **linha 52** realiza a criação do objeto pessoa. Esse objeto será usado nos botões ler e gravar, por isso ele foi declarado e criado com escopo global da classe.
- **Linhas 64 a 73:** realizam a validação das caixas de texto ao pressionar o botão **Gravar**. Todas as caixas de texto precisam ter algum conteúdo, caso contrário, uma mensagem é enviada ao usuário, indicando a obrigatoriedade do preenchimento.
- **Linhas 74 a 76:** realizam a cópia do valor armazenado nas caixas de texto para os atributos correspondentes ao objeto do tipo pessoa (codigo, nome e email). Isso é necessário, visto que o método gravar gera o arquivo texto a partir do estado atual do objeto, isto é, a partir dos dados previamente armazenados nos atributos do objeto.
- **Linha 77:** chama a execução do método gravar da classe Pessoa, passando como parâmetro o caminho no qual o arquivo será gerado. Por padrão, definimos a pasta c:/temp. Como o método gravar retorna um texto ao final de sua execução, então aparecerá uma mensagem na tela para avisar o usuário sobre o sucesso ou não da gravação.
- **Linha 83:** solicita a digitação do código da pessoa quando o usuário pressiona o botão **Abrir**. Em nosso caso, será solicitado o valor por meio de uma caixa de mensagem do tipo JOptionPane, mas poderia ser diretamente por meio da caixa de texto já existente no próprio frame.
- **Linha 84:** o objeto pessoa recebe o resultado da leitura do arquivo. Como já dissemos, esse retorno será um objeto contendo os valores existentes no arquivo ou conterá um valor nulo, caso o código da pessoa não seja encontrado.
- O exemplo foi criado para gerar um arquivo novo para cada pessoa. Se você gravar o mesmo código duas vezes ele será sobrescrito, pois a criação do segundo se sobrepõe ao primeiro. Em determinadas situações será necessário acrescentar dados a um arquivo texto já existente, como em um arquivo de log, por exemplo, em que as inserções são realizadas ao final do arquivo, processo conhecido como append. O trecho seguinte mostra como é possível abrir um arquivo já existente e adicionar conteúdo a ele. A diferença está no uso da classe FileWriter, que permite abrir um arquivo já existente. Essa funcionalidade é controlada pelo segundo argumento: quando ele está true o arquivo é apenas aberto, quando falso o arquivo é recriado.

```
try {
    PrintWriter printWriter = new PrintWriter(new FileWriter("c:/temp/log.txt", true));
    printWriter.println("Cada vez que passar aqui insere uma linha!");
    printWriter.flush();
    printWriter.close();
} catch (Exception e) {
    return "Falha ao gravar o arquivo: " + e.toString();
}
```

O Exemplo 11.6 a seguir apresenta uma aplicação que funciona como um editor de textos bem básico. Ele realiza a leitura ou a gravação de um arquivo texto qualquer, escolhido pelo usuário por meio da caixa de diálogo da classe **FileDialog**. Quando o usuário pressiona o botão **Gravar** ou **Abrir**, aparece

Diretórios e Arquivos

uma caixa de diálogo semelhante à utilizada nos aplicativos do Windows. Com isso, torna-se possível escolher o arquivo que será lido ou gravado pela aplicação. O código do Exemplo 11.6 é apresentado em seguida, e a Figura 11.3 mostra o exemplo executado.

Exemplo 11.6 – A classe EditorDeTexto (Listagem 1 – linhas 1 a 52)

```java
package cap11;
import java.awt.*;
import java.awt.event.*;
import javax.swing.*;
import java.io.*;
public final class EditorDeTexto extends JFrame {
    private JLabel label1, label2;
    private JButton btGravar, btAbrir, btLimpar;
    private JTextField tfTexto;
    private TextArea taTexto;
    private FileDialog fdAbrir, fdSalvar;
    private String nome_do_arquivo;

    public static void main(String[] args) {
        JFrame frame = new EditorDeTexto();
        frame.setDefaultCloseOperation(JFrame.EXIT_ON_CLOSE);
        frame.setVisible(true);
    }
    public EditorDeTexto() {
        inicializarComponentes();
        definirEventos();
    }
    public void inicializarComponentes() {
        setTitle("Simples Editor de Texto");
        setLayout(null);
        setBounds(250, 50, 500, 300);
        setResizable(false);
        label1 = new JLabel("Texto a ser editado:");
        label1.setBounds(5, 5, 200, 20);
        label2 = new JLabel("Status:");
        label2.setBounds(5, 240, 200, 20);
        btGravar = new JButton("Gravar");
        btGravar.setBounds(200, 210, 100, 25);
        btAbrir = new JButton("Abrir");
        btAbrir.setBounds(80, 210, 100, 25);
        btLimpar = new JButton("Limpar");
        btLimpar.setBounds(320, 210, 100, 25);
        tfTexto = new JTextField();
        tfTexto.setBounds(50, 240, 430, 20);
        tfTexto.setEditable(false);
        taTexto = new TextArea();
        taTexto.setBounds(5, 25, 480, 180);
        fdAbrir = new FileDialog(this, "Abrir arquivo", FileDialog.LOAD);
        fdSalvar = new FileDialog(this, "Salvar arquivo", FileDialog.SAVE);
        add(label1);
        add(label2);
        add(tfTexto);
        add(taTexto);
        add(btGravar);
        add(btAbrir);
        add(btLimpar);
    }
```

Exemplo 11.6 – A classe EditorDeTexto (Listagem 2 - linhas 53 a 101)

```java
53      public void definirEventos() {
54          btLimpar.addActionListener(new ActionListener() {
55              public void actionPerformed(ActionEvent e) {
56                  taTexto.setText("");
57                  tfTexto.setText("");
58              }
59          });
60          btGravar.addActionListener(new ActionListener() {
61              public void actionPerformed(ActionEvent e) {
62                  try {
63                      fdSalvar.setVisible(true);
64                      if (fdSalvar.getFile() == null) {
65                          return;
66                      }
67                      nome_do_arquivo = fdSalvar.getDirectory() + fdSalvar.getFile();
68                      FileWriter out = new FileWriter(nome_do_arquivo);
69                      out.write(taTexto.getText());
70                      out.close();
71                      tfTexto.setText("Arquivo gravado com sucesso !");
72                  } catch (IOException erro) {
73                      tfTexto.setText("Erro ao gravar no arquivo! " + erro.toString());
74                  }
75              }
76          });
77          btAbrir.addActionListener(new ActionListener() {
78              public void actionPerformed(ActionEvent e) {
79                  try {
80                      fdAbrir.setVisible(true);
81                      if (fdAbrir.getFile() == null) {
82                          return;
83                      }
84                      nome_do_arquivo = fdAbrir.getDirectory() + fdAbrir.getFile();
85                      FileReader in = new FileReader(nome_do_arquivo);
86                      String s = "";
87                      int i = in.read();
88                      while (i != -1) {
89                          s = s + (char) i;
90                          i = in.read();
91                      }
92                      taTexto.setText(s);
93                      in.close();
94                      tfTexto.setText("Arquivo aberto com sucesso !");
95                  } catch (IOException erro) {
96                      tfTexto.setText("Erro ao abrir o arquivo! " + erro.toString());
97                  }
98              }
99          });
100     }
101 }
```

Figura 11.3 – O Exemplo 11.6 executado.

Funcionalidades comentadas do Exemplo 11.6:

▶ **Linha 11:** declara dois objetos (fdAbrir e fdSalvar) da classe FileDialog, usada na criação de caixas de diálogo para manipulação de arquivos.

▶ **Linha 43:** inicializa o objeto fdAbrir como uma caixa de diálogo com o título **Abrir arquivo** para a leitura de arquivos (**FileDialog.LOAD**).

▶ **Linha 44:** inicializa o objeto fdSalvar como uma caixa de diálogo com o título **Salvar arquivo** para a gravação de arquivos (**FileDialog.SAVE**).

▶ **Linha 63:** invoca a abertura da caixa de diálogo de gravação passando "true" ao método setVisible.

▶ **Linhas 64 a 66:** no momento de realizar a gravação do arquivo, é aberta uma caixa de diálogo. Para descobrir o arquivo escolhido pelo usuário, é utilizado o *método getFile*. Caso o usuário não tenha escolhido nenhum arquivo ou se pressionou o botão Cancelar da caixa de diálogo, o método getFile retorna **null**, o que provoca o encerramento do método actionPerformed por meio de **return** e, consequentemente, a não gravação do arquivo. Caso contrário, o caminho e o nome do arquivo são armazenados na variável nomeDoArquivo pelos métodos **getDirectory** e **getFile**, conforme a linha 67.

▶ **Linhas 68 a 70:** contêm o código necessário para a gravação do arquivo texto. Na linha 68 é inicializado **out** como um objeto da classe **FileWriter**, apontando para a variável nomeDoArquivo que contém o arquivo escolhido, ou digitado pelo usuário. Na linha 69 todo o conteúdo do objeto taTexto é armazenado no arquivo pelo método **write**. Na linha 70 o arquivo é fechado.

▶ **Linha 80:** invoca a abertura da caixa de diálogo de leitura enviando "true" ao método **setVisible**.

▶ **Linhas 81 a 83:** idênticas às linhas 64 a 66, com exceção de que elas são executadas quando o usuário pressionar o botão Abrir.

▶ **Linha 85:** inicializa **in** como um objeto da *classe FileReader* apontando para a variável nomeDoArquivo que contém o arquivo escolhido ou digitado pelo usuário.

▶ **Linhas 87 a 91:** realizam a leitura de todo o arquivo texto e o armazenam na variável **s**. No processo de leitura de um arquivo usando a classe **FileReader**, por meio do método **read**, cada caractere é lido como um valor inteiro. Quando o final do arquivo for encontrado, é retornado o valor -1. Na linha 87 lê-se o primeiro caractere do arquivo por meio do método **read**. Na linha 88 é verificado se o ponteiro já se encontra no final do arquivo, ou seja, enquanto **i** for diferente de -1, o arquivo é lido caractere a caractere (linha 90). Na linha 89, cada caractere é lido e convertido no tipo char, sendo acumulado na String **s**. Dessa forma, realiza-se o processo de leitura do primeiro ao último caractere do arquivo texto escolhido.

▶ **Linha 92:** o arquivo armazenado na variável **s** é copiado no TextArea "**taTexto**".

Apesar de simples, os Exemplos 11.1 e 11.2 representam os aspectos mais importantes na manipulação de arquivos texto e devem servir como início de aprendizado dos operadores de fluxo. Existem outros formatos de arquivo que podem ser manipulados em Java, mas não apresentados aqui.

Exercícios para prática da linguagem Java

1. Crie um frame contendo uma caixa de texto e um botão, de acordo com a Figura 11.4.

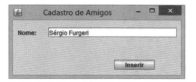

Figura 11.4 – Tela de execução do Exercício 11.1.

O usuário preenche o nome do amigo e pressiona o botão inserir. O nome do amigo é adicionado num arquivo texto chamado amigos.txt na pasta c:/meusamigos. Caso não exista, essa pasta deve ser criada no momento da inclusão do primeiro amigo.

2. Faça um frame que simule uma enquete sobre o aborto, conforme apresenta a Figura 11.5. O título do frame deve conter o texto "Você é a favor do aborto?", com dois botões de rádio (Sim e Não) e um botão (Votar). Para cada voto computado, o arquivo texto deve ser atualizado. Considere que a primeira linha do arquivo texto mantém a quantidade de votos sim e a segunda linha, a quantidade de votos não. Dessa forma, o arquivo texto terá apenas duas linhas que serão atualizadas para cada voto computado.

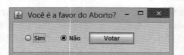 

Figura 11.5 – Tela de execução do Exercício 11.2.

3. Faça uma classe para apurar os votos do arquivo do exercício anterior, isto é, que permita consultar o resultado da enquete do exercício anterior. Observe a Figura 11.6.

Figura 11.6 – Tela de execução do Exercício 11.3.

4. Considere que um arquivo texto contém diversas linhas (não sabemos sua quantidade) com valores numéricos inteiros. Faça uma classe que abra esse arquivo texto e apresente em tela a soma de todos os valores existentes.

5. Faça uma classe que abra um arquivo texto qualquer e verifique se ele possui uma das seguintes palavras: jogo, jogos, game e games. Caso exista alguma dessas palavras, apresente em tela uma mensagem: "esse arquivo provavelmente fala sobre jogos", caso contrário emita a mensagem "nenhuma palavra encontrada no arquivo".

Material de apoio

Exercícios semelhantes aos aqui apresentados podem ser visualizados no endereço a seguir: <http://editoraerica.com.br/>.

Diretórios e Arquivos

Seu próximo passo

O próximo capítulo demonstra como realizar a manipulação de banco de dados por meio de aplicações. No Capítulo 13 aprenderemos a construção de aplicações que rodam no servidor, tratam-se de páginas em JSP (Java Server Pages). Já o Capítulo 14 encerra os estudos com a criação de Servlets no acesso a banco de dados.

Capítulo 12

Manipulação de Banco de Dados com Java

Objetivos deste capítulo

✓ Demonstrar os fundamentos básicos para a manipulação de banco de dados com Java.
✓ Apresentar as técnicas para navegação em registros.
✓ Apresentar a sintaxe de comandos SQL usados em Java.
✓ Apresentar a utilização da classe FileDialog.

12.1 Definição

A linguagem Java possui classes que permitem a conexão com um banco de dados, as quais fazem parte do pacote JDBC (*Java Database Connectivity*), uma API (*Aplication Program Interface*) que permite a comunicação com diversos Sistemas Gerenciadores de Bancos de Dados, como Oracle, MySQL, SQL Server, PostgreSQL, entre outros. Existe também a possibilidade de se utilizar um banco de dados relacional open source chamado Java DB, um banco criado a partir do projeto Apache Derby. Independentemente do banco de dados usado, a linguagem padrão para manipulação dos dados é a SQL (*Structured Query Language*).

Existe ainda a possibilidade de manipular bancos de dados por meio de frameworks, sem a necessidade de conhecer a linguagem SQL. No entanto, o processo de instalação e configuração desses ambientes nem sempre é uma tarefa trivial, fato que pode gerar muitas dúvidas aos leitores. No momento, o framework mais difundido e usado é o Hibernate, mas, devido à simplicidade do processo, vamos nos concentrar no uso da linguagem SQL para acessar o banco de dados.

Seja qual for o Sistema Gerenciador de Banco de Dados usado, são os seguintes os passos básicos necessários para a manipulação de banco de dados por meio de uma aplicação:

1. A criação do banco de dados.
2. A inclusão do driver a ser usado para a conexão ao banco de dados.
3. A definição do endereço (URL) da localização do banco de dados que será incluído na aplicação.
4. A criação da aplicação Java propriamente dita para acessar os dados.

Para ilustrar todo o processo, será criada uma pequena aplicação que realiza a leitura de uma tabela armazenada no banco de dados MySQL. Neste ponto consideramos que o leitor já possui certo conhecimento em banco de dados, envolvendo a criação e a manipulação de tabelas. Pode-se também consultar o Apêndice A, que contém informações a respeito da criação do banco de dados usando o MySQL. Os procedimentos são muito parecidos, mesmo considerando diferentes versões do MySQL.

12.2 A criação do banco de dados

Os procedimentos seguintes consideram as etapas básicas para a criação do banco de dados por meio do MySQL. Caso haja alguma dúvida, consulte a Seção 1.3 do Apêndice A.

1. Abra o MySQL a partir do botão Iniciar: Iniciar/Todos os Programas/MySQL/MySQL Command Line Client. Forneça a senha do MySQL. No caso do Windows 8, no lugar de Todos os Programas considere o item Aplicativos.
2. Crie um banco de dados com o nome banco: *create database banco*.
3. Crie uma tabela com o nome filmes usando a sintaxe em SQL seguinte: *create table filmes (codigo varchar(5) primary key, titulo varchar(35), genero varchar(8), produtora varchar(15), datacompra date)*.

Ao ser criada, a tabela deve ter a estrutura apresentada na Tabela 12.1.

Tabela 12.1 – Tabela de filmes

Nome do campo	Tipo de dados	Tamanho
CODIGO (PK)	Varchar	5
TITULO	Varchar	35
GENERO	Varchar	8
PRODUTORA	Varchar	15
DATACOMPRA	Date	

Os procedimentos anteriores criaram um banco de dados com uma tabela vazia no MySQL. Esse será o banco de dados manipulado pela aplicação Java descrita no Item 12.4.

Observação

Para que seja possível consultar os dados da tabela, obviamente o banco de dados deve ser preenchido, isto é, diversos filmes devem ser cadastrados. O leitor pode escolher entre cadastrar seus próprios filmes ou acessar o site da Editora Érica e realizar o download de um banco de dados no formato MySQL fornecido com este livro, que já possui milhares de filmes cadastrados. Para que o banco seja reconhecido em seu MySQL, é necessário inseri-lo na pasta "data", que armazena todas as bases de dados do MySQL. Em nosso caso, o nome da pasta deve ser "banco" (esse nome será usado em nossas classes – veja a linha 8 do Exemplo 12.2 e também a linha 6 do Exemplo 12.3). Dependendo do Sistema Operacional que você estiver utilizando, a pasta "data" do MySQL pode estar num local diferente. No Windows 7, por exemplo, o endereço padrão de sua localização é "C:\ProgramData\MySQL\MySQL Server 5.6". Para saber a localização exata da pasta do MySQL, consulte o conteúdo da variável "datadir" localizado no arquivo "my.cnf" (por padrão, esse arquivo está em "C:\Arquivos de programas\MySQL\MySQL Server 5.6"). No Windows 8 o endereço padrão de sua localização é: "C:\ProgramData\MySQL\MySQL Server 5.6".

12.3 A definição do driver para conexão

Para acessar um banco de dados por meio de Java, é necessário carregar um driver específico do banco de dados (o driver nada mais é do que um pacote contendo classes em Java). Existem diferentes versões para os drivers, ainda que considerando o mesmo fabricante. Na maioria dos casos, é necessário baixar o driver de um site da Internet e adicionar o seu caminho à variável de ambiente CLASSPATH ou copiar o driver mysql-conector-java-5.1.8-bin.jar (disponível no site da Editora Érica) na pasta "ext" de seu diretório Java: "java\jre8\lib\ext". Para garantir que o pacote seja encontrado em tempo de desenvolvimento, copie esse mesmo arquivo na pasta do jdk: "jdk1.8.0_11\jre\ lib\ext". As principais IDEs de desenvolvimento (Netbeans e Eclipse) já integram o driver de conexão ao MySQL em suas bibliotecas.

A seguir é apresentado o código a ser adicionado ao programa Java para o carregamento do driver, considerando diversos tipos de bancos de dados, ou seja, dependendo do banco a ser acessado, é necessário carregar um driver diferente. Em Java, o driver é carregado na memória por meio da sintaxe **Class.forName**("pacote.nome-do-driver").

- No Access

    Class.forName("sun.jdbc.odbc.JdbcOdbcDriver");

- No MySQL

    Class.forName("com.mysql.jdbc.Driver");

- No Oracle

    Class.forName("oracle.jdbc.driver.OracleDriver");

- No Microsoft SQL Server 2000

    Class.forName("com.microsoft.jdbc.sqlserver.SQLServerDriver");

- No Microsoft SQL Server 2005/2008/2012

    Class.forName("com.microsoft.sqlserver.jdbc.SQLServerDriver");

- No Sysbase

    Class.forName("com.sybase.jdbc2.jdbc.SybDriver");

- No PostgreSQL

    Class.forName("org.postgresql.Driver");

- No DB2/Neon

    Class.forName("com.neon.jdbc.Driver");

12.4 A criação da aplicação em Java

Conforme citado anteriormente, para criar uma aplicação que realiza a manipulação de banco de dados, é necessário incluir instruções no programa para carregar um driver de comunicação com o banco de dados, nesse caso com o MySQL. Para facilitar a compreensão, a manipulação do banco de dados será executada em duas partes: a primeira vai realizar apenas a conexão com o banco e a segunda, a manipulação do banco em si.

12.4.1 A conexão com o banco de dados

Ao executar o programa do Exemplo 12.1, é enviada uma mensagem indicando o sucesso ou não da conexão ao banco de dados.

Exemplo 12.1 – A classe Conecta.java

```java
package cap12;
import java.sql.*;
import javax.swing.*;
public class Conecta {
    public static void main(String[] args) {
        final String DRIVER = "com.mysql.jdbc.Driver";
        final String URL = "jdbc:mysql://localhost:3306/mysql";
        try {
            Class.forName(DRIVER);
            Connection connection = DriverManager.getConnection(URL, "root", "123456");
            JOptionPane.showMessageDialog(null, "Conexão realizada com sucesso");
            connection.close();
        } catch (ClassNotFoundException erro) {
            JOptionPane.showMessageDialog(null, "Driver não encontrado!\n"
                + erro.toString());
        } catch (SQLException erro) {
            JOptionPane.showMessageDialog(null, "Problemas na conexão com a fonte de dados\n"
                + erro.toString());
        }
    }
}
```

Funcionalidades comentadas do Exemplo 12.1:

▶ **Linha 2:** importa as classes do pacote sql necessárias à manipulação do banco de dados por meio dos comandos SQL.

▶ **Linha 6:** contém a declaração de uma String do tipo final, isto é, uma constante chamada DRIVER que contém o nome do driver que será usado para a conexão ao banco de dados.

▶ **Linha 7:** possui a declaração da constante URL contendo outros parâmetros necessários à conexão do banco de dados: "jdbc:mysql" (padrão para o MySQL), o endereço em que o banco está localizado (localhost), a porta de comunicação do MySQL (3306) e o nome do banco de dados (no caso, mysql, um banco exemplo da própria instalação).

De forma geral, a estrutura de uma URL contém:

- ▶ **driver-da-oracle:** trata-se do driver jdbc, responsável por fazer a conexão ao banco de dados.
- ▶ **driver-de-terceiros:** varia em função do banco de dados a ser conectado. Pode ser odbc, mysql, oracle, sqlserver, postgresql etc.
- ▶ **caminho-da-fonte-de-dados:** trata-se do path em que a fonte de dados está localizada. Quando o arquivo é local, o endereço não é obrigatório. Normalmente o caminho inclui nome de servidores, como, por exemplo, //localhost ou //servidor-da-empresa.
- ▶ **porta:** logo após o caminho pode ser definida uma porta de comunicação, como, por exemplo, //localhost:**3306**/ ou //servidor-da-empresa:**1433**/.
- ▶ **Nome do banco de dados:** no exemplo anterior o nome do banco de dados foi mysql.

▶ **Linha 9:** carrega o driver que será usado pela aplicação Java para realizar a comunicação com o banco de dados, no caso declarado na linha 6. Observe que Class.forName está inserido em um bloco try-catch. Caso o driver não possa ser carregado (provavelmente por não ter sido localizado na máquina), ocorre a exceção **ClassNotFoundException** (linha 13), que envia uma mensagem de alerta (linha 14).

▶ **Linha 10:** estabelece uma conexão por meio do objeto "connection" usando a String URL definida na linha 7. Essa linha também está inserida em um bloco try-catch. Caso a conexão não possa ser realizada por qualquer motivo, ocorre a exceção **SQLException** (linha 16), que envia uma mensagem de alerta (linha 17). Outros dados necessários à conexão são **login** e **senha**. No caso do login, o padrão do MySQL é root, no entanto outros usuários podem ser inseridos no MySQL. A senha é definida no momento da instalação do MySQL e também pode ser diferente, dependendo do banco de dados. De qualquer forma, caso um (ou mais) desses três valores (nome do banco, login ou senha) esteja incorreto, gera o erro controlado na linha 16.

Caso a conexão seja realizada com sucesso na linha 10, a execução do programa segue normalmente na linha 11, que envia a mensagem indicando o sucesso da conexão.

▶ **Linha 12:** contém o método **close()** que encerra a conexão criada.

O Exemplo 12.1 demonstrou apenas como estabelecer uma conexão com o banco de dados. O próximo passo é realizar uma consulta ao banco de dados por intermédio de instruções SQL.

12.4.2 A consulta ao banco de dados por meio da linguagem SQL

Uma maneira possível de acessar um banco de dados em Java é por meio da linguagem SQL. Essa é uma forma simples de manipular dados usando a linguagem Java. Em aplicações mais robustas é comum utilizar frameworks específicos que ocultam detalhes das operações em banco de dados. Na época em que o livro foi escrito, um dos frameworks mais usados era o Hibernate (http://www.hibernate.org/), cuja descrição ultrapassa os objetivos desta obra. Assim, dadas a simplicidade e a popularidade, será usada a linguagem SQL em diversos exemplos que envolvem o acesso a banco de dados.

O Exemplo 12.2 acrescenta código ao exemplo anterior, 12.1, mantendo os códigos para a conexão ao banco de dados, demonstrando os procedimentos necessários para realizar a consulta por meio de comandos em SQL. O exemplo utiliza o banco de dados com a tabela de Filmes preenchida (de acordo com o banco de dados localizado no site da Editora Érica). O Exemplo 12.2 fornece como resultado uma tela com a relação de filmes que possuem código superior a 03120 e inferior a 03140, de acordo com as instruções SQL. O exemplo parte do princípio de que o leitor possui algum conhecimento em SQL, uma vez que seu estudo não é objetivo deste livro, mas sim demonstrar como usar instruções em SQL em uma aplicação Java.

As funcionalidades do Exemplo 12.2 são:

▶ **Linha 11:** cria o script de comandos em SQL que será usado na consulta ao banco de dados e o armazena na String "sql". Um ponto a observar é o uso do caractere de interrogação (?), que será substituído por parâmetros durante a execução da classe. A seguir vamos explicar melhor isso.

▶ **Linha 12:** cria um objeto chamado statement a partir da interface PreparedStatement que possibilita a execução de um script SQL pela conexão realizada com o banco de dados, chamada connection.

▶ **Linhas 13 e 14:** cada um dos parâmetros usados no script em SQL deve ser passado ao objeto statement por meio de métodos apropriados. Existem diversos métodos que podem ser usados, dependendo do tipo de valor a ser enviado ao statement, por exemplo: setInt, setDouble, setString etc. No caso, os dois parâmetros são do tipo String, já que a tabela de Filmes possui o atributo "código" do tipo texto, isto é, String. Dessa forma, para passar um valor do tipo String deve ser usado o método setString e assim por diante. Na linha 13, usamos os parâmetros 1 (referente à primeira interrogação da linha 11) e "03120" (referente ao conteúdo que será colocado no lugar do caractere de interrogação). Na linha 14, usamos os parâmetros 2 (referente à segunda interrogação da linha 11) e "03140" (referente ao conteúdo que será colocado no lugar do caractere de interrogação). Você verá que o caractere de interrogação será muito usado em diversos exemplos, isto é, sempre que for necessário passar um valor para um script em SQL. Assim, a instrução SQL definida nas linhas 12 e 13 será transformada em SELECT codigo, titulo FROM Filmes WHERE codigo > '03120' and codigo < '03140' ORDER BY codigo. As palavras destacadas em maiúsculas fazem parte da sintaxe em SQL, mas podem ser escritas em minúsculas também, não há diferença.

Exemplo 12.2 – A classe ConsultaFilmes.java

```java
package cap12;
import java.sql.*;
import javax.swing.*;
public class ConsultaFilmes {
    public static void main(String[] args) {
        final String DRIVER = "com.mysql.jdbc.Driver";
        final String URL = "jdbc:mysql://localhost:3306/banco";
        try {
            Class.forName(DRIVER);
            Connection connection = DriverManager.getConnection(URL, "root", "123456");
            String sql = "SELECT codigo, titulo FROM Filmes WHERE codigo > ? AND codigo < ? ORDER BY codigo";
            PreparedStatement statement = connection.prepareStatement(sql);
            statement.setString(1, "03120");
            statement.setString(2, "03140");
            ResultSet resultSet = statement.executeQuery();
            System.out.println("CÓDIGO     TÍTULO");
            System.out.println("------     ------------------------------------------");
            while (resultSet.next()) {
                String codigo = resultSet.getString("codigo");
                String titulo = resultSet.getString("titulo");
                System.out.println(codigo + "     " + titulo);
            }
            resultSet.close();
            statement.close();
            connection.close();
        } catch (ClassNotFoundException erro) {
            JOptionPane.showMessageDialog(null, "Driver não encontrado!\n"
                    + erro.toString());
        } catch (SQLException erro) {
            JOptionPane.showMessageDialog(null, "Problemas na conexão com a fonte de dados\n"
                    + erro.toString());
        }
    }
}
```

- **Linha 15:** cria um objeto chamado resultSet a partir da interface ResultSet. Como o próprio nome sugere, resultSet será usado para armazenar o resultado gerado pelo script SQL por meio do método executeQuery. Pode-se dizer que o objeto resultSet armazena o resultado da ação efetuada pelo script SQL. O script SQL significa: selecione (**SELECT**) os campos código (**codigo**) e título (**titulo**) da tabela de filmes (**FROM Filmes**) em que (**WHERE**) o código do filme seja maior que 03120 (**codigo > ?**) e menor que 03140 (**código < ?**) ordenados pelo código do filme (**ORDER BY codigo**). O resultado do script SQL é armazenado no objeto resultSet com o formato de uma tabela contendo linhas e colunas (registros), relativo à tabela em que a consulta é realizada. No caso, o objeto resultSet armazena registros referentes à tabela de Filmes.

- **Linha 18:** realiza a varredura de todos os registros armazenados no objeto resultSet usando while(resultSet.**next**()), isto é, o loop é executado enquanto existirem registros no objeto resultSet. Dessa forma, todos os registros do objeto resultSet são varridos e os dados armazenados são recuperados pelo método getString (linhas 19 e 20).

- **Linha 19:** a String "codigo" recebe o conteúdo armazenado no atributo "codigo" da tabela de Filmes pelo método getString.

- **Linha 20:** a String "titulo" recebe o conteúdo armazenado no atributo "titulo" da tabela de Filmes pelo método getString.

- Apesar de a tabela de Filmes usada no exemplo possuir diversos atributos, apenas dois deles foram usados (codigo e titulo). Em uma aplicação que utiliza scripts em SQL existe essa flexibilidade, em que o desenvolvedor passa a ter um leque de opções para a realização de consultas.

Observe na Figura 12.1 a listagem de filmes obtida com a execução do Exemplo 12.2.

```
Saída - java8 (run)    ×
run:
CÓDIGO   TÍTULO
------   ---------------------------------------
03121    SUBTERFUGE - MISTERIO NO MAR NEGRO
03122    FUGITIVOS DO PERIGO
03123    O PODER DO AMOR
03124    O PODER DO AMOR
03125    SOBREVIVENTES DO HOLOCAUSTO
03126    DESAFIO MORTAL
03127    DESAFIO MORTAL
03128    DESAFIO MORTAL (DUBLADO)
03129    ATIRADOR DE ELITE
03130    ATIRADOR DE ELITE
03131    HACKERS - PIRATAS DE COMPUTADOR
03132    HACKERS - PIRATAS DE COMPUTADOR +
03133    MEU QUERIDO PRESIDENTE
03134    MEU QUERIDO PRESIDENTE  DUBLADO
03135    COPYCAT A VIDA IMITA A MORTE
03136    COPYCAT A VIDA IMITA A MORTE
03137    KING KONG 2   DUBLADO
03138    A ULTIMA AMEACA
03139    A ULTIMA AMEACA
CONSTRUÍDO COM SUCESSO (tempo total: 2 segundos)
```

Figura 12.1 – Tela de execução do Exemplo 12.2.

12.4.3 Criação de uma classe genérica para conexão ao banco

Apesar de os Exemplos 12.1 e 12.2 funcionarem corretamente, eles não utilizam as melhores práticas de programação. De acordo com os fundamentos da orientação a objetos, o ideal é desenvolver sistemas reaproveitando códigos de programação. No caso, a melhor solução é desenvolver uma classe genérica para conexão ao banco de dados. Dessa forma, sempre que uma classe necessitar de conexão ao banco de dados, ela pode utilizar os serviços dessa classe. A listagem a seguir apresenta uma classe chamada BD.java.

Exemplo 12.3 – BD.java (classe genérica para acesso a banco de dados)

```java
package cap12;
import java.sql.*;
public class BD {
    public Connection connection = null;
    private final String DRIVER = "com.mysql.jdbc.Driver";
    private final String DBNAME = "banco";
    private final String URL = "jdbc:mysql://localhost:3306/" + DBNAME;
    private final String LOGIN = "root";
    private final String SENHA = "123456";
    /**
     * metodo que faz conexao com o banco de dados retorna true se houve
     * sucesso, ou false em caso negativo
     */
    public boolean getConnection() {
        try {
            Class.forName(DRIVER);
            connection = DriverManager.getConnection(URL, LOGIN, SENHA);
            System.out.println("Conectou");
            return true;
        } catch (ClassNotFoundException erro) {
            System.out.println("Driver nao encontrado " + erro.toString());
            return false;
        } catch (SQLException erro) {
            System.out.println("Falha ao conectar " + erro.toString());
            return false;
        }
    }
    public void close() {
        try {
            connection.close();
            System.out.println("Desconectou");
        } catch (SQLException erro) {
        }
    }
}
```

As funcionalidades da classe BD.java são:
- **Linha 4:** contém a declaração do objeto público connection que pode ser utilizado por outras classes.
- **Linhas 5 a 9:** contêm todas as constantes já citadas anteriormente e que são usadas para realizar a conexão com o banco de dados.
- **Linha 14:** possui a definição de um método getConnection, que realiza a conexão ao banco de dados definido na linha 6 e retorna true caso a conexão seja realizada com sucesso, ou false caso a conexão falhe.
- **Linhas 15 a 27:** contêm instruções já comentadas em exemplos anteriores.
- **Linha 28:** contém a definição de um método chamado close que realiza o encerramento do objeto connection. Essa operação também pode gerar um erro, por isso deve ser inserida dentro da estrutura try-catch.

A classe BD.java será usada em todos os exemplos seguintes deste capítulo, portanto ela deve estar no mesmo pacote do exemplo corrente, no caso o pacote cap12. No próximo exemplo (ConsultaFilmesComBD) utilizamos a classe BD.java para fazer a conexão com o banco, simplificando o código do Exemplo 12.2.

Exemplo 12.4 – ConsultaFilmesComBD

```java
package cap12;
import java.sql.*;
public class ConsultaFilmesComBD {
    public static void main(String[] args) {
        BD bd = new BD();
        if (bd.getConnection()) { // Conexão OK
            try {
                String sql = "SELECT codigo, titulo FROM Filmes WHERE codigo>? AND codigo<?"
                        + " ORDER BY codigo";
                PreparedStatement statement = bd.connection.prepareStatement(sql);
                statement.setString(1, "03120");
                statement.setString(2, "03140");
                ResultSet resultSet = statement.executeQuery();
                System.out.println("CÓDIGO    TÍTULO");
                System.out.println("------    ------------------------------------");
                while (resultSet.next()) {
                    String codigo = resultSet.getString("codigo");
                    String titulo = resultSet.getString("titulo");
                    System.out.println(codigo + "    " + titulo);
                }
                resultSet.close();
                statement.close();
                bd.close();
            } catch (SQLException erro) {
                System.out.println(erro.toString());
            }
        } else {
            System.out.println("Erro ao conectar!");
        }
    }
}
```

As funcionalidades da classe ConsultaFilmesComBD.java são:
- **Linha 5:** declara e cria o objeto "bd" a partir da classe "BD".
- **Linha 6:** chama o método getConnection para realizar a conexão ao banco de dados. Como já dissemos, caso a conexão seja realizada com sucesso, o método getConnection retorna true, o que faz com que o comando condicional if seja verdadeiro e a execução do programa prossiga a partir

da linha 7. Caso contrário, isto é, se houver falha na conexão, ele retorna false e é executada a instrução else da linha 27.
- O restante das funcionalidades já foi explicado no Exemplo 12.2.

12.4.4 Outros exemplos de instruções em SQL

Este item apresenta alguns exemplos de sintaxe de instruções SQL que podem ser usadas num programa desenvolvido em Java para consulta a banco de dados.

Para que o leitor possa praticar as instruções em SQL expostas, é fornecido um exemplo (Consulta SQL.java) que recebe o comando em um campo texto e demonstra o resultado da pesquisa numa grade criada a partir da classe JTable. A tela de execução do exemplo ConsultaSQL é apresentada na Figura 12.2. O usuário digita uma instrução SQL na primeira caixa de texto e pressiona o botão Executar. Todas as instruções apresentadas apontam para a tabela de Filmes, a qual possui muitos registros, servindo aos objetivos. O código do exemplo ConsultaSQL é apresentado em seguida. Não se esqueça de que, para executá-lo, são necessários a classe BD.java e o banco de dados no formato MySQL disponível no site da Editora.

Exemplo 12.5 – ConsultaSQL (Listagem 1 – linhas 1 a 43)

```
1   package cap12;
2   import java.sql.*;
3   import javax.swing.*;
4   import javax.swing.table.*;
5   import java.awt.event.*;
6   public class ConsultaSQL extends JFrame {
7       private JLabel label1;
8       private JTextField tfSQL;
9       private JButton btExecutar;
10      private JScrollPane scrollTable;
11      private JTable table;
12      private BD bd;
13      private PreparedStatement statement;
14      private ResultSet resultSet;
15
16      public static void main(String args[]) {
17          JFrame frame = new ConsultaSQL();
18          frame.setDefaultCloseOperation(JFrame.EXIT_ON_CLOSE);
19          frame.setVisible(true);
20      }
21      public ConsultaSQL() {
22          inicializarComponentes();
23          definirEventos();
24      }
25      public void inicializarComponentes() {
26          setLayout(null);
27          setTitle("Aprendendo consultas com SQL");
28          setBounds(200, 200, 600, 500);
29          setResizable(false);
30          label1 = new JLabel("Digite o comando SQL:");
31          label1.setBounds(50, 10, 200, 25);
32          tfSQL = new JTextField(50);
33          tfSQL.setBounds(50, 35, 500, 25);
34          btExecutar = new JButton("Executar");
35          btExecutar.setBounds(50, 70, 100, 25);
36          scrollTable = new JScrollPane();
37          scrollTable.setBounds(50, 100, 500, 300);
38          add(scrollTable);
39          add(label1);
40          add(tfSQL);
41          add(btExecutar);
42          bd = new BD();
43      }
```

Manipulação de Banco de Dados com Java

Exemplo 12.5 – ConsultaSQL (Listagem 2 – linhas 44 a 90)

```java
public void definirEventos() {
    btExecutar.addActionListener(new ActionListener() {
        public void actionPerformed(ActionEvent e) {
            if (tfSQL.getText().equals("")) {
                return;
            }
            try {
                if (!bd.getConnection()) {
                    JOptionPane.showMessageDialog(null, "Falha na conexão, o sistema será fechado!");
                    System.exit(0);
                }
                statement = bd.connection.prepareStatement(tfSQL.getText());
                resultSet = statement.executeQuery();
                DefaultTableModel tableModel = new DefaultTableModel(
                        new String[]{}, 0) {
                };
                int qtdeColunas = resultSet.getMetaData().getColumnCount();
                for (int indice = 1; indice <= qtdeColunas; indice++) {
                    tableModel.addColumn(resultSet.getMetaData().getColumnName(indice));
                }

                table = new JTable(tableModel);
                DefaultTableModel dtm = (DefaultTableModel) table.getModel();

                while (resultSet.next()) {
                    try {
                        String[] dados = new String[qtdeColunas];
                        for (int i = 1; i <= qtdeColunas; i++) {
                            dados[i - 1] = resultSet.getString(i);
                            System.out.println(resultSet.getString(i));
                        }
                        dtm.addRow(dados);
                        System.out.println();
                    } catch (SQLException erro) {
                    }
                    scrollTable.setViewportView(table);
                }
                resultSet.close();
                statement.close();
                bd.close();
            } catch (Exception erro) {
                JOptionPane.showMessageDialog(null, "Comando SQL inválido !" + erro.toString());
            }
        }
    });
}
```

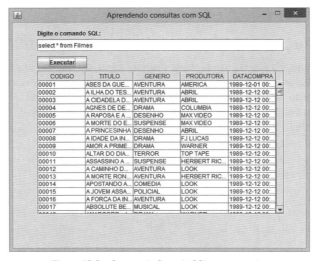

Figura 12.2 – O exemplo ConsultaSQL em execução.

A seguir, veja alguns exemplos de script em SQL que podem ser digitados no ConsultaSQL e seus resultados correspondentes, sempre se referindo à tabela de Filmes do banco de dados, para que o leitor possa compreender melhor os resultados apresentados.

- **Select * from filmes** → seleciona todos os campos (*) da tabela de Filmes.
- **Select * from filmes order by genero** → seleciona todos os campos (*) da tabela de Filmes, ordenados pelo gênero do filme.
- **Select titulo, genero from filmes where genero='AVENTURA'** → seleciona os campos título e gênero da tabela de Filmes de todos os filmes do gênero AVENTURA.
- **Select titulo from filmes where genero='COMEDIA'** → seleciona os títulos de todos os filmes do gênero COMEDIA.
- **Select * from filmes where genero='INFANTIL' or genero='DESENHO'** → seleciona todos os campos da tabela de Filmes em que o gênero seja INFANTIL ou DESENHO.
- **Select * from filmes where genero='DESENHO' and year(datacompra)>'1991'** → seleciona todos os campos da tabela de Filmes em que o gênero seja DESENHO e o ano da data de compra seja maior do que 1991.
- **Select * from filmes where datacompra > "1994-05-12"** → seleciona todos os campos da tabela de Filmes em que a data de compra seja superior a 12-05-1994.
- **Select * from filmes where datacompra>"1990-05-15" and datacompra < "1990-05-31"** → seleciona todos os campos da tabela de Filmes em que o filme tenha sido comprado na segunda quinzena de maio de1990.
- **Select titulo, datacompra from filmes where month(datacompra)=10** → seleciona o título e a data de compra dos filmes da tabela de Filmes em que o mês de compra seja outubro (10).
- **Select * from filmes where month(datacompra)=10 and day(datacompra)=4** → seleciona todos os campos da tabela de Filmes em que o dia de compra seja 4 de outubro.
- **Select codigo,titulo from filmes where titulo like 'Z%'** → seleciona o código e o título dos filmes da tabela de Filmes em que o título do filme inicia com a letra Z.
- **Select codigo,titulo from filmes where titulo like '%DAY%'** → seleciona o código e o título dos filmes da tabela de Filmes em que o título do filme possua a palavra DAY em qualquer posição.
- **Select codigo,titulo from filmes order by titulo desc** → seleciona código e título dos filmes da tabela de Filmes dispostos em ordem decrescente.
- **Select distinct titulo from filmes** → mostra todos os títulos dos filmes sem repetição (distinct).

12.5 Movimentação em registros e recuperação de conteúdo

Como já citado anteriormente, a interface PreparedStatement é usada para enviar instruções SQL para bancos de dados e o resultado é armazenado e manipulado por meio de um objeto do tipo ResultSet. Os dados ficam armazenados no ResultSet como se fossem uma tabela, permitindo navegar pelas linhas, isto é, realizar operações como próximo, anterior, primeiro, último etc. Isso ficará mais claro no próximo exemplo.

Considere a seguinte declaração:

```
ResultSet rs = statement.executeQuery();
```

O objeto "rs", criado a partir de ResultSet, recebe o resultado da execução da instrução SQL, isto é, recebe todos os registros de uma determinada tabela selecionados por meio da instrução SQL. Além disso, "rs" suportará diversas operações (métodos), dentre as quais destacamos:

- **rs.first()** → posiciona o ponteiro no primeiro registro.
- **rs.last()** → posiciona o ponteiro no último registro.
- **rs.next()** → coloca o ponteiro no próximo registro.
- **rs.previous()** → posiciona o ponteiro no registro anterior.
- **rs.absolute(5)** → coloca o ponteiro na quinta posição a partir do primeiro registro.
- **rs.absolute(-5)** → coloca o ponteiro na quinta posição anterior a partir do último registro. Se o objeto rs tiver 100 linhas, o ponteiro é posicionado na linha 96.
- **rs.relative(5)** → coloca o ponteiro na quinta posição posterior à posição atual. Se o ponteiro estiver na posição 10, então relative(5) faz com que se posicione em 15.
- **rs.relative(-5)** → coloca o ponteiro na quinta posição anterior à atual. Se o ponteiro estiver na posição 15, então relative(-5) faz com que ele se posicione em 10.
- **rs.beforeFirst()** → posiciona o ponteiro antes do início do primeiro registro, ou seja, força o ponteiro a se posicionar no início do objeto, como se fosse o início de um arquivo (BOF).
- **rs.afterLast()** → coloca o ponteiro depois do último registro, ou seja, força-o a se posicionar no fim do objeto, como se fosse o fim de um arquivo (EOF).
- **rs.isBeforeFirst()** → usado para verificar se o ponteiro está no início dos registros, como, por exemplo, if (rs.isBeforeFirst()).
- **rs.isAfterLast()** → usado para verificar se o ponteiro está no final dos registros, como, por exemplo, if (rs.isAfterLast()).

Os exemplos anteriores deste capítulo apresentaram o método **getString**, responsável por recuperar um dado do tipo String armazenado no objeto ResultSet. Como existem diversos formatos de dados, existem também vários métodos que podem ser usados de acordo com o tipo de dado armazenado. Os métodos são: **getByte, getShort, getInt, getLong, getFloat, getDouble, getBigDecimal, getBoolean, getString, getBytes, getDate, getTime, getTimestamp, getAsciiStream, getUnicodeStream, getBinaryStream, getObject**. Cabe ao desenvolvedor escolher o tipo mais apropriado de acordo com o dado a ser recuperado.

12.5.1 Criação de uma aplicação para navegação em registros

Este item apresenta uma aplicação que implementa as definições discutidas nos parágrafos anteriores. O Exemplo 12.3 manipula toda a tabela de Filmes do banco de dados **Banco**, criando um ambiente gráfico para o usuário (GUI) em que existem os tradicionais botões de navegação, que movimentam os registros para a frente, para trás, para o primeiro e para o último. Além desses, também são inseridos um botão para pular dez registros adiante e outro para voltar dez registros, conforme apresenta a Figura 12.3.

Figura 12.3 – O Exemplo 12.6 em execução.

O código do Exemplo 12.6 é mostrado em seguida. Não se esqueça de que é necessário utilizar a classe BD.java.

Exemplo 12.6 – A classe NavegaFilmes.java (Listagem 1 – linhas 1 a 22)

```java
package cap12;
import java.sql.*;
import javax.swing.*;
import java.awt.*;
import java.awt.event.*;
public class NavegaFilmes extends JFrame {
    private JLabel label1, label2, label3, label4, label5;
    private JButton btProximo, btAnterior, btPrimeiro, btUltimo, btMais10, btMenos10, btSair;
    private JTextField tfCodigo, tfTitulo, tfGenero, tfProdutora, tfDatcom;
    private BD bd;
    private PreparedStatement statement;
    private ResultSet resultSet;

    public static void main(String args[]) {
        JFrame frame = new NavegaFilmes();
        frame.setDefaultCloseOperation(JFrame.EXIT_ON_CLOSE);
        frame.setVisible(true);
    }
    public NavegaFilmes() {
        inicializarComponentes();
        definirEventos();
    }
```

Exemplo 12.6 – A classe NavegaFilmes.java (Listagem 2 – linhas 23 a 76)

```java
    public void inicializarComponentes() {
        setLayout(new FlowLayout(FlowLayout.LEFT));
        label1 = new JLabel("Código ");
        label2 = new JLabel("Título");
        label3 = new JLabel("Gênero");
        label4 = new JLabel("Produtora");
        label5 = new JLabel("Data de Compra ");
        tfCodigo = new JTextField(10);
        tfTitulo = new JTextField(35);
        tfGenero = new JTextField(10);
        tfProdutora = new JTextField(15);
        tfDatcom = new JTextField(8);
        btProximo = new JButton(null, new ImageIcon("proximo.gif"));
        btProximo.setToolTipText("Próximo");
        btAnterior = new JButton(null, new ImageIcon("anterior.gif"));
        btAnterior.setToolTipText("Anterior");
        btPrimeiro = new JButton(null, new ImageIcon("primeiro.gif"));
        btPrimeiro.setToolTipText("Primeiro");
        btUltimo = new JButton(null, new ImageIcon("ultimo.gif"));
        btUltimo.setToolTipText("Ultimo");
        btMais10 = new JButton(null, new ImageIcon("mais.png"));
        btMais10.setToolTipText("+10");
        btMenos10 = new JButton(null, new ImageIcon("menos.png"));
        btMenos10.setToolTipText("-10");
        btSair = new JButton(null, new ImageIcon("sair.png"));
        btSair.setToolTipText("Sair");
        add(label1);
        add(tfCodigo);
        add(label2);
        add(tfTitulo);
        add(label3);
        add(tfGenero);
        add(label4);
        add(tfProdutora);
        add(label5);
        add(tfDatcom);
        add(btPrimeiro);
        add(btAnterior);
        add(btProximo);
        add(btUltimo);
        add(btMais10);
        add(btMenos10);
        add(btSair);
        setTitle("Navegando na tabela de Filmes");
        setBounds(200, 400, 620, 120);
        setResizable(false);
        bd = new BD();
        if (!bd.getConnection()) {
            JOptionPane.showMessageDialog(null, "Falha ao conectar, o sistema será fechado!");
            System.exit(0);
        }
        carregarTabela();
        atualizarCampos();
    }
```

Exemplo 12.6 – A classe NavegaFilmes.java (Listagem 3 – linhas 77 a 147)

```java
    public void definirEventos() {
        btProximo.addActionListener(new ActionListener() {
            public void actionPerformed(ActionEvent e) {
                try {
                    resultSet.next();
                    atualizarCampos();
                } catch (SQLException erro) {
                }
            }
        });
        btAnterior.addActionListener(new ActionListener() {
            public void actionPerformed(ActionEvent e) {
                try {
                    resultSet.previous();
                    atualizarCampos();
                } catch (SQLException erro) {
                }
            }
        });
        btPrimeiro.addActionListener(new ActionListener() {
            public void actionPerformed(ActionEvent e) {
                try {
                    resultSet.first();
                    atualizarCampos();
                } catch (SQLException erro) {
                }
            }
        });
        btUltimo.addActionListener(new ActionListener() {
            public void actionPerformed(ActionEvent e) {
                try {
                    resultSet.last();
                    atualizarCampos();
                } catch (SQLException erro) {
                }
            }
        });
        btMais10.addActionListener(new ActionListener() {
            public void actionPerformed(ActionEvent e) {
                try {
                    resultSet.relative(10);
                    atualizarCampos();
                } catch (SQLException erro) {
                }
            }
        });
        btMenos10.addActionListener(new ActionListener() {
            public void actionPerformed(ActionEvent e) {
                try {
                    if (resultSet.getRow() > 10) {
                        resultSet.relative(-10);
                    } else {
                        resultSet.first();
                    }
                    atualizarCampos();
                } catch (SQLException erro) {
                }
            }
        });
        btSair.addActionListener(new ActionListener() {
            public void actionPerformed(ActionEvent e) {
                try {
                    resultSet.close();
                    statement.close();
                } catch (SQLException erro) {
                }
                bd.close();
                System.exit(0);
            }
        });
    }
```

Exemplo 12.6 – A classe NavegaFilmes.java (Listagem 4 – linhas 148 a 173)

```java
public void carregarTabela() {
    String sql = "select * from filmes";
    try {
        statement = bd.connection.prepareStatement(sql);
        resultSet = statement.executeQuery();
    } catch (SQLException erro) {
        JOptionPane.showMessageDialog(null, "Erro! " + erro.toString());
    }
}

public void atualizarCampos() {
    try {
        if (resultSet.isAfterLast()) {
            resultSet.last();
        }
        if (resultSet.isBeforeFirst()) {
            resultSet.first();
        }
        tfCodigo.setText(resultSet.getString("código"));
        tfTitulo.setText(resultSet.getString("título"));
        tfGenero.setText(resultSet.getString("gênero"));
        tfProdutora.setText(resultSet.getString("produtora"));
        tfDatcom.setText("" + resultSet.getDate("datacompra"));
    } catch (SQLException erro) {
    }
}
```

Funcionalidades comentadas do Exemplo 12.6:

- **Linha 70:** tenta fazer a conexão ao banco de dados por meio do método getConnection. Se não for possível realizar a conexão, o programa será encerrado pela linha 72.
- **Linha 74:** invoca o método carregarTabela que carrega todos os registros da tabela de Filmes no objeto resultSet.
- **Linha 75:** invoca o método atualizarCampos que é invocado em vários pontos do código. Sua função é atualizar as caixas de texto da interface gráfica a partir da posição do objeto resultSet.
- **Linhas 77 a 86:** definem o evento para o botão btProximo. Quando o usuário pressionar esse botão, aparecerá nas caixas de texto da interface o conteúdo do próximo registro. Para executar essa ação é usado o método next (linha 81) do objeto resultSet.
- **Linhas 87 a 95:** definem o evento para o botão btAnterior. Quando o usuário pressioná-lo, aparecerá nas caixas de texto da interface o conteúdo do registro anterior. Para executar essa ação é usado o método previous (linha 90) do objeto resultSet.
- **Linhas 96 a 104:** indicam o evento para o botão btPrimeiro. Quando o usuário pressionar esse botão, aparecerá nas caixas de texto da interface o conteúdo do primeiro registro da tabela. Para executar essa ação é usado o método first (linha 99) do objeto resultSet.
- **Linhas 105 a 113:** especificam o evento para o botão btUltimo. Quando o usuário pressioná-lo, aparecerá nas caixas de texto da interface o conteúdo do último registro da tabela. Para executar essa ação é usado o método last (linha 108) do objeto resultSet.
- **Linhas 114 a 122:** definem o evento para o botão btMais10. Quando o usuário pressionar esse botão, aparecerá nas caixas de texto da interface o conteúdo do décimo registro posterior ao registro corrente. Para executar essa ação é usado o método relative (linha 117) com o conteúdo 10. Isso faz com que o ponteiro do resultSet se movimente dez registros à frente.
- **Linhas 123 a 135:** indicam o evento para o botão btMenos10. Quando o usuário pressioná-lo, aparecerá nas caixas de texto da interface o conteúdo do décimo registro anterior ao registro corrente. Para executar essa ação é usado o método relative (linha 127) com o conteúdo -10. Isso faz com que o ponteiro do resultSet se movimente dez registros para trás. A linha 126 verifica se a posição atual do cursor é maior que 10. Isso é necessário para evitar que o valor do ponteiro seja < 0 e haja

problemas de apresentação em tela do conteúdo do registro; se o ponteiro for posicionado antes da posição 0 (-8, por exemplo), o conteúdo das caixas de texto ficará em branco. Para compreender melhor, comente a linha 126 e execute a classe. A seguir pressione o botão Próximo duas vezes e depois o botão Menos10. Observe que o conteúdo das caixas de texto fica em branco. Para evitar esse problema, a linha 129 força o posicionamento do ponteiro no primeiro registro.

- **Linhas 136 a 146:** definem o evento para o botão btSair e realizam o fechamento dos objetos usados na manipulação do banco de dados.
- **Linhas 148 a 156:** carregam o objeto resultSet com todos os registros existentes na tabela de Filmes por meio do script **select * from filmes** (linha 149). Após a execução da linha 150 o objeto resultSet contém todos os registros da tabela de Filmes.
- **Linhas 157 a 172:** contêm as declarações do método **atualizarCampos**, responsável por copiar o conteúdo armazenado no registro do objeto resultSet para as caixas de texto do formulário. A linha 159 é usada para realizar o reposicionamento do ponteiro, caso ele ultrapasse o último registro (**isAfterLast**). Isso ocorre, por exemplo, quando o usuário está visualizando o último registro da tabela e pressiona o botão btProximo. Como não existe próximo após o último registro, o ponteiro fica posicionado após a última linha da tabela. Se isso ocorrer, o usuário não verá nenhum conteúdo nas caixas de texto, já que não existe o que ser exibido. Por esse motivo, quando o ponteiro se posicionar após a última linha, é necessário fazer com que ele retorne para a última linha, conforme definido na linha 160 (método last). O mesmo processo, porém para o primeiro registro, é controlado pelas linhas 162 (**isBeforeFirst**) e 163 (método first). As linhas 165 a 169 copiam o conteúdo do registro do objeto resultSet para as caixas de texto.

12.6 A criação de uma aplicação de cadastro

A primeira coisa que todos desejam (e necessitam) é criar uma aplicação de cadastro. A seguir apresentamos um exemplo mais bem elaborado, seguindo o paradigma da orientação a objetos. Trata-se de um cadastro de filmes que utiliza três classes (mais a classe BD). Observe na Figura 12.4 o diagrama de classes correspondente ao exemplo.

Pelo diagrama de classes da Figura 12.4 podemos observar que a classe GuiCadastroFilmes (nossa tela que contém o método main, isto é, nossa aplicação) utiliza a classe FilmesDAO, que, por sua vez, utiliza as outras duas classes (Filmes e BD). Vamos descrever resumidamente a função de cada classe.

- **BD:** já usada em diversos exemplos anteriores e responsável pela conexão ao banco de dados.
- **Filmes:** contém os atributos escolhidos para a tabela de Filmes, os quais são os mesmos presentes na tabela de Filmes. Todos os atributos são privados e por isso necessitam dos métodos get/set que não aparecem na figura.
- **FilmesDAO:** possui diversos atributos e dois métodos. O método "localizar" é responsável por pesquisar um filme no banco de dados a partir do código. Já o método "atualizar" realiza operações de inclusão, alteração ou exclusão na tabela de Filmes.
- **GuiCadastroFilmes:** trata-se do frame usado para realizar a interação com o usuário, isto é, trata-se da tela que o usuário utilizará para realizar todas as operações pertinentes ao cadastro. Lembre-se de que apenas essa classe é executável.

Maiores detalhes serão fornecidos juntamente com a listagem do código de cada classe. Esse exemplo abrange as principais funções exigidas em uma aplicação comercial, contemplando inserção, exclusão, atualização e localização de registros na tabela. A aplicação do Exemplo 12.7 pode ser visualizada na Figura 12.5. Ela funciona da seguinte maneira:

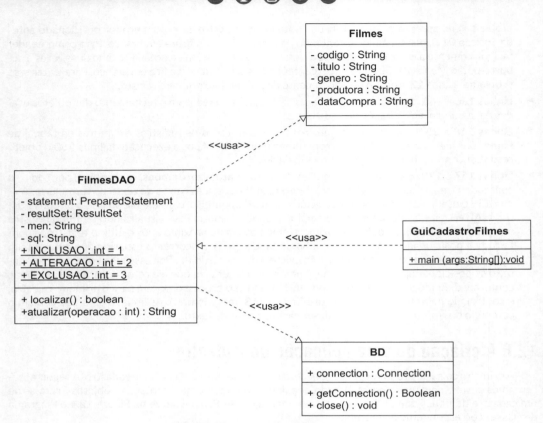

Figura 12.4 – Classes usadas no Exemplo 12.7.

Ao rodar a aplicação, os campos aparecem em branco, os botões Novo e Localizar ficam disponíveis (habilitados) e os demais botões ficam indisponíveis. Dependendo da ação executada, isto é, do botão pressionado, os botões assumem estados diferentes. Isso é necessário para restringir a ação do usuário, dependendo do processo executado no momento. As diversas funções disponíveis para o usuário podem ser assim descritas:

- Para **localizar** um determinado filme, o usuário digita o código no campo correspondente e pressiona o botão Localizar. Caso o filme esteja cadastrado, ele é apresentado automaticamente nas caixas de texto do formulário; caso contrário, uma mensagem informa que o filme não foi encontrado no cadastro.
- Para **inserir** um filme, o usuário pressiona o botão Novo para que os campos sejam limpos, digita os dados sobre o filme nas caixas de texto e pressiona o botão Gravar.
- Para **cancelar** qualquer operação, o usuário pode pressionar o botão Cancelar.
- Para **excluir** um determinado filme, o usuário preenche a caixa de texto referente ao código e pressiona o botão Excluir.
- Para **atualizar** os dados de um filme, o usuário localiza o filme desejado, altera os dados presentes nas caixas de texto e pressiona o botão Alterar.

▶ Para **encerrar** a aplicação, o usuário pressiona o botão Sair.

Figura 12.5 – Execução da classe GuiCadastroFilmes do Exemplo 12.7.

A seguir é apresentada a listagem da classe Filmes do Exemplo 12.7.

Exemplo 12.7 – A classe Filmes.java

```
1   package cap12;
2   public class Filmes {
3       private String codigo, titulo, genero, produtora, dataCompra;
4       public String getCodigo() {
5           return codigo;
6       }
7       public void setCodigo(String codigo) {
8           this.codigo = codigo;
9       }
10      public String getDataCompra() {
11          return dataCompra;
12      }
13      public void setDataCompra(String dataCompra) {
14          this.dataCompra = dataCompra;
15      }
16      public String getGenero() {
17          return genero;
18      }
19      public void setGenero(String genero) {
20          this.genero = genero;
21      }
22      public String getProdutora() {
23          return produtora;
24      }
25      public void setProdutora(String produtora) {
26          this.produtora = produtora;
27      }
28      public String getTitulo() {
29          return titulo;
30      }
31      public void setTitulo(String titulo) {
32          this.titulo = titulo;
33      }
34  }
```

Funcionalidades comentadas da classe Filmes do Exemplo 12.7:

▶ A classe Filmes contém apenas os atributos correspondentes às colunas da tabela de Filmes do banco de dados e os métodos get e set para acessar e definir o valor desses atributos.
▶ **Linha 3:** são criados os atributos da classe Filme. Todos os atributos foram definidos com visibilidade privada, exigindo a presença dos métodos get e set para manipulação do conteúdo a partir de outras classes.
▶ **Linhas 4, 10, 16, 22 e 28:** indicam os métodos get para ler o valor de cada atributo.
▶ **Linhas 7, 13, 19, 25 e 31:** definem os métodos set para armazenar o valor de cada atributo.

Exemplo 12.7 – A classe FilmesDAO.java

```java
package cap12;
import java.sql.*;
public class FilmesDAO {
    public Filmes filme;
    public BD bd;
    private PreparedStatement statement;
    private ResultSet resultSet;
    private String men, sql;
    public static final byte INCLUSAO = 1;
    public static final byte ALTERACAO = 2;
    public static final byte EXCLUSAO = 3;

    public FilmesDAO() {
        bd = new BD();
        filme = new Filmes();
    }
    public boolean localizar() {
        sql = "select * from filmes where codigo = ?";
        try {
            statement = bd.connection.prepareStatement(sql);
            statement.setString(1, filme.getCodigo());
            resultSet = statement.executeQuery();
            resultSet.next();
            filme.setCodigo(resultSet.getString(1));
            filme.setTitulo(resultSet.getString(2));
            filme.setGenero(resultSet.getString(3));
            filme.setProdutora(resultSet.getString(4));
            filme.setDataCompra("" + resultSet.getDate(5));
            return true;
        } catch (SQLException erro) {
            return false;
        }
    }
    public String atualizar(int operacao) {
        men = "Operação realizada com sucesso!";
        try {
            if (operacao == INCLUSAO) {
                sql = "insert into filmes values (?,?,?,?,?)";
                statement = bd.connection.prepareStatement(sql);
                statement.setString(1, filme.getCodigo());
                statement.setString(2, filme.getTitulo());
                statement.setString(3, filme.getGenero());
                statement.setString(4, filme.getProdutora());
                statement.setString(5, filme.getDataCompra());
            } else if (operacao == ALTERACAO) {
                sql = "update filmes set titulo = ?, genero = ?, produtora = ?, "
                    + "datacompra = ? where codigo = ?";
                statement = bd.connection.prepareStatement(sql);
                statement.setString(5, filme.getCodigo());
                statement.setString(1, filme.getTitulo());
                statement.setString(2, filme.getGenero());
                statement.setString(3, filme.getProdutora());
                statement.setString(4, filme.getDataCompra());
            } else if (operacao == EXCLUSAO) {
                sql = "delete from filmes where codigo = ?";
                statement = bd.connection.prepareStatement(sql);
                statement.setString(1, filme.getCodigo());
            }
            if (statement.executeUpdate() == 0) {
                men = "Falha na operacao!";
            }
        } catch (SQLException erro) {
            men = "Falha na operacao " + erro.toString();
        }
        return men;
    }
}
```

Funcionalidades comentadas da classe FilmesDAO do Exemplo 12.7:

- Essa classe possui dois métodos, um para localizar um filme a partir de seu código e outro para executar instruções de manutenção na tabela, isto é, operações de inclusão, alteração e exclusão.
- **Linha 4:** declara um objeto chamado "filme" que será criado a partir da classe Filmes, isto é, a classe FilmesDAO utilizará a os serviços oferecidos pela classe Filme.
- **Linha 5:** similar à linha anterior, considerando o objeto "bd".
- **Linhas 9 a 11:** declaram diversas constantes estáticas que permitem identificar a operação a ser realizada pelo método "atualizar". Por exemplo, se receber o parâmetro de número 1, significa que será realizada a operação de inclusão e assim respectivamente.
- **Linha 17:** declara o método "localizar" responsável por procurar um determinado filme a partir do código. Esse método retorna um tipo booleano para informar se o filme foi encontrado (true) ou não (false).
- **Linha 18:** define as instruções em SQL a serem executadas. O código do filme a ser localizado é inserido no lugar do caractere de interrogação (linha 21).
- **Linhas 22 a 28:** executa a busca pelo filme. Caso ele seja encontrado, o objeto resultSet contém uma linha (um registro) e o método next (linha 23) posiciona o ponteiro no primeiro (e único) registro. As linhas 24 a 28 transferem o conteúdo do filme localizado para o objeto "filme" e a linha 29 retorna true, informando que o filme foi encontrado. Caso o filme não seja encontrado, o trecho a partir da linha 24 gera um erro que faz com que a execução passe para a linha 30 e, consequentemente, executa a linha 31 retornando false, ou seja, indicando que o filme não foi localizado.
- **Linha 34:** declara o método "atualizar", responsável por executar uma instrução SQL de ação (inclusão, alteração e exclusão).
- **Linhas 37 a 44:** operação de inclusão. Recebem o comando SQL da linha 38 responsável por capturar os valores presentes no objeto filmes e o inserem na tabela Filme.
- **Linhas 45 a 53:** operação de alteração. Recebem o comando SQL da linha 46 responsável por alterar um registro já existente na tabela, cujo conteúdo está armazenado no objeto "filmes".
- **Linhas 54 a 58:** operação de exclusão. Por meio do comando SQL da linha 55 realizam a exclusão do registro da tabela filmes cujo código está armazenado no objeto "filmes".
- **Linha 59:** efetiva fisicamente no banco de dados a operação selecionada pelo usuário. Independentemente da operação escolhida (inclusão, alteração ou exclusão), essa linha será executada com a instrução sql correspondente à operação.

Exemplo 12.7 – A classe GuiCadastroFilmes.java (Listagem 1 – linhas 1 a 72)

```java
package cap12;
import javax.swing.*;
import java.awt.event.*;
import java.awt.*;
class GuiCadastroFilmes extends JFrame {
    JLabel label1, label2, label3, label4, label5;
    JButton btGravar, btAlterar, btExcluir, btNovo, btLocalizar, btCancelar, btSair;
    static JTextField tfCodigo, tfTitulo, tfGenero, tfProdutora, tfDataCompra;
    private FilmesDAO filmes;

    public static void main(String args[]) {
        JFrame janela = new GuiCadastroFilmes();
        janela.setDefaultCloseOperation(JFrame.EXIT_ON_CLOSE);
        janela.setVisible(true);
    }
    public GuiCadastroFilmes() {
        inicializarComponentes();
        definirEventos();
    }
    public void inicializarComponentes() {
        setLayout(new FlowLayout(FlowLayout.LEFT));
        setTitle("Cadastramento de Filmes");
        setBounds(200, 100, 610, 120);
        label1 = new JLabel("Código ");
        label2 = new JLabel("Título");
        label3 = new JLabel("Gênero");
        label4 = new JLabel("Produtora");
        label5 = new JLabel("Data de Compra   ");
        tfCodigo = new JTextField(10);
        tfTitulo = new JTextField(35);
        tfGenero = new JTextField(10);
        tfProdutora = new JTextField(15);
        tfDataCompra = new JTextField(8);
        btGravar = new JButton(null, new ImageIcon("gravar.gif"));
        btGravar.setToolTipText("Gravar");
        btAlterar = new JButton(null, new ImageIcon("alterar.gif"));
        btAlterar.setToolTipText("Alterar");
        btExcluir = new JButton(null, new ImageIcon("excluir.gif"));
        btExcluir.setToolTipText("Excluir");
        btLocalizar = new JButton(null, new ImageIcon("localizar.png"));
        btLocalizar.setToolTipText("Localizar");
        btNovo = new JButton(null, new ImageIcon("novo.gif"));
        btNovo.setToolTipText("Novo");
        btCancelar = new JButton(null, new ImageIcon("cancelar.gif"));
        btCancelar.setToolTipText("Cancelar");
        btSair = new JButton(null, new ImageIcon("sair.png"));
        btSair.setToolTipText("Sair");
        add(label1);
        add(tfCodigo);
        add(label2);
        add(tfTitulo);
        add(label3);
        add(tfGenero);
        add(label4);
        add(tfProdutora);
        add(label5);
        add(tfDataCompra);
        add(btNovo);
        add(btLocalizar);
        add(btGravar);
        add(btAlterar);
        add(btExcluir);
        add(btCancelar);
        add(btSair);
        setResizable(false);
        setBotoes(true, true, false, false, false, false);
        filmes = new FilmesDAO();
        if (!filmes.bd.getConnection()) {
            JOptionPane.showMessageDialog(null, "Falha na conexão, o sistema será fechado!");
            System.exit(0);
        }
    }
}
```

Manipulação de Banco de Dados com Java

Exemplo 12.7 – A classe GuiCadastroFilmes.java (Listagem 2 – linhas 73 a 126)

```java
public void definirEventos() {
    btSair.addActionListener(new ActionListener() {
        public void actionPerformed(ActionEvent e) {
            filmes.bd.close();
            System.exit(0);
        }
    });
    btNovo.addActionListener(new ActionListener() {
        public void actionPerformed(ActionEvent e) {
            limparCampos();
            setBotoes(false, false, true, false, false, true);
        }
    });
    btCancelar.addActionListener(new ActionListener() {
        public void actionPerformed(ActionEvent e) {
            limparCampos();
        }
    });
    btGravar.addActionListener(new ActionListener() {
        public void actionPerformed(ActionEvent e) {
            if (tfCodigo.getText().equals("")) {
                JOptionPane.showMessageDialog(null, "O código não pode ser vazio!");
                tfCodigo.requestFocus();
                return;
            }
            if (tfTitulo.getText().equals("")) {
                JOptionPane.showMessageDialog(null, "O título não pode ser vazio!");
                tfTitulo.requestFocus();
                return;
            }
            if (tfGenero.getText().equals("")) {
                JOptionPane.showMessageDialog(null, "O gênero não pode ser vazio!");
                tfGenero.requestFocus();
                return;
            }
            if (tfProdutora.getText().equals("")) {
                JOptionPane.showMessageDialog(null, "A produtora não pode ser vazia!");
                tfProdutora.requestFocus();
                return;
            }
            if (tfDataCompra.getText().equals("")) {
                JOptionPane.showMessageDialog(null, "A data de compra não pode ser vazia!");
                tfDataCompra.requestFocus();
                return;
            }
            filmes.filme.setCodigo(tfCodigo.getText());
            filmes.filme.setTitulo(tfTitulo.getText());
            filmes.filme.setGenero(tfGenero.getText());
            filmes.filme.setProdutora(tfProdutora.getText());
            filmes.filme.setDataCompra(tfDataCompra.getText());
            JOptionPane.showMessageDialog(null, filmes.atualizar(FilmesDAO.INCLUSAO));
            limparCampos();
        }
    });
```

Exemplo 12.7 – A classe GuiCadastroFilmes.java (Listagem 3 – linhas 127 a 186)

```java
            btAlterar.addActionListener(new ActionListener() {
                public void actionPerformed(ActionEvent e) {
                    filmes.filme.setCodigo(tfCodigo.getText());
                    filmes.filme.setTitulo(tfTitulo.getText());
                    filmes.filme.setGenero(tfGenero.getText());
                    filmes.filme.setProdutora(tfProdutora.getText());
                    filmes.filme.setDataCompra(tfDataCompra.getText());
                    JOptionPane.showMessageDialog(null, filmes.atualizar(FilmesDAO.ALTERACAO));
                    limparCampos();
                }
            });
            btExcluir.addActionListener(new ActionListener() {
                public void actionPerformed(ActionEvent e) {
                    filmes.filme.setCodigo(tfCodigo.getText());
                    filmes.localizar();
                    int n = JOptionPane.showConfirmDialog(null, filmes.filme.getTitulo(),
                            " Excluir o Filme? ", JOptionPane.YES_NO_OPTION);
                    if (n == JOptionPane.YES_OPTION) {
                        JOptionPane.showMessageDialog(null, filmes.atualizar(FilmesDAO.EXCLUSAO));
                        limparCampos();
                    }
                }
            });
            btLocalizar.addActionListener(new ActionListener() {
                public void actionPerformed(ActionEvent e) {
                    atualizarCampos();
                }
            });
        }
        public void limparCampos() {
            tfCodigo.setText("");
            tfTitulo.setText("");
            tfGenero.setText("");
            tfProdutora.setText("");
            tfDataCompra.setText("");
            tfCodigo.requestFocus();
            setBotoes(true, true, false, false, false, false);
        }
        public void atualizarCampos() {
            filmes.filme.setCodigo(tfCodigo.getText());
            if (filmes.localizar()) {
                tfCodigo.setText(filmes.filme.getCodigo());
                tfTitulo.setText(filmes.filme.getTitulo());
                tfGenero.setText(filmes.filme.getGenero());
                tfProdutora.setText(filmes.filme.getProdutora());
                tfDataCompra.setText(filmes.filme.getDataCompra());
                setBotoes(true, true, false, true, true, true);
            } else {
                JOptionPane.showMessageDialog(null, "Filme não encontrado!");
                limparCampos();
            }
        }
        public void setBotoes(boolean bNovo, boolean bLocalizar, boolean bGravar,
                boolean bAlterar, boolean bExcluir, boolean bCancelar) {
            btNovo.setEnabled(bNovo);
            btLocalizar.setEnabled(bLocalizar);
            btGravar.setEnabled(bGravar);
            btAlterar.setEnabled(bAlterar);
            btExcluir.setEnabled(bExcluir);
            btCancelar.setEnabled(bCancelar);
        }
    }
```

Funcionalidades comentadas da classe GuiCadastroFilmes do Exemplo 12.7:

▶ **Linha 9:** observe que GuiCadastroFilmes utiliza a classe FilmesDAO explicada anteriormente.

▶ **Linha 67:** cria o objeto "filmes" a partir da classe FilmesDAO que será usado em muitos pontos da classe.

▶ **Linha 68:** tenta realizar a conexão com o banco de dados e, caso não seja possível, encerra a aplicação na linha 70.

▶ **Linhas 73 a 125:** definem todos os eventos da interface com o usuário.

- **Linhas 74 a 79:** definem o código para o botão Sair. Esse trecho se encarrega de fechar a conexão com o banco de dados (linha 76) e a aplicação (linha 77).
- **Linhas 80 a 85:** definem o código para o botão Novo. Esse trecho chama o método limparCampos (linha 82), responsável por limpar o conteúdo das caixas de texto, e define o estado dos botões da aplicação por meio do método setBotoes (linha 83).
- **Linhas 86 a 90:** indicam o código para o botão Cancelar. Esse trecho se encarrega de chamar o método limparCampos e com isso cancelar qualquer operação realizada no momento.
- **Linhas 91 a 126:** definem o código para o botão Gravar. Esse trecho se encarrega de duas funções: verificar se todos os campos da interface gráfica estão preenchidos e gravar os dados na tabela de Filmes. As linhas 92 a 117 fazem a validação dos campos. Caso algum deles não esteja preenchido, é emitida uma mensagem e o foco é atribuído à caixa de texto correspondente. As linhas 118 a 122 se encarregam de copiar os conteúdos das caixas de texto da interface do usuário para os atributos do objeto "filme", que é um dos atributos do objeto "filmes". A linha 123 chama o método "atualizar", indicando que uma inclusão deve ser realizada a partir dos dados armazenados no objeto "filme". Essa mesma linha é responsável por imprimir uma mensagem em tela referente ao resultado da inclusão do filme, em seguida (linha 124) é executado o método limparCampos.
- **Linhas 127 a 137:** definem o código para o botão Alterar. Esse trecho se encarrega de atualizar a tabela de Filmes a partir dos dados armazenados no objeto "filme". As linhas 129 a 133 armazenam o conteúdo das caixas de texto nos atributos do objeto "filme". A linha 134 invoca o método "atualizar" e indica que deve ser realizada uma alteração na tabela de Filmes, em seguida (linha 135) é executado o método limparCampos.
- **Linhas 138 a 149:** determinam o código para o botão Excluir. Esse trecho se encarrega de excluir um registro da tabela de Filmes a partir do conteúdo armazenado no atributo "codigo" do objeto "filme". É emitida uma mensagem ao usuário (linhas 142 e 143) perguntando se ele realmente deseja excluir o registro. Se a resposta for positiva, o programa executa a operação de exclusão pelo método "atualizar" (linha 145), em seguida (linha 146) é executado o método limparCampos.
- **Linhas 156 a 164:** definem o código para o método limparCampos, que se encarrega de limpar ("") o conteúdo de todos os TextFields da interface gráfica. A linha 162 solicita o foco para o TextField "tfCodigo" e a linha 163 define o estado dos botões.
- **Linhas 165 a 178:** indicam o código para o método atualizarCampos, que se encarrega de definir o código do filme a ser localizado a partir do conteúdo da caixa tfCodigo (linha 166), chamar o método "localizar" (linha 167) e copiar o conteúdo dos atributos do objeto filme para as caixas de texto da interface gráfica (linhas 168 a 172). Conforme citamos anteriormente, o método "localizar" da classe FilmesDAO localiza o filme no banco de dados e preenche o conteúdo do objeto a partir do filme encontrado. A linha 173 redefine o estado dos botões.
- **Linhas 179 a 187:** definem o código para o método setBotoes, que recebe seis parâmetros do tipo booleano para estabelecer o estado dos botões Novo, Localizar, Gravar, Alterar, Excluir e Cancelar. Se o parâmetro passado for true, o botão correspondente é habilitado; se o parâmetro passado for false, o botão fica desabilitado.

Esse foi o exemplo mais complexo, todavia o mais bem elaborado apresentado até o momento. Ele foi concebido numa arquitetura em camadas, uma maneira bastante atual de desenvolver software. A arquitetura mais usada atualmente é a MVC (*Model View Controler*). Não temos como objetivo discutir a arquitetura em camadas neste livro. De qualquer forma, é importante que o leitor se conscientize da importância de desenvolver software com uma arquitetura similar à apresentada no Exemplo 12.7.

Exercícios para prática da linguagem Java

1. Faça uma classe contendo um cadastro de usuário, seguindo os mesmos procedimentos apresentados no Exemplo 12.7. Utilize os campos código, nome, email. Você deve seguir todos os passos desde a criação do banco de dados. Veja a Figura 12.6.

Figura 12.6 – Tela de execução do Exercício 12.1.

2. Faça uma aplicação em Java que leia um arquivo texto no formato a seguir e adicione registros à tabela de usuário usada no Exercício 1. A aplicação deve ler os usuários armazenados no arquivo e gravar os registros na tabela de Usuário.

```
0001,Sérgio Furgeri,user1@gmail.com
0002,Daniel Almeida,user2@gmail.com
0003,Lucas Ferreira,user3@gmail.com
0004,Ivone Medeiros,user4@gmail.com
```

3. Faça uma aplicação em Java que apresente em uma grade (use o JTable) a relação de usuários usada nos exercícios deste capítulo. Veja a Figura 12.7.

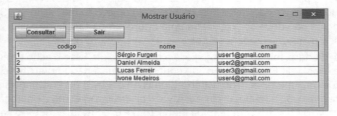

Figura 12.7 – Grade com a tabela de Usuários.

Material de apoio

Exercícios semelhantes aos aqui apresentados podem ser visualizados no endereço a seguir: <http://editoraerica.com.br/>.

Seu próximo passo

Este capítulo abordou os procedimentos necessários para a manipulação de banco de dados em Java por meio de scripts SQL. Destacou também as técnicas usadas para a manipulação de conteúdo e navegação em registros. O próximo passo é a criação de aplicações que rodam no ambiente da Internet, isto é, que podem ser executadas a partir de um browser. Você aprenderá o funcionamento básico de páginas em JSP e sua comunicação com formulários em HTML.

Capítulo

13

JSP - Java Server Pages

Objetivos deste capítulo

✓ Fornecer uma visão geral sobre a linguagem JSP e sua relação com páginas em HTML.
✓ Introduzir a utilização do servidor Apache Tomcat.
✓ Mostrar alguns exemplos práticos de aplicações cliente/servidor para a Internet.
✓ Demonstrar o que deve ser feito para duas aplicações "conversarem" entre si.

13.1 Introdução ao JSP

Poderíamos descrever diversos detalhes e conceitos sobre JSP (*Java Server Pages*), mas vamos focar apenas no essencial. Por meio dessa linguagem é possível gerar conteúdo dinâmico em páginas da Internet. A sintaxe do JSP é a mesma da linguagem Java, portanto, o código que você aprendeu ao longo do livro pode ser usado. No entanto, o código do JSP é inserido numa página Web, podendo ser adicionado a uma página em HTML (*HyperText Markup Language*). Portanto, JSP é Java, mas executado num servidor e visualizado por meio de um software navegador. Existem diversos servidores que suportam o JSP, dentre os quais se destacam: Tomcat, GlassFish, JBoos, entre outros. Dessa forma, o JSP necessita de um servidor para funcionar. A Seção 13.2 apresenta a instalação do Tomcat.

Uma página JSP possui extensão .jsp e consiste em uma página com codificação HTML e Java, inserida entre as tags <% e %>, denominada scriptlets. A sequência de execução de uma página em JSP é a seguinte: quando um usuário acessa uma página em JSP na Internet, o servidor interpreta a página e gera uma página em HTML, retornando o resultado de sua solicitação do cliente. A página é interpretada pelo servidor em tempo real, compilando o conteúdo JSP em bytecodes.

A estrutura de um documento JSP é dividida em partes: cabeçalho (tipicamente configurações e imports), declarações (métodos, atributos etc.) e corpo (o conteúdo que será transformado em HTML). Um documento em JSP pode combinar diversos elementos e tecnologias associadas. Além do HTML, uma página em JSP pode incluir conteúdo em CSS (Cascating Style Sheets), Javascript, classes em Java (tipicamente chamados de javabeans), código Java puro, XML e quaisquer outros elementos incluídos em páginas HTML.

Para ilustrar as divisões da estrutura existente numa página em JSP, observe a listagem do Exemplo 13.1. Vamos analisar o conteúdo:

▶ **Linha 1:** contém o cabeçalho da página onde é especificada a diretiva page e contém alguns atributos: language: a linguagem utilizada, no caso java; contentType: o tipo de conteúdo da página e a codificação utilizada. Por padrão o charset é ISO-8859-1 (latin 1), mas se você substituir por UTF-16, por exemplo, quando carregar a página verá os caracteres em formato chinês. Portanto, o charset se refere ao conteúdo de resposta que será gerado pela página; pageEncoding: similar ao anterior, porém se refere à codificação utilizada na criação da página; existem ainda diversos outros atributos usados com a diretiva page (import, session, buffer etc.). Se você editar o arquivo pelo NetBeans, notará que na linha 1 existe um ícone de uma pequena lâmpada que simboliza uma espécie de advertência. Ele sugere que seja utilizado o charset windows-1252. No entanto, em nossos exemplos optamos por manter o padrão ISO.

▶ **Linha 2:** define o início da página em HTML, ou seja, os elementos seguintes serão considerados de acordo com a especificação da HTML.

▶ **Linhas 3 a 6:** definem o cabeçalho da página em HTML. A tag meta define o tipo de codificação utilizada no documento HTML. A tag title define o título da página que aparecerá na barra de título do software navegador.

▶ **Linhas 7 a 15:** definem o corpo do documento HTML. As linhas 9 a 14 delimitam o código em JSP inserido na página HTML. Observe que entre os caracteres <% e %> existe código em Java. Esse código é responsável por gerar o conteúdo dinâmico no momento em que a página for carregada. No caso, será gerada uma contagem de 1 a 10 por meio do laço for. A sintaxe é exatamente a mesma que estudamos em Java.

Exemplo 13.1 – Uma página JSP

```
<%@page language="java" contentType="text/html; charset=ISO-8859-1" pageEncoding="ISO-8859-1"%>
<html>
    <head>
        <meta http-equiv="Content-Type" content="text/html; charset=ISO-8859-1">
        <title>Minha primeira página em JSP</title>
    </head>
    <body>
        O conteúdo seguinte é gerado em JSP:
        <%
            out.println("<br><br><b>Contador crescente:</b>");
            for (int i = 1; i <= 10; i++) {
                out.println(i);
            }
        %>
    </body>
</html>
```

A Figura 13.1 apresenta o resultado da execução da página. Como dissemos anteriormente, para executar páginas em JSP é necessária a existência de um servidor Java. Por isso, você ainda não conseguirá visualizar a execução deste exemplo. A seção a seguir descreve a instalação do Tomcat.

Figura 13.1 – Execução do Exemplo 13.1.

13.2 Instalação do Tomcat

Existem duas formas de utilizar o Tomcat: integrado a uma ferramenta de desenvolvimento ou como um processo separado rodando no sistema operacional. Se você estiver usando o Eclipse, o

Tomcat já vem integrado (como ilustrado no Apêndice B). Se você estiver usando o NetBeans, o servidor padrão é GlassFish (como mostrado no Apêndice A). Para integrar o Tomcat ao NetBeans, consulte a Seção 13.2.2. Se você já tem experiência, poderá usar o GlassFish mesmo, sem nenhum prejuízo. Se esse for seu caso, poderá pular para a Seção 13.3.

13.2.1 O Tomcat como um processo independente

Os passos seguintes descrevem como instalar o Tomcat de maneira independente. Isso é interessante quando você já tem projetos prontos e deseja realizar sua execução sem utilizar uma ferramenta de desenvolvimento. Esse processo também é necessário se você quiser integrar o Tomcat ao NetBeans.

Quando este livro foi escrito, o Apache Tomcat estava na versão 8.0.15 e encontrava-se disponível no endereço http://Tomcat.apache.org/download-80.cgi. A Figura 13.2 ilustra as opções de download disponíveis. No caso, foi utilizada a opção destacada: *Windows Service Installer*.

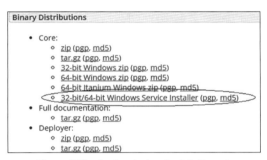

Figura 13.2 – Opções de download do Tomcat.

Ao fazer o download dessa opção, é carregado o arquivo **apache-Tomcat-8.0.15.exe**. Dê um duplo clique nesse arquivo para iniciar o processo de instalação e aceite as configurações default em todas as telas apresentadas. O Tomcat é instalado no diretório "C:\Arquivos de programas\Apache Software Foundation\Tomcat 8.0", o qual é conhecido como CATALINA_HOME.

Para que uma Servlet seja executada, é necessário que o Tomcat seja inicializado. Se você instalou o Tomcat com todas as opções default, isso já deve ter ocorrido; caso contrário, para inicializar o Tomcat, faça o seguinte:

▸ Acesse o menu Iniciar do Windows.
▸ Clique no item "Todos os programas".
▸ Clique no item "Apache Tomcat 8.0".
▸ Clique no item "Monitor Tomcat". No Windows 7 talvez seja necessário clicar com o botão direito do mouse e clicar na opção "Executar como administrador". No Windows 8, clique em Aplicativos e no item "Apache Tomcat 8.0".

Surge o ícone do Tomcat na barra de status do Windows, localizada no canto inferior direito da tela. O ícone mostra que o Tomcat está em execução. Caso seja necessário, pressione o botão direito sobre o ícone e escolha "*Start service*" para inicializar o Tomcat. Surge uma janela com o título "*Apache Commons Daemon Service Manager*", que apresenta o processo de inicialização do servidor. Quando a janela fechar, o Tomcat estará pronto para ser usado. Observe que o ícone muda de estilo, agora com um triângulo verde representando o Tomcat em execução. Lembramos que, dependendo do SO que você estiver utilizando, essas etapas podem variar.

Uma vez que o Apache Tomcat esteja inicializado, abra uma janela do browser e digite o endereço **http://localhost:8080**. Deve aparecer a janela de abertura do Tomcat. Se isso não ocorrer, o processo de inicialização deve ter falhado. Tente inicializar o Tomcat novamente. Outra forma de acessar o servidor é por meio do endereço **http://127.0.0.1:8080**. Esses dois endereços citados se referem ao endereço IP do servidor local. Quando o servidor é instalado, ele nomeia um endereço local com esse número de IP. Em todas as aplicações executadas neste capítulo, um desses endereços deve ser utilizado. O 8080 é o número da porta local de comunicação com o servidor. Da mesma forma que o endereço IP, em todas as aplicações executadas localmente esse número deve ser utilizado.

Se for necessário parar o Tomcat, os passos são praticamente os mesmos da inicialização, isto é, colocar o botão direito sobre o ícone do Tomcat e selecionar "*Stop service*".

13.2.2 Integrando o Tomcat ao NetBeans

Agora que você já possui o Tomcat instalado na máquina, vamos realizar sua integração ao NetBeans. Siga estes passos:

1. Com o NetBeans aberto, clique no menu janela e selecione o submenu serviços (Ctrl +F5).
2. Clique com o botão direito do mouse em **servidores,** em seguida adicione servidor... Abrirá uma Janela para adicionar uma **instância de servidor.**
3. Em servidor, selecione: **Apache Tomcat.**
4. Em nome do servidor, digite: **Apache-Tomcat-8** e clique no botão **próximo>.**
5. Em detalhes da Instalação e do Logon deve ser definido o diretório do servidor e da base do CATALINA (opcional) onde seu **Apache Tomcat 8** está instalado. Siga estes passos:
    a. Localização do Servidor: copie e cole o diretório onde o Apache Tomcat está instalado, no nosso caso: C:\Arquivos de programas\Apache Software Foundation\apache-Tomcat-8.0.15\
    b. Configuração da Base do CATALINA: idem anterior.
    c. Insira as credenciais de usuário do Apache Tomcat: Nome de usuário (qualquer um) e Senha (qualquer senha), e marque o checkbox "criar usuário caso não exista".
    d. Clique no botão Finalizar.
6. Com isso, o ApacheTomcat vai aparecer instalado na Aba Serviços do NetBeans.

13.3 Exemplos com JSP

Antes de criarmos exemplos em JSP, vamos criar um projeto. Caso esteja usando o Eclipse, consulte o Apêndice B para criar um novo projeto e salte para a Seção 13.3.1.

Caso esteja usando o NetBeans, faça o seguinte:

▶ Com o NetBeans aberto, clique no menu Arquivo e em Novo Projeto...
▶ No painel Categorias, escolha Java Web e em Projetos selecione Aplicação Web. Clique no botão Próximo. Esses passos podem ser vistos na Figura 13.3.

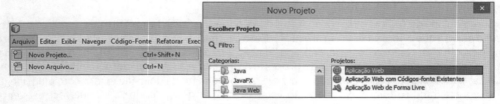

Figura 13.3 – Criação de Projeto web na IDE NetBeans.

▶ Em Nome do Projeto insira java8. Se desejar escolher um novo caminho para armazenar o projeto, basta clicar no botão Procurar... e selecionar a pasta desejada; caso contrário, deixe o caminho padrão e clique no botão Próximo.

- Em servidor, caso não seja o Tomcat que esteja em uso, clique na seta e selecione Apache Tomcat ou TomEE. Clique no botão finalizar. A Figura 13.4 ilustra esse processo.

Figura 13.4 – Criação de Projeto web na IDE NetBeans.

Após criado o projeto será gerada a estrutura mostrada na Figura 13.5. Se você criar o mesmo projeto pelo Eclipse, a estrutura será praticamente a mesma.

Vamos fornecer uma visão geral do conjunto de pastas e arquivos criados para que o leitor possa entender o papel de cada elemento:

- A pasta "java8" se refere ao caminho principal para acesso ao site que estamos desenvolvendo. Ela contém toda a estrutura de nosso site e todos os arquivos necessários ao funcionamento da aplicação. Trata-se, portanto, da pasta do projeto.
- A pasta "Páginas Web" abriga todos os arquivos de código-fonte (.html e .jsp), além de duas pastas adicionais: META-INF e WEB-INF.
- Na pasta "Pacote de Códigos-fonte" são armazenados os códigos-fonte das classes em Java (.java). Posteriormente armazenaremos classes nessa pasta.

Figura 13.5 – Estrutura do Projeto Web na IDE NetBeans.

- A pasta "Bibliotecas" contém pacotes (.jar) usados pelo projeto. No caso estão aparecendo os pacotes do JDK e do servidor Tomcat. Outros pacotes externos podem ser adicionados nessa pasta.
- A pasta "Arquivos de Configuração" mostra o arquivo MANIFEST, responsável por armazenar as configurações gerais de execução da aplicação, entre outros arquivos XML também para configuração.
- Outros detalhes da estrutura do projeto são apresentados mais à frente.

13.3.1 Exemplos de aplicações JSP

Agora que seu ambiente de desenvolvimento já está devidamente configurado, vamos elaborar alguns exemplos. O Exemplo 13.2 apresenta um laço de repetição que controla o valor numérico aplicado à tag H (H1, H2, ...,H6). Utilizando sua ferramenta de desenvolvimento, adicione a página do Exemplo 13.2 ao projeto. No NetBeans os arquivos JSP devem ser armazenados na pasta "Paginas Web", e no Eclipse, na pasta "WebContent". Para criar um arquivo JSP pelo NetBeans, clique com o botão direito do mouse sobre o projeto - Novo - JSP. Surgirá uma tela para inserir o nome do arquivo, digite o nome e clique em Finalizar. A página jsp será criada na pasta Paginas Web (veja Figura 13.6). Para criar um arquivo JSP pelo Eclipse, no menu project Explorer, clique com o botão direito do mouse sobre o projeto – New – JSP File, surgirá uma tela. Em File Name insira o nome do arquivo e clique em Finish. A página JSP será criada na pasta WebContent (veja Figura 13.7).

```jsp
<%@ page language="java" contentType="text/html; charset=ISO-8859-1"
    pageEncoding="ISO-8859-1"%>
<html>
    <head><title>Dados Recebidos</title></head>
    <body>
        <%
            String nome = request.getParameter("p_nome");
            String email = request.getParameter("p_email");
            String sexo = request.getParameter("p_sexo");
            String check1 = request.getParameter("p_ck1");
            String check2 = request.getParameter("p_ck2");
            String check3 = request.getParameter("p_ck3");
            String civil = request.getParameter("p_civil");
            out.println("<b>Nome: </b>" + nome + "<br>");
            out.println("<b>Email: </b>" + email + "<br>");
            out.println("<b>Sexo: </b>" + sexo + "<br>");
            out.println("<b>Gêneros selecionados: </b><br>");
            if (check1 != null) {
                out.println("Romance<br>");
            }
            if (check2 != null) {
                out.println("Aventura<br>");
            }
            if (check3 != null) {
                out.println("Ficção<br>");
            }
            out.println("<b>Estado Civil: </b>" + civil + "<br>");
        %>
    </body>
</html>
```

Figura 13.6 – Criação de página JSP no NetBeans.

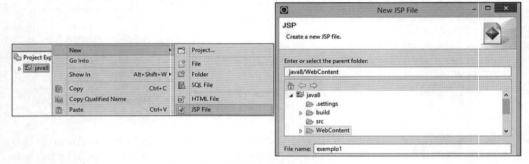

Figura 13.7 – Criação de página JSP no Eclipse.

Uma vez criado o arquivo, ao clicar sobre ele o código será apresentado na tela de edição da ferramenta. Altere o código de acordo com a listagem do Exemplo 13.2.

Exemplo 13.2 – Vários tamanhos de texto com a tag H

```jsp
<%@page contentType="text/html" pageEncoding="ISO-8859-1"%>
<!DOCTYPE html>
<html>
    <head>
        <meta http-equiv="Content-Type" content="text/html; charset=ISO-8859-1">
        <title>Vários tamanhos de texto</title>
    </head>
    <body>
        <%
            for (int i = 1; i <= 6; i++) {
                out.println("<center><h" + i + ">Iniciando estudos JSP</h" + i + "></center>");
            }
        %>
    </body>
</html>
```

Funcionalidades comentadas do Exemplo 13.2:

JSP - Java Server Pages

- **Linha 9:** determina o início do código JSP por meio dos caracteres <%.
- **Linhas 10 a 12:** define um laço for com a variável i variando de 1 a 6. Carrega na tela a mensagem "Iniciando estudos JSP" com a tag <h> variando de acordo com o valor de i, o que resulta na variação do tamanho da frase cada vez que passar pelo laço (h1, h2 etc.).
- **Linha 13:** encerra a declaração do código JSP por meio dos caracteres %>.

Ao executar a página aparecerá o resultado apresentado na Figura 13.8.

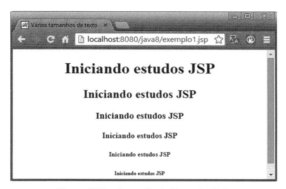

Figura 13.8 – Execução do Exemplo 13.2.

O Exemplo 13.3 demonstra como utilizar o atributo import em páginas JSP por meio da diretiva page. O objetivo do exemplo é pegar informações sobre a data atual presente no servidor. Utilizando sua ferramenta de desenvolvimento, adicione a página do Exemplo 13.3 ao projeto. A seguir, realize sua execução.

Exemplo 13.3 – Manipulação de data

```jsp
<%@page import="java.text.SimpleDateFormat"%>
<%@page import="java.util.Date"%>
<%@page contentType="text/html" pageEncoding="ISO-8859-1"%>
<!DOCTYPE html>
<html>
    <head>
        <meta http-equiv="Content-Type" content="text/html; charset=ISO-8859-1">
        <title>Data</title>
    </head>
    <body>
        <%
            int dia = Integer.parseInt((new SimpleDateFormat("dd")).format(new Date()));
            int mes = Integer.parseInt((new SimpleDateFormat("MM")).format(new Date()));
            int ano = Integer.parseInt((new SimpleDateFormat("yyyy")).format(new Date()));
        %>
        <h2> Data no computador Servidor:</h2>
        <font face="Arial" size=3>
        Dia: <b><%=dia%></b><br>
        Mês: <b><%=mes%></b><br>
        Ano: <b><%=ano%></b><br><br>
    </body>
</html>
```

Funcionalidades comentadas do Exemplo 13.3:

- **Linhas 1 e 2:** realizam o import das classes SimpleDateFormat e Date, utilizadas no projeto.
- **Linha 12:** realizando a interpretação da linha da direita para a esquerda, temos: é criada uma instância da data atual presente no servidor, formatado com a máscara "dd" que é convertida para inteiro e armazenada na variável dia. O mesmo ocorre com as linhas 13 e 14 para o mês e ano.
- **Linhas 18 a 20:** mostram na tela os valores atribuídos a cada variável. Observe como a JSP pode ser inserida no documento HTML e como é possível resgatar o valor de uma variável por meio do sinal de igual (=).

A Figura 13.9 apresenta o resultado da execução do Exemplo 13.3.

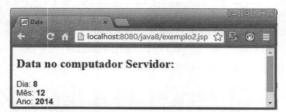

Figura 13.9 – Execução do Exemplo 13.3.

Você já percebeu que as páginas da Internet são bastante dinâmicas. Por exemplo: você pode criar um site que emita uma mensagem diferente a cada período do dia. No exemplo a seguir, vamos usar a classe Calendar apresentada no Capítulo 10. Crie uma nova página JSP e adicione o import seguinte:

```
<%@page import="java.util.Calendar"%>
```

Então, digite o código a seguir do Exemplo 13.4 a partir da tag <body> do documento HTML.

Exemplo 13.4 – Uso da classe Calendar numa página JSP

```
<body>
<%
    Calendar calendar = Calendar.getInstance();
    int horaAtual = calendar.get(Calendar.HOUR_OF_DAY);
    String men = "";
    if (horaAtual < 6) {
        men = "Boa Madrugada";
    } else if (horaAtual <= 12) {
        men = "Bom dia";
    } else if (horaAtual <= 18) {
        men = "Boa Tarde";
    } else if (horaAtual <= 23) {
        men = "Boa Noite";
    }
    out.println("<font face='verdana'size=4><b>" + horaAtual + "h - " + men
        + "</b>, Seja Bem Vindo !!!</font>");
%>
</body>
```

Funcionalidades comentadas do Exemplo 13.4:
- **Linha 11:** cria uma instância de Calendar chamada calendar contendo a data e hora atuais do servidor.
- **Linha 12:** pega a hora atual armazenada em calendar em formato inteiro.
- **Linhas 14 a 24:** analisam o valor atribuído à variável horaAtual e armazenam um valor diferente na variável men, dependendo do valor da hora do dia. Dessa forma, dependendo do período do dia, uma mensagem diferente aparecerá na tela.

A Figura 13.10 apresenta o resultado da execução do Exemplo 13.4.

Figura 13.10 – Execução do Exemplo 13.4.

13.4 Aplicação cliente servidor

As seções anteriores mostraram como executar páginas em JSP diretamente, sem o recebimento de valores. Os exemplos mostraram como usar a linguagem JSP embutida em páginas HTML, e você

JSP - Java Server Pages

teve uma noção de como o processo funciona. Na prática, uma página JSP dificilmente funcionará sozinha, visto que ela é hospedada num servidor para responder solicitações provenientes de aplicações cliente, como uma página HTML, por exemplo. Esta seção apresenta a comunicação entre uma aplicação cliente (um formulário) e uma aplicação servidora (a página em JSP).

13.4.1 Aplicação cliente

A aplicação cliente pode ser uma página HTML, uma applet (aplicações Java que rodam num navegador), uma aplicação de um smartphone, ou ainda qualquer aplicação que utilize o protocolo TCP/IP. Vamos realizar a comunicação de um formulário escrito em HTML com a página JSP.

Será criado um arquivo HTML que simula uma pesquisa com dados sobre pessoas, permitindo a digitação de cinco dados: nome, email, sexo, áreas de interesse e estado civil. Esses dados são enviados ao servidor, que se responsabiliza pelo tratamento adequado deles. Para que esses dados sejam recebidos, é necessário que o arquivo HTML possua um apontamento indicando para onde os dados serão enviados. Isso é definido na propriedade **action** da tag <form>.

Outro ponto importante é o nome dos dados a serem enviados. Cada dado enviado necessita estar atrelado a um nome como se fosse o de uma variável de programa. Esse nome é definido pela propriedade **name** dos objetos. No exemplo, o campo "nome" é identificado pela palavra **p_nome**, o campo "sexo" pela palavra **p_sexo** e assim por diante. O nome dessas palavras é extremamente importante, pois serão usados internamente na página em JSP. Para evitar problemas de comunicação entre a aplicação cliente e a servidora, vamos padronizar esses nomes usando letras minúsculas.

A listagem do Exemplo 13.5 apresenta nosso formulário. A criação de uma página HTML pela ferramenta de desenvolvimento é idêntica à página JSP, tanto para o NetBeans como para o Eclipse. A única diferença é o tipo do arquivo (HTML no lugar de JSP). Crie a página com o nome de pesquisa.html e edite seu código de acordo com a listagem do Exemplo 13.5.

Exemplo 13.5 – O formulário pesquisa.html

```
1  <html>
2      <head><title>Pesquisa</title></head>
3      <body>
4          <font size=4 face="Verdana">Dados para pesquisa:</font>
5          <form action="recebe.jsp" method="post">
6              Nome:<input type="text" size='20' name="p_nome"><br>
7              Email:<input type="text" size='30' name="p_email"><br>
8              <input type="radio" name="p_sexo" value="masculino" checked>Masculino
9              <input type="radio" name="p_sexo" value="feminino">Feminino<br>
10             <input type="checkbox" name="p_ck1" value="romance">Romance<br>
11             <input type="checkbox" name="p_ck2" value="aventura">Aventura<br>
12             <input type="checkbox" name="p_ck3" value="ficcao">Ficção<br>
13             <select name="p_civil">
14                 <option value='solteiro'>Solteiro</option>
15                 <option value='casado'>Casado</option>
16                 <option value='viuvo'>Viúvo</option>
17             </select>
18             <input type="submit" value="Enviar">
19             <input type="reset" value="Limpar">
20         </form>
21     </body>
22 </html>
```

Funcionalidades comentadas do Exemplo 13.5:

▶ **Linha 5:** define o início do fomulário, a página que receberá os dados do formulário (no caso recebe.jsp) e o método de transmissão dos dados (post).

▶ **Linhas 6 e 7:** definem as caixas de texto do formulário. Observe os nomes dos parâmetros (p_nome e p_email) que serão recebidos pela página JSP.

▶ **Linhas 8 e 9:** definem os botões de rádio masculino e feminino, com a opção masculino marcada previamente (checked).

- **Linhas 10 a 12:** definem os botões checkbox Romance, Aventura e Ficção.
- **Linhas 13 a 17:** Definem a seleção de p_civil, em que o usuário pode selecionar o seu estado civil, podendo escolher entre Solteiro, Casado ou Viúvo.
- **Linha 18:** define o tipo submit, um botão que envia os dados do formulário para a página JSP definida na linha 5 pelo atributo action.
- **Linha 19:** define o tipo reset, um botão que limpa todos os campos do formulário e retorna os demais componentes ao valor original.

A Figura 13.11 apresenta a execução da aplicação cliente (pesquisa.html):

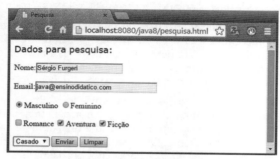

Figura 13.11 – Execução do Exemplo 13.5.

13.4.2 Aplicação servidora

A aplicação servidora é responsável por receber os dados do formulário do item anterior, armazená-los em um arquivo texto e emitir uma mensagem ao usuário, gerando uma nova página em HTML, indicando o sucesso ou não do recebimento dos dados.

Nesse ponto, vamos elaborar o Exemplo 13.6 da aplicação servidora (o arquivo JSP). Crie a página JSP com o nome recebe.jsp e clique em Finalizar. Edite o arquivo de acordo com a listagem do Exemplo 13.6.

Exemplo 13.6 – A página recebe.jsp

```jsp
<%@ page language="java" contentType="text/html; charset=ISO-8859-1"
    pageEncoding="ISO-8859-1"%>
<html>
    <head><title>Dados Recebidos</title></head>
    <body>
        <%
        String nome = request.getParameter("p_nome");
        String email = request.getParameter("p_email");
        String sexo = request.getParameter("p_sexo");
        String check1 = request.getParameter("p_ck1");
        String check2 = request.getParameter("p_ck2");
        String check3 = request.getParameter("p_ck3");
        String civil = request.getParameter("p_civil");
        out.println("<b>Nome: </b>" + nome + "<br>");
        out.println("<b>Email: </b>" + email + "<br>");
        out.println("<b>Sexo: </b>" + sexo + "<br>");
        if (check1 != null) {
            out.println("<b>Romance</b><br>");
        }
        if (check2 != null) {
            out.println("<b>Aventura</b><br>");
        }
        if (check3 != null) {
            out.println("<b>Ficção</b><br>");
        }
        out.println("<b>Estado Civil: </b>" + civil + "<br>");
        %>
    </body>
</html>
```

Funcionalidades comentadas do Exemplo 13.6:
- **Linhas 1 e 2:** definem o cabeçalho da página JSP.
- **Linha 4:** define o cabeçalho e o título da página HTML.
- **Linhas 7 a 9:** declaram as variáveis nome, email e sexo, que recebem os valores provenientes do formulário HTML. Para isso é usado request.getParameter. Observe que os nomes dos parâmetros devem ser exatamente iguais aos usados no formulário HTML (definidos nos atributos name: p_nome, p_email e p_sexo).
- **Linhas 10 a 12:** definem as variáveis check1, check2 e check3 que recebem como parâmetro os valores dos checkbox p_ck1, p_ck2 e p_ck3, definidos na página html.
- **Linha 13:** define a variável civil que recebe o estado civil da pessoa, selecionado por meio da seleção (select) p_civil definida na página html.
- **Linhas 14 em diante:** mostram em tela os valores recebidos.
- É importante resaltar que esse exemplo é apenas didático, visto que permite visualizar os dados recebidos do formulário HTML, isto é, permite demonstrar a comunicação existente entre uma aplicação cliente e uma aplicação servidora.

A Figura 13.12 apresenta a execução da aplicação servidora.

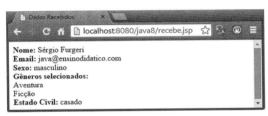

Figura 13.12 – Execução do Exemplo 13.6 correspondente ao envio dos dados da Figura 13.11.

13.5 Uso de classes em páginas JSP

Uma classe em Java pode ser consumida (usada) por uma página em JSP. Dessa forma, uma classe passa a fornecer serviços para as páginas. Essa prática tem sido bastante usada no mercado por algumas razões. Vamos citar apenas as principais.

- **Dividir o sistema em camadas:** o sistema pode ser organizado em camadas, cada qual com suas responsabildiades. Como citamos no Capítulo 12, a divisão em camadas permite dividir os elementos de sistema em função de suas atribuições. De maneira bastante simplista, o papel das páginas JSP é apenas apresentar as informações (camada View) e as classes em Java se encarregam de regras de negócio e acesso a banco de dados (camada Model).
- **Dividir as reponsabilidades da equipe:** é cada vez mais comum que o desenvolvimento de projetos utilize equipes multidisciplinares, profissionais com diferentes aptidões. Ao dividir as funções de um projeto, programadores podem desenvolver classes em Java e profissionais de design podem criar páginas JSP que consomem serviços dessas classes. Assim, um designer não precisa conhecer detalhes muito técnicos de códigos Java, visto que apenas irá utilizar funcionalidades desenvolvidas pelos programadores.

Um padrão criado pela Sun, desde o desenvolvimento do Java, para a criação de classes reutilizáveis (consumíveis por outras classes), é chamado de JavaBeans. Basicamente, um bean é uma classe Java escrita de acordo com uma convenção. Não temos o objetivo de estudar JavaBeans, vamos apenas demonstrar como uma página JSP pode utilizar classes previamente desenvolvidas, sem a preocupação da nomenclatura usada em beans.

Nesse ponto vamos utilizar a classe BD (criada no Capítulo 12) para conexão ao banco de dados. Ela será usada em conjunto com uma página em JSP. Para executar o exemplo a seguir, é necessário que você tenha a tabela de filmes no MySQL, conforme descrito no Capítulo 12. Execute os procedimentos que se seguem:

1. Se você está seguindo os exemplos do livro, já deve ter criado o pacote cap13. Caso contrário, crie esse pacote em seu projeto.
2. Copie a classe BD no pacote cap13.
3. Copie o driver de conexão do MySQL na pasta Bibliotecas. No Eclipse é na pasta WEB-INF/lib.
4. A estrutura do projeto deve estar conforme demonstra a Figura 13.13.

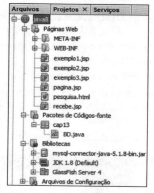

Figura 13.13 – Estrutura geral do projeto no NetBeans.

5. Crie a página do Exemplo 13.7 a seguir com o nome consulta.jsp.

Exemplo 13.7 – A página consulta.jsp

```jsp
<%@page import="cap13.BD"%>
<%@ page language="java" contentType="text/html; charset=ISO-8859-1"
    pageEncoding="ISO-8859-1"%>
<%@page import="java.sql.*"%>
<html>
    <head>
        <meta http-equiv="Content-Type" content="text/html; charset=ISO-8859-1">
        <title>Consulta de Filmes</title>
    </head>
    <body>
        <%
            BD bd = new BD();
            if (bd.getConnection()) { // Conexão OK
                try {
                    String sql = "SELECT distinct(titulo) FROM Filmes WHERE titulo like ?";
                    PreparedStatement statement = bd.connection.prepareStatement(sql);
                    statement.setString(1, "% amor %");
                    ResultSet resultSet = statement.executeQuery();
                    out.println("<table border='1' cellspacing='0'>");
                    out.println("<tr bgcolor='orange'><th>TÍTULO</th></tr>");
                    while (resultSet.next()) {
                        String titulo = resultSet.getString("titulo");
                        out.println("<tr><td>" + titulo + "</td></tr>");
                    }
                    out.println("</table>");
                    resultSet.close();
                    statement.close();
                    bd.close();
                } catch (SQLException erro) {
                    out.println(erro.toString());
                }
            } else {
                out.println("Erro ao conectar!");
            }
        %>
    </body>
</html>
```

Funcionalidades comentadas do Exemplo 13.7:

- **Linha 1:** importa a classe BD.java presente no pacote cap13. Essa classe será usada na página JSP.
- **Linha 12:** declara e cria o objeto "bd" a partir da classe "BD".
- **Linha 13:** chama o método getConnection para realizar a conexão ao banco de dados. Como já dissemos, caso a conexão seja realizada com sucesso, o método getConnection retorna true, o que faz com que o comando condicional if seja verdadeiro e a execução da página prossiga a partir da linha 14. Caso contrário, isto é, se houver falha na conexão, ele retorna false e é executada a instrução else da linha 32.
- **Linha 14:** cria o script em SQL que será usado na consulta ao banco de dados e o armazena na String "sql". Nele é usada a instrução distinct (titulo), que significa que a seleção vai retornar apenas um título do filme que corresponder aos critérios da pesquisa, caso o mesmo esteja duplicado no banco de dados. Um ponto a observar é o uso do caractere de interrogação (?), que será substituído por um parâmetro durante a execução da página. A seguir vamos explicar melhor isso.
- **Linha 15:** cria um objeto chamado statement a partir da interface PreparedStatement que possibilita a execução de um script SQL.
- **Linha 17:** o parâmetro usado no script em SQL (?) deve ser passado ao objeto statement por meio de um método apropriado. Existem diversos métodos que podem ser usados, dependendo do tipo de valor a ser enviado ao statement, por exemplo: setInt, setDouble, setString etc. Em nosso caso, o parâmetro é do tipo String, já que o titulo da tabela de Filmes é do tipo texto, isto é, String. Dessa forma, para passar um valor do tipo String deve ser usado o método setString e assim por diante. Na linha 17, usamos o conteúdo "% amor %" (referente ao conteúdo que será colocado no lugar do caractere de interrogação). Em SQL, o sinal de porcentagem se refere a um caractere coringa (qualquer tipo de caractere). Dessa forma, o valor procurado no título do filme pode iniciar ou terminar com qualquer outra palavra, desde que possua internamente a palavra amor. Assim, a instrução SQL definida na linha 15 será transformada em SELECT distinct (titulo) FROM Filmes WHERE titulo like "% amor %".
- **Linha 18:** cria um objeto chamado resultSet a partir da interface ResultSet. Como o próprio nome sugere, resultSet será usado para armazenar o resultado gerado pelo script SQL por meio do método executeQuery. Pode-se dizer que o objeto resultSet armazena o resultado da ação efetuada pelo script SQL. O script SQL significa: selecione (**SELECT**) o campo título de forma distinta (dintinct (titulo)), ou seja, sem repetição, da tabela de filmes (**FROM Filmes**) em que (**WHERE**) o titulo do filme contenha a palavra amor "% amor %". O resultado da execução do script SQL é armazenado no objeto resultSet com o formato de uma tabela contendo linhas e colunas (registros), relativo à tabela em que a consulta é realizada. No caso, o objeto resultSet armazena registros referentes à tabela de Filmes.
- **Linha 21:** realiza a varredura de todos os registros armazenados no objeto resultSet usando while(resultSet.**next**()), isto é, o loop é executado enquanto existirem registros no objeto resultSet. Dessa forma, todos os registros do objeto resultSet são varridos e os dados armazenados são recuperados pelo método getString (linha 22), e mostrados no browser pelo método out.println (linha 23).
- Apesar de a tabela de Filmes usada no exemplo possuir diversos atributos, apenas um deles foi usado, o titulo.

A Figura 13.14 apresenta a execução da página JSP do Exemplo 13.8.

Figura 13.14 – Execução do Exemplo 13.8.

Exercícios para prática da linguagem Java

1. Elabore uma página HTML e outra JSP. A página HTML envia dois números e um operador matemático (+, -, * ou /) para a página JSP que realiza o cálculo correspondente e apresenta a resposta em tela. Veja a Figura 13.15.

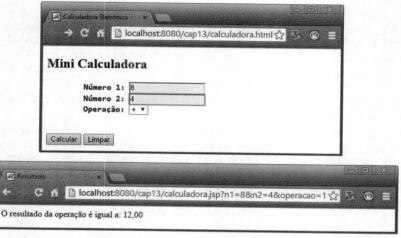

Figura 13.15 – Telas de execução do Exercício 13.1.

2. Elabore uma página HTML contendo um formulário de reclamações dos moradores de uma cidade. O morador preenche o fomulário contendo o endereço aproximado, seleciona o tipo de problema (buracos, praça, policiamento etc.) e a descrição do problema. Os dados são enviados a uma página JSP que armazena esses dados num arquivo texto, juntamente com a data e a hora do envio. A cada envio, a reclamação é adicionada a esse arquivo, como se fosse um arquivo de log. Veja a Figura 13.16.

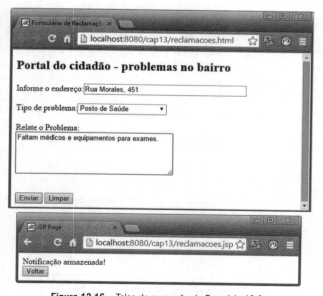

Figura 13.16 – Telas de execução do Exercício 13.2.

3. Modifique o Exemplo 13.7 apresentado neste capítulo. Crie um formulário HTML em que o usuário fornece as iniciais do título do filme e envia a página JSP. Esta, por sua vez, apresenta em tela apenas os filmes cujo título seja semelhante ao fornecido pelo usuário. Veja a Figura 13.17.

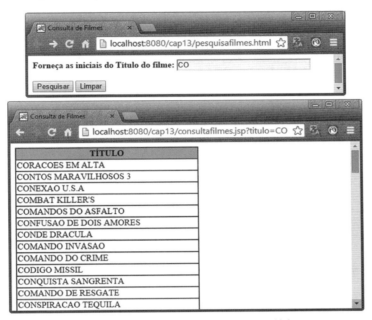

Figura 13.17 – Telas de execução do Exercício 13.3.

Material de apoio

Exercícios semelhantes aos aqui apresentados podem ser visualizados no endereço a seguir: <http://editoraerica.com.br/>.

Seu próximo passo

Este capítulo abordou os procedimentos necessários para a criação de aplicações que rodam no ambiente da Internet, isto é, que podem ser executadas a partir de um browser. Para isso, utilizamos a manipulação de arquivos .HTML e .JSP, abordando o uso de classes Java e sua interação com o JSP. O próximo passo é aprimorar os recursos do ambiente Web, realizando a manipulação de Servlets em Java. Você aprenderá a criação como criar e utilizar uma Servlet e verá suas relações com JSP.

Capítulo

14

Criação de Servlets

Objetivos deste capítulo

✓ Apresentar conceitos e exemplos do uso de Servlets.
✓ Diferenciar Servlets de páginas JSP.
✓ Demonstrar as operações elementares de Servlets na Internet.

14.1 Definição

Este capítulo apresenta a utilização de Servlets, módulos de software compilados (objetos) que ficam armazenados em um servidor Java. Esse nome em inglês significa *Serv* (Servidor) e *let* (pequeno), ou seja, pequeno servidor. Como já dissemos, os servidores Java são referenciados também como contêineres de aplicações Java. Da mesma forma que uma página em JSP, para que uma Servlet seja executada, é necessária a utilização de um servidor Java. A Servlet é uma classe em Java que estende as funcionalidades de um servidor. Por esse motivo, ao criar uma Servlet deve ser usado o mecanismo de herança por meio de *extends HttpServlet*.

Uma Servlet é muito semelhante a uma página JSP. Quando uma página JSP é carregada, ocorre o processo de compilação no servidor. Esse processo transforma a página JSP em uma Servlet. Por isso a grande semelhança entre Servlets e páginas JSP. Dessa forma, uma Servlet é uma aplicação em Java que recebe requisições de uma aplicação cliente e emite respostas de maneira dinâmica.

Uma Servlet pode, por exemplo, ser responsável por receber dados (parâmetros) vindos de um formulário em HTML e atualizar um banco de dados. Antes do advento das Servlets, as aplicações que rodavam no lado do servidor eram as chamadas CGI (*Common Gateway Interface*). As Servlets Java começaram a conquistar o mercado por causa de uma série de vantagens sobre as aplicações CGI. Existem ainda outras aplicações instaladas em servidores, desenvolvidas por outras linguagens de programação, que desempenham papéis semelhantes às Servlets Java. Assim como vimos no capítulo anterior, uma Servlet pode receber dados de uma página HTML.

14.2 Servlets e JSP

Como você verá, Servlets e páginas JSP funcionam de forma muito semelhante a páginas que usam linguagem *PHP*, *ASP*, *Python*, entre outras. Apesar de Servlets e *JSP* desenvolverem praticamente o mesmo papel, eles são elementos distintos com algumas diferenças. Vamos descrever as principais diferenças:

- Servlet é uma classe em Java, páginas JSP misturam código Java, marcadores em HTML e diversos elementos que podem atuar em conjunto com HTML (CSS, Javascript etc.).
- Enquanto Servlets possuem extensão ".java", os arquivos JSP possuem a extensão ".jsp". Além disso, Servlets ficam compilados no servidor desde o primeiro acesso (.class). Ao acessar uma página JSP, ela é compilada e é gerada sua Servlet correspondente, ou seja, arquivos em JSP são transformados em Servlets. Isso ocorre apenas no primeiro acesso, pois a partir do segundo acesso a Servlet correspondente ao arquivo JSP já existirá no servidor.
- Servlets são mais indicadas para realizar controle da aplicação, enquanto páginas JSP são mais indicadas para prover conteúdo ao usuário. Numa arquitetura em camadas (MVC, por exemplo), as Servlets fariam parte da camada Controler, ao passo que as páginas JSP fariam parte da camada View. Por essas características, uma Servlet pode ser usada para controlar o carregamento de diferentes páginas JSP.
- Pelo fato de Servlets conterem código Java, seu desenvolvimento está mais relacionado a programadores, enquanto as páginas JSP podem ser mais indicadas para pessoal de design.
- Tanto Servlets quanto páginas JSP são usadas para responder a solicitações de aplicações cliente.

Descrevemos as características mais comuns entre Servlets e páginas em JSP, porém nada impede que uma Servlet funcione como página JSP ou vice-versa. Na próxima seção vamos iniciar o desenvolvimento com Servlets.

14.3 Criação de Servlets

Assim como em outros pontos do livro, vamos mostrar como criar uma Servlet pelo NetBeans e pelo Eclipse. Estamos considerando que você já possui um projeto chamado java8, criado no capítulo anterior. Crie um pacote chamado cap14 para armazenar as Servlets que serão criadas neste capítulo.

Para criar uma Servlet pelo NetBeans, selecione o pacote cap14, clique com o botão direito do mouse e selecione Novo – Servlet... Em Nome da classe digite o nome do Servlet digiteTesteServlet. Clique no botão Finalizar. No Eclipse o processo é o mesmo.

Ao criar uma Servlet será gerado um código padrão contendo diversas linhas. A listagem do Exemplo 14.1 apresenta o código da Servlet gerado pelo NetBeans. É importante citar que o código é apenas sugerido, a maior parte dele não é obrigatória, dependendo das funções que a Servlet realizará. O próprio cabeçalho da Servlet contém comentários dizendo que você pode modificar esse template (o modelo do código gerado). Perceba que existem diversos imports que permitem, principalmente, que a Servlet realize operações de entrada e saída, impressão em tela e comunicação HTTP.

Outros pontos importantes presentes na listagem do Exemplo 14.1 são:

- **Linha 18:** contém a anotação @WebServlet que possui dois atributos: **name** (o nome da Servlet) e a **urlPatterns** (define os endereços (URL) a partir do qual a Servlet pode ser acessada).
- **Linha 19:** contém o nome da Servlet. Como dissemos anteriormente, uma Servlet deve estender a classe HttpServlet.
- **Linha 29:** processRequest é um método que recebe as requisições (request) de aplicações cliente e emite a resposta (response) correspondente. Na verdade, as requisições chegam nos métodos doGet e doPost (descritos a seguir), que transferem a execução para o método processRequest.
- **Linhas 34 a 42:** contêm o código HTML gerado pela Servlet e que será usado como saída de dados, isto é, são as informações que serão disponibilizadas ao usuário por meio do software navegador.

Exemplo 14.1 – A Servlet Teste

```java
/*
 * To change this license header, choose License Headers in Project Properties.
 * To change this template file, choose Tools | Templates
 * and open the template in the editor.
 */
package cap14;
import java.io.IOException;
import java.io.PrintWriter;
import javax.servlet.ServletException;
import javax.servlet.annotation.WebServlet;
import javax.servlet.http.HttpServlet;
import javax.servlet.http.HttpServletRequest;
import javax.servlet.http.HttpServletResponse;
/**
 *
 * @author simon_000
 */
@WebServlet(name = "TesteServlet", urlPatterns = {"/TesteServlet"})
public class TesteServlet extends HttpServlet {
    /**
     * Processes requests for both HTTP <code>GET</code> and <code>POST</code>
     * methods.
     *
     * @param request servlet request
     * @param response servlet response
     * @throws ServletException if a servlet-specific error occurs
     * @throws IOException if an I/O error occurs
     */
    protected void processRequest(HttpServletRequest request, HttpServletResponse response)
            throws ServletException, IOException {
        response.setContentType("text/html;charset=UTF-8");
        try (PrintWriter out = response.getWriter()) {
            /* TODO output your page here. You may use following sample code. */
            out.println("<!DOCTYPE html>");
            out.println("<html>");
            out.println("<head>");
            out.println("<title>Servlet TesteServlet</title>");
            out.println("</head>");
            out.println("<body>");
            out.println("<h1>Servlet TesteServlet at " + request.getContextPath() + "</h1>");
            out.println("</body>");
            out.println("</html>");
        }
    }

    HttpServlet methods. Click on the + sign on the left to edit the code.
}
```

▶ **Linha 46:** Percebemos que essa linha contém um + no início, nesse caso o conteúdo desse método não aparece. Para podermos visualizá-lo, basta clicarmos no + que todo o conteúdo será apresentado em tela. Vamos descrever os dois principais métodos: doGet e doPost apresentados nas duas listagens seguintes.

```java
    protected void doGet(HttpServletRequest request, HttpServletResponse response)
            throws ServletException, IOException {
        processRequest(request, response);
    }
```

▶ **Linhas 56 a 59:** implementam o método doGet que recebe requisições provenientes de aplicações cliente, cuja transferência de dados ocorre pelo método GET. Num formulário em HTML, por exemplo, a sintaxe <form action='incluir.jsp' method='GET'> define que a transmissão dos dados do formulário será realizada para a página incluir.jsp usando o método GET. Nesse caso, portanto, os dados enviados pelo formulário seriam transferidos para o objeto request do método doGet. Quando você envia os dados por meio do método GET, na barra de endereço do software navegador aparecem todos os valores enviados.

```
     protected void doPost(HttpServletRequest request, HttpServletResponse response)
71         throws ServletException, IOException {
72       processRequest(request, response);
73   }
```

▶ **Linhas 70 a 73:** implementam o método doPost, uma forma mais confiável de passar informações para uma aplicação servidora, uma vez que, diferentemente do método GET, os dados enviados não aparecem na barra de endereços do software navegador. Ao transmitir uma senha, por exemplo, jamais pode ser usado o método GET, isto é, o método POST deve ser escolhido. Num formulário em HTML, por exemplo, a sintaxe <form action='incluir.jsp' method='POST'> define que a transmissão dos dados do formulário será realizada para a página incluir.jsp usando o método POST. Nesse caso, portanto, os dados enviados pelo formulário seriam transferidos para o objeto request do método doPost.

Agora que o leitor já possui uma visão geral sobre Servlets, na seção a seguir vamos criar um cadastro na Web, disponibilizandos as funções de inclusão, alteração, exclusão e busca. Para fins didáticos, cada função terá uma Servlet separada.

14.4 Cadastro de filmes com Servlets

Vamos criar diversos exemplos do tipo cliente servidor. Para cada operação a ser realizada no banco de dados (inclusão, alteração etc.) vamos construir um formulário HTML (aplicação cliente) e uma Servlet (a aplicação servidora). Para que possamos testar as funcionalidades de cada uma das Servlets, vamos criar uma página HTML que utilize seus serviços. A Figura 14.1 apresenta um formulário cuja listagem aparece no Exemplo 14.2.

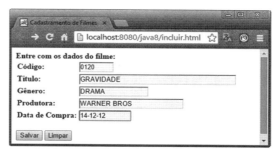

Figura 14.1 – Formulário de Inclusão.

Exemplo 14.2 – Incluir.html

```html
<html>
    <head>
        <meta http-equiv="Content-Type" content="text/html; charset=ISO-8859-1">
        <title>Cadastramento de Filmes</title>
    </head>
    <body>
        <form action="http://localhost:8080/java8/ServletFilmesInclusao" method="get">
            <b>Entre com os dados do filme:</b><br>
            <table>
                <tr>
                    <td><b>Código:</b></td><td><input type="text" size="5" name="p_codigo"></td>
                </tr>
                <tr>
                    <td><b>Titulo:</b></td><td><input type="text" size="40" name="p_titulo"></td>
                </tr>
                <tr>
                    <td><b>Gênero:</b></td><td><input type="text" size="15" name="p_genero"></td>
                </tr>
                <tr>
                    <td><b>Produtora:</b></td><td><input type="text" size="25" name="p_produtora"></td>
                </tr>
                <tr>
                    <td><b>Data de Compra:</b></td><td><input type="text" size="10" name="p_data"></td>
                </tr>
            </table>
            <br>
            <input type=submit value="Salvar">
            <input type=reset value="Limpar">
        </form>
    </body>
</html>
```

Observe na linha 7 da listagem do Exemplo 14.2 que o atributo action da tag <form> aponta para ServletFilmesInclusao, o nome da Servlet que receberá os dados e armazenará no banco de dados. Para criar a Servlet, repita o mesmo procedimento apresentado na Seção 14.3. Ao criar a Servlet, digite ServletFilmesInclusao. Sua listagem aparece no Exemplo 14.3.

Exemplo 14.3 – ServletFilmesInclusao.java

```
package cap14;
import java.io.IOException;
import java.io.PrintWriter;
import javax.servlet.ServletException;
import javax.servlet.annotation.WebServlet;
import javax.servlet.http.HttpServlet;
import javax.servlet.http.HttpServletRequest;
import javax.servlet.http.HttpServletResponse;

@WebServlet("/ServletFilmesInclusao")
public class ServletFilmesInclusao extends HttpServlet {
    private static final long serialVersionUID = 1L;
    public ServletFilmesInclusao() {
        super();
    }
    protected void doGet(HttpServletRequest request, HttpServletResponse response)
            throws ServletException, IOException {
        doPost(request, response);
    }
    protected void doPost(HttpServletRequest request, HttpServletResponse response)
            throws ServletException, IOException {
        response.setContentType("text/html");
        PrintWriter out = response.getWriter();
        out.println("<html>");
        out.println("<head><title>Inclusão de Filmes</title></head>");
        out.println("<body>");
        FilmesDAO filmes = new FilmesDAO();
        filmes.bd.getConnection();
        try {
            filmes.filme.setCodigo(request.getParameter("p_codigo"));
            filmes.filme.setTitulo(request.getParameter("p_titulo"));
            filmes.filme.setGenero(request.getParameter("p_genero"));
            filmes.filme.setProdutora(request.getParameter("p_produtora"));
            filmes.filme.setDataCompra(request.getParameter("p_data"));
            String retorno = filmes.atualizar(FilmesDAO.INCLUSAO);
            filmes.bd.close();
            out.println("<b>" + retorno + "</b>");
        } catch (NullPointerException erro) {
            out.println("<b>Falha: " + erro.toString() + "</b>");
        }
        out.println("</body></html>");
    }
}
```

Funcionalidades do exemplo ServletFilmesInclusão:
- **Linhas 2 a 8:** definem os imports utilizados pelo Servlet.
- **Linha 10:** define a URL por meio da qual a Servlet será acessada. Como só será usada uma URL não há a necessidade de inserir o atributo urlPatterns citado anteriormente.
- **Linhas 16 a 19:** implementam o método doGet. Caso uma aplicação cliente envie dados via GET ele será transferido para o método doPost por meio da linha 18.
- **Linha 20:** contém a definição do método doPost.
- **Linha 27:** demonstra como instanciar um objeto numa Servlet. No caso é instanciado um objeto da classe FilmesDAO. Essa classe contém os métodos necessários para manipular operações no banco de dados (inclusão, alteração, exclusão etc.).
- **Linhas 35:** realiza a inclusão do filme por meio do método atualizar existente na classe FilmesDAO.

A Figura 14.2 apresenta o retorno da Servlet após a inclusão.

Figura 14.2 – Retorno da Servlet de inclusão.

Agora que já finalizamos a Servlet para a inclusão, nosso próximo passo será criar um exemplo de localização de um filme que será usado para permitir a alteração de dados. O usuário fornece o código do filme, pressiona o botão localizar e os dados do filme são apresentados num formulário para alteração. Vamos iniciar pelo formulário em HTML. A Figura 14.3 apresenta um formulário cuja listagem aparece no Exemplo 14.4.

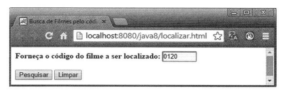

Figura 14.3 – Formulário de Localização.

Exemplo 14.4 – localizar.html

```html
<html>
    <head>
        <meta http-equiv="Content-Type" content="text/html; charset=ISO-8859-1">
        <title>Busca de Filmes pelo código</title>
    </head>
    <body>
        <form action="http://localhost:8080/java8/ServletFilmesLocaliza">
            <b>Forneça o código do filme a ser localizado:</b>
            <input type="text" size="5" name="p_codigo">
            <br><br>
            <input type="submit" value="Pesquisar">
            <input type="reset" value="Limpar">
        </form>
    </body>
</html>
```

Repita o mesmo procedimento apresentado na Seção 14.3 e crie uma Servlet chamada ServletFilmesLocaliza. A função dessa Servlet será localizar o filme e apresentar um formulário contendo os dados do filme e que permita a alteração dos dados. Como o código do filme é chave primária da tabela Filmes, ele não poderá ser alterado. Ao executar o exemplo, você verá que o valor do código não aparecerá disponível para alteração. O código da Servlet é apresentado no Exemplo 14.5.

Funcionalidades comentadas do Exemplo 14.5:

▸ **Linhas 22 a 56:** geram o formulário com os dados do filme localizado. Na linhas 31 e 32 o filme a ser localizado é definido. Caso o filme seja localizado, os dados são apresentados num formulário HTML construído dinamicamente pela Servlet. Observe que o conteúdo de cada caixa de texto é definido por meio do atributo value. Este recebe os dados armazenados do filme localizado e o conteúdo aparece na caixa de texto. Esse conteúdo é proveniente do banco de dados, isto é, corresponde aos dados do filme localizado. Os dados do filme aparecem numa tabela em HTML construída pela Servlet. Caso o filme procurado não exista no banco de dados, a execução da Servlet salta para a linha 48 e uma mensagem correspondente é emitida em tela.

Exemplo 14.5 – ServletFilmesLocaliza.java

```java
package cap14;
import java.io.IOException;
import java.io.PrintWriter;
import javax.servlet.ServletException;
import javax.servlet.annotation.WebServlet;
import javax.servlet.http.HttpServlet;
import javax.servlet.http.HttpServletRequest;
import javax.servlet.http.HttpServletResponse;

@WebServlet("/ServletFilmesLocaliza")
public class ServletFilmesLocaliza extends HttpServlet {
    private static final long serialVersionUID = 1L;
    public ServletFilmesLocaliza() {
        super();
    }
    protected void doGet(HttpServletRequest request, HttpServletResponse response)
            throws ServletException, IOException {
        doPost(request, response);
    }
    protected void doPost(HttpServletRequest request, HttpServletResponse response)
            throws ServletException, IOException {
        response.setContentType("text/html");
        PrintWriter out = response.getWriter();
        out.println("<html>");
        out.println("<head><title>Busca de Filmes</title></head>");
        out.println("<body><form action='ServletFilmesAlteracao' method='get'>");
        out.println("<table border='0' cellspacing='0'>");
        FilmesDAO filmes = new FilmesDAO();
        filmes.bd.getConnection();
        try {
            filmes.filme.setCodigo(request.getParameter("p_codigo"));
            if (filmes.localizar()) {
                out.println("<input type='hidden' name='p_codigo' value='"
                        + filmes.filme.getCodigo() + "'>");
                out.println("<tr><td bgcolor='beige'>Código: </td><td>"
                        + filmes.filme.getCodigo() + "</td></tr>");
                out.println("<tr><td bgcolor='beige'>Título: </td><td><input type='text' "
                        + "name='p_titulo' size='50' value='" + filmes.filme.getTitulo() + "'></td></tr>");
                out.println("<tr><td bgcolor='beige'>Gênero: </td><td><input type='text' "
                        + "name='p_genero' " + "value='" + filmes.filme.getGenero() + "'></td></tr>");
                out.println("<tr><td bgcolor='beige'>Produtora: </td><td><input type='text' "
                        + "name='p_produtora' " + "value='"+ filmes.filme.getProdutora() + "'></td></tr>");
                out.println("<tr><td bgcolor='beige'>Data de Compra: </td><td><input type='text' "
                        + "name='p_data'" + " value='" + filmes.filme.getDataCompra() + "'></td></tr>");
                out.println("</table><br>");
                out.println("<input type='submit' value='Salvar'>");
            } else {
                out.println("<b>Filme não encontrado</b><br><br>");
            }
            filmes.bd.close();
        } catch (NullPointerException erro) {
            out.println("<b>Falha: " + erro.toString() + "</b>");
        }
        out.println("<a href='localizar.html'><input type='button' value='Nova Busca'></a>");
        out.println("</form>");
        out.println("</body></html>");
    }
}
```

- **Linha 33:** define um campo do tipo hidden (oculto). Esse tipo de campo é usado para transmitir informações para a aplicação servidora, sem que seja necessário que o usuário visualize seus dados. Para o servidor não existe diferença, pois seu conteúdo é transmitido da mesma maneira que uma caixa de texto comum.
- **Linha 54:** apresenta um botão para nova busca, que permite carregar novamente o formulário localizar.html.
- Observe pela Figura 14.4 o resultado da execução ao localizar o filme de código 0120. Observe que os campos podem ser atualizados (exceto o código), e, ao pressionar o botão Salvar, os dados serão enviados para ServletFilmesAlteracao, definida na linha 24 do formulário gerado.

Figura 14.4 – Filme localizado para edição.

Nesse ponto temos o formulário preparado para realizar a alteração, resta apenas criar a Servlet que receberá esses dados e fará a atualização no banco. Repita o mesmo procedimento apresentado na Seção 14.3 e crie uma Servlet chamada ServletFilmesAltera (Exemplo 14.6). Observe que a Servlet para alteração é praticamente a mesma apresentada para a inclusão. A única diferença é que a linha 33 solicita uma alteração, em vez de uma inclusão.

Exemplo 14.6 – ServletFilmesAlteracao.java

```java
package cap14;
import java.io.IOException;
import java.io.PrintWriter;
import javax.servlet.ServletException;
import javax.servlet.annotation.WebServlet;
import javax.servlet.http.HttpServlet;
import javax.servlet.http.HttpServletRequest;
import javax.servlet.http.HttpServletResponse;

@WebServlet("/ServletFilmesAlteracao")
public class ServletFilmesAlteracao extends HttpServlet {
    private static final long serialVersionUID = 1L;
    public ServletFilmesAlteracao() {
        super();
    }
    protected void doGet(HttpServletRequest request, HttpServletResponse response)
            throws ServletException, IOException {
        doPost(request, response);
    }
    protected void doPost(HttpServletRequest request, HttpServletResponse response)
            throws ServletException, IOException {
        response.setContentType("text/html");
        PrintWriter out = response.getWriter();
        out.println("<html>");
        out.println("<head><title>Alteração de Filmes</title></head>");
        out.println("<body>");
        FilmesDAO filmes = new FilmesDAO();
        filmes.bd.getConnection();
        try {
            filmes.filme.setCodigo(request.getParameter("p_codigo"));
            filmes.filme.setTitulo(request.getParameter("p_titulo"));
            filmes.filme.setGenero(request.getParameter("p_genero"));
            filmes.filme.setProdutora(request.getParameter("p_produtora"));
            filmes.filme.setDataCompra(request.getParameter("p_data"));
            String retorno = filmes.atualizar(FilmesDAO.ALTERACAO);
            filmes.bd.close();
            out.println("<b>" + retorno + "</b>");
        } catch (NullPointerException erro) {
            out.println("<b>Falha: " + erro.toString() + "</b>");
        }
        out.println("<a href='localizar.html'><input type='button' value='Voltar'></a>");
        out.println("</body></html>");
    }
}
```

Nosso último exemplo é o que realiza a exclusão de um filme. Os procedimentos são os mesmos dos exemplos anteriores. Vamos apresentar o formulário HTML, local em que o usuário fornece o código do filme que será excluído. A Figura 14.5 apresenta um formulário cuja listagem aparece no Exemplo 14.7.

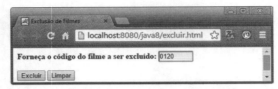

Figura 14.5 – Formulário de Exclusão.

Exemplo 14.7 – excluir.html

```html
<html>
    <head>
        <meta http-equiv="Content-Type" content="text/html; charset=ISO-8859-1">
        <title>Exclusão de Filmes</title>
    </head>
    <body>
        <form action="http://localhost:8080/java8/ServletFilmesExclusao">
            <b>Forneça o código do filme a ser excluído:</b>
            <input type="text" size="5" name="p_codigo">
            <br><br>
            <input type="submit" value="Excluir">
            <input type="reset" value="Limpar">
        </form>
    </body>
</html>
```

Repita o mesmo procedimento apresentado na Seção 14.3 e crie uma Servlet chamada ServletFilmesExclusão. Essa Servlet será usada para excluir um filme. A listagem da Servlet aparece no Exemplo 14.8. Novamente, os procedimentos implementados nessa Servlet são os mesmos descritos anteriormente.

Exemplo 14.8 – ServletFilmesExclusao.java

```java
package cap14;
import java.io.IOException;
import java.io.PrintWriter;
import javax.servlet.ServletException;
import javax.servlet.annotation.WebServlet;
import javax.servlet.http.HttpServlet;
import javax.servlet.http.HttpServletRequest;
import javax.servlet.http.HttpServletResponse;

@WebServlet("/ServletFilmesExclusao")
public class ServletFilmesExclusao extends HttpServlet {
    private static final long serialVersionUID = 1L;
    public ServletFilmesExclusao() {
        super();
    }
    protected void doGet(HttpServletRequest request, HttpServletResponse response)
            throws ServletException, IOException {
        doPost(request, response);
    }
    protected void doPost(HttpServletRequest request, HttpServletResponse response)
            throws ServletException, IOException {
        response.setContentType("text/html");
        PrintWriter out = response.getWriter();
        out.println("<html>");
        out.println("<head><title>Exclusão de Filmes</title></head>");
        out.println("<body>");
        FilmesDAO filmes = new FilmesDAO();
        filmes.bd.getConnection();
        try {
            filmes.filme.setCodigo(request.getParameter("p_codigo"));
            String retorno = filmes.atualizar(FilmesDAO.EXCLUSAO);
            filmes.bd.close();
            out.println("<b>" + retorno + "</b>");
        } catch (NullPointerException erro) {
            out.println("<b>Falha: " + erro.toString() + "</b>");
        }
        out.println("</body></html>");
    }
}
```

14.5 Publicar uma aplicação na Web

Para criar uma aplicação e disponibilizá-la no Tomcat, seja numa máquina local ou remota, existe a necessidade de seguir um conjunto de passos e realizar uma série de configurações. Qualquer erro nesse processo pode comprometer o funcionamento da aplicação e "desanimar" o leitor quanto a sua execução. Atualmente, esse processo é feito automaticamente pelas IDEs de desenvolvimento, que, além de automatizarem o processo, ajudam a evitar erros, aumentando a produtividade. Assim, achamos mais conveniente disponibilizar os exemplos deste capítulo em um arquivo chamado "java8.war". Ele contém toda a estrutura necessária para a criação do contexto web (um conjunto de pastas) de nossa aplicação, além das configurações necessárias para o ambiente. Trata-se do projeto completo criado no Capítulo 13 e que envolve também os exemplos do Capítulo 14. O leitor pode baixar o arquivo "java8.war" do site da Editora Érica.

Se preferir, o leitor pode gerar o arquivo .war da sua própria aplicação, criada no decorrer do Capítulo 13 ou do 14. No NetBeans selecione a pasta do projeto (java8), clique com o botão direito do mouse sobre ela - Construir. Pronto, o arquivo .war será gerado na pasta raiz do projeto, dentro da pasta chamada **dist** (distribuição). No Eclipse, selecione a pasta do projeto (java8), clique no menu File e uma nova janela se abrirá. Selecione a pasta Web – WAR file – clique em Next. Em Browse... selecione o local onde deseja salvar o arquivo - clique no botão Finish.

Para testar a publicação da aplicação, o Tomcat (ou outro servidor Java) deve estar instalado e funcionando corretamente.

Observe os procedimentos a seguir:

1. Baixe o arquivo "java8.war" do site da Editora Érica e copie-o na pasta "webapps" do Tomcat. Você pode seguir esse mesmo procedimento para o .war criado por você, atentando que a descrição aqui apresentada é com base no .war disponibilizado pela Editora.

2. Inicialize o Tomcat (se ele ainda não estiver inicializado).

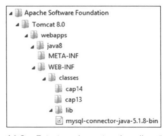

Figura 14.6 – Estrutura de pastas da aplicação Web.

3. Aguarde alguns segundos e verifique que, automaticamente, o Tomcat descompacta o arquivo "java8.war" e cria um conjunto de pastas e arquivos, semelhante ao apresentado na Figura 14.6. A pasta java8 é a pasta do projeto, a pasta cap13 contém as classes criadas no Capítulo 13, e o mesmo ocorre com a pasta cap14.

4. Com isso já é possível testar todos os exemplos que foram descritos nos Capítulos 13 e 14. Por exemplo, abra o browser e então digite o endereço http://localhost:8080/cap14/incluir.html. Isso deve fazer com que o formulário referente ao arquivo "incluir.html" apareça em tela.

Vamos fornecer uma visão geral do conjunto de pastas e arquivos criados para que o leitor possa entender o papel de cada elemento.

- A pasta "webapps" é a principal em que são armazenados todos os projetos (sites) do Tomcat. Também é possível criar outra pasta para tal propósito.
- A pasta "java8" se refere ao caminho principal para acesso aos exemplos criados nos Capítulos 13 e 14. Ela contém todos os arquivos necessários ao funcionamento de nossos exemplos, com exceção do banco de dados que você precisa ter criado em seu MySQL. Para carregar os arquivos, devemos indicar esse caminho na URL do browser, por exemplo, http://localhost:8080/java8/incluir.html. Veja que ela é a primeira pasta a ser inserida na URL após o endereço da porta.
- A pasta "WEB-INF" contém as pastas "lib" e "classes". Essa estrutura de pastas é a mesma tanto para o Eclipse quanto para o NetBeans.
- Na pasta "classes" estão armazenadas todas as classes Java usadas na aplicação. Nesse caso, dentro da pasta "classes" existem os pacotes "cap13" e "cap14" que contêm todas as classes e todas as Servlets criadas.
- A pasta "lib" manipula todos os pacotes em Java que serão usados na aplicação. Nesse caso estão armazenados os arquivos para conexão ao banco de dados MySQL.

Com isso chegamos ao final do capítulo. Apresentamos apenas uma breve introdução ao uso de Servlets por meio de alguns exemplos. Existem outros conceitos e detalhes não apresentados aqui. Esperamos que o leitor tenha absorvido não apenas os conceitos deste capítulo, mas também os do restante do livro.

Exercícios para prática da linguagem Java

1. Elabore um formulário HTML em que o usuário digita nome e telefone de um contato e esses dados são inseridos no banco de dados por meio de uma Servlet. Veja a Figura 14.7.

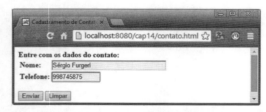

Figura 14.7 – Tela de execução do Exercício 1.

2. Elabore um formulário HTML em que o usuário seleciona o gênero do filme desejado e uma Servlet apresenta em tela todos os títulos dos filmes do gênero selecionado, ordenados pelo título do filme. Veja a Figura 14.8.

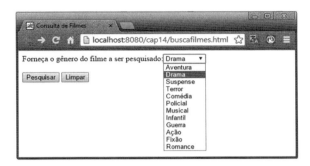

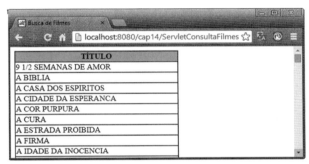

Figura 14.8 – Tela de execução do Exercício 2.

3. Seguindo o mesmo princípio do exercício anterior, o usuário seleciona o gênero do filme e uma Servlet emite em tela a quantidade de filmes existentes do gênero selecionado. Veja a Figura 14.9.

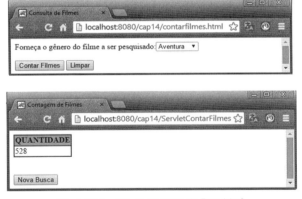

Figura 14.9 – Tela de execução do Exercício 3.

Java 8 – Ensino Didático: Desenvolvimento e Implementação de Aplicações

Material de apoio

Exercícios semelhantes aos aqui apresentados podem ser visualizados no endereço a seguir: <http://editoraerica.com.br/>.

Bibliografia

DEITEL, H. M.; DEITEL, P. J. **Java Como programar**. 8. ed. São Paulo: Pearson Prentice-Hall, 2010.

FILHO, R. R. **Desenvolva aplicativos com Java 6**. São Paulo: Érica, 2008.

HORSTMANN, C. **Conceitos de computação com o essencial de Java**. 3. ed. Porto Alegre: Bookman, 2005.

MOREIA, O. **Entendendo e dominando Java.** 3.ed. São Paulo: Digerati Books, 2009.

NIEMEYER, P.; KNUDSEN, J. **Learning Java.** Seastopol, California: O'Reilly, 2005.

SIERRA, K.; BATES, B. **Use a cabeça Java**. Rio de Janeiro: AltaBooks, 2007.

THE JAVA TUTORIAL. Sun Microsystems, 2014. Disponível a partir do endereço http://docs.oracle.com/javase/tutorial/.

Consulta a sites (novembro de 2014)

Java World: http://www.javaworld.com/

JavaRanch: http://www.javaranch.com/

Portal Java e GUJ (Brasil): http://www.guj.com/

Oracle: http://www.oracle.com/us/technologies/java/overview/index.html

http://www.oracle.com/technetwork/java/index.html

http://www.oracle.com/technetwork/java/javaee/overview/index.html

Marcas Registradas

Todos os nomes registrados, marcas registradas ou direitos de uso citados neste livro pertencem aos seus respectivos proprietários.

NetBeans e MySQL

Objetivos deste apêndice
- ✓ Fornecer uma visão geral de uma das principais ferramentas de desenvolvimento em Java: a IDE NetBeans.
- ✓ Apresentar uma introdução ao uso do sistema gerenciador de banco de dados MySQL.
- ✓ Demonstrar os elementos fundamentais envolvidos no desenvolvimento de um projeto para ambiente Internet.

NetBeans é uma IDE (*Integrated Development Environment*), isto é, um ambiente integrado para o desenvolvimento de aplicações Java. Este apêndice apresenta uma breve introdução a algumas das funcionalidades da ferramenta que podem ajudar na execução dos exemplos constantes no livro. O estudo completo dessa IDE, envolvendo todas as suas características e funcionalidades, demandaria mais de um livro para ser executado. Assim, são apresentados apenas os seguintes, pertinentes à elaboração do projeto abordado.

Este apêndice não mostra a descrição do funcionamento das classes e outros arquivos usados no projeto. Ele demonstra apenas a sequência de passos para criação e execução do projeto. Espera-se que isso ajude o leitor a se ambientar com a utilização do NetBeans. Apesar de pequeno, contempla a base de conhecimento necessária para criar aplicações Java por meio do NetBeans.

Quando este livro foi escrito, o NetBeans estava na versão 8. Provavelmente o leitor vai usar uma versão mais recente. Mas isso não deve representar nenhum problema, já que as funcionalidades básicas devem permanecer as mesmas e o leitor não terá dificuldade em manipular a ferramenta. Outro aspecto importante se refere à inclusão do JDK. O NetBeans possui diversas distribuições, algumas com o JDK embutido e outras não, o que não faz diferença, uma vez que o processo de instalação do JDK já foi realizado no Capítulo 1.

A.1 Download e instalação do NetBeans

O NetBeans é uma ferramenta gratuita que pode ser baixada de https://netbeans.org/downloads. Ao entrar no site, são apresentadas várias opções de download, como pode ser visto na Figura A.1.

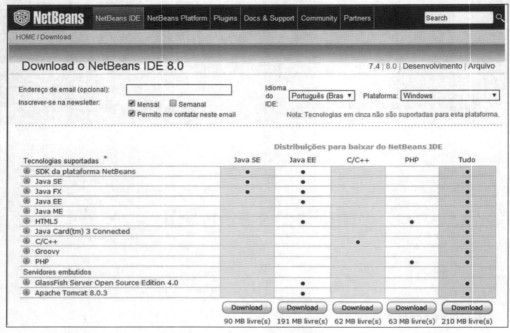

Figura A.1 – Opções de download do NetBeans.

Veja que é possível escolher o idioma da ferramenta, a plataforma em que a IDE será executada e também o tipo de distribuição, que inclui várias tecnologias (Java SE, JavaFX, Java Web e EE, Java ME, Ruby, C/C++, Groovy, PHP e os diversos servidores embutidos). Neste caso específico estamos utilizando a distribuição mais completa (última coluna), mas o leitor pode escolher uma outra distribuição, desde que ofereça suporte às tecnologias Java utilizadas no livro, no caso a coluna da tabela com o título Java EE.

Baixado o arquivo, você deve clicar duas vezes nele para iniciar o processo de instalação. A seguir é apresentado o processo de instalação considerando a versão 8 do NetBeans. Siga os procedimentos:

1. Localize o arquivo do NetBeans que você baixou e dê duplo clique nele para iniciar a instalação.

2. A primeira janela é a de boas-vindas; ela permite selecionar os servidores que serão instalados em conjunto com o NetBeans. Mantenha os servidores selecionados por padrão (Glassfish e Apache Tomcat) e pressione o botão Próximo.

3. A próxima janela sugere a leitura do contrato de licença. Selecione o botão Eu aceito os termos no contrato de licença e pressione o botão Próximo. A próxima janela sugere outro contrato de licença, agora para o JUnit (usado em testes de classes Java). Selecione a opção desejada e pressione o botão Próximo.

4. A próxima janela, mostrada na Figura A.2, permite escolher o diretório de instalação e definir a localização do JDK. Se os caminhos estiverem corretos, pressione o botão Próximo; caso contrário, selecione o novo caminho por meio do botão Procurar. O caminho da localização do JDK é necessário por ser um requisito para o NetBeans. Apesar de ser uma IDE para desenvolvimento Java, o NetBeans necessita do JDK para compilar e executar as classes. Conforme já citado, a instalação do NetBeans pode vir com o JDK embutido ou não. De qualquer forma, o JDK é essencial.

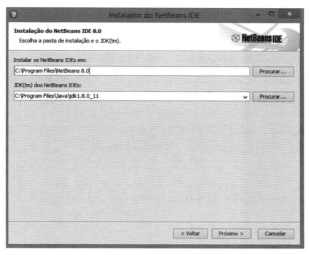

Figura A.2 – Caminho de instalação do NetBeans.

5. Na próxima janela, conforme a Figura A.3, são configuradas a instalação do servidor Glassfish e a JDK para o servidor. Assim como na tela anterior, deve ser definido o caminho de instalação do servidor e pressionado o botão Próximo.

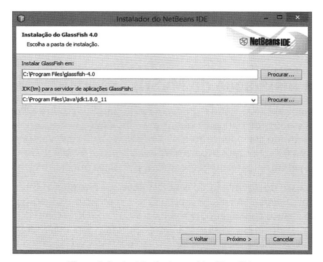

Figura A.3 – Instalação do servidor GlassFish.

6. A próxima janela apresenta um resumo de todas as escolhas definidas pelo usuário. Pressione o botão Instalar.

7. Ao terminar o processo de instalação, aparece uma janela com o título Instalação concluída, conforme a Figura A.4. Essa janela sugere que você contribua para o projeto NetBeans. Para nossos objetivos, essa opção não será necessária, por isso desmarcamos a caixa referente a isso. Caso o

leitor deseje receber informações sobre futuras versões do NetBeans e outros itens relacionados, mantenha a opção marcada.

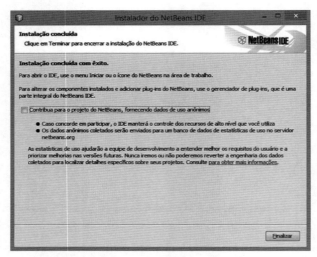

Figura A.4 – Final do processo de instalação.

8. Pressione o botão Finalizar para encerrar a instalação.

Antes de iniciarmos um projeto pelo NetBeans vamos realizar a instalação do sistema gerenciador de banco de dados MySQL, ferramenta fundamental para nossos objetivos, já que o projeto prevê acesso a banco de dados.

A.2 Download e instalação do MySQL

Vamos iniciar pelo download e instalação do MySQL, um dos produtos pertencentes à Oracle e um dos sistemas gerenciadores de banco de dados mais indicados e usados mundialmente, haja vista sua alta performance, além de ser opensource. O MySQL possui duas versões atualmente, a *MySQL Community Server* (Licença GPL, designada para o software livre) e a *MySQL Enterprise Subscription* (proprietária e com custo). Evidentemente, apenas com fins didáticos utilizaremos a versão livre.

Para realizar o processo de download do MySQL, abra seu navegador Internet, então visite o site http://dev.mysql.com/downloads/, selecione a plataforma e pressione o botão download correspondente. Conforme citado, vamos trabalhar com a versão livre (*MySQL Community Server*). O MySQL está disponível em diversas plataformas (Windows, Linux, Mac etc.). Escolha o link referente à plataforma que você usa em sua máquina (32 ou 64 bits) e realize o download. Quando este livro foi escrito, o *MySQL Community Server* estava na versão 5.6.20. A Figura A.5 apresenta a seleção para download da versão Windows (x86, 64-bit) MySQL Installer MSI.

O site apresenta duas opções de download: mysql-installer-web-community-5.6.20.0 e mysql-installer-community-5.6.20.0. Escolha a segunda (versão *community*) e clique em Download.

Quando o processo de download encerrar, você receberá em sua máquina um arquivo com o nome parecido com "mysql-installer-community-5.6.20.0", dependendo da plataforma e da versão atual do MySQL. A seguir, apresentamos o processo de instalação do MySQL considerando a plataforma Windows. Siga estes passos:

Figura A.5 – Download do MySQL.

1. Localize o arquivo do MySQL que você baixou e dê duplo clique nele para iniciar a instalação.
2. O Windows pergunta se você realmente deseja executar a instalação do software; pressione o botão Executar.
3. A primeira tela da instalação é a de boas-vindas (*Welcome*); selecione a opção "*Install MySQL Products*".
4. Abrirá a janela *MySQL Installer* contendo diversas abas ao lado esquerdo. A primeira aba é "*License Information*", aceite os termos de licença e clique no botão *Next*.
5. A segunda aba é "*Find Latest Products*" em que o programa solicita permissão de conexão à Internet para a busca de atualizações. Clique em *Execute* e depois no botão *Next*.
6. Abrirá a aba "*Setup Type*", onde pode se escolher o tipo de instalação. Em nosso caso escolhemos a opção "*Server Only*" porque nosso interesse é apenas pelo servidor do MySQL, mas você poderá escolher outras opções. O processo de instalação irá apresentar o local em que o sistema será instalado. Clique no botão *Next*.
7. Abrirá a aba "*Check Requirements*"', que irá verificar o sistema em busca de componentes externos adicionais necessários para a instalação secionada e em seguida fazer a instalação desses componentes ao sistema. Clique no botão *Next*.
8. Após isso o servidor MySQL será instalado. Clique no botão *Next*.
9. A próxima tela permite selecionar as configurações do servidor. Clique no botão *Next*. Abrirão algumas opções conforme apresenta a Figura A.6. Mantenha os valores sugeridos pelo sistema e pressione o botão *Next*.
10. Após pressionar o botão *Next* a próxima janela solicita que você defina a senha principal para acesso ao MySQL, conforme mostra a Figura A.7. No caso definimos uma senha extremamente simples: "123456" (sem as aspas), pois a exigência é de no mínimo quatro caracteres. É importante que o leitor guarde a senha escolhida em algum local porque ela será necessária mais à frente, quando elaborarmos a aplicação em Java.

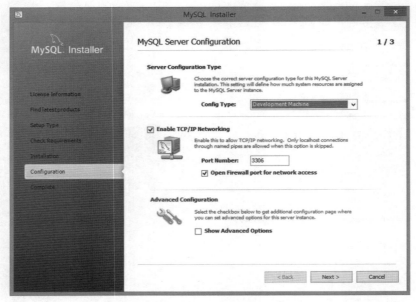

Figura A.6 – Escolha do tipo de configuração.

11. Na próxima janela pressione o botão *Execute* para o MySQL executar todas as opções escolhidas no processo de configuração. Se tudo estiver correto, surge uma nova janela indicando o sucesso do processo. Clique no botão *Next*. Se houver algum problema durante o processo de instalação ou configuração, repita os procedimentos apresentados.

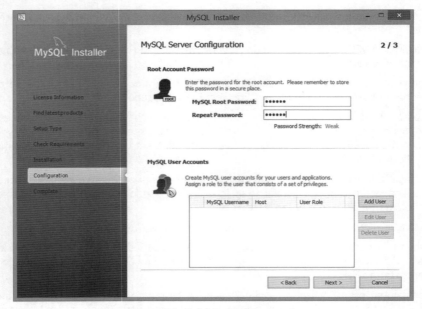

Figura A.7 – Definição da senha de root.

NetBeans e MySQL

12. Neste ponto já deve ser possível acessar o MySQL. Vamos fazer isso no modo "linha de comando" do Windows. Para isso acompanhe o caminho a seguir: no Windows 7: botão Iniciar – Todos os programas – MySQL – MySQL Server 5.6 – MySQL Command Line Client. No Windows 8, clique no botão Iniciar - pressione a seta para aplicativos – MySQL 5.6 Command Line Client. Isso faz a abertura de uma janela de prompt solicitando a senha (Enter Password). Ao digitar a senha definida durante o processo de configuração do MySQL (em nosso caso a senha 123456), surge a janela da Figura A.8. Observe que estamos acessando o MySQL pelo prompt de comando, mas existem ferramentas gráficas para realizar isso, tais como MySQL Administrator, MySQL Query Browser, MySQL Front. Para nossos objetivos, usaremos o NetBeans para manipular o MySQL.

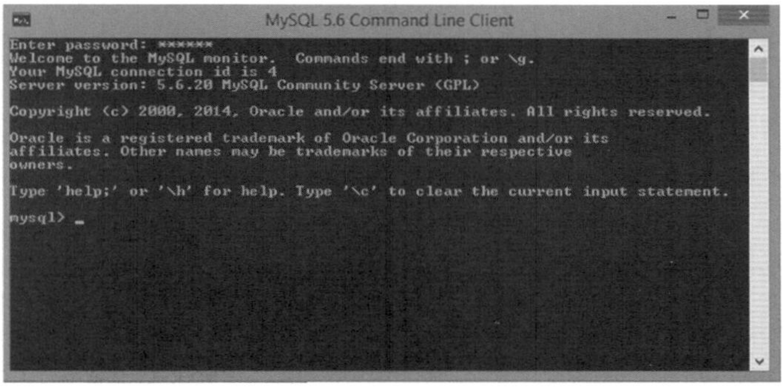

Figura A.8 – Acesso ao MySQL pelo prompt de comando.

13. Para visualizar os bancos de dados já armazenados no MySQL e que fazem parte da instalação, digite o comando "show databases;" (sem as aspas). Aparece uma lista dos bancos de dados disponíveis.

Apresentamos os passos necessários para instalar, configurar e acessar o MySQL. Na próxima seção realizamos a criação do banco de dados e da tabela para manter os dados usados no projeto.

A.3 A criação do banco de dados

O banco de dados que será usado em nosso projeto é extremamente simples; contém apenas uma tabela, a de usuários. Como já dissemos, existem duas maneiras de acessar o MySQL: pelo prompt de comando ou com o uso de uma ferramenta gráfica. Vamos apresentar essas duas maneiras nas Seções A.3.1 (pelo prompt) e A.3.2 (pelo NetBeans). Para criar o banco de dados, siga os procedimentos descritos em uma dessas duas seções.

A.3.1 Por meio do prompt de comando

O acesso por meio do prompt é a maneira mais simples de manipular o MySQL, a forma padrão desde as primeiras versões da ferramenta. Para manipular o MySQL desse modo, siga estes procedimentos:

1. Acesse o MySQL pelo caminho no Windows 7: botão Iniciar – Todos os Programas – MySQL – MySQL 5.6 – MySQL Command Line Client. No Windows 8: clique no botão Iniciar – pressione a seta para aplicativos - MySQL 5.6 Command Line Client. Em *Enter password* forneça a senha definida durante o processo de instalação do MySQL, no caso 123456. Se aparecer *mysql>* na linha de prompt, significa que a senha foi digitada corretamente e o MySQL está pronto para ser usado.

2. Digite o script **create database empresa**; (não esqueça o ponto e vírgula no final da linha) e pressione a tecla Enter. O banco de dados "empresa" será criado.

3. Digite o comando **use empresa**; e pressione a tecla Enter. Deve aparecer a mensagem Database changed. Isso faz com que o MySQL passe a utilizar o banco de dados "empresa".

4. Digite o script **create table usuarios (login varchar(35) primary key, password varchar(35))**; e pressione a tecla Enter. Deve aparecer a mensagem Query OK. Isso faz com que seja criada uma tabela com o nome "usuários" contendo duas colunas (login e password), com o tamanho de 35 caracteres cada uma. Esse tamanho parece grande, mas é necessário porque os conteúdos do login e do password serão criptografados antes de serem armazenados no banco. Além disso, o script também define o login como sendo chave primária para que não possam ser cadastrados dois logins iguais.
5. Para confirmar que a tabela foi criada, digite o comando **show tables**; e pressione a tecla Enter. Com isso o banco de dados está pronto para ser usado. Você também pode visualizar o conteúdo da tabela por meio do script **select * from usuarios**. Obviamente, nesse momento ainda não existe nenhum usuário cadastrado e o resultado da execução do script será vazio.

A.3.2 Por meio do NetBeans

Esta seção realiza exatamente o mesmo processo da seção anterior, porém apresenta a manipulação do banco de dados por meio do NetBeans. Se você já criou o banco de dados e a tabela de acordo com a seção anterior, sugerimos que exclua os dois antes de prosseguir nesta seção, pois não será possível criar o mesmo banco de dados, tampouco a mesma tabela, dentro do mesmo banco. Para excluir o banco de dados empresa e, consequentemente, a tabela usuario, acesse o MySQL pelo prompt, conforme apresentado na seção anterior, e digite **drop database empresa**;. Isso exclui o banco de dados e você pode criá-lo novamente nesta seção.

Para acessar o MySQL por meio do NetBeans, acompanhe os procedimentos a seguir:
1. Clique no botão Iniciar do Windows 7 e selecione NetBeans e NetBeans IDE. Caso utilize o Windows 8 clique no botão Iniciar - pressione a seta para aplicativos - NetBeans IDE 8.0. Ao abrir o NetBeans, clique na aba Serviços (localizada na janela esquerda e parte superior).
2. Selecione o item Banco de dados, pressione o botão direito do mouse sobre ele e escolha Registrar servidor MySQL... Surge a janela mostrada na Figura A.9. Então defina todas as configurações e pressione o botão OK.
3. Ao pressionar o botão OK, aparece o item (chamado de nó) Servidor MySQL na janela de serviços do NetBeans contendo os bancos de dados atuais armazenados no MySQL. Isso pode ser visto na Figura A.10. No caso o MySQL já está iniciado e conectado, mas, dependendo da máquina em que o leitor realizar esse processo, talvez seja necessário efetuar a conexão. Se for esse o caso, pressione o botão direito do mouse sobre o nó Servidor MySQL e escolha Conectar (ou iniciar, se o MySQL não tiver iniciado automaticamente).

Figura A.9 – Registro do MySQL no NetBeans.   **Figura A.10** – O nó do servidor MySQL registrado.

4. Neste ponto já é possível manipular bancos de dados armazenados no MySQL por meio do NetBeans. Vamos iniciar criando um banco de dados.
5. Para criar um banco de dados, selecione o nó Servidor MySQL (na aba de serviços), clique com o botão direito nele e escolha a opção Criar Banco de Dados..., conforme a Figura A.11.

Figura A.11 – Opção Criar banco de dados.

Em seguida, se abre uma caixa de diálogo pedindo o nome do banco de dados, Figura A.12. Digite o nome empresa e clique no botão OK.

Figura A.12 – Caixa de diálogo Criar banco de dados MySQL.

A partir daí é possível visualizar o banco de dados "empresa" no nó do Servidor MySQL, Figura A.13.

6. Após a criação do banco de dados, passamos para a criação da tabela "usuários". Essa tabela terá apenas os campos login e password. Clique com o botão direito do mouse em Tabelas abaixo do nó da conexão "empresa" e escolha a opção Executar comando. Observe a Figura A.14. É aberta a janela do Editor SQL do NetBeans.

Figura A.13 – O banco de dados "empresa" criado no MySQL.

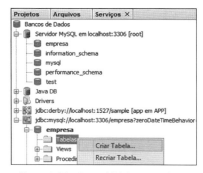

Figura A.14 – Passo inicial para a criação de uma tabela por meio do Editor SQL.

7. Na janela Criar Tabela que surge, digite o nome da tabela como: usuarios e clique em Adicionar Coluna. Observe a Figura A.15. Vamos criar a coluna login varchar(35) primary key e password varchar(35), conforme apresentam as Figuras A.16 e A.17, respectivamente.

Figura A.15 – Criação da tabela "usuarios".

Figura A.16 – Adicionando a coluna login.

Figura A.17 – Adicionando a coluna password.

8. Após a adição das colunas, clique no botão *OK*. A tabela "usuarios" será criada dentro do banco de dados empresa, conforme apresenta a Figura A.18.

Figura A.18 – A tabela "usuarios" criada.

Esses procedimentos simples permitiram a criação do banco de dados e da tabela que será usada no projeto. A seção a seguir apresenta os passos necessários para a elaboração do projeto por meio do NetBeans.

A.4 A criação de um projeto

As aplicações Java são armazenadas em locais específicos chamados de projetos. Seja qual for o tipo de tecnologia usado (Java Web, JavaEE, JavaME etc.), existe a necessidade de criar um projeto para abrigar todos os arquivos envolvidos na solução. Vamos considerar a criação de um projeto Java Web relativamente simples usando banco de dados MySQL, mas que servirá para apresentar as funcionalidades básicas do NetBeans. Nosso pequeno projeto contempla o uso de classes em Java, de páginas em HTML e JSP.

Para criar o projeto, acompanhe os procedimentos a seguir:

1. Abra o NetBeans e no menu Arquivo escolha Novo projeto..., selecione a categoria Java Web e em Projetos selecione Aplicação Web. Veja a Figura A.19.

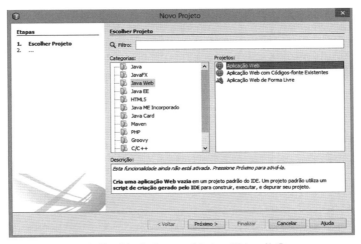

Figura A.19 – Criação de um projeto Java Web no NetBeans.

2. Pressione o botão Próximo. Após alguns instantes surge a janela da Figura A.20, que permite definir o nome do projeto, sua localização e outras configurações. Em Nome do Projeto digite **login**. Mantenha o restante das configurações conforme definido pelo NetBeans.

Figura A.20 – Definição do nome e da localização do projeto.

3. Pressione o botão Próximo. Surge a janela da Figura A.21, que permite definir o servidor Web que será usado no projeto.

Figura A.21 – Configuração do servidor a ser usado no projeto.

Seria possível definir outro servidor, como o TomCat, por exemplo. Isso seria feito por meio do botão Adicionar... No entanto, vamos manter as configurações sugeridas, isto é, vamos utilizar o servidor Glassfish. Você já aprendeu que é necessário um contêiner Java para abrigar aplicações que rodam no ambiente Web.

4. Mantenha todas as configurações sugeridas e pressione o botão Próximo. Surge uma nova janela, como mostra a Figura A.22, a qual permite a escolha de diversos frameworks que podem ser usados no projeto. Como não utilizaremos nenhum framework, apenas pressione o botão Finalizar. O projeto é criado e o NetBeans apresenta diversas janelas, cada qual com sua utilidade. O conteúdo das principais janelas é descrito a seguir.

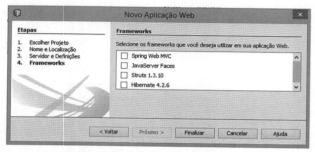

Figura A.22 – Escolha de frameworks.

Janela do Projeto

A janela mostrada na Figura A.23 contém as pastas e arquivos do projeto. Veja toda a estrutura do projeto que o NetBeans criou automaticamente. Nessas pastas são armazenados todos os arquivos referentes ao projeto, incluindo arquivos de configurações, páginas Web, classes em Java, bibliotecas etc.

Janela do Editor

A janela mostrada na Figura A.24 apresenta o editor de código do NetBeans. Todos os arquivos manipulados pelo projeto podem ser criados e editados por meio dessa janela. Arquivos comuns editados nessa janela são classes Java, páginas JSP, Servlets, arquivos em formato texto, entre outros tipos. No caso, o editor está apresentando o código-fonte do arquivo "index.jsp", gerado automaticamente quando o projeto foi criado.

Figura A.23 – Os arquivos do projeto.

Figura A.24 – Editor do código-fonte.

Janela do Navegador

A janela exibida na Figura A.25 mostra a estrutura dos arquivos que são abertos pelo editor do NetBeans. No caso, a janela apresenta a estrutura da página "index.jsp" que está sendo editada no momento. O navegador permite ao desenvolvedor o acesso rápido a qualquer parte do arquivo que está sendo editado. Por exemplo, ao dar um duplo clique no elemento "title", o editor localiza imediatamente esse elemento no código-fonte.

Criado o projeto, já é possível executá-lo. Vá até o menu Executar do NetBeans e escolha Executar Projeto Principal... (ou simplesmente pressione a tecla F6). É iniciado o processo de deployment do projeto, e, após alguns instantes, é aberto o navegador (o browser instalado em sua máquina) com uma página contendo a mensagem Hello World, conforme mostra a Figura A.26. Ela apresenta o carregamento do arquivo "index.jsp" criado pelo NetBeans durante a execução do projeto.

Figura A.25 – A estrutura do arquivo index.jsp.

Figura A.26 – Arquivo index.jsp apresentado no navegador Chrome.

O endereço localhost:8080/login/ apresentado na barra de endereços do navegador pode ser assim definido:

- **localhost:** endereço local do servidor Glassfish; pode ser substituído por 127.0.0.1.
- **8080:** número da porta de comunicação do servidor.
- **login:** endereço do site definido durante a criação do projeto pelo NetBeans.

Neste ponto o projeto foi criado e já está preparado para ser usado em ambiente Internet. Na próxima seção vamos adicionar os diversos arquivos usados em nosso projeto.

A.5 Adição dos arquivos ao projeto

Para adicionar as classes e outros arquivos usados no projeto você precisa fazer o download do material disponibilizado no site da Editora Érica. A tabela a seguir apresenta a relação dos arquivos a serem usados e um resumo da função de cada um deles no projeto. A Figura A.27 mostra a janela do NetBeans com todos os arquivos que serão adicionados ao projeto.

Arquivos e suas funções no projeto

- *abresessao.jsp*: página em JSP responsável por abrir uma sessão de usuário no site.
- *index.jsp*: arquivo que simula a página principal de um site.
- **login.html**: página em HTML que contém o formulário em que o usuário digita seus dados para login.

- **verificasessao.jsp:** página em JSP responsável por verificar se a sessão do usuário está aberta.
- **BD.java:** classe usada para realizar a conexão ao banco de dados.
- **Criptografia.java:** classe usada para realizar a criptografia do login e da senha que são armazenados na tabela de usuários do banco.
- **Usuario.java:** classe que mantém apenas os atributos privados "login" e "password" e seus métodos get e set correspondentes.
- **UsuarioDAO.java:** classe responsável por fazer a inclusão e a exclusão de usuários armazenados na tabela do MySQL. Permite também a validação de usuários para o processo de login.
- **UsuarioTestaExcluir.java:** classe usada para realizar o teste da exclusão de usuários.
- **UsuarioTestaInserir.java:** classe usada para realizar o teste da inclusão de usuários.
- **UsuarioTestaLogar.java:** classe que faz o teste do login de usuários.
- **mysql-connector:** driver usado para a conexão do Java ao MySQL.

Principais arquivos do projeto login

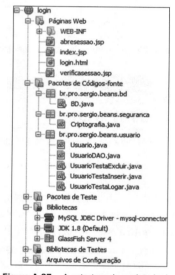

Figura A.27 – A estrutura do projeto login.

Vamos iniciar a produção de nosso projeto adicionando classes em Java. Faremos isso passo a passo para que o leitor possa compreender todo o processo. As funcionalidades do projeto serão inseridas e testadas uma a uma, por isso siga atentamente as instruções fornecidas.

Acompanhe os procedimentos a seguir:

1. O primeiro passo é realizar o download dos arquivos que serão usados no projeto. Acesse o site da Editora Érica conforme explicado no início do livro, baixe os arquivos e instale-os em sua máquina.
2. Como você já aprendeu, as classes em Java devem ser adicionadas em pacotes. Na aba Projetos da janela Explorer do NetBeans, clique com o botão direito na pasta Pacotes de Códigos-fonte e escolha a opção Novo/Pacote Java. Veja a Figura A.28.

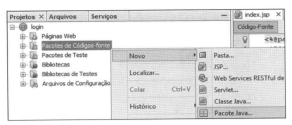

Figura A.28 – Criação do pacote de código-fonte.

3. Em seguida, é aberta uma tela em que você precisa fornecer o nome do pacote. Em nosso caso, digite o nome "br.pro.sergio.beans.bd" e clique no botão Finalizar. Veja a Figura A.29.

Figura A.29 – Criação do pacote "br.pro.sergio.beans.bd".

4. Vamos criar a classe BD em nosso pacote. Selecione o pacote criado e, com o botão direito do mouse, selecione Novo e a seguir Classe Java... . Na janela que surge, em Nome da classe digite BD e pressione o botão Finalizar. Isso faz com que a classe BD seja criada.

5. O procedimento anterior foi descrito apenas para demonstração da criação de uma classe por meio do NetBeans, pois a classe BD já está pronta e disponível no site da Editora Érica. Desta forma, podemos excluir a classe BD criada. Para isso, selecione a classe e pressione a tecla Del do teclado e, em seguida, o botão OK.

6. Agora vamos adicionar a classe BD.java ao projeto. Para isso copie a classe (Ctrl + C) e cole-a (Ctrl + V) dentro do pacote "br.pro.sergio.beans.bd", conforme apresenta a Figura A.30.

Figura A.30 – A classe BD adicionada ao projeto.

7. Para que o projeto faça a conexão ao banco de dados, devemos adicionar o driver JDBC à pasta das bibliotecas. O nome do driver que faz essa conexão é **"mysql-connector-java-5.1.8"**. Na aba projetos, clique com o botão direito em nosso projeto (login) e selecione a opção Propriedades. Em seguida, selecione a categoria Bibliotecas e a opção Adicionar JAR/Pasta. Veja a Figura A.31.

8. Em seguida é apresentada uma nova janela em que você deve localizar o arquivo conector (mysql-connector-java-5.1.8-bin.jar); clique em Open. O conector aparece na janela, como mostra a Figura A.32. Clique no botão OK.

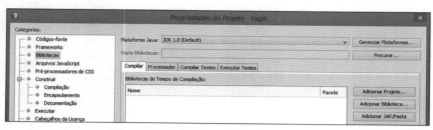

Figura A.31 – Adição de um arquivo JAR ao projeto.

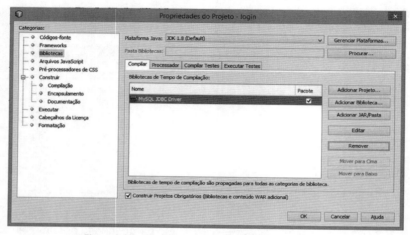

Figura A.32 – O conector do MySQL adicionado ao projeto.

9. Neste ponto já é possível executar a classe BD para verificar se a conexão com o banco de dados "empresa" está correta. Selecione a classe BD.java e pressione as teclas Shift+F6. Isso faz com que a classe BD seja executada. Se tudo estiver correto, na aba Saída aparecem as mensagens Conectou e Desconectou. Observe a Figura A.33. Isso indica que a classe BD conseguiu se conectar ao banco de dados "empresa" e desconectar-se com sucesso. Analise o código da classe BD e veja que ela já possui todas as configurações necessárias para se conectar ao banco de dados "empresa".

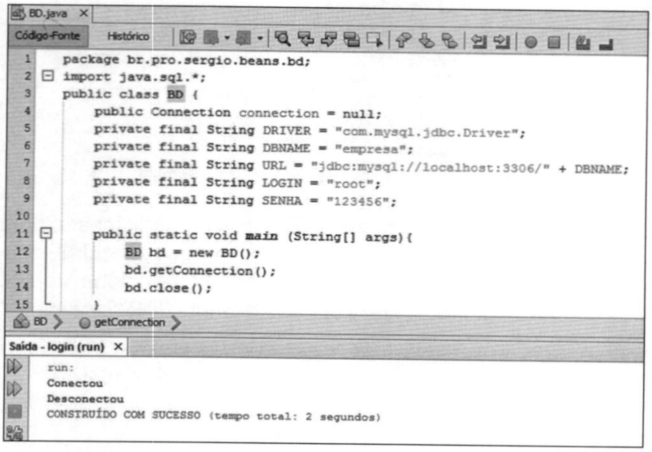

Figura A.33 – Conexão ao banco de dados executada com sucesso.

10. O próximo passo se refere à inclusão da classe Criptografia.java, responsável por realizar a criptografia dos dados (login e password) que serão inseridos na tabela usuarios. Da mesma forma que adicionamos a classe BD.java ao pacote "br.pro.sergio.beans.bd", adicionaremos a classe Criptografia a um novo pacote chamado "br.pro.sergio.beans.seguranca". Crie esse pacote conforme a Figura A.34.

Figura A.34 – Criação do pacote de código-fonte "br.pro.sergio.beans.seguranca".

11. Localize a classe Criptografia.java, copie e cole no novo pacote conforme a Figura A.35.
12. O próximo passo é adicionar a classe Usuário ao pacote "br.pro.sergio.beans.usuario". Crie um pacote com esse nome. Siga as mesmas instruções da criação de pacotes descrita anteriormente, localize a classe Usuario.java, copie e cole no pacote, conforme apresenta a Figura A.36. Repita o processo para a classe "UsuarioDAO.java"; ela deve ser adicionada ao mesmo pacote.
13. Vamos incluir as classes que permitem incluir, logar e excluir um usuário. Primeiro testaremos uma inserção de usuário. Localize a classe UsuarioTestaInserir.java, copie e cole no pacote "br.pro.sergio.beans.usuario", conforme apresenta a Figura A.37.

Figura A.35 – A classe Criptografia adicionada ao projeto.   Figura A.36 – A classe Usuario adicionada ao projeto.   Figura A.37 – A classe Usuario TestaInserir adicionada ao projeto.

14. Para testar a inclusão de um usuário, sobre a classe "UsuarioTestaInserir.java" pressione as teclas Shift + F6, forneça o login (no mínimo seis caracteres) e a senha (no mínimo seis caracteres). Observe a Figura A.38.

Figura A.38 – Caixas de mensagem para inserção de um usuário.

15. Conforme dito anteriormente, após a inserção dos dados do usuário no projeto os dados são criptografados e armazenados na tabela "usuarios" do banco de dados. Para visualizar esse conteúdo criptografado, acesse o Editor SQL do NetBeans e digite o seguinte script: **select * from usuarios**.

Execute esse script pressionando as teclas Ctrl+Shift+E. São apresentados todos os usuários cadastrados, em nosso caso apenas um. Observe as Figuras A.39 e A.40.

Figura A.39 – Script em SQL para seleção de usuários.

Figura A.40 – O registro inserido.

16. Nosso próximo passo se refere ao teste do login, que verifica se um determinado usuário está cadastrado no banco de dados. Mais à frente será criada uma página em HTML simulando o processo de login do usuário em um site. Localize a classe UsuarioTestaLogar.java, copie e cole no pacote "br.pro.sergio.beans.usuario" de acordo com a Figura A.41.

Figura A.41 – A classe Usuario TestaLogar adicionada ao projeto.

17. Para executar a classe UsuarioTestaLogar.java pressione as teclas Shift + F6, forneça os dados de login e senha e verifique o resultado. Forneça valores válidos e inválidos para verificar o funcionamento. Veja a Figura A.42.

Figura A.42 – Caixas de mensagem para login do usuário.

18. O próximo passo é verificar a exclusão de um usuário. O procedimento é o mesmo descrito anteriormente para fazer a inclusão e o login de um usuário. Localize a classe UsuarioTestaExluir.java, copie e cole-a dentro do pacote "br.pro.sergio.beans.usuario", conforme apresenta a Figura A.43.

Figura A.43 – A classe Usuario TestaExcluir adicionada ao projeto.

19. Para executar a classe UsuarioTestaExcluir.java pressione as teclas Shift + F6, forneça o login e verifique o resultado. Forneça valores válidos e inválidos para verificar o funcionamento. Veja a Figura A.44.

Figura A.44 – Caixas de mensagem para exclusão do usuário.

20. A partir deste ponto iniciamos a inclusão dos arquivos Web, que utilizam as classes Java adicionadas anteriormente ao projeto. Vamos começar adicionando os arquivos "login.html" e "abresessao.jsp". Enquanto a página "login.html" abre um formulário para permitir que o usuário forneça seus dados de login, a página "abresessao.jsp" recebe esses dados, verifica se eles são válidos, isto é, se estão gravados no banco de dados (isso é feito por meio da classe "Usuario.java"), e abre uma sessão para o usuário no site.

21. Localize o arquivo "login.html", copie e cole no pacote Páginas Web, conforme a Figura A.45.

22. Localize o arquivo "abresessão.jsp", copie e cole no pacote Páginas Web, conforme apresenta a Figura A.46.

Figura A.45 – O arquivo "login.html" adicionado ao projeto.

Figura A.46 – O arquivo "abresessao.jsp" adicionado ao projeto.

23. Para executar os arquivos clique em "login.html" e pressione as teclas Shift+F6. Após verificar o arquivo, o NetBeans automaticamente abre o browser de sua máquina, Figura A.47.

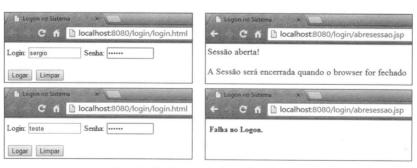

Figura A.47 – A execução do arquivo login.html.

Existe uma comunicação entre as páginas "login.html" e "abresessao.jsp", isto é, a página "login.html" submete os dados para a página "abresessao.jsp" que possui o método **getParameter()**. Este captura o valor digitado em "p_login" e "p_password", campos presentes em "login.html", fazendo sua validação ao banco de dados por intermédio da classe "UsuarioDAO.java", adicionada anteriormente ao projeto. Se os dados retornados forem verdadeiros, isto é, se forem encontrados no banco de dados, a sessão será aberta por meio de **session.putValue()**, um método já depreciado, mas que serve a nossos objetivos. Neste exemplo, a sessão está armazenando o login do usuário (criptografado) e a data/hora do acesso. Enquanto o navegador estiver aberto, a sessão continua a reconhecer o usuário e ele pode navegar pelo site com sua identificação reconhecida. Assim que o usuário fechar o navegador, a sessão expira.

1. O próximo passo consiste na inclusão dos arquivos "verificasessao.jsp" e "index.jsp". A página "verificasessao.jsp" tenta encontrar os dados armazenados por meio da página "abresessao.jsp". Caso os dados sejam encontrados, significa que a sessão está aberta, ou seja, o usuário já realizou sua validação e pode navegar pelo site. Dessa forma, caso a sessão esteja aberta, a página "index.jsp" é chamada, simulando que o usuário está sendo direcionado para a página principal do site.
2. Localize o arquivo "verificasessao.jsp", copie e cole no pacote Páginas Web, conforme a Figura A.48.
3. Antes de localizar o arquivo "index.jsp", exclua o arquivo index.jsp já existente em sua pasta Páginas Web (clique com o botão direito em index.jsp e selecione excluir). Localize o novo arquivo "index.jsp" (presente no download do projeto), copie e cole no pacote Páginas Web, conforme a Figura A.49.

Figura A.48 – O arquivo "verificasessao.jsp" adicionado ao projeto.

Figura A.49 – O arquivo "index.jsp" adicionado ao projeto.

4. Execute o arquivo "login.html" (pressione Shift+F6 sobre ele) realizando o processo de login normalmente. Mantenha o browser aberto após confirmar os dados do login e execute o arquivo "verificasessao.jsp" (pode ser na mesma janela ou em outra janela do browser), então receberá a seguinte mensagem: Sessão encontrada! (veja a parte superior da Figura A.50). Se você fechar o browser mesmo após ter realizado o login e depois executar o arquivo "verificasessao.jsp", receberá a seguinte mensagem: A sessão expirou. Vá para a página de login novamente !! (veja a parte inferior da Figura A.50).

Figura A.50 – A execução dos arquivos index.jsp e verificasessao.jsp.

Com isso terminamos nosso pequeno projeto. Ele pode servir como base para projetos maiores, pois praticamente qualquer aplicação na Web necessita de um processo de validação do usuário contendo login e senha. O usuário pode aprimorar o projeto adicionando mais páginas em JSP, Servlets etc.

Como dissemos no início deste apêndice, a utilização do NetBeans pode representar um longo caminho a seguir. Apresentamos apenas os passos iniciais que demonstraram a criação de uma pequena aplicação para a Internet. Cabe ao leitor buscar maiores informações para aprimorar-se no desenvolvimento de aplicações usando essa poderosa ferramenta.

Apêndice

B

Eclipse, TomCat e MySQL

Objetivos deste apêndice

✓ Fornecer uma visão geral sobre a IDE Eclipse e sua integração com o TomCat.

✓ Apresentar um exemplo de enquete com o banco de dados MySQL e a geração de gráficos.

✓ Demonstrar os elementos fundamentais envolvidos no desenvolvimento de um projeto usando o Eclipse.

Eclipse é um IDE (*Integrated Development Environment*), isto é, um ambiente integrado para o desenvolvimento de aplicações Java, porém suporta várias outras linguagens a partir de plugins como C/C++, PHP, ColdFusion, Python, Scala, Android etc. A ferramenta foi desenvolvida em Java e segue o modelo open source de desenvolvimento de software. Este apêndice apresenta uma breve introdução de algumas das funcionalidades da ferramenta que podem ajudar na execução dos exemplos constantes no livro. O estudo completo dessa IDE, envolvendo todas as suas características e funcionalidades, demandaria mais de um livro para ser executado.

Este apêndice não mostra a descrição do funcionamento das classes e outros arquivos usados no projeto. Ele demonstra apenas a sequência de passos para criação e execução do projeto. Espera-se que isso ajude o leitor a se ambientar com a utilização do Eclipse. Apesar de pequeno, contempla a base de conhecimento necessária para criar aplicações Java por meio do Eclipse. Você pode também assistir um vídeo no youtube disponível no endereço http://youtu.be/yOftgd8Eays.

Quando este livro foi escrito, o Eclipse estava no codinome Luna e na versão de projeto 4.4. Provavelmente o leitor vai usar uma versão mais recente. Mas isso não deve representar nenhum problema, já que as funcionalidades básicas devem permanecer as mesmas e o leitor não terá dificuldade em manipular a ferramenta.

B.1 Download e instalação do Eclipse

O Eclipse é uma ferramenta gratuita que pode ser baixada de https://www.eclipse.org/downloads/. Ao entrar no site, são apresentadas várias opções de download, como pode ser visto na Figura B.1.

Figura B.1 – Opções de download do Eclipse.

Veja que é possível escolher a plataforma em que a IDE será executada e também o tipo de distribuição, que inclui várias versões (Eclipse Standard, Java EE, Indigo, Juno etc). Neste caso específico estamos utilizando a distribuição eclipse Luna Java EE (Eclipse IDE for Java EE Developers), mas o leitor pode escolher uma outra versão, desde que ofereça suporte às tecnologias Java EE utilizadas no livro.

Ao baixar o arquivo, salve-o em seu disco rígido. A seguir, descompacte o arquivo. Será criada uma pasta contendo o arquivo eclipse.exe, o arquivo executável. O Eclipse não requer instalação direta na máquina, basta clicar sobre o arquivo executável (exe) e começar a utilizar a ferramenta. O único pré-requisito é ter o Java instalado na máquina. Ao ser executado, aparecerá uma tela para a escolha do Workspace (sua área de trabalho), o local onde ficarão armazenados todos os seus projetos. Você pode deixar o padrão, ou escolher uma pasta própria criada por você em alguma pasta de seu computador. Em nosso caso, estamos alocando o wokspace na pasta java8, localizada no c:. Veja a Figura B.2.

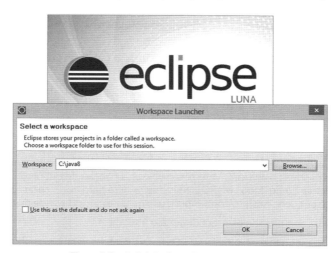

Figura B.2 – Definição do workspace no Eclipse.

Como nosso projeto utilizará o MySQL, é necessário que ele esteja instalado em sua máquina. Caso não esteja, consulte a Seção A.2 do Apêndice A. Ela contém os passos necessários para instalar, configurar e acessar o MySQL. Na próxima seção realizamos a criação do banco de dados e da tabela para manter os dados usados no projeto.

B.2 A criação do banco de dados

O banco de dados que será usado em nosso projeto é extremamente simples; contém apenas uma tabela, chamada enquete. Para criar o banco de dados e a tabela, será usado o script a seguir:

```
create dabatase meubanco;
use meubanco;
create table enquete (
    votos1 int,
    votos2 int,
    votos3 int,
    votos4 int,
    votos5 int
);
insert into enquete values (0,0,0,0,0);
```

Como dissemos no Apêndice A, existem duas maneiras de acessar o MySQL. Nesta seção, vamos apresentar apenas pelo prompt de comando. Siga estes procedimentos:

1. Acesse o MySQL pelo caminho: botão Iniciar – Todos os Programas – MySQL – MySQL 5.6 – MySQL Command Line Client. Em *Enter password* forneça a senha definida durante o processo de instalação do MySQL, no caso 123456. Se aparecer **mysql>** na linha de prompt, significa que a senha foi digitada corretamente e o MySQL está pronto para ser usado.

2. Digite o script **create database meubanco;** (não esqueça o ponto e vírgula no final da linha) e pressione a tecla Enter. O banco de dados "meubanco" será criado.

3. Digite o script **use meubanco;** e pressione a tecla Enter. Deve aparecer a mensagem Database changed. Isso faz com que o MySQL passe a utilizar o banco de dados "meubanco".

4. Digite o script **create table enquete (votos1 int, votos2 int, votos3 int, votos4 int, votos5 int);** e pressione a tecla Enter. Deve aparecer a mensagem Query OK. Isso faz com que seja criada uma tabela com o nome "enquete" contendo cinco colunas (votos1,votos2,votos3,votos4 e votos5), do tipo inteiro (int).

5. Para confirmar que a tabela foi criada, digite o comando **show tables;** e pressione a tecla Enter. Com isso o banco de dados está pronto para ser usado.

6. Digite o script **insert into enquete values** (0,0,0,0,0); isso fará com que seja inserido o valor 0 em todas as colunas de voto.

7. Você pode visualizar o conteúdo da tabela por meio do script **select * from enquete;**

B.3 A criação de um projeto

As aplicações Java são armazenadas em locais específicos chamados projetos. Seja qual for o tipo de tecnologia usado (Java Web, JavaEE, JavaME etc.), existe a necessidade de criar um projeto para abrigar todos os arquivos envolvidos na solução. Vamos considerar a criação de um projeto Java Web relativamente simples usando banco de dados MySQL, mas que servirá para apresentar as funcionalidades básicas do Eclipse. Nosso pequeno projeto contempla o uso de classes em Java, de páginas em HTML e JSP.

Para criar o projeto, acompanhe os procedimentos a seguir:

1. Abra o Eclipse e no menu File escolha New – Dynamic Web Project. Veja a Figura B.3.

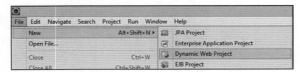

Figura B.3 – Criação de um projeto Java Web no Eclipse.

2. Pressione o botão Próximo. Após alguns instantes surge a janela da Figura B.4, que permite definir o nome do projeto, sua localização e outras configurações. Em Nome do Projeto digite **enquete**. Mantenha o restante das configurações conforme definido pelo Eclipse. Abaixo, o Target runtime permite definir o servidor Web que será usado no projeto. Seria possível definir outro servidor Java, como o Glassfish, por exemplo. Isso seria feito por meio do botão New Runtime... . No entanto, vamos manter as configurações sugeridas, isto é, vamos utilizar o servidor TomCat. Você já aprendeu que é necessário um contêiner Java para abrigar aplicações que rodam no ambiente Web.

Figura B.4 – Definição do nome e da localização do projeto.

3. Mantenha todas as configurações sugeridas e pressione o botão Finish. O projeto será criado com a estrutura semelhante à da Figura B.5.

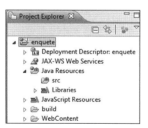

Figura B.5 – Estrutura de um projeto Web.

Vamos apresentar uma visão geral sobre as principais janelas existentes no Eclipse e que estão relacionadas diretamente com os exemplos apresentados no livro.

Janela do Projeto

A janela mostrada na Figura B.5 é chamada de Project Explorer. Como o nome sugere, contém as pastas e arquivos do projeto. Nessas pastas são armazenados todos os arquivos referentes ao projeto, incluindo arquivos de configurações, páginas Web, classes em Java, bibliotecas etc.

Janela do Editor

A janela mostrada na Figura B.6 apresenta o editor de código do Eclipse. Todos os arquivos manipulados pelo projeto podem ser criados e editados por meio dessa janela. Arquivos comuns editados nessa janela são classes Java, páginas JSP, Servlets, arquivos em formato texto, entre outros tipos. No caso, o editor está apresentando o código-fonte do arquivo "enquete.html", que será a página inicial do nosso projeto.

```
enquete.html
<!DOCTYPE html PUBLIC "-//W3C//DTD HTML 4.01 Transitional//EN" "http://www.w3.org/TR/html4/loose.dtd">
<html>
<head>
    <meta http-equiv="Content-Type" content="text/html; charset=ISO-8859-1">
    <title>Enquete</title>
</head>
<body>
    <font face="andalus" size=9 color="darkBlue">Vote em seu Personagem Preferido</font>
    <br>
    <br>
    <form action="enquete.jsp" method="get">
        <input type="radio" name="candidato" value="0">Super Homem<br>
        <input type="radio" name="candidato" value="1">Wolverine<br>
        <input type="radio" name="candidato" value="2">Batman<br>
        <input type="radio" name="candidato" value="3">Hulk<br>
        <input type="radio" name="candidato" value="4">Homem de Ferro<br><br>
        <input type="submit" value="Votar">
    </form>
</body>
</html>
```

Figura B.6 – Editor do código-fonte.

Janela do Navegador

Uma vez criada a página html, já é possível executá-la. Clique com o botão direito do mouse no arquivo criado – Run As – Run on Server... (ou simplesmente pressione a CTRL + F11). Aparecerá o servidor; selecione-o e pressione Finish. Se tudo estiver correto, o servidor será iniciado e a página será exibida. Se tiver dúvidas quanto a esse processo, assista nosso vídeo na Internet no endereço citado no início deste Apêndice.

A Figura B.7 apresenta o carregamento do arquivo "enquete.html" em execução.

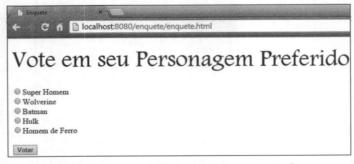

Figura B.7 – Arquivo enquete.html apresentado no navegador Chrome.

O endereço http://localhost:8080/enquete.html apresentado na barra de endereços do navegador pode ser assim definido:

- **localhost:** endereço local do servidor TomCat; pode ser substituído por 127.0.0.1.
- **8080:** número da porta de comunicação do servidor.
- **enquete.html:** endereço de uma página definido durante a criação do projeto pelo Eclipse.

Neste ponto o projeto foi criado e já está preparado para ser usado em ambiente Internet. Na próxima seção vamos adicionar os diversos arquivos usados em nosso projeto.

B.4 Adição dos arquivos ao projeto

Para adicionar as classes e outros arquivos usados no projeto você precisa fazer o download do material disponibilizado no site da Editora Érica. A tabela a seguir apresenta a relação dos arquivos a serem usados e um resumo da função de cada um deles no projeto. A Figura B.8 mostra a janela do Eclipse com todos os arquivos que serão adicionados ao projeto.

Arquivos e suas funções no projeto

- **BD.java:** classe usada para realizar a conexão ao banco de dados.
- **Enquete.txt:** arquivo texto com o script do banco de dados a ser criado no MySQL.
- **Enquete.java:** classe responsável por fazer a inclusão e a seleção de votos armazenados na tabela do MySQL.
- **enquete.html:** página em HTML que contém o formulário onde o usuário pode selecionar seu personagem favorito e votar nele.
- **enquete.jsp:** página em JSP responsável por validar os dados se inseri-los no banco de dados.
- **gráfico.jsp:** arquivo que mostra o gráfico dos resultados parciais das votações em cada personagem.
- **mysql-connector:** driver usado para a conexão do Java ao MySQL.

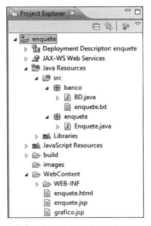

Figura B.8 – A estrutura do projeto enquete.

Vamos iniciar a produção de nosso projeto adicionando classes em Java. Faremos isso passo a passo para que o leitor possa compreender todo o processo. As funcionalidades do projeto serão inseridas e testadas uma a uma, por isso siga atentamente as instruções fornecidas.

Acompanhe os procedimentos seguintes:

1. O primeiro passo é realizar o download dos arquivos que serão usados no projeto. Acesse o site da Editora Érica conforme explicado no início do livro, baixe os arquivos e instale-os em sua máquina.

2. Como você já aprendeu, as classes em Java devem ser adicionadas em pacotes. Na aba Project da janela Explorer do Eclipse, clique com o botão direito na pasta src e escolha a opção New – Package. Veja a Figura B.9.

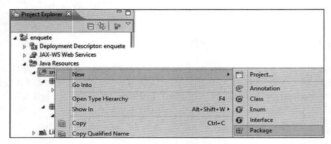

Figura B.9 – Criação do pacote.

3. Em seguida, é aberta uma tela em que você precisa fornecer o nome do pacote. Em nosso caso, digite o nome "banco" e clique no botão Finish. Veja a Figura B.10.

Figura B.10 – Criação do pacote "banco".

4. Vamos criar a classe BD em nosso pacote. Selecione o pacote criado e, com o botão direito do mouse, selecione New e a seguir Class... . Na janela que surge, em Name digite BD e pressione o botão Finish. Isso faz com que a classe seja criada.

5. O procedimento anterior foi descrito apenas para demonstração da criação de uma classe por meio do Eclipse, pois a classe BD já está pronta e disponível no site da Editora Érica. Dessa forma, podemos excluir a classe BD criada. Para isso, selecione a classe e pressione a tecla Del do teclado e, em seguida, o botão OK.

6. Agora vamos adicionar a classe BD.java ao projeto. Para isso copie a classe (Ctrl + C) e cole-a (Ctrl + V) dentro do pacote "banco", conforme apresenta a Figura B.11.

Figura B.11 – A classe BD adicionada ao projeto.

7. Nosso projeto utilizará alguns arquivos externos (do tipo .jar). Esses arquivos são responsáveis pela conexão ao banco de dados (o driver JDBC) e pela geração de gráficos. Eles devem ser copiados na pasta WEB-INF/lib do projeto (todos com a extensão jar), como mostra a Figura B.12.

Figura B.12 – Diversos arquivos JAR adicionados ao projeto.

8. Neste ponto já é possível executar a classe BD para verificar se a conexão com o banco de dados "meubanco" está correta. Clique com o botão direito na classe BD.java – Run As – Java Aplication. Isso faz com que a classe BD seja executada. Se tudo estiver correto, na aba Saída aparecem as mensagens Conectou e Desconectou. Observe a Figura B.13. Isso indica que a classe BD conseguiu se conectar ao banco de dados "meubanco" e desconectar-se com sucesso. Analise o código da classe BD e veja que ela já possui todas as configurações necessárias para se conectar ao banco de dados "banco".

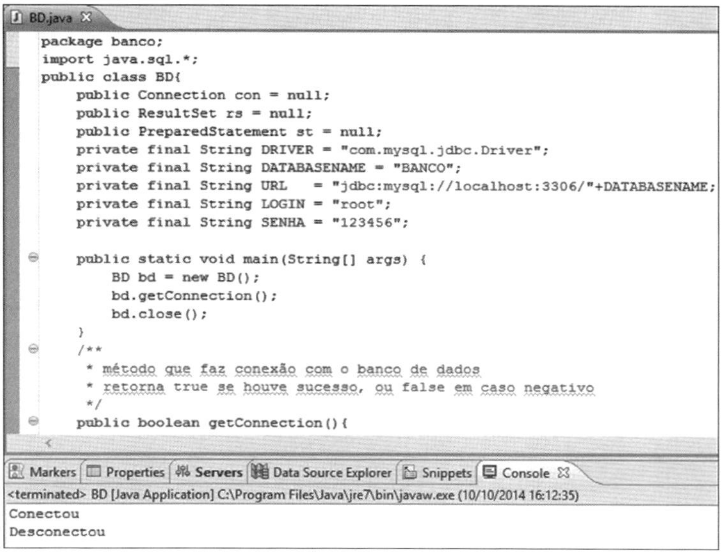

Figura B.13 – Conexão ao banco de dados executada com sucesso.

9. O próximo passo se refere à inclusão da classe Enquete.java, responsável por realizar a inserção dos dados na tabela enquete. Da mesma forma que adicionamos a classe BD.java ao pacote

"banco", adicionaremos a classe Enquete a um novo pacote chamado "enquete". Crie esse pacote conforme a Figura B.14

Figura B.14 – Criação do pacote enquete.

10. Localize a classe Enquete.java, copie e cole no novo pacote conforme a Figura B.15.
11. O próximo passo é adicionar as páginas enquete.html, enquete.jsp e grafico.jsp. Para isso basta copiar esses arquivos e colar na pasta WebContent do projeto no Eclipse. Observe a Figura B.15.

Figura B.15 – Classes e páginas adicionadas ao projeto.

12. Com isso encerramos a inserção dos arquivos e já podemos executar o projeto. Execute a página enquete.html. Aparecerá a tela apresentada na Figura B.7. Escolha o personagem de sua preferência e pressione o botão Votar. O voto será armazenado no banco de dados e surgirá uma página. Veja Figura B.16.

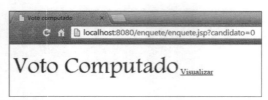

Figura B.16 – Visualizar voto computado.

13. Ao clicar em visualizar, aparecerá uma nova tela contendo quatro gráficos representando o status das votações. Veja imagens nas Figuras B17 a B20.

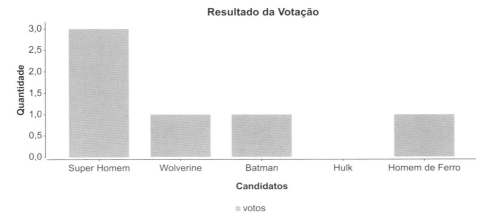

Figura B.17 – Gráfico de barras.

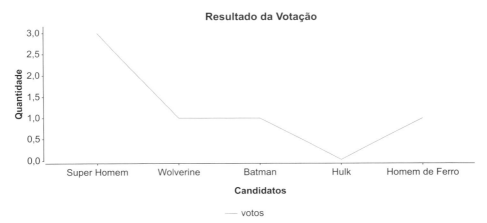

Figura B.18 – Gráfico de linhas.

Figura B.19 – Gráfico de barras 3D.

Resultado da Votação

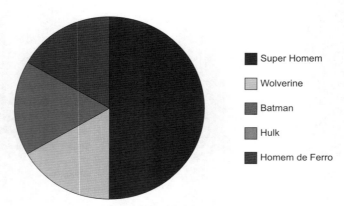

Figura B.20 – Gráfico de pizza.

Com isso chegamos ao final de nosso apêndice. Nosso objetivo foi apenas apresentar uma visão geral a respeito do funcionamento da ferramenta Eclipse. Esperamos que você possa se aperfeiçoar na utilização da ferramenta. Bons estudos!

Índice remissivo

{ ... }, 25
8080, 299

A
abresessao.jsp, 299

C
classe BufferedReader, 223
classe FileReader, 229
classe JButton, 140
classe JCheckBox, 150
classe JFrame, 138
classe JList., 155
classe JOptionPane, 164
classe JOptionPane, 46
classe JTextField, 139
Códigos do corpo, 90

D
declaração do objeto, 107
Development Tools, 19

E
equalsIgnoreCase 73
erro de compilação:, 128
estrutura if-else, 43

I
IDE NetBeans, 21
import java.awt.*, 137
import java.awt.event.*, 137
import javax.swing.*, 137
index.jsp, 299
inicialização do objeto, 107
instanciação do objeto:, 107

J
Java Card, 15
JavaFX, 15
JComboBox, 160

JEE, 15
JME, 15
JSE, 15
JSP, 273

L
Localhost, 299
Login, 299
login.html, 299
Long, 30

M
Main, 24
Math, 64
Math.E, 64
Math.PI, 64
método getFile, 229
método getValueAt, 187
método setBackground, 154
método setMnemonic,, 146
método validate, 149
Multithreading, 15

N
NetBeans, 287

O
operador new, 115
Orientação a objetos, 15

P
pacote swing, 194
PHP, ASP, Python, 273
Plataforma, 17
Portabilidade, 15
Private, 89
Protected, 89
Public JRE, 19
Public, 24
Public, 89

Q
Qualificador, 89

R
rs.absolute(5), 243
rs.absolute(-5), 243
rs.afterLast(), 243
rs.beforeFirst(), 243
rs.first(), 243
rs.isAfterLast(), 243
rs.isBeforeFirst(), 243
rs.last(), 243
rs.next(), 243
rs.previous(), 243
rs.relative(5), 243
rs.relative(-5), 243

S
showConfirmDialog, 164
showInputDialog, 164
showMessageDialog, 164
showOptionDialog, 164
Source Code:, 19
Static, 24
Static, 90
(String[ ] args), 25
Suporte à comunicação, 15
switch, 49

T
trim, 75
try-catch-finally, 51

U
UsaProduto, 127

V
Void, 24

W
while, 59